广东省优秀社会科学家文库（系列四）

石佑启自选集

石佑启 ◎ 著

中山大学出版社

·广州·

版权所有　翻印必究

图书在版编目（CIP）数据

石佑启自选集／石佑启著 . -- 广州：中山大学出版社，2024.12.
（广东省优秀社会科学家文库）. -- ISBN 978-7-306-08370-8

Ⅰ. D920.0-53

中国国家版本馆 CIP 数据核字第 2024YM1491 号

SHI YOUQI ZIXUANJI

出 版 人：	王天琪
策划编辑：	嵇春霞　廖丽玲　陈　莹
责任编辑：	陈　莹
封面设计：	曾　斌
责任校对：	王贝佳
责任技编：	靳晓虹
出版发行：	中山大学出版社
电　　话：	编辑部 020-84110283，84113349，84111997，84110779，84110776
	发行部 020-84111998，84111981，84111160
地　　址：	广州市新港西路 135 号
邮　　编：	510275　　传　真：020-84036565
网　　址：	http://www.zsup.com.cn　　E-mail: zdcbs@mail.sysu.edu.cn
印 刷 者：	佛山市浩文彩色印刷有限公司
规　　格：	787mm×1092mm　1/16　26.75 印张　450 千字
版次印次：	2024 年 12 月第 1 版　2024 年 12 月第 1 次印刷
定　　价：	95.00 元

如发现本书因印装质量影响阅读，请与出版社发行部联系调换

石佑启

1969年11月生于湖北省大悟县。法学博士，教授，博士生导师。现任广东外语外贸大学党委书记。兼任教育部法学类专业教学指导委员会委员，广东省法学类专业教学指导委员会主任委员，中国法学会行政法学研究会副会长，中国法学会立法学研究会副会长，广东省法学会副会长等。入选全国文化名家暨"四个一批"人才，国家"有突出贡献中青年专家"，教育部新世纪优秀人才，广东省"特支计划"宣传思想文化领军人才，广东省立法工作领军人才，广东省第四届优秀社会科学家等。主持国家社会科学基金重大项目、教育部哲学社会科学研究重大课题攻关项目等国家级和省部级项目20余项，出版《论公共行政与行政法学范式转换》《行政法与行政诉讼法》等著作与教材30余部，在《中国社会科学》《中国法学》《法学研究》等刊物上发表学术论文160余篇，多篇论文被《新华文摘》《中国社会科学文摘》及人大复印报刊资料等转载。研究成果获得第二届全国法学教材与科研成果奖（著作类）二等奖，教育部第七届高等学校科学研究优秀成果奖（人文社会科学·著作类）二等奖，教育部第八届高等学校科学研究优秀成果奖（人文社会科学·论文类）二等奖，广东省哲学社会科学优秀成果奖特等奖、一等奖等省部级以上奖励10余项。

"广东省优秀社会科学家文库"(系列四)

出版说明

　　哲学社会科学是人们认识世界、改造世界的重要工具，是推动历史发展和社会进步的重要力量。党的十八大以来，以习近平同志为核心的党中央高度重视发展哲学社会科学，习近平总书记亲自主持召开哲学社会科学工作座谈会，就哲学社会科学工作发表一系列重要讲话，作出一系列重要论述和指示批示，对构建中国特色哲学社会科学作出总体部署，有力推动哲学社会科学事业繁荣发展。党的二十届三中全会进一步明确提出"构建中国哲学社会科学自主知识体系"，这是党中央立足完成新的文化使命和哲学社会科学发展规律作出的重大部署，也是新时代我国哲学社会科学发展的战略目标。

　　广东省委省政府深入学习贯彻习近平文化思想，认真落实习近平总书记关于哲学社会科学的重要论述，着力加强组织领导、政策保障、人才培育，扎实推动全省哲学社会科学事业高质量发展。全省广大哲学社会科学工作者自觉立时代之潮头、通古今之变化、发思想之先声，积极为党和人民述学立论、建言献策，涌现出了一大批方向明、主义真、学问高、德行正的优秀社科名家，在推进构建中国哲学社会科学自主知识体系进程中充分展现了岭南学人担当、演绎了广东学界精彩。广东省委宣传部、省社科联组织评出的"广东省优秀社会科学家"就是其中的杰出代表，他们以深厚的学识修养、高尚的人格魅力、先进的学术思想、优秀的学术品格和严谨的治学方法，生动展现了岭南学人的使命担当和时代风采。

遵循自愿出版原则，"广东省优秀社会科学家文库"（系列四）收录了第四届广东省优秀社会科学家中9位学者的自选集，包括（以姓氏笔画为序）石佑启（广东外语外贸大学）、李凭（华南师范大学）、李萍（中山大学）、李新春（中山大学）、张卫国（华南理工大学）、张国雄（五邑大学）、胡钦太（广东工业大学）、黄国文（华南农业大学）、黄建华（广东外语外贸大学）。自选集编选的原则是：（1）尽量收集作者最具代表性的学术论文和调研报告，专著中的章节尽量少收。（2）书前有作者的"学术自传"，叙述学术经历，分享治学经验；书末附"作者主要著述目录"。（3）为尊重历史，所收文章原则上不做修改，尽量保持原貌。

这些优秀社会科学家有的年事已高，有的工作繁忙，但对编选工作都高度重视。他们亲自编选，亲自校对，并对全书做最后的审订。他们认真严谨、精益求精的精神和学风，令人肃然起敬，我们在此表示衷心的感谢和崇高的敬意！

我们由衷地希望，本文库能够让读者比较方便地进入这些当代岭南学术名家的思想世界，领略其学术精华，了解其治学方法，感受其思想魅力。希望全省广大哲学社会科学工作者自觉以优秀社会科学家为榜样，始终胸怀"国之大者"，肩负时代使命，勇于担当作为，不断为构建中国哲学社会科学自主知识体系，为广东在推进中国式现代化建设中走在前列作出新的更大贡献！

丛书编委会
2024年11月

目 录

学术自传 / 1

第一部分　行政法基本理论

基于中国治理实践的行政法学命题转换 / 3
中国政府治理的法治路径 / 30
论行政法与公共行政关系的演进 / 60
我国行政体制改革法治化研究 / 78
论民法典时代的法治政府建设 / 94
以转变政府职能为纲　推进法治政府建设 / 107
论有限有为政府的法治维度及其实现路径 / 120

第二部分　区域法治

粤港澳大湾区治理创新的法治进路 / 137
论区域府际合作治理与公法变革 / 164
论区域合作与软法治理 / 178
区域府际合作中软法的效力保障 / 193

第三部分　地方立法

论立法与改革决策关系的演进与定位 / 209
论地方特色：地方立法的永恒主题 / 222
论民间规范与地方立法的融合发展 / 238

第四部分　党内法规

以党内法规体系建设守正创新保障"中国之治" / 271
新时代党内法规体系建设的价值取向与路径选择 / 277

论新时代党的领导制度的发展完善 / 294
论提高党内法规的执行力 / 313

第五部分　法治化营商环境

合作治理语境下的法治化营商环境建设 / 333
法治化营商环境建设的司法进路 / 362

附录　石佑启主要著述目录 / 394
后　记 / 405

学术自传

◎ 石佑启

我于1969年11月出生于湖北省大悟县。1988年9月，考入中南政法学院（2000年中南政法学院与中南财经大学合并，组建成中南财经政法大学），1992年6月本科毕业后留校任教，主要从事行政法学的教学与研究工作。1995年9月，考取中南政法学院攻读宪法学与行政法学专业硕士研究生，1998年6月获得法学硕士学位；1999年9月，考取北京大学攻读宪法学与行政法学专业博士研究生，2002年6月获得法学博士学位；2003年3月至2006年5月，在武汉大学从事博士后研究工作。

我在中南政法学院读本科时，有幸被选入行政法专门化班学习，从此便与行政法学结下了不解之缘。法学是一门事关治国理政的学问，行政法学更是与国家治理、法治政府建设休戚相关。现代行政法是规范和控制行政权的法，主要调整政府与公民之间的关系，以保障公民权利、实现公平正义为价值目标。从1992年本科毕业留校任教成为一名法学教师至今，无论是在北京大学、武汉大学求学深造，还是后来调任广东外语外贸大学工作，在30余年的教学研究生涯中，我一直在行政法学、立法学等公法学领域求知探索、辛勤耕耘，逐渐凝练自己的学术主攻方向，将研究聚焦于政府治理变革与法治政府建设、区域法治、地方立法等领域的重点与前沿问题，并取得了一定的成绩。主要包括主持国家社会科学基金重大项目2项，主持教育部哲学社会科学研究重大课题攻关项目1项，主持国家社会科学基金重点项目、一般项目3项，主持其他省部级项目20余项，出版《论公共行政与行政法学范式转换》《私有财产权公法保护研究》《行政法与行政诉讼法》等著作与教材30余部，在《中国社会科学》《中国法学》《法学研究》《哲学研究》等刊物上发表学术论文160余篇，多篇论文被《新华文摘》《中国社会科学文摘》及人大复印报刊资料等转载。研究成果获第二届全国法学教材与法学科研成果（著作类）二等奖、教育部第七届高等学校科学研究优秀成果奖（人文社会科学·著作类）二等奖、教育部第八届高等学校科学研究优秀成果奖（人文社会科学·论文类）二等奖、广东省哲学社会科学优秀成果特等奖与一等奖等省部级以上奖励10余项。

从刚接触行政法时对其一知半解，到毕业留校上讲台给本科生讲授行政法，再到尝试结合经济社会发展反思行政法相关制度的不足，以及逐渐深入行政法基础理论层面思考问题，在此过程中，我实现了从一名行政法学初学者向行政法学研究者的身份转变，在行政法学领域的专业基础逐步夯实、思辨能力稳步增强、研究视野不断拓展以及研究方法日渐多样化，在研究的深度、广度、精度上也持续提升。在攻读硕士学位期间，我便开始从传统法教义学层面对行政诉讼法、国家赔偿法等相关的原则性、规范性问题展开探讨，并在《法商研究》《行政法学研究》等刊物上发表学术论文。论文的成功发表给了我极大的鼓舞，于是在进入北京大学攻读博士学位伊始，我便开始结合国家改革开放的法治需求和实践图景，以及国家公共政策的发展变化，大胆尝试对更深层次的传统行政法学基础理论问题进行反思，以期推动行政法基本理论的创新发展。

读博期间，正值改革开放进入新的窗口期，公共行政改革、市场经济体制改革等正如火如荼地展开，成为国家政策关注的重心。行政主体范围从国家向社会延伸、行政方式越发多样化、纠纷化解途径日趋多元化，这些都推动着我反复思考传统以国家行政为中心的行政法学理论研究范式面临着哪些挑战，并以"公共行政与行政法学范式转换"作为我的博士学位论文选题，尝试以范式转换为视角，探究公共行政改革之于提高政府治理能力的重要意义，以及对传统行政主体、行政行为、行政救济等行政法基础理论产生的冲击。系统地思考和论证行政法学的一些基本问题，对拓展行政法学研究视域，丰富行政法学理论体系，促进行政法制度创新具有重要价值。我的博士学位论文于2003年在北京大学出版社出版，在学界产生了良好影响，并于2006年获得第二届全国法学教材与科研成果（著作类）二等奖，成为北京大学、中南财经政法大学等知名院校宪法学与行政法学专业研究生的阅读书目。

21世纪初，随着我国加入世界贸易组织（WTO），市场经济体制改革的持续推进，公民权利意识不断增强，如何在私权保护中凸显公法的作用成为重要的理论和实践命题。一方面，我开始关注加入WTO给我国法治建设，尤其是给行政法治建设带来的重大挑战，在《中国法学》《政治与法律》《当代法学》等期刊上发表文章，结合WTO规则和原则体系，从宪法性制度完善、行政权作用方式转变、行政程序建构、行政救济渠道拓展等方面系统讨论了在加入WTO后我国行政法治建设的基本路径，并专门从行政立法的角度切入，提出了"树立与WTO规则相协调的立法观念""围绕WTO规则体系进行行政立法立改废"等观点。相关文章发表后，被《新华文摘》及人大复印报刊资料等转载，成为后续从行政法视角研究中国对外开放法治建设问题的重要参考文献。另一方面，我敏锐地抓住了市场经济体制改革下市场主体的现实关切，以建构稳定、可预期的市场秩序，保障公民私有财产权为导向，对公法理论和制度完善的路径提出了一些自己的见解。2004年至2005年，我在《法商研究》《法学论坛》等期刊上发表系列学术论文，就如何平衡征收、征用权与私有财产权关系问题展开研讨，并从制度设计、方式演进、路径选择三个维度系统探讨私有财产公法保护的方法路径，就协调好私有财产权与公共利益的关系进行深入讨论，提出应重点健全对行政权的规范和制约机制等，以实现私有财产权与公共利益之间的动态平衡。该系列论文受到学界好评，部分文章被人大复印报刊资料全文转载。在此期间，我在武汉大学从事博士后研究工作，将"私有财产权公法保护研究"作为我博士后出站报告的选题，从宪法与行政法的视角对私有财产权的公法保护进行较为系统全面的分析和论证，围绕私有财产权公法保护问题深挖理论革新与制度完善的空间。这也为我后续拓展研究法治化营商环境建设问题奠定了基础。

部门行政职权相对集中是行政执法体制改革的重要抓手。面对我国行政综合执法改革面临的系列问题，经过广泛的实践调研，我以行政综合执法改革为基础，进一步对大部制改革的现实需求及其宪制基础进行深入思考，于2012年出版了著作《论部门行政职权相对集中》。在该著作中，在总结我国行政综合执法及大部制改革实践经验的基础上，我提炼出"部门行政职权相对集中"的概念，并揭示其宪法基础、生成条件、价值导向与目标定位，尝试从体制、机制、制度三个维度厘清其法治脉络，思考其体制机制创新、制度变革问题，以求助力解决我国行政执法中遇到的深层次问题，破除"部门行政"的障碍，创新行政执法体制机制，提升政府治理能力。2013年，国务院第七轮机构改革将稳步推进大部制改革作为重心，充分体现了这项研究成果的重要价值。该著作于2015年获得教育部第七届高等学校科学研究优秀成果奖（人文社会科学·著作类）

二等奖、广东省第六届哲学社会科学优秀成果奖一等奖。

党的十八大报告把深化行政体制改革作为推进政治体制改革的重要任务之一，对"建设职能科学、结构优化、廉洁高效、人民满意的服务型政府""稳步推进大部门制改革"等作出了新的部署，提出了新的要求。2014年，我在《法学评论》上发表学术论文《我国行政体制改革法治化研究》，将行政体制改革的法治化划分为行政体制改革权的法治化和行政体制改革内容的法治化两个部分，强调必须善用法治思维与法治方式推进行政体制改革的法治化，处理好改革与立法的关系，以及依托公开透明和民主参与的方式推进改革，为改革寻求深厚的社会基础和强大的力量支持。文章发表后，在理论界和实务界引起广泛关注，被《新华文摘》《中国社会科学文摘》及人大复印报刊资料等转载，并获得教育部第八届高等学校科学研究优秀成果奖（人文社会科学·论文类）二等奖。

2008年，经在全国范围内公选，我从中南财经政法大学调入广东外语外贸大学任党委常委、副校长。作为改革开放的排头兵、先行地、实验区，广东诸多先行先试、创新实践为我提供了丰富而宝贵的研究素材，尤其是珠三角区域协调发展中面临的法律问题引起了我的高度关注。党的十六届三中全会将统筹区域协调发展纳入"五个统筹"之中并作出统一部署，这激励我以珠三角等区域一体化协调发展作为考察对象，重点研究区域经济一体化对传统法律制度带来的冲击，对区域法治与软法治理、改革与法治、法治化营商环境建设等前沿问题展开深入思考，并产出系列研究成果。这也标志着，我研究问题的视角逐步从宏观步入中观和微观，更加关注国家治理在区域、地方层面面临的法律问题。2010年，在全国政协原副主席罗豪才先生的倡议和指导下，由我牵头在广东外语外贸大学设立了区域一体化法治研究中心，组建了区域法治研究团队。2011年，我主持申报的教育部哲学社会科学研究重大课题攻关项目"区域经济一体化中政府合作的法律问题研究"获批立项。同年，我在《学术研究》上发表论文《论区域合作与软法治理》，提出加强区域合作、推进区域经济一体化进程、建构有效的法制保障平台均离不开软法的引导和规范，在强调充分发挥软法治理作用的同时，全面论述如何建立健全相应的软法治理机制，保证软法实施成效，为解决区域合作中的制度供给、机制设计与运行问题提供了重要的理论支撑。此后，我一直专注于区域法治问题的研究，率先在全国范围内组织出版"区域法治与地方立法研究文丛"。该文丛采取开放式的方式，陆续出版著作 20 余部，较为系统地研究区域法治与地方立法问题，旨在为推进区域经济社会的协调发展以及法治体系建设与地方立法质量的提升提供理论支持。2017 年，我带领团队完成教育部哲学社会科学研究重大课题攻关项目研究，形成 50 余万字的结项报告《区域经济一体化中府际合作的法律问题研究》，获优秀结项等次。该成果从法学基础理论层面剖析区域经济一体化中府际合作的法治模式，系统研究如何从立法、执法、司法维度推进区域府际合作的法制协调，以及从利益协调、激励约束、信息共享、公众参与和纠纷解决等方面构建区域府际合作的法制保障机制，从而将区域经济一体化、府际合作和法治建设有机结合起来。该结项报告以著作形式于 2018 年由经济科学出版社出版，推动了区域法治理论研究的深化，受到学界好评。

区域协调发展战略是新时代国家重大战略之一，是贯彻新发展理念、建设现代化经济体系的重要战略支撑。2016 年，我申报国家社会科学基金重点项目"区域协调发展中府际合作的软法治理研究"并获批立项，对区域府际合作中软法治理问题开展精细化研究，探讨如何切实提升区域软法治理的成效。2021 年，我完成该重点项目的研究工作，形成最终结项报告，共计 32 万字，并获得优秀结项等次。该成果对区域协调发展中府际合作软法治理的基本理论、作用机理、制度完善、机制构建等核心问题进行了论述，在深入分析区域府际合作中软法治理体制障碍的基础上，提出了推动软法治理制度完善和机制构建的具体路径，成为区域协调发展及其法治问题研究的重要参考资料。

粤港澳大湾区建设是习近平总书记亲自谋划、亲自部署、亲自推动的重大国家战略，是推动粤港澳融合发展、"一国两制"事业发展的创新实践。面向粤港澳大湾区建设的全面启动，我在前期对珠三角、粤港澳区域法治建设相关问题进行研究的基础上，于 2019 年在《中国社会科学》上发表论文《粤港澳大湾区治理创新的法治进路》，率先从粤港澳大湾区协同发展的现实需求出发，提出应在推进国家治理体系与治理能力现代化的语境下，以治理创新为切入点，讨论粤港澳大湾区法治建设问题。论文从粤港澳大湾区法治建设的整体规划、法律规范体系建构、法律治理模式创新、法律救济制度完善四个维度论证了大湾区治理创新的法治路径，对探索构建粤港澳大湾区治理法治化的法学理论体系、学术体系和话语体系具有重要意义。该论文被《中国社会科学文摘》转载。如果将粤港澳视为普通的区域协调发展战略试验区,则必然会忽视其内在的特殊性与重要的研究价值。由此,我牢牢把握"一国两制三法域"的特殊语境,深入分析粤港澳三地法治协同的现实困境,尝试从软法与硬法混合治理的角度提出解决方案,这在一定程度上突破了粤港澳区域法治研究的瓶颈,有助于为粤港澳大湾区法治建设提供理论支撑。

区域法治与地方立法本质上是一体两面的关系,推进区域法治建设要以高质量的地方立法为基础。在密切关注区域法治前沿问题的同时,我也在围绕立法与改革的关系、地方立法特色、地方立法与民间规范的关系等基础性问题展开探讨,探索地方立法创新实践的制度空间,尝试提出"区域合作协议搭建府际合作基本框架+地方立法落实区域合作协议"的法律治理模式,勾勒出区域协同立法的理想图景。

区域法治协同问题实质上也触及改革创新与法治的关系如何协调的理论和现实难题,这一问题的厘清关乎法治价值、立法目标的确立与制度创新的展开。对此,我立足全面深化改革与全面依法治国同步推进的战略布局,系统阐释改革与立法的内在联系。2015年至2016年,我持续在《法学评论》《学术研究》等刊物发表论文,提出"正确处理改革的'变'与立法的'定'的关系",强调"改革的'变'要依法而变""立法的'定'不只是定结果",并围绕如何实现立法与改革决策相衔接、重大改革于法有据、立法主动适应改革和经济社会发展需要、在法治轨道上推动先行先试等提出一系列方案;同时进一步对立法与改革决策关系的演化进行系统梳理,得出我国立法经历了从"确认改革成果"到"服务改革大局"再到"引领改革发展"的角色转变,立法理念也随之从经验主义转向了工具主义,继而进一步转向法治主义的重要结论,从理论层面为实现改革决策与法治在地方立法层面同频共振提供证成。

地方立法既要协调好改革与法治的良性互动关系,也要注重地方自身特色在立法中的体现,以彰显地方立法的必要性和可行性。2017年,我在《学术研究》上发表论文《论地方特色:地方立法的永恒主题》,明确提出地方特色是地方立法存在的价值所在——没有特色的地方立法犹如没有灵魂的躯壳,旨在为地方立法相关理论问题的探讨和制度方案的设计确定主基调及提出建设性方案。地方立法特色不仅体现为立法对本地区改革创新实践的专门性回应,而且包含立法与本地区民间规范的融合发展,尤其是对民间传统风俗习惯的吸收和转化。2017年,我主持申报的国家社会科学基金重大项目"民间规范与地方立法研究"获批立项，我带领团队陆续在《中外法学》《法商研究》《南京社会科学》《江苏社会科学》等刊物上发表研究成果，对如何协调地方立法与民间规范的关系、如何推动地方立法与民间规范融合发展，以及民间规范的生存空间、地方立法对民间规范的吸收和规制等问题进行深入探讨，提出"民间规范先导地方立法，地方立法吸收民间规范，民间规范补充地方立法，地方立法规引民间规范"等观点，以拓宽地方立法特色化研究的理论空间。

中国治理实践有其独特的发展规律、价值目标和覆盖场域，其在向不同主体、领域、空间延伸的同时，也促进了行政法制度发展。我在长期的研究中发现，公共行政改革、私有财产保护、党和国家机构改革、区域协调发展等均构成国家治理重要的实践面向，为行政法学研究提供了经验素材，也催生了行政法学研究的价值取向嬗变，促进了行政法的制度功能调适。党的十八届三中全会指出，全面深化改革的总目标是完善和发展中国特色社会主义制度，推进国家治理体系与治理能力现代化。政府治理是国家治理的具体实施和行政实现，政府的角色转型构成政府治理变革的中轴逻辑。2018年，我以前期研究为基础，聚焦新时代政府治理法治化的现实需求，在《中国社会科学》上发表文章《中国政府治理的法治路径》，对行政法学理论与制度体系如何回应政府治理中主体结构、行为方式、行政过程及救济模式的全方位变革进行深入阐释。该文厘清了中国治理理论的应有面向，推动了中国政府治理法治化话语体系构建及中国政府治理法治化学术体系回应型变迁，具有重要的学术价值和实践意义。文章发表后，产生了良好的社会反响，被《新华文摘》《社会科学文摘》及人大复印报刊资料等全文转载，被求是网、光明网、中国社会科学网、人民政协网等网站转载，被《中国社会科学》（英文版）刊发，并获广东省第九届哲学社会科学优秀成果奖特等奖。

在全面推进国家治理体系与治理能力现代化的时代背景下，如何基于"中国式现代化"内含的中国治理实践及其创新发展需求，进一步筑牢中国行政法治现代化的理论根基，是近年来中国行政法学亟待回答的重大理论命题。2023年，我在对政府治理法治化问题进行系统研究的基础上，从更为全面的视角探讨中国治理实践对行政法（学）提出的挑战，在《中国社会科学》上发表文章《基于中国治理实践的行政法学命题转换》，提出中国治理的实践面向始终影响着中国行政法学自主知识体系构建的进程，行政法学研究应着力推动法治规律与中国国情相结合、治理创新与行政法治相协调、公权力与公民权利相平衡、中国法治与全球法治相统筹实现自身目标优化，并因应治理主要任务变化、治理资源整合、治理范式改造、治理场域拓宽等，增强行政法的回应性、包容性、整体性及全球性，以系统、清晰地勾勒中国治理语境下行政法学与行政法治创新发展的历史规律和应然图景，探讨如何彰显行政法学知识体系的自主性、创新性、融贯性。该文被《新华文摘》2024年第1期作为封面文章转载，被人大复印报刊资料全文转载。

法治是最好的营商环境。党的十八大以来，我国通过简政放权、创新监管、优化服务、扩大开放、加强法治等，积极回应市场主体关切，持续探索进一步激发市场主体能动性，构建公平竞争的市场环境，巩固改革开放和营商环境建设的制度成果。我立足新时代行政体制改革与经济体制改革的重要背景，聚焦区域协调发展、粤港澳大湾区建设等国家重大战略的实施，较早深入法治化营商环境建设相关问题的研究当中，从立法、执法、司法等不同维度反思既有理论的不足及法治化营商环境建设的现实语境，提出构建一系列有利于回应现实需求的制度方案。围绕政府职能转变和法治政府建设，我于2019年至2020年连续在《学术研究》上发表论文《以转变政府职能为纲　推进法治政府建设》《论民法典时代的法治政府建设》，阐明转变政府职能与法治政府建设相辅相成的关系，提出职能科学是法治政府建设的基本前提，全面履职是法治政府建设的本质要求，切实转变政府职能是推进法治政府建设的着力点，职能转变的法治化是法治政府建设的题中之义，以及立足民法典时代，从有限政府、有为政府、守法政府、诚信政府、责任政府建设等方面着手，围绕促进政府严格规范公正文明执法，全面提升政府的治理能力和水平，更好地保障公民权益进行全面讨论，以求针对法治政府建设提出切实可行的对策建议。

总体而言，学界较少从司法角度对法治化营商环境建设问题展开研究，缺乏关于司法与法治化营商环境建设内在关联的系统探讨，尚未形成具有代表性、专门性、指导性的理论文章。基于此，我于2020年在《中外法学》上发表论文《法治化营商环境建设的司法进路》，对司法法治之于法治化营商环境建设的重要意义、法治化营商环境建设对完善司法的现实需求、以司法改革作为助推法治化营商环境建设的具体路径等问题进行全方位讨论，提出营商环境建设的协调性、公私合作的广泛性、营商制度的创新性、权利救济的有效性、市场运行的高效性对强化司法的整体性、公正性、同步性、权威性和智能化提出了新需求，以及应通过完善司法联动模式、推进区域司法合作、坚守司法公正审判、构建司法能动机制、加强智慧司法建设等路径，促进司法服务和保障法治化营商环境建设。论文在学界产生了较好的影响，截至目前被引110余次，成为高引论文。

长期以来，学界对于法治化营商环境建设相关议题的讨论，大多沿着"市场化"的逻辑脉络展开，侧重于营商环境建设对市场需求的回应，更关注法治政府建设层面的内容，以规范和控制行政权运行、划定政府的权责范围、提升政府服务质量等作为主要目标。我认为，法治化营商环境建设应立足于政府、市场、社会的关系流变，处理好政府、市场、社会三者的关系，出台相应的制度措施与行动方案，而不是只聚焦于对政府职能、政府权力行使范围与强度进行调适。以此为基础，我于2021年在《法学研究》上发表论文《合作治理语境下的法治化营商环境建设》，提出合作治理在公域变革中的兴起，为营商环境建设设定了现实语境。区别于单纯强调"限权控权"的政府管理模式，合作治理语境下的治理格局转变、治理诉求扩张、治理资源整合、治理进程交替，要求依托法治结构调适、法治价值兼顾、法源形式拓展和法治框架扩容等手段，发挥市场功能、协调多元利益、完善规范体系、释放创新空间，以契合法治化营商环境建设的逻辑演进规律。该论文与传统研究的本质区别在于，其在理性审视政府、市场、社会三者的互动关系中探讨法治化营商环境建设的语境问题，进而形成更加全面的理论分析框架和制度方案。该论文发表后在理论和实务界引起较大反响，被《新华文摘》全文转载。2023年，我在前期研究的基础上以"营造市场化、法治化、国际化一流营商环境研究"为题申报国家社会科学基金重大项目，并获得立项，这是我在法治化营商环境建设相关研究中获得的新突破。

党的十八届四中全会审议通过的《中共中央关于全面推进依法治国若干重大问题的决定》将"形成完善的党内法规体系"确定为建设中国特色社会主义法治体系的重要内容。面向新时代推进国家治理法治化、现代化赋予党内规体系建设的新内涵、新要求，我立足依法治国与依规治党有机统一的根本要求，较早关注到党内法规体系建设问题，围绕党内法规制度体系建设的价值论、本体论、运行论等发表了系列成果，产生了广泛的社会影响。

2019 年，我在《求索》杂志上主持党内法规研究专题，并发表学术论文《新时代党内法规体系建设的价值取向与路径选择》，积极回应新时代党内法规体系建设的价值取向问题，提出新时代推动党内法规体系建设的价值取向应将党的政治建设放在首位，加强思想建设，重视民主法治价值和党内法规的动态运行价值。文章刊发后，被人大复印报刊资料及中央办公室法规局主办刊物《党内法规研究》全文转载，成为党内法规领域研究的重要参考资料。

新时代，党中央在全面从严治党中同步推进制度治党与依规治党，不断扎紧制度笼子，党内法规制度体系不断完善，但是党内法规的执行还存在制度虚置、象征性执行、选择性执行、机械性执行等现象。基于此，我在《学术研究》上发表论文《论提高党内法规的执行力》，对如何通过健全和完善党内法规制度的运行机制，提高党内法规的执行力进行针对性、专门性研究，总结归纳出需要从科学立规、全党知规、严格执规、严厉督规、自觉守规等方面提高党内法规的执行力，坚持有规必依、执规必严、违规必究，加大党内法规执行力度，以增强制度治党的科学性和实效性，增强党内法规的严肃性和权威性，不断提升党的领导能力和依法执政的水平等观点。文章发表后，被人大复印报刊资料全文转载，在理论和实务界产生广泛影响，成为党内法规研究领域的高引论文。

我不仅从宏观层面探讨党内法规制度体系的建构和运行问题，还尝试从中观层面和微观层面研究党内法规制度完善问题。2021 年，我在《学术研究》上发表文章，专门对党的领导制度建设问题进行探讨，提出推进党的领导制度发展完善的基本要求是巩固党的领导地位、强化党的领导职责、规范党的领导行为，并从法治运行的角度出发，将实现领导程序法治化、领导行为法治化、法治保障系统化、领导规范完备化作为实现党的领导制度法治化的行动逻辑及发展完善党的领导制度的具体路径加以系统阐释，拓展了理论研究的深度和广度，为实践中党的领导制度完善提供了重要参考。

从改革开放到加入世界贸易组织，再到进入新时代，我国始终坚持对外开放的基本国策，坚定奉行互利共赢的开放战略，不断以国家新发展为世界提供新机遇。党的十八大以来，伴随我国进一步推进高水平对外开放，我密切关注国家改革开放的最新政策和创新实践，准确把握我国对外开放的发展趋势，聚焦涉外法治建设，研究制度型开放的路径选择，专注于为新时代高水平开放提供法治引领和保障。2016年,我率领团队围绕"一带一路"法律保障问题展开专题研究,在人民出版社出版著作《"一带一路"法律保障机制研究》,对"一带一路"法律保障机制构建中的自由贸易协定、国际软法、国内法、法律冲突协调、争端解决等方面内容进行论述,提出构建"'一带一路'国际合作软法保障机制""'一带一路'法律冲突协调机制"等系列观点,为完善"一带一路"法律保障机制提供重要理论指导和实践参考,在理论界和实务界产生较大反响。2019年,我撰写的《"一带一路"法治建设的三个基本路径》发表在《南方智库》(专报)9月5日第32期上,其主要观点被中央有关部门形成的报告采纳,并得到中央主要领导同志和国务院主要领导同志的批示。

习近平总书记指出,法治同开放相伴而行,对外开放向前推进一步,涉外法治建设就要跟进一步。党的二十大报告提出,"推进高水平对外开放"以及"稳步扩大规则、规制、管理、标准等制度型开放"。扩大制度型开放是中国构建高水平对外开放新格局,着力推动高质量发展的时代要求。在涉外法治理论研究方面,我坚持以制度建构为主要抓手,探讨如何通过更为开放、公平、便利、透明的制度性、结构性安排,为推进更高水平开放筑牢法治根基。

学海无涯。学然后知不足,行然后知路远;知不足而后进,望远山而前行。我将在法学研究的道路上砥砺奋进,努力为构建中国自主的法学知识体系作出新的贡献。

第一部分 行政法基本理论

石佑启自选集

基于中国治理实践的行政法学命题转换

引　言

在全面推进国家治理体系与治理能力现代化的时代背景下，如何基于"中国式现代化"内含的中国治理实践及其创新发展需求，进一步筑牢中国行政法治现代化的理论根基，是中国行政法学亟待回答的重大理论命题。聚焦中国治理问题域，中国行政法（学）经过多年发展和积累的学术资源，可以凝练出四个基本的学术共识。第一，中国治理有其自身的发展规律，不同于域外治理，二者在治理理念、社会基础、目标定位、结构范式、运行模式等方面的差异决定了行政法调整对象和情境的不同。行政法学研究在充分审视中国治理语境下行政法的结构与功能中增强行政法学对现实的回应性。第二，中国治理有着复杂的含义①，国家、政府、社会在交融互动中形成各自的治理场域，公域与私域贯通，公益与私益融合，奠定了行政法治建设的利益基础。行政法学研究通过拓宽视野，揭示社会主要矛盾、经济社会发展、国家战略布局在不同治理场域的呈现及其对行政法治建设的影响，推动行政法基础理论反思与结构体系扩容，致力于建构包容性法治框架。② 第三，中国治理的持续创新构成其内在动力和重要表征。治理模式、技术、方式、对象等方面的创新加剧了治理过程的交替性，导致行政法治建设容易滞后于治理实践。对此，行政法学研究从单纯强调合法、限权的思维中挣脱出来，通过在行政法制定和实施中"培育包容性、前瞻性、技术性的品格"③，力求破解创新与法治的对接性难题，促进二者良性互动。第四，中国治理包含国家治理与全球治理两大战略考

---

① 参见周雪光《中国国家治理及其模式：一个整体性视角》，载《学术月刊》2014年第10期。
② 参见张清、武艳《包容性法治框架下的社会组织治理》，载《中国社会科学》2018年第6期。
③ 石佑启、陈可翔：《合作治理语境下的法治化营商环境建设》，载《法学研究》2021年第2期。

量，既要依托国家治理推动全球治理，也要借助全球治理深化国家治理。① 国家治理与全球治理的联动，拉近了国内行政法与全球行政法的距离，"为行政法的发展注入了新的生长因子"②。行政法学研究正以全球视野，促进国内行政法治与全球行政法治的融合发展。纵观中国行政法学的学术史，中国治理的实践面向始终影响着中国行政法学自主知识体系构建的进程，但在理论上，其内在运行机理与命题转换尚未完全厘清，这是本文研究的核心问题所在。

一、中国治理实践与行政法制度发展

从不同维度观察中国治理实践，不难发现，其有着独特的发展规律、价值目标和覆盖场域，其在向不同主体、领域、空间延伸的同时，也促进了行政法制度的发展。

（一）中国治理实践的多维面向

从历史演进维度看，中国治理实践植根于国家在各个历史阶段担负的发展任务和面临的社会矛盾，通过持续推进权力运行场域、形态、限度的调适，回应在深化改革不同时期公民日益增长和变动的权利诉求。改革开放以来，为了解决人民日益增长的物质文化需要与落后的社会生产之间的矛盾，中国治理实践开始聚焦于以经济建设为中心，通过解放和发展生产力，从根本上调整国家与社会失衡的关系，并逐步与现代国家构建、政治和行政体制改革紧密联系在一起，③ 在如何厘清计划与市场、政府与社会的关系，发展社会主义市场经济等方面取得突破性进展。进入新时代，为了解决人民日益增长的美好生活需要与不平衡不充分的发展之间的矛盾，中国治理实践致力于全面系统解决如何使政府看得见的手与市场看不见的手相得益彰、如何推进社会治理创新等重大问题，进一步处理好政府、市场、社会的关系，不断深化行政体制改革，加强社会治理制度建设，积极

---

① 参见蔡拓《全球治理与国家治理：当代中国两大战略考量》，载《中国社会科学》2016年第6期。

② 江国华、李鹰：《行政法的全球视野——行政法学研究的新方法》，载《环球法律评论》2011年第6期。

③ 参见郁建兴、王诗宗《治理理论的中国适用性》，载《哲学研究》2010年第11期。

参与全球治理体系改革和建设,有力地推进和拓展了中国式现代化,为实现国家治理体系与治理能力现代化奠定了坚实的基础。

从国家治理维度看,中国治理实践在主体层面形成以国家统筹规划、社会共建共治共享的基本形态和结构特征。国家建构本质上是在国家与社会的互动关系中准确定位国家功能而产生的制度变迁,"政府的角色转型则构成这一变迁的中轴逻辑"①。政府治理是国家治理的具体实施和行政实现,②是明晰国家行政组织职能,划定国家权力运行场域,激发市场、社会活力的重要向度。围绕当下全面深化改革和全面依法治国的总体布局,政府积极推动行政体制改革、"放管服"改革、"互联网+政务服务"改革等重大改革,以及服务型政府、整体政府、数字政府建设,并依托法治建设,准确厘定政府、市场、社会的制度边界。这无不体现着在国家系统性治理中凭借政府职能、权限的调适,通过促进各类主体、手段等治理要素的融合互动,以更好地回应人民对美好生活向往的实践需求。

从社会治理维度看,创新社会治理体制、改进社会治理方式、提高社会治理水平等构成中国治理实践在社会维度层面的主要任务。社会治理不仅体现为社会由外到内、自上而下地承接政府职能,还在于借助社会自发性治理,以及基层试点和实践经验,由内到外、自下而上地推动社会治理体制转型。③进入新的历史时期,打造"共建共治共享的社会治理新格局",推进"社会治理共同体建设"成为发挥多元主体的治理优势、缓解社会内部利益冲突、维护社会和谐稳定的关键举措。其中,党的领导是轴心,④政府在社会基本秩序建构、基础服务供给中发挥主导作用,社会组织依托法律法规授权、政府委托或权力让渡参与共治,市场主体根据行政协议、市场需求等提供公共产品,从而在社会治理中形成协作与合作,⑤塑造一个分工明确的共治格局。

从全球治理维度看,中国积极参与全球治理体系变革,推动全球治理

---

① 何显明:《政府转型与现代国家治理体系的建构——60年来政府体制演变的内在逻辑》,载《浙江社会科学》2013年第6期。
② 参见王浦劬《国家治理、政府治理和社会治理的含义及其相互关系》,载《国家行政学院学报》2014年第3期。
③ 参见李友梅《当代中国社会治理转型的经验逻辑》,载《中国社会科学》2018年第11期。
④ 参见陈柏峰《党政体制如何塑造基层执法》,载《法学研究》2017年第4期。
⑤ 参见张康之《论社会治理中的协作与合作》,载《社会科学研究》2008年第1期。

朝着更加公正、合理的方向发展。面对世界格局的深刻变化,中国提出"构建人类命运共同体"的全球治理倡议,推动建设相互尊重、公平正义、合作共赢的新型国际关系,坚定维护以联合国为核心的国际体系和以国际法为基础的国际秩序,推动国际关系民主化、法治化、合理化。

总之,遵循历史发展规律,从国家与社会、国内与国外观察新时代中国治理实践,不难发现,其相较于以往的治理模式和经验,在目标、理念、环境、结构、方式、过程、指标、监督等方面均显现出一定的差异性和创新性。就治理目标和理念而言,新时代治理实践以统筹协调多元主体愈发复杂的利益关系、充分回应人民对美好生活的期待为目标,以提升治理效能、强化服务本位为理念,致力于挣脱传统治理模式单纯强调限权控权的思想桎梏;就治理环境与结构而言,新时代的治理环境已发生了深刻变化,大数据、云计算等数字技术的广泛应用,强化了不同治理场域、情境、主体的相互联系,共治格局逐渐向个人信息保护、数据安全、公共卫生等更加微观的领域延伸,形成系统发展、整体联动的治理环境。与此相适应,更多的社会主体突破传统公与私的界分,凭借信誉资源、技术优势等参与到公共事务治理当中,推动治理结构的全方位革新;就治理方式与过程而言,公民权利诉求的扩张极大程度地推动了公共行政任务的拓展,由此产生了持续丰富治理方式的现实需求。其内在逻辑主要呈现为从以往更加依托于单方命令、事前审批、强制制裁等方式向兼顾沟通协商、事中事后监管、柔性治理等方式发展,进而推动公共治理流程设置由传统的单向度模式向双向度模式,甚至向多向度协商合作的交互性模式转型,以促进中央与地方、区域内各地方政府、政府与市场和社会之间利益关系的协调;就治理指标与监督模式而言,治理环境、结构、方式等内容的转变正推动着治理指标的优化,具体呈现为从强调秩序稳定向注重服务质量发展,在完善依法治理指标体系之余,围绕各地在政府补贴、税费减免、市场准入、土地供应、商事登记等领域的原创性、差异化举措,深入推进有效治理的相关指标体系建设。以此为基础,治理监督的重心也逐渐从权力有限性向权力有为性迁移。

(二) 中国治理实践促进行政法制度发展

在行政体制改革与经济体制改革双重背景下,围绕政府权力控制及其与市场、社会关系的协调,以及破解"民、行不分家"诉讼体制的内在缺陷，治理实践的需要推动了1989年《中华人民共和国行政诉讼法》（简称《行政诉讼法》）的出台。在计划经济时代，国家全面主导经济社会发展，①借助公共政策和行政命令将市场、社会纳入国家体制，"行政法无存在的土壤和空间"②，人民法院审理行政案件主要适用民事诉讼法相关规定，缺乏行政法规范体系作为支撑。《行政诉讼法》的出台，本质上创设了一套独立于民事诉讼法，以公正裁判行政案件，保护公民合法权益及监督行政机关依法行政为导向的行政法规范体系。这意味着，以减少政府对市场、社会的干预，控制政府权力为主线的治理变革成为中国现代行政法制度建设的逻辑起点。此后，《中华人民共和国行政处罚法》（简称《行政处罚法》）、《中华人民共和国行政复议法》（简称《行政复议法》）、《中华人民共和国行政许可法》（简称《行政许可法》）、《中华人民共和国行政强制法》（简称《行政强制法》）等行政法规范的相继出台，进一步围绕《行政诉讼法》建构起来的合法性审查原则，以及治理实践对职权法定、程序正当、高效便民、权责一致等原则的坚守，持续推动了我国行政法制度的发展。

在国家治理维度，从1982年至今，以简政放权、转变政府职能及更好提高行政效能为导向，我国已开启了九轮党和国家机构改革，出台了一系列机构改革方案。从精简机构、减少冗员到大部制改革，再到行政权力的结构性调整，改革实际上是基于市场经济发展的阶段性需求，对政府职能及其权力配置的整合与分立进行整体重构，以强化其与市场、社会的互动，提升行政一体化和联动性。与之相对应，各时期行政法规范的制定和修改都在不同程度上吸收了行政体制改革的相关经验。例如，《行政许可法》对行政许可权的相对集中行使、行政许可的集中受理等作出规定；《行政处罚法》对综合执法制度、相对集中处罚权、行政处罚权下放镇街等予以规定；等等。

在社会治理维度，党的十九大报告首次提出"社会治理制度"概念，进一步强调制度建设与社会治理实践及创新的相互融合，社会治理经验的规范转化成为行政法发展的重要形式。实践中，基层群众自治组织、社会组织、企业等主体参与公共事务治理往往通过法律法规授权、行政机关委

---

① 参见林尚立《权力与体制：中国政治发展的现实逻辑》，载《学术月刊》2001年第5期。
② 徐继敏：《国家治理体系现代化与行政法的回应》，载《法学论坛》2014年第2期。

托、自治规范赋权等形式获得权力运行的合法性和正当性,相关规范经由法定程序制定出台而转化为行政法的法源,从而推动行政组织法、行政行为法体系的扩容。从《中华人民共和国村民委员会组织法》《中华人民共和国城市居民委员会组织法》《中华人民共和国工会法》《中华人民共和国教育法》《中华人民共和国烟草专卖法》对村委会、居委会、工会、高校、烟草公司等主体的专门性授权,到社会组织章程、行业标准对参与成员行为的调整,再到行政协议、监管规则等对营利性主体相关义务的规定,社会治理主体、机制的创新逐步在行政法规范体系中得到明确。在特别法授权之外,不同主体在不同公共事务中的相互关系与功能定位也逐步得到相关法律规范的确定。同时,诸多充分吸收本土资源、技术资源的民间规范、平台规约等非正式规则在治理活动中的实际适用,都对行政法制度体系的革新提出了新要求。

在全球治理维度,中国治理实践的场域从国内治理向国际治理延伸,同步推动了涉外行政法制度的发展。习近平总书记指出:"中国走向世界,以负责任大国参与国际事务,必须善于运用法治。"① 面向互联网治理、环境治理、传染病治理等全球公共治理问题,中国正逐步推进自身从国际规则接受者向国际规则制定者转变,不断加快涉外法治工作的战略布局,加快推进涉外行政法治建设:就"引进来"而言,围绕外资安全审查、跨境数据流动、自由贸易区建设等内容制定了《外商投资安全审查办法》《中华人民共和国数据安全法》以及各地的自由贸易试验区条例等;就"走出去"而言,不断强化国际法治合作,积极参与全球治理规则制定,综合利用各类法治手段应对全球治理风险,在互联网、环境、公共卫生等诸多国际治理领域就如何构建标准、开展合作等作出中国的原创性贡献。

二、治理实践与创新对行政法学研究的重要影响

中国治理实践与创新为行政法学研究提供了经验素材,重塑了行政法的价值导向,引领着行政法学研究重心调适、研究领域拓展,决定着行政法学体系高质量发展的水准和进程。

---

① 习近平:《加强党对全面依法治国的领导》,载《求是》2019 年第 4 期。

（一）治理实践为行政法学研究提供经验素材

遵循中国治理的历史发展轨迹，行政法学研究呈现一定的规律性。

计划经济时代，国家全面主导经济和社会发展，借助公共政策和行政命令将市场、社会纳入国家体制，高度整合各种资源。此时期的行政法可以被理解为"管理法"，[①] 其存在于土地改革、经济体制转变、市场管控等相关政策文件当中。由此形成的行政法学上的"管理论"更类似于对既有权力组织和运行制度的一种描述，带有浓厚的行政管理学色彩。

党的十一届三中全会后，中国特色社会主义法治建设进入新时期，中共中央关于社会主义法制建设的十六字方针，为行政法制建设和行政法学研究指明了方向。随着行政法学研究的不断发展，迫切需要建构属于中国自己的行政法基础理论。[②] 围绕国家治理、政府职能、市场地位的转变及其配套的法治建设任务，行政法学界就行政法的本质、功能、理论体系、发展方向等问题展开了热烈讨论。其中，除了借鉴域外学者提出的"控权论"，还产生了服务论、平衡论等更能体现中国特色的理论创新。随着社会主义市场经济体制的确立，依法治国成为治国的基本方略，行政体制、市场体制改革深化，公民权利诉求扩张，如何准确定位行政法的功能，依托法治建设协调好公益与私益、权力与权利的关系，成为行政法学界论争的焦点。例如，早期的服务论提出社会主义国家行使行政权的目的在于为人民服务，[③] 行政法要明确权力运行的服务指向；平衡论提出"现代行政法学应致力于合理地解释行政法的失衡现象，并为行政法失衡问题的解决提供理论对策"[④]。

行政法学研究范围的调适往往与行政法律规范的制定同步展开。《行政诉讼法》、《行政处罚法》、《中华人民共和国国家赔偿法》（简称《国家赔偿法》）、《行政复议法》、《行政许可法》、《行政强制法》等行政法律规范的相继出台和修订完善，构成行政法学研究的主要内容。从《行

[①] 参见马怀德主编《共和国 60 年法学论争实录·行政法卷》，厦门大学出版社 2009 年版，第 24 页。

[②] 参见沈岿《行政法理论基础回眸——一个整体观的变迁》，载《中国政法大学学报》2008 年第 6 期。

[③] 参见应松年等《行政法学理论基础问题初探》，载《中国政法大学学报》1983 年第 2 期。

[④] 罗豪才、宋功德：《行政法的失衡与平衡》，载《中国法学》2001 年第 2 期。

政诉讼法》的功能定位、受案范围等内容的确立和调整到《行政处罚法》的处罚种类、条件等内容的适时更新，从《行政许可法》与行政审批改革的协调到《国家赔偿法》对精神损害赔偿的吸收以及行政复议法的修订等，均在行政法学界引起了广泛讨论。面对治理变革对既有行政法律规范体系产生的冲击，如行政组织关系变动、行政方式技术改造、行政决策程序重塑、行政救济渠道拓宽引发的合法性、正当性质疑等，行政法学界均及时作出回应。

（二）治理创新激励行政法学研究价值取向嬗变

中国治理实践在不同历史阶段都对外呈现为治理的主体、方式、机制等创新发展的动态过程。从改革开放到21世纪初，治理的创新性主要呈现为依托政府部门职权的调整和优化，推动社会主义市场经济建设。随着中国加入世贸组织，经济社会迅速发展，公民权利保障和监督参与的意识不断增强，风险防控、服务供给等行政任务的拓展推动着治理创新的轨迹由政府内部向外部延伸，社会组织蓬勃发展并参与到大量的公共事务当中，推动着治理结构变动。数字时代的到来，平台型企业基于技术资源的占有成为网络秩序建构的重要主体，促进治理主体从公益性组织向部分营利性主体延展。① 与此同时，多元主体治理结构的协调以治理方式、机制创新为纽带，公私合营、柔性执法、数字化行政等进一步彰显了治理实践的创新性。② 治理创新对传统行政法理论和规范体系产生冲击，呼唤行政法学研究反思自身的价值取向，推动行政法功能定位的转变。行政法学不仅要研究面向不同行政任务如何依托行政法提高行政效能与保障行政公正的问题，还要关注社会主体参与公共治理的规范化问题。这涉及行政组织法、行为法、监督救济法等各领域研究目标及其制度功能的调适。政府、社会组织、市场主体的合作共治对行政组织法产生冲击，促进了传统权力配置的深度改造；行政指导、行政约谈、公私合营、执法和解等柔性化、协商型行政方式的出现，互联网技术与传统行政方式的融合，推动了行政

---

① 参见陈可翔《互联网公共治理方式转型的行政行为法回应》，载《法学》2022年第7期。
② 例如，《优化营商环境条例》第59条第1款规定："行政执法中应当推广运用说服教育、劝导示范、行政指导等非强制性手段，依法慎重实施行政强制。采用非强制性手段能够达到行政管理目的的，不得实施行政强制；违法行为情节轻微或者社会危害较小的，可以不实施行政强制；确需实施行政强制的，应当尽可能减少对市场主体正常生产经营活动的影响。"

行为法研究范围的拓宽，以及结合有效治理的目标对行政方式的选择和适用进行更加精细化的设计；行政机关面向公益损害的不作为、公私合营情境下的私益保障不足、新型行政方式侵权的救济渠道选择等，对传统行政救济法产生挑战，引发了关于行政复议和诉讼受案范围的争论，促进了行政公益诉讼理论研究和制度实践的展开。

治理创新是国家应对行政任务拓展的关键举措，其推动行政法学面向行政机构、行政方式、行政监督与救济等方面的变革，探寻如何处理好改革与法治、合法与有效之间的辩证关系。一方面，伴随着诸如市场、技术等一系列创新，行政法学坚持包容审慎理念，遵循辅助原则，指导市场监管规范从"干预法"向"协调法"转型，从强调事前控制向重视事中事后监管转变，使之放宽对创新的刚性束缚，从而实现行政法对创新的引领和保障；另一方面，立足治理需求而展开的行政体制、治理机制创新大多以"先行先试"为路径依归，这要求行政法学因应治理创新指导法律法规的调整适用，为通过制度变通促进创新提供理论支撑。

（三）治理的法治需求确立行政法学研究重心

回应治理的法治需求，指导行政法制度完善，构成行政法学研究的主线。"晚近十年的中国行政法学呈现面向司法与面向行政双峰并峙的研究格局。"[①] 行政法学既以公共行政产生的法律问题为研究对象，聚焦行政任务拓展、利益基础重塑、法律关系变动等，诸如对平台经济治理、食品药品监管、新兴产业规范等领域的行政活动加以观察，凭借治理机构、手段、过程的规范化，增强行政法理论体系对治理变革的回应；也以司法为观察对象，遵循传统上以行政争议化解、权利救济为导向的制度设计思路，反思行政法理论在指导立法、司法过程中存在的问题，形成具备现实针对性的行政诉讼法体系。总之，治理创新与治理纠纷的多元化为行政法学研究提出了新命题，推动了行政法学理论研究的深化。

治理的法治需求为行政法学提供新的动力。治理系统的有序运行离不开完备的规范体系为权力配置、权利保障及"权力—权利"互动提供制度支撑。如《法治政府建设实施纲要（2021—2025年）》中关于健全依法行政制度体系、决策制度体系、行政执法工作体系等目标的设定；《法

---

① 章志远：《部门行政法学历史使命的三重维度》，载《浙江学刊》2017年第4期。

治社会建设实施纲要（2020—2025年）》中关于健全公众参与重大公共决策机制、保障行政执法中当事人合法权益等权利保护的价值追求，以及推进社会治理、网络治理法治化的指引等，给行政法学研究设定了诸多新任务，指引学术研究紧跟法治政府、法治社会建设的路线图，助推行政法制度体系的完善。

（四）整体性治理拓展行政法学研究领域

中国治理实践通过持续吸纳新元素以促进治理结构和治理资源的整合，并实现从理念、结构、方式到过程等的整体性治理。整体性治理的兴起，推动行政法学界进行整体思维的反思，并就行政法的基本问题达成初步共识。①

如何顺应整体性治理变革的趋势，不断提高行政法学体系化程度，构成行政法学研究的重要领域。体系化旨在跳出纯粹的行政领域，从一个持续发展的介于国家与社会间的领域为治理演化提供观察和分析视角。② 动态开放的行政法学体系从不同角度观察和吸收治理实践经验，治理实践中越发复杂交错的关系结构与利益基础不断引发学术界对行政法基础理论的深入讨论。基础理论发展撼动了传统行政法学研究范式，"由现象到本质、由个案到体系"构成当下行政法学研究的一种逻辑脉络。从行政个案中收集研究素材，汲取规制经验，并进一步对制度功能进行全方位反思。③ 促进行政法学体系扩容不仅表现为研究对象的扩充，还在于推动体系内部价值诉求、基础概念、关联规则，甚至社会伦理的相互融通，从而实现体系的均衡发展。④

行政法学体系化建构同样使学科随着研究领域拓展对整体性治理实践持开放态度，并将研究触角从宏观向中观、微观层面延伸，推进部门行政

---

① 参见沈岿《行政法理论基础回眸——一个整体观的变迁》，载《中国政法大学学报》2008年第6期。

② 参见［德］施密特·阿斯曼《秩序理念下的行政法体系建构》，林明锵等译，北京大学出版社2012年版，第6页。

③ 例如，早期政府特许经营协议、土地征收补偿协议等行政协议在实践中的广泛运用，激发了学术界关于引入行政法律关系理论的深入讨论，并推动了《行政诉讼法》及其司法解释的修订完善。

④ 参见赵宏《行政法学的体系化建构与均衡》，载《法学家》2013年第5期。

法建构。从中观层面来看,风险规避、全球治理、网络建设等治理活动中权力与权利的关系变动,引发学术界对构建风险行政法、全球行政法、网络行政法、合作行政法等的广泛关注;从微观层面来看,学术界聚焦警察执法、教育改革、医疗卫生、个人信息保护等领域的前沿问题,积极挖掘其中的行政法治难点,推动部门行政法学研究日益深入。可见,面向整体性治理,行政法学仍需持续填补中观、微观层面研究的空白,拓宽研究的疆域,为行政法(学)的体系建构奠定坚实的基础。

三、行政法学回应治理实践的目标优化

迈入全面建设社会主义现代化国家新征程,中国治理开启了诸多创新性探索。行政法学须植根于治理创新的实践土壤,不断优化自身发展目标。

(一)促进法治规律与中国国情相结合

"综观世界各国的法治历程,大凡法治搞得比较成功的国家,无一不是较好地坚持了法治规律与本国国情的创造性结合。"[1] 世界各国普遍遵循的法治规律都会在不同国家转化为差异化的制度设计和具有本土性的制度实践,行政法治规律尤为如此。"外国法的学说和制度构成了中国行政法学重要的智识渊源。"[2] 引入依法行政、比例原则、正当程序、信息公开等现代行政法治原则,以及行政主体、行政行为等概念范畴,是早期中国行政法学发展的重要经验。不同原则和概念范畴与我国公共行政改革、公私合作发展及行政法规范体系完善等行政法治实践相融合,形成了具有中国特色的行政法治理论。

(1)党的领导是推进全面依法治国的根本保证。加强党对行政法治建设的统一领导是行政法学研究的重大课题,如何在推进国家治理体系与治理能力现代化背景下,将党的领导融入行政法制建设、重大行政决策、

---

[1] 袁曙宏:《法治规律与中国国情创造性结合的蓝本——论〈全面推进依法行政实施纲要〉的理论精髓》,载《中国法学》2004年第4期。

[2] 何海波:《中国行政法学的外国法渊源》,载《比较法研究》2007年第6期。

行政执法等实践中，是"中国行政法学理论谱系构建"① 的根本性问题。党对行政法治建设的领导具有丰富的经验，其中最为重要的一条，就是要依靠科学有效的制度机制加以保障。面对新的治理实践，如何探索出党领导行政法治建设的新的制度机制，《中央党内法规制定工作规划纲要（2023—2027年）》在"（八）完善党领导各项事业的制度"中，专门针对健全党领导全面深化改革工作、全面依法治国工作等方面的制度，明确了"不断提高党的领导制度化规范化程序化水平"的新要求，这是行政法学无法回避的重大政治任务和学术使命。对党内法规与行政法律规范衔接适用问题、党的方针政策与行政决策的协调问题、政务处分与党纪处分的衔接问题、党政决策和行政命令的互动问题等进行深入研究，是行政法学研究的当务之急。

（2）民主政治是行政法治建设的基石。行政法学研究如何遵循中国民主法治建设的制度设计与发展规律，吸收中国民主法治建设的实践经验，是推动民主行政理论发展与行政民主化制度完善的重大议题。中国的民主政治区别于西方，契合中国自身的发展需求，呈现鲜明的特色、显著的优势和与时俱进的时代内涵。习近平总书记指出，要践行以人民为中心的发展思想，发展全过程人民民主。② "全过程人民民主"表现为一种全链条、全方位、全覆盖的民主，③ 将"公共意志的形成、确定、执行作为一个全过程存在的空间领域"④，覆盖民主立法、决策参与、执法监督、合作行政等各个方面，彰显中国特色社会主义民主政治理论的重大创新。立足中国式民主的价值内涵和时代追求，如何依法推进行政民主化进程，切实贯彻全过程人民民主的要求，以知情权、参与权、批评建议权等民主权利为基础，推动行政处罚、行政强制及行政救济制度中程序规则的完善，并以程序法为进路推动行政法体系化发展，⑤ 成为行政法学持续关注

---

① 刘连泰、孙悦：《改革开放以来中国行政法学的理论谱系》，载《厦门大学学报》2021年第4期。

② 参见习近平《在庆祝中国共产党成立100周年大会上的讲话》，人民出版社2021年版，第12页。

③ 参见《坚持和完善人民代表大会制度　不断发展全过程人民民主》，载《人民日报》2021年10月15日第01版。

④ 莫纪宏：《在法治轨道上有序推进"全过程人民民主"》，载《中国法学》2021年第6期。

⑤ 参见叶必丰《行政法的体系化："行政程序法"》，载《东方法学》2021年第6期。

和研究的问题。尤其是，在公私合作治理兴起的背景下，行政权向社会转移及社会自我赋权引发民主参与场域的迁移，如何防止公民参与公共事务的权利在权力结构变动中出现虚置，亟待深入研究。

（3）非正式规则与国家法律等正式规则构成国家治理的重要资源。面向国家各类治理的规范需求，村规民约、社会组织章程、网络平台规约等非正式规则的功能日益显现，如何通过有效的程序设置和内容鉴别强化其治理效能，推动非正式规则与国家法律等正式规则的协同共治，是行政法学的理论增长点。在政府治理领域，针对公私合作、府际合作、区域合作、技术化行政等治理方式的创新，除了积极推动法律、法规、规章的制定、修改和完善外，还要发挥公共政策、合作协议、社会自治章程、权责清单等规范的功能，整合治理的各种规范资源，缓解在政务平台共建、区域协同共治、数据信息共享、公共服务供给等领域出现的部门林立、职能交叉、权责不清、基准不明等问题，促进权力的合理配置。在社会治理领域，无论是传统的城乡社会治理，还是新兴的网络社会治理，都离不开非正式规则。面向政府治理、社会治理中多元主体参与共治以及自治对利益基础、权力结构产生的冲击，行政法渊源如何超越传统国家制定法的局限，克服分散化、可适用性弱等缺陷，挣脱公法与私法、强制与协商、国家与社会等刚性界分，塑造一个更为开放、多元、全面、细致的规范体系，任务艰巨。

（二）推动治理创新与行政法治相协调

（1）权力的结构化转型会对行政法律规范体系带来挑战。权力的结构化转型内含的行政权在纵向或横向上的整合，以及在市场、社会场域中的伸缩，都会产生对行政法规模结构、制度功能、调整重心的优化需求。具体体现为：一是推进依法行政、建设法治政府，需立足于行政权的结构化转型，推动行政法规范体系完善发展。通过行政法律规范的完善保证行政权力的合法性，及凭借更精细化的制度设计实现权责一致。二是政府治理变革的主要目标在于不断打破体制机制桎梏，提高行政效能，这意味着"组织再造""政府瘦身"等行政合理性议题亟待行政法学深入研究。①

---

① 参见翁岳生主编《行政法》上册，中国法制出版社2009年版，第39页。

"以创新思维推进依法行政"① 成为各地持续推进行政体制改革和行政技术改造，实现行政目标的积极探索。三是行政职能调适引发的权力结构变动，呼唤行政法将调整重心由聚焦政府行为一端向兼顾对社会主体行为调整的方向迁移。② 社会主体承担公共秩序建构、公共服务供给等行政任务，推动了政府权力向社会转移，但传统行政法对社会权力配置和运行的规制明显不足。行政法既要尝试将社会主体纳入调整范围，还要根据治理资源的差异化对其权力运行产生的负面影响加以全面考察，才能有效规避权力滥用。

治理方式的技术性改造同样也冲击着现有的行政法律规范体系。区块链、云计算、人工智能等新兴信息技术与多元主体治理行为的相互融合已改变传统行政法所设定的实体上及程序上的规制模式，对于其是否能够获得原定的肯定性或否定性后果，学界仍存在争议。实践中，技术应用产生的行政主体、方式、程序、场域变革虽然在一定程度上突破了"无法律即无行政"的刚性束缚，但仍能获得行政法律规范对其治理成效的肯定性评价，这必然引发人们对技术治理合法性的质疑。当"互联网＋政务"改革、数字政府建设成为互联网时代治理创新不可逆转的趋势时，行政法规范体系的滞后性与技术频繁更新之间的矛盾越发凸显，造成行政法原则明显落后于行政技术和行政目的的变革。因此，如何提升"行政法体系的环境适应性"③，行政法如何满足技术治理合法性与治理方案有效性双重需求，协调好治理创新与行为法治、程序法治之间的张力关系，亟待深入研究。

（2）行政法理论体系的开放性和包容性亟待升华。无论是权力的结构化转型，还是治理方式的技术性改造，都加剧了治理过程的交替性，呼唤行政法理论体系在进一步聚焦对行政行为研究的同时，也要加强对行政过程、行政法律关系、行政法律机制等内容的关注。完善行政行为形式理论是行政法学回应行政方式多样化和复杂化演变的主要路径。这是因为行政行为形式理论往往滞后于行政实践的发展，对新型行政行为认知和解释

---

① 姜明安：《新时代中国特色法治论》，法律出版社 2018 年版，第 234 页。
② 参见徐靖《论法律视域下社会公权力的内涵、构成及价值》，载《中国法学》2014 年第 1 期。
③ 关保英：《新时代行政法体系的构造研究》，载《甘肃社会科学》2019 年第 5 期。

不足，甚至陷入对私人权利关切不足的尴尬境地。① 行政法律关系、行政过程理论等概念工具的引入和发展，尝试破除行政行为形式理论的桎梏，推动行政法学体系核心概念的转变。尽管这些概念工具有助于融入对私人利益、制度成效、交往过程等内容的关注，但其都难以成为回应构建新行政法的时代任务、重塑行政法总论体系的另一出路。② 以其他概念工具作为总论核心会削弱行政法既有的"控权"功能，造成行政法理论体系的松散化，以及行政法治系统与治理实践的对接困难。特别是，若过度强调行政法对公民主观权利诉求的关切，则会加剧行政法对各类新型行政方式的规制缺位趋势。可见，围绕治理创新推进行政法治系统建设，亟须科学统筹合法规制、权利保障、过程控制等行政法的制度功能。

（三）实现公权力与公民权利相平衡

"为了权利与权力的平衡"是行政法学者们矢志追求的重要目标。③ 进入新时代，随着中国治理创新的持续推进，公权力结构变动与公民权利扩张均要求行政法对如何保持公权力与公民权利的平衡作出积极回应。

对于经济体制改革、行政体制改革等治理创新实践而言，单纯强调管理、控权、保民等，都难以涵盖行政法的全部功能。20世纪90年代伊始，围绕发展社会主义市场经济推行的转变政府职能、政企分开、机构精简等，将学术界对行政法基础理论的讨论带入控权语境。行政法的功能开始从为改革提供制度依据向划定政府和市场的制度边界延伸，依法行政成为行政法的首要原则。职权法定、合法性审查等依法行政要求被吸收到《行政诉讼法》《行政复议法》《国家赔偿法》等救济规范中，经由对行政行为效力的否定或确认实现对行政权的控制成为行政法的核心功能。然而，单纯强调控权，也一定程度上压制了政府推进改革的积极性和主动性。中国行政法结合改革的实际需要形成自身的功能定位，④ "平衡论"在此背景下产生，并成为行政法学研究的重要学派。"平衡论"主要倡导

---

① 参见鲁鹏宇《论行政法学的阿基米德支点——以德国行政法律关系论为核心的考察》，载《当代法学》2009年第5期。

② 参见赵宏《法律关系取代行政行为的可能与困局》，载《法学家》2015年第3期。

③ 参见沈岿《"为了权利与权力的平衡"及超越——评罗豪才教授的法律思想》，载《行政法学研究》2018年第4期。

④ 参见罗豪才等《行政法平衡理论讲演录》，北京大学出版社2011年版，第5页。

权力与权利之间的平衡，提出既要控权，又要保权；既要保障权利，又要防止权利滥用。

权力与权利的平衡是一个时代性课题，权力结构变动、权利诉求扩张必然赋予"平衡"新的内涵和任务。就权力而言，以减少对微观经济的干预、建设服务型政府、深化"放管服"改革为主题推行的历次行政体制改革，加剧了政府权力结构的变动，改变了政府与公民在不同公共事务领域稳定的权利（权力）义务关系，诱发了新的结构性失衡；就权利而言，社会主义市场经济的发展推动着国家与社会关系朝着既相对独立又相互联动的方向演变，公民的权利意识与权利诉求日渐增强。随着权利诉求扩张对公共行政系统的冲击，公益与私益、公权与私权的协调，构成对规则体系的挑战，并提出对制度机制的完善需求。沿着中国治理创新的轨迹，有关如何平衡权力与权利的讨论逐渐从静态转向动态、从宏观步入微观。技术变革、公私合营、服务外包、合作规制等治理工具的创新，使以往相对稳定的权力（权利）结构在试验性改革与体制机制创新之间处于频繁调适的状态，面临诸多复杂的新情境。数字平台建设、多元主体分工、公共风险泛化等，使政府、公民不得不对权力或权利行使的形式、场域等内容更加关注。

上述治理变革向行政法提出了新命题。①既要重视控权的规范性，也要兼顾控权的有效性。②应从以权力与权利两造对抗为基础的制度框架中解脱出来，融入合作治理的情境中，① 谋求权力与权力、权力与权利的合理分配。一是政府与社会主体合作，要求行政法以"更有利于权利保障"为导向，将权力授予更具治理优势的主体行使；二是当社会组织、企业参与到公私合作中，其权利形态经由行政相对人的权利向合作治理者的权利转化，要求行政法对其权利予以观照；三是公私合作推动行政法律关系由简单的二元结构向多元结构转化，利害关系人范畴拓展急需行政法将调整对象由内向外延伸，实现对其权利的保障。③应积极回应虚拟物权、电子知识产权等公民的新型权利诉求，明确承担新型权利保障义务的主体和权限，为各类权利的有效主张开放程序通道，为其权利的保护和行使提供制度支撑。

---

① 参见章志远《迈向公私合作型行政法》，载《法学研究》2019年第2期。

（四）推进中国法治与全球法治相统筹

国家制度建设成为世界各国应对全球治理体系变革，参与国际话语体系构建的核心竞争力。"运用法治思维和法治方式更好维护国家主权、安全、发展利益，更好促进世界和平与发展，成为我们势在必行的战略抉择。"① 中国深度参与全球治理，迫切需要推进中国法治与全球法治相统筹，积极参与全球治理规则体系构建，以应对全球化对中国特色社会主义法治体系提出的挑战，回应全球公共事务治理的制度需求。这在行政法领域体现为要促进国内行政法治系统与全球行政规则体系的衔接。全球治理在性质上可以归纳为"全球行政"或者"跨国规制"。② 全球治理面对的环境保护、公共卫生、金融风险、货物走私、垄断倾销等问题，均需要世界各国政府、国际组织等主体通过行政决策、行政裁决、行政监管等行政活动加以解决，行政法治建设成为促进中国法治与全球法治衔接的关键点。在此背景下，全球行政法逐渐兴起，并在国内外得到广泛的讨论和应用。③

针对全球治理变革新趋势，为有效应对世界各国政府治理变革、全球化合作规制、全球行政机构监管等引发的一系列法律问题，中国行政法不乏对域外行政法的考察和借鉴，形成相对开放的理论和制度体系，但在视野、方法和问题意识方面仍需强化，制度体系尚需完善。第一，如何聚焦公共危机合作规制、公共产品有效供给、行政决策协商民主等世界各国普遍关注的问题，如何回应全球治理背景下行政法基本原则调适问题，如何化解行政法治与治理实践的脱节问题，亟待研究；第二，如何立足国内治理与全球治理的高度依存性和相互渗透性，在承认其他国家、部分国际组织、跨国公司对全球公共问题的规制成效，以及世界通行规则的基础上，保障国内行政组织参与治理的独立性，避免过多注入全球化元素可能导致的主权弱化问题，亟待研究；第三，如何明确国内行政机关、社会组织等主体参与跨域公共问题治理的权责范围，突出我国在全球合作规制、国际

---

① 张文显：《论中国式法治现代化新道路》，载《中国法学》2022年第1期。
② 参见［美］本尼迪克特·金斯伯里、尼科·克里希、理查德·B. 斯图尔德《全球行政法的产生》（上），范云鹏译，载《环球法律评论》2008年第5期。
③ 参见于安《全球行政法的进路——基于两篇经典文献的诠释》，载《行政法学研究》2015年第6期。

规则制定等领域的主动性和话语权问题，亟待研究；第四，如何引入全球治理元素，构造全球行政法体系的方法路径问题，亟待研究。

推动全球行政法发展已成为中国治理融入全球治理进程，谋求全球公共问题治理规范化、权威性的必然选择。"全球治理有一种内在的全球情怀和鲜明的全球取向"①，承载着全人类共同的利益诉求。"全球性的交往、分工合作必然产生全球整体利益。"② 习近平总书记指出："我们应该大力弘扬和平、发展、公平、正义、民主、自由的全人类共同价值，共同为建设一个更加美好的世界提供正确理念指引。"③ 这表明，全球行政法体系的构建应培育全球意识，维护全人类共同价值追求，依托开放包容的规则体系建设，推动我国政府、社会组织参与全球安全、卫生、环境、经济、文化等领域的治理活动，助推中国法治与全球法治的相互促进。

四、行政法学命题转换的主要路径

立足中国治理实践及其引发的行政法学命题转换，需要推动行政法学理论创新，以指导行政法制度功能调适和规则体系完善，变革传统法教义学的方法论，融合政法法学、社科法学等不同研究方法，④ 增强行政法的回应性、包容性、整体性、全球性。

（一）治理任务变化与行政法的回应性变迁

治理的任务因应国家不同历史阶段社会发展需求变化而处于动态调整之中，其归根结底在于更好地缓解社会主要矛盾，行政法应适应治理任务变化而增强回应性。新时代中国治理的主要任务在于着力解决人民日益增长的美好生活需要和不平衡不充分发展之间的矛盾，包括重塑行政理念、拓展行政任务、调整行政结构、变革行政技术、提高行政效能等。与此相适应，行政法在顺应治理实践发展的轨迹、吸收治理经验的基础上，进行功能性、体系性的反思尤为必要，要以价值理念、理论基础、研究方法的

---

① 蔡拓：《全球治理的中国视角与实践》，载《中国社会科学》2004 年第 1 期。
② 周永坤：《法理学——全球视野》，法律出版社 2016 年版，第 390 页。
③ 习近平：《在中华人民共和国恢复联合国合法席位 50 周年纪念会议上的讲话》，载《人民日报》2021 年 10 月 26 日第 02 版。
④ 参见周佑勇《中国行政法学学术体系的构造》，载《中国社会科学》2022 年第 5 期。

重构，思考如何依托制度完善为治理变革释能，巩固治理变革的成果，从而进一步破解治理主体在应对不平衡、不充分发展中面临的困境。①

（1）就价值理念而言，行政法应面向社会主要矛盾变化，对其基本原则与治理变革规范化需求的匹配度加以检视。例如，《法治政府建设实施纲要（2021—2025年）》明确提出"加快形成职责明确、依法行政的政府治理体系，全面建设职能科学、权责法定、执法严明、公开公正、智能高效、廉洁诚信、人民满意的法治政府"。这与《法治政府建设实施纲要（2015—2020年）》提出的目标相比，进一步突出对建设数字法治政府和提高人民群众满意度的要求，体现提高政府治理能力、切实回应人民群众新期待的价值追求。与此相对应，行政法应将效能原则、服务原则等纳入基本原则的范畴中。

（2）就理论基础而言，有关行政法制度功能的理论设想应回归社会发展需求进行适时更新。行政法应以"平衡论"为基础，围绕"如何实现平衡"的时代课题进行拓展性研究，对新型权力与新兴权利的关系加以调适，直面数字化改革、公私合营、调解和解等治理场景创新语境下平衡面临的内涵拓展与实践困境，探索平衡的方向调整与指标优化，以推动理论基础研究的深化。

（3）就研究方法而言，应立足治理变革的综合性、系统性、创新性，推动行政法学研究的交互式发展和回应性变迁。治理变革的触角逐渐向多领域、多层次延伸，呼唤行政法在运用好法理学、法哲学等传统研究方法的基础上，加强与政治学、行政学、社会学等不同学科的交叉研究和方法借鉴，形成综合性研究视野，实现"从封闭的结构形态向开放性研究形态转变"②，围绕数字技术嵌入治理过程及金融风险、数据安全、公共卫生等不同方面的治理需求，促进理论与实务的充分融合，借助其他学科的方法对行政法问题展开研究，弥补行政法对新兴治理问题的规制缺位。

人民对美好生活的向往需要转化为法规范层面所确立的权利，并在治理中获得充分的表达，这意味着要增强行政法的"回应性"。在行政立

---

① 参见陈国栋《社会主要矛盾变迁与新时代行政法治的发展》，载《暨南学报》2019年第8期。

② 石佑启、陈可翔：《粤港澳大湾区治理创新的法治进路》，载《中国社会科学》2019年第11期。

法、行政决策、行政执法、行政监督与救济等领域完善公众参与、公开听证、听取建议、协商合作等具体程序，是实现在治理的全过程、全链条、全方位回应公民诉求的逻辑前提。行政法应正确认知并回归权利产生和行使的实际场景，为公众参与行政活动的事项范围拓展和程序环节设定提供方向指引，在制度设计中明确提升民主性的价值导向，① 持续挖掘治理实践中不同渠道、不同阶段的民主要素，探索互联网时代推动行政民主化、法治化发展的新标准和新方式。从公民角色定位来看，应立足治理变革与公民权利扩张的趋势，拓展公民参与权的范围，扭转公民一方在行政执法或救济活动中相对被动的局面；从行政模式改革来看，应吸收平等协商、合作共治等现代行政法价值理念，围绕合作行政、参与行政等发展趋势，深入探究社会主体承担行政任务引发的权力结构变动，以及"互联网＋政务"改革、数字政府建设对公众参与途径、方式的影响和改造，引领配套的制度机制完善。

（二）治理资源整合与行政法的包容性构造

治理的有序推进以党的领导、政府负责、社会协同、公民参与等不同治理资源相互整合为基础。其中内含着传统由国家主导制定的正式规则不断整合新型治理资源并调整实施，以及由社会主体创设非正式规则，促进乡土资源、技术资源转化为共治或自治权威的动态过程。行政法应指向构建一种包容性的治理秩序，正视多元治理规范因治理资源差异在不同场域的法律地位、功能和作用，② 增强非正式规则在厘定权力限度、规范社会自治、创新体制机制等治理实践中的成效，促进其与正式规则的相互融通和衔接适用。

第一，依托党内法规与国家法律的相互衔接，处理好党的领导与行政法治建设的关系。在国家治理实践中，党发挥着总揽全局、协调各方的领导核心作用。党的领导直接影响着行政立法、行政决策、行政执法等行政活动的整体规划和法治化水平。"党政机构统筹设置使党政关系的探索进

---

① 参见莫于川《公众参与行政立法是发展全过程人民民主的行政法治革新要义》，载《中国司法》2022 年第 2 期。

② 参见刘作翔《当代中国的规范体系：理论与制度结构》，载《中国社会科学》2019 年第 7 期。

入了新阶段"①，党政合署办公作为党对行政机关的组织嵌入，②强化了党内法规对国家机构运行的直接影响，③对传统行政法确立的主体范畴、行为类型、程序规则和救济制度等产生重要影响。"不能简单讲党政分开或党政合一，而是要适应不同领域特点和基础条件，不断改进和完善党的领导方式和执政方式。"④党内法规与国家法律应就党政组织设置、职能分工、权责分配、决策部署、程序对接，以及公职人员奖惩等内容作出相对统一、衔接协调的规定，如统筹党组织与行政机关各自的职能和权限、明确相应的责任主体、规范表决方案的流程与要求、统一党内处分与政务处分的尺度等，以此避免出现职能交叉、权限不清、责任不明等问题。

第二，推进行政法法典化建设，实现对治理实践成果的确认和巩固。行政法法典化建设有利于最大程度整合行政法治资源，吸收更多符合实际需求的治理方案，为各领域的治理实践提供规范依据，彰显行政法的包容性。行政法法典化建设要"摒弃那种将各行政法领域的法规范皆囊括其中来构建所谓统一行政法典的主张和做法"⑤。这是由行政法律渊源分散化、行政法律关系复杂化等行政法的特质所决定的。因此，行政法法典化建设总体上应定位于行政法基本法。⑥一方面，应致力于从多领域、多维度梳理和整合行政法治理念，拓展基本原则，为行政法的系统性、体系化建构提供价值引领，推动行政法适应合法治理与有效治理的双重要求进行功能调适和规范完善，形成秩序行政和服务行政双轮驱动的结构体系；另一方面，应立足现有的单行法基础，提炼各类行政活动普遍遵循的一般性行政程序法律规范，将之作为行政法法典化建设的重要内容，分别围绕行政立法、行政决策、行政执法、行政协议等主要行政活动建立一般性的程序规则，与行政处罚法、行政许可法、行政强制法等单行法的相关规定实现有效对接。此外，行政法法典化建设还要因应各项改革实践的需要，尝

---

① 金国坤：《党政机构统筹改革与行政法理论的发展》，载《行政法学研究》2018 年第 5 期。
② 参见林鸿潮《党政机构融合与行政法的回应》，载《当代法学》2019 年第 4 期。
③ 参见秦前红、陈家勋《党政机构合署合并改革的若干问题研究》，载《华东政法大学学报》2018 年第 4 期。
④ 习近平：《论坚持党对一切工作的领导》，中央文献出版社 2019 年版，第 231 页。
⑤ 杨建顺：《行政法典化的容许性——基于行政法学体系的视角》，载《当代法学》2022 年第 3 期。
⑥ 参见王敬波《行政基本法典的中国道路》，载《当代法学》2022 年第 4 期。

试从不同位阶、不同渊源、不同场域的行政法规范中提取卓有成效的制度经验，形成一套融贯性、创新性的规则体系。

第三，实行多元规则协同共治，增强不同规则适用的实效性。行政法学应反思传统"法"的概念范畴，围绕如何推动规范体系扩容及多元规范兼容展开系统研究。一是应厘定非正式规则在行政法规范体系中的具体类别、适用场域、作用机理、效力层级等，以及禁止适用的事项范围，明确其在委托事项、合作事项、自治事项中适用的合法性；二是应通过构建完备的制定程序规则、厘定不同规范的载体形态及调整对象、拓宽制度实施资源、探索司法适用空间等方面，填补非正式规则自身的规范性和实效性不足；三是应从不同的功能定位、效力位阶、适用位次，以及衔接机制设计等角度推进正式规则与非正式规则的并行不悖、相互对接，促进二者就改革的顶层设计、规范政府权力和社会公权力的运行、提升治理活动的专业性与便捷性、平衡多元主体的利益关系等方面进行分工，并依托备案审查、风险评估等具体机制构建，缓解二者的冲突。

（三）治理范式改造与行政法的整体性革新

我国行政法治建设必须适应时代和形势的特点和要求，沿着治理变革的步伐，"走中国特色的社会主义创新之路"①，展现从学术概念、理论基础到制度框架的全面革新。首先，治理主体、方式和过程等关键元素的创新呼唤对传统行政法诸多学术概念和法律概念进行拓展或解释，以促进学术概念、规范构造与治理实践的互动融通。"创新性是理论研究最基本的学术评价标准，法学研究亦然。"② 学术概念和法律概念的创新构成连通行政法治建设与治理模式创新的重要桥梁。面向公私合作、数字行政、行业自治、平台治理、失信惩戒等一系列新型行政活动的出现，行政法学研究应反思传统学理上关于行政、行政主体、行政行为等概念的内涵和外延，确保学术体系的周延。例如，随着社会组织等主体参与到公共行政活动中，以及党政合署办公的展开，传统行政主体理论范畴将被重新阐释，③ 在行政机关、法律法规授权组织的基础上体现对其他权力主体的理

---

① 应松年：《中国行政法发展的创新之路》，载《行政法学研究》2017年第3期。
② 陈甦：《当代中国法学研究的研究》，载《中国社会科学评价》2015年第3期。
③ 参见熊文钊《论机构改革与行政主体理论创新》，载《行政法学研究》2021年第2期。

论关切,将实际行使公权力的社会组织及部分互联网平台等纳入行政主体概念当中加以统筹;又如,行政协议、行政约谈、行政评级等新型行政方式的广泛应用要求对传统以单向度、强制性为主要特征的行政行为概念作出调整,吸收双向度、柔性化等新表征,并着力推动新型行政行为的类型化发展,明晰不同类型行政行为的法律特征和构成要件。行政法学术概念的创新要及时服务于法律概念的调适,以促进规范体系与实践需求的对接。循此逻辑,行政组织须立足行政主体范畴的变动,在逐步囊括党政机构合署的同时,兼顾对社会组织的概念整合,以实现从国家行政组织向公共行政组织的转化;《行政诉讼法》《行政处罚法》等法律规范普遍以行政行为取代具体行政行为,接下来尚需结合行政行为类型的拓展,进一步明确行政行为概念,以防止部分新型行政方式因行政行为概念的模糊而缺乏必要的规制。

其次,治理实践中行政任务、利益基础、权力结构的整体变迁亟须推动行政法理论基础的创新,为行政法制度功能调适、基本原则拓展、制度机制健全奠定基础。一是应对日益扩张的行政任务是推动治理变革的重要导向,其要求行政法适应治理目标的变动,深入探讨平衡合法、合理、效能、服务、创新等不同价值目标的具体进路。不仅要在秩序建构任务中促进多元主体履行法定职能,依托行为法规范完善以实现控权,而且要面向更好完成技术服务供给、网络风险防控等新兴任务,不断调整自身价值目标。二是治理变革推动了公域的利益基础从公私分立向公私融合转型,急需行政法就如何协调好公益与私益的关系、如何在公共治理活动中更加彰显对公民权利的价值关怀展开深入讨论。① 例如,应在公私合作、行政约谈等行政活动中,注重协商对话,充分发挥社会主体自治的能动性,在治理方式选择和适用中加强对行为可能造成的私益损害进行评估,同时防止数字化工具的应用在实践中异化为政府减轻自身负担或逃避行为法规制的手段。三是多元主体参与共治引发的权力结构变动,需要行政法在关注政府治理合法性的同时,弥补对社会治理的调整不足。特别是,应结合不同

---

① 有学者提出:"个人信息保护场景中的法律关系,仅仅依赖民事权利的保护逻辑,很难得到有效调整;很难有效应对组织化、大规模、持续性的个人信息处理活动。"参见王锡锌《重思个人信息权利束的保障机制:行政监管还是民事诉讼》,载《法学研究》2022年第5期。个人信息权益保护应凸显国家保护的义务,以及行政机关对个人信息处理的过程性调控。

社会主体的性质、地位、资源等因素确定其行为的调整方向，准确把握社会组织、平台等主体所占据的治理资源，并设定相应的行为边界。因此，行政法应以平衡论为指导，以平衡公权力与公民权利的关系为基本的功能定位，进一步对提高行政效能、减少行政干预、规范社会自治活动、促进公私合作面临的理论及制度局限性加以反思；行政法应充分重视效能原则、辅助原则、合作原则、最佳原则的价值，并确立其各自的适用场景。在此基础上，指导招标投标、备案审查、监督评估、权责分配、裁撤冗余审批事项、吸收利害关系人参与等制度机制的完善，以保障治理活动的规范化和有效性。

最后，行政法须对治理创新保持足够的敏锐度，推动制度规范因应治理体制机制的创新进行同步更新。一方面，行政法应为治理创新赋能，塑造包容审慎的价值理念，为市场创新、技术创新释放充足的空间，确保政府、市场、社会探索创新的过程和结果得到制度的容许、确认和保障。特别是，数字政府建设、新兴产业转型、新型技术开发等要求行政法培育一种前瞻性的品格，以动态化、实效性为标准审视多元主体的创新活动，为行政行为技术化改造、党政机构改革、行政审批机制改革等的合法性、有效性提供理论证成。另一方面，行政法要重构传统关于合法性的评价标准，厘清政府围绕简政放权、服务行政、防控风险等领域展开的"先行先试，体制机制创新"与行政法治的辩证关系，纠正"创新就要破法、违法"的错误认识。不能将合法原则机械地理解为"无法律即无行政"，"先行先试"也不是追求在法治之外的肆意妄为。行政法理论创新的目标之一就是要找到实现"合法"与"先行先试"有效对接的平衡点，其主要路径在于要研究并推动在市场准入、统一市场、创新服务、数据共享、精简流程等领域适度放宽严格意义上的合法原则的刚性束缚，围绕深化商事登记制度改革、实行全国统一市场准入负面清单、推进投资审批制度改革、建设全国一体化在线政务服务平台、促进数据跨地区跨部门流通等，进一步探讨开展先行先试、暂停暂调的法定主体、程序等，"发挥法治对改革发展稳定的引领、规范、保障作用"①。

---

① 习近平：《推进全面依法治国，发挥法治在国家治理体系和治理能力现代化中的积极作用》，载《求是》2020年第22期。

（四）治理场域拓宽与行政法的全球性培育

随着中国治理场域的不断拓宽，行政法应积极培育全球视野，以实现对涉外行政关系的有效调整，以及参与到全球行政法规则体系建构当中。

"全球价值观必须是全球治理的基石"①，行政法应以协调好多元主体在世界各国行政活动中的利益关系为导向，确立带有全球标识度的基本原则，指引国际规则体系重构和国内涉外行政法律制度的完善。一是平衡原则应在全球行政法发展中获得充分重视和吸收。行政法的全球化发展始终不能脱离其公法属性，须以调整公共行政关系、规制公权力行使为目标，同时在全球公共问题共治、国际投资行为规制等活动中体现多元主体的利益平衡。例如，在环境污染、疫情防控等公共问题治理中协调好国际组织、各国政府、社会主体的职权配置和责任分配；在国际投资纠纷仲裁中，要平衡好东道国政府与外国投资者的利益关系。② 二是充分尊重国际法确立的主权原则，保证各国参与全球问题治理及全球行政法规则制定的相对独立性。世界各国都以独立主体的身份参与全球公共问题治理或涉外问题治理。故对各国政府行政行为的审查，无论是全球行政机构，还是国际仲裁机构都应当对各国政府治理的主观目的、客观环境等要素加以考量，而不能简单地套用其他国家或组织的价值标准对其进行问责，防止全球行政沦为个别利益集团，尤其是发达国家主导的、干预他国内政的场域。三是公共行政透明化、政府信息公开化、公众参与广泛化、公共决策合理化等诸多得到世界各国行政法公认的价值理念，应在全球行政法规则体系建构中得到沿用和彰显。因此，与跨境投资、数据流通、税收优惠等涉外行政事务相关的规范体系应当对政府信息公开以及公众参与的条件、范围、渠道、责任等内容加以规定，畅通信息公开、公众参与不足的救济途径，并针对涉外公共决策构建专家咨询、论证听证、征求意见、批评建议等具体机制。

行政法全球化已成为一种不可逆转的趋势，必须对其具体的制度体系

---

① ［瑞典］英瓦尔·卡尔松、［圭］什里达特·兰法尔主编：《天涯成比邻——全球治理委员会的报告》，中国对外翻译出版公司组织翻译，中国对外翻译出版公司1995年版，第45页。

② 参见杜焕芳、郭诗雅《投资条约仲裁中法庭之友的局限性及其改进》，载《浙江工商大学学报》2021年第6期。

构建路径展开系统研究。随着各国政府、国际组织、社会组织等多元主体参与到全球公共事务治理当中，一个全球公共行政空间正越发清晰地呈现出来。① 这个空间既包括由国际法调整的国家间关系空间，也包括由国内行政法调整的涉外关系规制空间。这表明，行政法全球化必然围绕统一的全球行政规则体系构建与国内行政法就涉外事务治理进行更新两条线路展开。就我国参与全球治理的法治化需求而言，一方面，行政法学要围绕如何参与全球行政法规则体系构建，提升我国行政法的全球影响力展开研究，具体包括：面向全球行政机构的广泛兴起，积极参与构建一套行之有效的问责机制，推动问责指标的量化；遵循公法与私法混合的趋势，参与改造国际司法审查的标准和流程；共同遵守合乎主权原则的国际条约设定的行政法义务；等等。另一方面，行政法学要对如何连接全球行政法规则体系，以及规范涉外行政活动加以讨论，主要包括：进一步吸收国际社会公认的行政法价值理念，如权利保障、正当程序等，② 承认国际组织、社会组织等主体的法律地位和职能权限；应对外国投资、中外合营等合作治理实践的规范化需求，完善招标投标、协商合作、行政公开、监督评估等具体程序；在政府与外国社会资本合作中融入对私人利益的关切及加强对合作协议内容的审查，以统筹国家安全与平等互惠两大原则，明确审查的内容和标准；围绕跨境数据流动、网络安全治理、平台反垄断规制等事务构建多元主体合作共治的规则体系，厘定数据管理部门、网信部门等监管部门及国际组织、行业协会、平台等主体各自的功能分域和权责关系，促进全球互联网公共问题的有效治理；等等。

余论：中国治理现代化语境下行政法学知识体系构建

在推进国家治理体系与治理能力现代化的进程中，思考如何顺应社会结构变动、利益基础变迁、行政任务扩张、行政技术改造、国际秩序演变的客观规律，实现权力配置、利益分配、权利保障、技术应用、全球治理的法治化是需要行政法学界深入研究的时代课题。行政法学研究应系统反

---

① 参见［美］本尼迪克特·金斯伯里、尼科·克里希、理查德·B. 斯图尔德《全球行政法的产生》（上），范云鹏译，载《环球法律评论》2008 年第 5 期。
② 参见罗智敏《论正当行政程序与行政法的全球化》，载《比较法研究》2014 年第 1 期。

思传统的理论范式与制度框架，有效回应治理的法治需求，积极构建具备自主性、创新性和融贯性的知识体系。

（1）适应中国治理的本质特征与本土资源，坚持行政法学知识体系构建的自主性。行政法学要准确把握中国式现代化与知识体系发展的内在逻辑，立足独具特色的政法体制、宪制结构和治理经验，确立其理论范式、基本范畴，构建对应的研究框架，打造自主知识体系，以在全球行政法发展中体现中国话语权。

（2）应对国家治理主体结构、行为模式转型与治理方式技术化改造产生的挑战，彰显行政法学知识体系的创新性。尽管治理创新引发的变化表现形式各异，对行政法学产生不同程度的冲击，但仍主要体现在对行政法功能定位，以及行政主体、行政行为、行政监督与救济等行政法学范式转换的讨论。应汲取行政法律关系论、行政过程论等理论的优势，延续行政行为论的学术生命力；完善行政主体、行政组织、行政行为等学术概念的内涵和外延，提升对机构改革、公私合营、技术服务等治理创新的学术解释力，从而加快推进行政法学知识体系的创新，增强行政法学知识体系对治理创新的回应度和行政法学术话语的创造力。

（3）回应日趋多元复杂的治理需求及缓和行政任务扩张之下依法治理与有效治理之间的张力关系，促进行政法学知识体系的融贯性。推进国家治理现代化以不断满足人民对美好生活的期待为导向，而关于美好生活的内涵正从最基础的生活保障、秩序建构等需求向公共服务供给、技术产品供应、新型风险防控、行政效能提高等更加强调生活品质的领域延伸。此时单纯强调依法治理、限权控权已无法有效回应公民多元化的治理需求，这就要求行政法学知识体系在传统形式法治的基础上，注重对实质法治的整合，克服自身的僵化与封闭，在服务行政、给付行政领域给予协商合作、先行先试、技术改造等治理方式革新一定的制度运行空间。行政法学知识体系的融贯性不仅体现为不同法治价值的博弈与糅合，还包含学科体系、学术体系、话语体系的创新发展及其相互连通，以打造中国行政法学的学术品牌，提升中国行政法学的学术传播力和国际影响力。

（本文原载《中国社会科学》2023 年第 9 期）

中国政府治理的法治路径

学界以治理理论为分析框架研究政府治理问题，主要有两种学术路径。一是从行政学或政治学的视角研究政府治理问题，分三个层面：广义上的政府治理，此种意义上政府治理相当于宏观上的国家治理；① 中观意义上的政府治理，此意义上的政府治理是指国家行政机关对公共事务的治理；② 狭义上的政府治理，即将政府治理等同于政府管理体制，是政府对自身的治理。③ 二是从法学的视角研究政府治理问题，主要以两种方式切入：从国家治理现代化与法治化的关系切入，认为国家治理现代化也是国家治理法治化，法治化是国家治理现代化的基础、保障，政府治理法治化从属于国家治理法治化，并在此基础上以价值追求或目标为指引，寻求当下国家治理的应对之策；④ 直接从政府治理着手，研究政府治理（包括地方政府治理）与法治的关系。⑤ 这些研究凸显了学界对推进国家治理体系和治理能力现代化强烈的现实关照，也为政府治理后续研究提供了知识谱系的学术积累。但是，既有研究成果仍存在可提升的空间：多数研究直接

---

① 参见戴昌桥《中美地方政府治理结构比较》，载《中国行政管理》2011 年第 7 期；卢现祥、徐俊武《中国共享式经济增长实证研究——基于公共支出、部门效应和政府治理的分析》，载《财经研究》2012 年第 1 期；赵红军《中国政府治理模式变迁的历史考察》，载《社会科学》2016 年第 2 期；等等。

② 参见金太军《从行政区行政到区域公共管理——政府治理形态嬗变的博弈分析》，载《中国社会科学》2007 年第 6 期；王谦、代佳欣《政府治理中网络众包模式的生成、构建及效用》，载《公共管理学报》2014 年第 4 期；李文彬、陈晓运《政府治理能力现代化的评估框架》，载《中国行政管理》2015 年第 5 期；贾俊雪、郭庆旺、宁静《财政分权、政府治理结构与县级财政解困》，载《管理世界》2011 年第 1 期；石亚军、施正文《建立现代财政制度与推进现代政府治理》，载《中国行政管理》2014 年第 4 期；等等。

③ 参见俞可平《论国家治理现代化》，社会科学文献出版社 2014 年版，第 78－79 页。

④ 参见张文显《法治与国家治理现代化》，载《中国法学》2014 年第 4 期；张文显《法治化是国家治理现代化的必由之路》，载《法制与社会发展》2014 年第 5 期；吴汉东《国家治理能力现代化与法治化问题研究》，载《法学评论》2015 年第 5 期；等等。

⑤ 参见王堃《地方治理法治化的困境、原则与进路》，载《政治与法律》2015 年第 3 期；冯含睿《论政府治理"理性"与法治》，载《深圳大学学报》2014 年第 6 期；等等。

援引国外治理理论检视中国政府治理的不足，在此基础上提出中国政府治理之道，存在以西方的治理理论裁剪中国治理现实之嫌；有些研究将政府治理混同于国家治理，没有对国家治理—政府治理—社会治理做精细梳理，在国家治理与法治的关系的研究上也还有待不断深入；对政府治理研究局限于政府治理外部共治的单一结构主义视角，割裂了政府治理自治与共治的双重结构，导致相关理论成果存在碎片化、非体系化之嫌。党的十八届四中全会通过的《中共中央关于全面推进依法治国若干重大问题的决定》将国家治理体系和治理能力现代化确定为全面深化改革的总目标，并强调要"坚持依法治理"；党的十九大报告明确指出，"全面依法治国是国家治理的一场深刻革命"，"依法治国是党领导人民治理国家的基本方式"。作为国家治理核心组成部分的政府治理，必须是法治框架下的依法治理，法治是政府治理的基本遵循，在政府治理中起着主导作用。如何在坚持党的领导下，在推进国家治理现代化与法治中国建设的进程中，将政府治理纳入法治轨道，建立健全党委领导、政府主导、社会协同、公众参与、法治保障的政府治理体制机制，实现政府治理法治化，是当代中国改革与发展中的重大理论与实践课题。本文结合中国从政府管理向政府治理转型的实践，从自治和共治的双重维度审视中国政府治理，在探究政府治理与法治之间多维度契合的基础上，分析政府治理的法治需求及法治对政府治理的回应，以探寻中国政府治理的法治路径。

一、政府治理的兴起及其中国语境

20 世纪 70—80 年代，西方国家为走出财政危机、管理危机、信任危机等困境，亟须新的理论指导和实践探索。作为一种创新和发展，公共选择理论[①] 和新公共管理理论[②] 应运而生，在实践层面则表现为以英国、美国、日本等国为代表掀起的行政改革浪潮。20 世纪 90 年代中期，全球治

[①] 公共选择理论主张组织类型的理性选择、市场机制与个人选择、分权化、公共服务组织小规模化、自由化，其核心即是"市场价值的重新发现和利用"。参见周志忍《当代国外行政改革比较研究》，国家行政学院出版社 1999 年版，第 23 – 24 页。

[②] 新公共管理理论强调规模缩减、管理主义、分权、去官僚化、私有化。See S. W. Hays and R. C. Kearney, "Riding the Crest of a Wave: The National Performance Review and Public Management Reform," *International Journal of Public Administration*, 1997, 20 (1), p. 23.

理委员会（The Commission on Global Governance）首倡治理（governance）概念，并分享先前行政改革所包含的分权、市场化、自治、网络组织等共同话语，成为政府处理公共事务的新图景。20世纪90年代，治理理论被中国学者迅速引介，并成为一个热门议题。尽管现代治理理论产生于西方，但各国的治理实践在分享治理理论基本精髓的同时也各具特色，并由此演绎发展出适合各国国情的治理理论体系。如果将西方现代治理理论简单移植到中国，则无法避免产生南橘北枳的变异风险。与西方国家在较为完备的法治保障下所实施的政府治理相比，中国从政府管理迈向政府治理需要直面传统农业社会、工业社会甚至是后工业社会中所叠加出现的问题。也即，在西方是时空排列上的次序问题到了中国就成为时空排列上的并列问题。① 在当代中国，制度的发展、治理方略的选择，都内生于中国发展的需要。正如习近平总书记所说："一个国家选择什么样的治理体系，是由这个国家的历史传承、文化传统、经济社会发展水平决定的，是由这个国家的人民决定的。我国今天的国家治理体系，是在我国历史传承、文化传统、经济社会发展的基础上长期发展、渐进改进、内生性演化的结果。"②

中国政府治理变革始于行政改革，包括发展行政和行政发展两部分，前者重点是通过改革来加强对发展项目的行政管理，后者则是行政体制本身的发展和完善。③ 一方面，经济社会的和谐发展对发展行政提出了修正诉求，即要促进政府职能转变，兼顾效率与公平价值分配，推动政府向市场、社会分权并建立合作关系，政府管理方式向多样化、规范化、柔性化方向发展；另一方面，通过政府机构改革，政府内部管理结构日趋合理化。政府"职责同构"④ 现象逐步被打破，行政权力在向上集中和向下分权两个维度调整；行政组织机构纵向上从"等级制金字塔"结构逐渐向"网络化扁平式"结构转变；行政权力运行机制不断健全，建立起决策权、执行权与监督权既相互制约又相互协调的权力结构和运行机制。基于中国从政府管理迈向政府治理的实践探索经验，我们认为，中国政府治理

---

① 参见石佑启、杨治坤、黄新波《论行政体制改革与行政法治》，北京大学出版社2009年版，第6页。
② 习近平：《习近平谈治国理政》，外文出版社2014年版，第105页。
③ 参见周志忍《当代国外行政改革比较研究》，国家行政学院出版社1999年版，第2页。
④ 朱光磊、张志红：《"职责同构"批判》，载《北京大学学报》2005年第1期。

包含政府对自身的治理和政府对公共事务的合作治理两层含义。

一是政府对自身的治理，称之为政府治理的"自治"维度。它强调政府依法通过自身改革、自我调适、自我完善，以达到政府系统内部治理的良善。在此种情形下，政府自身是治理的客体。政府对自身的治理，属于政府治理的有机组成部分，其重要性不亚于政府对公共事务的治理。在改革开放后，针对政府系统存在严重的"机构臃肿、层次重叠、手续繁杂、效率极低"等问题，邓小平同志指出，"如果现在再不实行改革，我们的现代化事业和社会主义事业就会被葬送"[1]，后来他又多次讲过，"精简机构是一场革命"[2]。可以说，改革开放之后，政府自身的治理以历次政府机构改革[3]为突破口，以此促进政府职能转变，优化组织结构、行政职权结构和行政权力运行结构。因此，政府治理的自治维度，涉及行政系统纵向与横向的府际关系的调适，政府系统内部的主体结构、权力结构、组织结构的优化，以及权力运行机制的完善和行政效能的提升。

二是政府对公共事务的合作治理，称之为政府治理的"共治"维度。其核心问题在于实现政府治理权能的分化和转移，即由政府、社会、市场等多元主体对公共事务的共同治理，形成政府、社会、市场多元主体的合作治理结构。合作、协调、伙伴关系、互利共赢是共治的基本精髓。以政府为原点[4]考察共治维度的政府治理，关涉政府治理角色、治理结构、治理重心和治理方式的转变与调适。具体而言，在政府与社会之间，政府对社会组织的引导、扶持、监管，以及社会组织的相对独立性和对政府依赖性，凸显了政府与社会组织之间存在合作的根基；在政府与市场之间，转变政府职能，发挥市场对资源配置的决定性作用，政府培育、引导、规制市场。由此，针对不同层次、不同类型的公共事务，可以在政府、社会、市场之间运用科层制、合作机制、市场机制等混合机制形成网络化、多元

---

[1] 《邓小平文选》第2卷，人民出版社1994年版，第150页。
[2] 《邓小平文选》第2卷，人民出版社1994年版，第396页。
[3] 1982年机构改革，精简各级领导班子，废除领导干部职务终身制，实行干部队伍年轻化；1988年机构改革，精简、调整机构设置，推进政府职能转变；1993年机构改革，精简机构，转变职能，理顺关系；1998年机构改革，转变政府职能，精简机构；2003年机构改革，调整机构设置，转变政府职能；2008年机构改革，按照决策、执行、监督三权相互制约相互协调，理顺部门职责关系；2013年机构改革，实施机构改革与职能转变同步进行。
[4] 在研究政府治理多维关系时，通常将其中之一作为考察的原点或矢量，其他则作为变量，以此完整地分析多维关系中双边关系主体磨合与互动的过程。

主体的治理结构。

二、政府治理与法治的契合

政府治理应当是法治之下的治理，但政府治理与法治之间不是简单的线性关系，而是相互渗透、互为条件的，具有内在统一性与契合互动性。

（一）根本保证的契合：党的领导

中国共产党作为执政党，在推进国家治理现代化和法治中国建设中发挥着领导核心作用。党的十九大报告指出，"党的领导是人民当家作主和依法治国的根本保证"，"依法治国是党领导人民治理国家的基本方式"。坚持党的领导，是政府治理取得成效的根本保证。党在整个国家治理中处于总揽全局、协调各方的领导核心地位。作为国家治理关键组成部分的政府治理，在其深入推进的过程中会遇到许多新情况、新问题，需要充分发挥党的领导优势，统筹各方资源力量，形成破解难题的合力，确保政府治理沿着正确方向砥砺前行、行稳致远。党的十九大报告指出："在我国政治生活中，党是居于领导地位的，加强党的集中统一领导，支持人大、政府、政协和法院、检察院依法依章程履行职能、开展工作、发挥作用，这两个方面是统一的。"坚持党对政府治理的领导，需要改进党的领导方式和执政方式，提高党科学执政、民主执政、依法执政的水平。

党的领导是中国特色社会主义最本质的特征，是中国特色社会主义法治最根本的保证。坚持在党的领导下依法治理，是实现国家治理体系和治理能力现代化的内在要求。坚持走中国特色的社会主义法治道路，必须充分发挥党的领导核心作用，坚持党的领导、人民当家作主、依法治国有机统一。习近平总书记指出："坚持党的领导，是社会主义法治的根本要求，是全面推进依法治国题中应有之义。只有在党的领导下依法治国、厉行法治，人民当家作主才能充分体现，国家和社会生活法治化才能有序推进。"① 坚持党对中国法治建设的领导，要求把党的领导贯彻到依法治国全过程和各方面，具体则体现在党领导立法、保证执法、支持司法、带头守法上。

---

① 习近平：《习近平谈治国理政》第2卷，外文出版社2017年版，第114页。

（二）治道框架的契合：宪法秩序

政府治理与法治均是一套有关价值指引—制度安排—制度实践的综合体。新中国成立后通过的《中国人民政治协商会议共同纲领》和54宪法、75宪法、78宪法、82宪法以及以后一系列宪法修正案等制宪活动，以权力与权力、权力与权利、权利与权利关系为基本类型，以国家、政府、社会、公民四维主体为框架，形成我国基本的宪法秩序，这是政府治理和法治建设得以存续的生态系统。当前大力推进的政府治理和法治政府建设，都是在宪法框架下对行政权力与相对人权利、政府与公民关系结构进行多维度的调适。宪法秩序从实然状态向应然状态的迈进过程，以及行政权力与相对人权利、政府与公民关系结构从非均衡→均衡→非均衡→均衡的调适过程，展现了从政府管理向政府治理、从法制政府向法治政府的转型与形构。

（1）政府治理与法治建设同处于具有复合性、对应性的网络关系结构之中。政府治理属于整个国家治理体系的一部分，应置于国家治理、政府治理和社会治理的关系网络中考量；而法治建设则需置于法治中国的整体建设之中，绕不开法治国家、法治政府和法治社会三位一体建设。治理三体系与法治三维度具有对应性。

（2）政府治理与法治建设在事项划分层次、空间领域上具有一致性。政府治理的整体性与部分性、功能性与专业性、层级性与地域性等，引申出国家整体层面的政府治理、地方政府治理、综合或具体事务领域治理、行政区或跨区域政府治理等；与此对应，法治建设既有国家整体层面的法治，也有地方法治，还有具体事务领域法治、行政区或区域法治等。

（3）政府治理与法治建设在时间维度上具有过程同步性。从政府管理向政府治理转型，与从法制政府向法治政府转型，几乎是一个交互同步的过程。我国改革开放后确立的"有法可依、有法必依、执法必严、违法必究"的法制建设方针，在一个较长时段代表着对政府管理与法制建设的基本认识与行动指南。经过多次行政体制改革，政府与社会、市场的关系逐步厘清，形成政府行政与社会公行政的二元格局，明确市场在配置资源中的地位与作用。经过2003年、2008年行政体制改革和多年法治建设实践，2013年，党的十八届三中全会提出"推进国家治理体系和治理能力现代化"，"推进法治中国建设"；2014年，党的十八届四中全会提出

"全面推进依法治国,加快建设社会主义法治国家"。至此,国家治理与全面依法治国在党的纲领性文件中实现交集,国家治理现代化的根本标志是国家治理的法治化,推进国家治理、政府治理和社会治理与法治国家、法治政府、法治社会一体建设的同步发展成为共识和行动指南。2017年,党的十九大报告将"完善和发展中国特色社会主义制度、推进国家治理体系和治理能力现代化",以及"建设中国特色社会主义法治体系、建设社会主义法治国家"这一全面深化改革总目标和全面推进依法治国总目标作为新时代中国特色社会主义思想的重要组成部分。这就从顶层设计的高度增强了政府治理与法治建设的系统性、整体性和协同性。

(三) 内在价值的契合:权利保障

制约权力和保障权利构成了法治建设中的一对矛盾统一体。依法保障权利是法治大厦的基石,也是宪法保障人权基本精髓的践行与落实。"只有政府认真对待人权和公民权利,人民才会认真对待政府、法律和秩序"①,法治的价值目标方能得以实现。

权利保障是政府治理追求的内在价值,是现代政府行为的出发点和落脚点,也是政府的基本责任。政府治理必须坚持以人为本,秉持公共理性,而权利的公平正义性是保持治理公共理性的基础。权利保障在政府治理的自治和共治两个维度都得以体现。在自治维度,通过改革政府管理,厘定政府职能,确立政府"法不授权不可为,法定职责必须为"的行为准则,促使政府既有效履行其职能,又不至于侵蚀公民、社会的权利边界和市场机制运行的空间;通过合理配置行政权力,优化行政组织结构,健全行政权力运行机制,实现对行政权力的制约、监督与激励。在共治维度,政府治理应在宪法框架内,以社会公众需求为根本向度,变革政府单一主体管理模式,建立起政府、社会、市场对公共事务的合作治理,以有效回应社会公众对公共服务的多样化、个性化需求。这体现了确认和保障权利这一法治的真谛。政府治理在时间和空间维度展现为共识与合作行动的过程,以程序制度为装置,以行政权力—相对人权利结构为载体,并具体化为政府行政权力—社会公行政权力、政府权力—相对人权利、社会公行政权力—相对人权利等多维平衡结构。在这一共治维度,政府行政权力

---

① 张文显:《法治与国家治理现代化》,载《中国法学》2014年第4期。

得以克制和勤勉，社会组织的智慧得以引导和发挥，市场机制得以扬长避短，三者各显其长，寻求对公共事务治理的共识与合作行动，以更充分地保障权利，使社会公众"共享一种更有德性、更有品格和更令人满意的生活"①。

（四）外在形式的契合：有限有效政府

科学定位政府职能，旨在突破政府管理单一主体困局，建立政府治理的多元主体结构。从政府治理的共治维度看，准确定位政府职能，其实质是合理界定政府、市场、社会各自的领域，发挥政府、市场、社会的不同作用。政府职能是有限的，这意味着政府权力也是有限的。通过法律对政府进行规制，逐步走向法治政府，即意味着用一种制度化的形式约束政府权力，防止政府权力的扩张与任性，以在政府与社会、市场和公民之间建立起行政权力—相对人权利的平衡结构，实现规制政府权力和保障公民权利与自由的目标追求。厘定政府职能疆域只是解决了政府有限性问题，即解决了政府权力的边界问题，但不能确保政府积极作为和有效作为，也不能防止政府不作为或乱作为。强调政府的有限性是为了促使政府做正确的事并集中精力把正确的事情做好。现代意义上的有限政府与有效政府是不可分割的，有限政府表明政府的活动范围要有边界，政府的权力要来自法律的授予，做到职权法定；有效政府是指政府对其职能范围内的事情应积极作为，提高效能，优质、高效地服务社会公众。有限有效政府意味着政府应是一个职能有限、规模适度、权责一致、行为高效、效益最优的政府。从政府治理的自治维度看，有限有效政府要求在政府系统内部完善行政管理体制，建立纵向、横向、斜向的政府间合作关系，以提升政府治理的有效性。而从法治的视角看，就是要依法推进行政体制改革，科学划定各级政府及其职能部门职责和权限，在纵向、横向上合理配置行政权力，优化行政组织结构，完善行政权力运行机制，健全行政权力的制约监督机制和责任追究机制，促使政府权力合法、公正、高效运作。

---

① 邓正来：《中国法学向何处去——建构"中国法律理想图景"时代的论纲》，商务印书馆2006年版，第5页。

（五）目标追求的契合：良法善治

政府治理在造就政府、社会、市场关系变革的同时，其本身也隐藏着风险，即政府治理陷阱，如公权力滥用、规避行为、隐形寻租、责任模糊等。对治理的扬弃即是善治。善治既是治理的目标，也是治理的效果，还是治理的方式，是治理的价值评价标准和指导性原则。善治的本质是政府与社会、市场、公民等多元主体对公共事务的积极而富有成效的合作治理，是政民共治的互促互进关系，是二者的最佳状态。善治的过程就是实现政府、市场、社会与公民的良性互动和合作共赢的过程。善治的基本要素是：合法性、透明性、责任性、法治、回应、有效。① 法治也经历了"形式法治、实质法治、形式法治与实质法治统一"的发展形态更迭。国家治理的现代化与法治化过程，亦即实现形式法治与实质法治统一、一般正义与个别正义融合的过程，而制定良好的法律是实现形式法治与实质法治统一的前提。善治是一种有效的治理，是政府与公民之间积极而富有成效的合作治理，法治强调善良规则之治，要求政府和社会都要做到有法可依和有法必依，且所依之法是"良法"。化解政府治理的有效性与合法性之间的张力，一方面需要"通过创造有效性来累积合法性"②，在现代社会中，发生了传统的政府政治合法性向政府治理有效性移挪，政府治理合法性的塑造更多地依赖于政府如何运用权力所产生的治理有效性来彰显；另一方面，也需要以政府治理合法性统摄政府治理有效性，避免落入治理陷阱。政府治理的有效性与合法性结合，应当迈向良法善治——这也是政府治理与法治在目标追求上的一致性。

党的十九大报告明确指出，以良法促进发展、保障善治。"良法"是高级形态法治的价值标准和理性追求，"善治"是高级形态法治的运作模式和实现方式，二者构成了国家治理的一体两面。政府治理欲达致良法善治目标，首要环节就是立法，要推进科学立法、民主立法、依法立法，切实提高立法质量，所立之法充分彰显公平、正义、民主、自由、人权、秩序、安全等价值。同时，法律的生命力在于实施，法律的权威也在于实

---

① 参见俞可平主编《治理与善治》，社会科学文献出版社2000年版，第9-10页。
② 林尚立：《在有效性中累积合法性：中国政治发展的路径选择》，载《复旦学报》2009年第2期。

施。良法善治在政府治理过程中，要求政府恪守法律保留和依法行政原则，确保政府权力运行不越位、不缺位、不错位；还要求政府应当为每位公民学法、守法、用法提供必要条件和保障机制，使之将法治内化于心、外现于行，成为一种思维习惯和生活方式。

(六) 建设路径的契合：行政合作

政府治理的多元主体结构意味着，在政府之外还存在其他社会组织、市场主体甚至是私人个体，他们分别作为独立主体参与公共议题，并通过多样化的、弹性的集体行动组合，探寻公共问题的合作解决途径。政府治理的多元主体结构破除了政府垄断一切合法权力的单一主体结构，正如罗尔斯所言："一个民主社会通常被视作为一个社会合作体系"①，其他社会组织、市场主体、私人个体也不依附于其与政府之间形成的"中心—边缘结构"，而是以平等、独立、自主的身份成为政府的合作伙伴。政府治理需要以行政公开与公民监督为前提，以与社会、市场、公民合作为途径，通过对话、沟通、妥协等方式，建立政府与社会组织、市场主体、公民之间的行政合作网络，形成多元主体之间的共建、共治、共享局面。

政府治理的行政合作模式在内部和外部两个层面展开。在内部关系处理上，政府治理在纵向不同层级、横向不同区域的政府内部、社会组织内部及政府与社会组织之间建立多维度合作关系网络，这意味着由等级结构逐渐向扁平化结构转变。② 该层面的行政合作，在实践中运用最为典型的是中央政府与地方政府之间签订的合作框架协议，③ 以及横向地方政府之间签订的行政协议。④ 在外部关系处理上，通过向社会组织、市场主体分权，放松管制，如采用政府采购、公私合营（Public-Private-Partnership，PPP）模式、服务外包等，引导企业、社会组织、中介机构和公民参与公

---

① [美] 约翰·罗尔斯：《作为公平的正义——正义新论》，姚大志译，上海三联书店出版社2002年版，第10页。
② 参见 [美] 文森特·奥斯特罗姆《美国公共行政的思想危机》，毛寿龙译，上海三联书店出版社1999年版，第116页。
③ 例如，2016年11月24日，国家海洋局、广东省人民政府签署《关于进一步深化合作共同推动广东海洋强省建设的框架协议》；2017年4月25日，工业和信息化部与广东省人民政府在北京签署《工业和信息化部广东省人民政府合作框架协议》等。
④ 参见叶必丰、何渊、李煜兴等《行政协议：区域政府间合作机制研究》，法律出版社2010年版，第48－62页。

共事务的共同治理，从而在政府和其他主体之间推行一种行政合作实践。而法治的任务就是合理配置各级政府及其职能部门的行政权力，规范社会组织行使的社会公行政权，在机制和内容上建立与行政权力—相对人权利均衡结构相适应的制度安排，以及在形式上建立完备的规制行政权力和保障相对人权利的法规范体系。

三、政府治理的法治需求

中国从政府管理迈向政府治理，呈现"改革前的总体性支配权力为一种技术化的治理权力所替代"[①]，即实现了从总体性支配到技术治理的路径转换，而这个转换介质就是依法治理。因此，这里探究政府治理的法治需求，既有价值目标层面的观照，也有现实维度的考量。

（一）政府治理的多元主体结构呼唤变革"政府—相对人"二元主体结构

政府治理的多元主体结构，即要求政府准确把握自己的职能定位，打造公共服务型政府，制定前瞻性的行动框架；需要社会组织加强自身管理、自我服务，承担和分享公共责任；需要公民能从"公民唯私主义综合征"中走出来，成为积极公民。[②] 而在当下政府治理实践中，政府之于社会组织，已经跳出将社会组织的独立性作为其最重要发展目标这个情结，践行"策略性—关系性"路径，培育"国家体系之外的另一种推动力"。在政府与市场关系处理方面，应当在遵循市场自生秩序的前提下，施加政府影响。可以说，政府与社会、市场的关系正逐步厘清，政府治理造就政府—社会—市场三维主体关系变革。

在我国法治建设进程中，有关法治政府的制度安排和运行机制，在很大程度上还没有脱离政府管理的思维。一是"政府—相对人"二元结构是法治政府制度安排的基本图景。政府和社会组织均是合作治理公共行政

[①] 渠敬东、周飞舟、应星：《从总体支配到技术治理：基于中国30年改革经验的社会学分析》，载《中国社会科学》2009年第6期。

[②] 参见孔繁斌《公共性的再生产——多中心治理的合作机制建构》，江苏人民出版社2008年版，第14页。

事务的主体，分别与相对人构成"政府—相对人"和"社会组织—相对人"公法关系结构，现实中，"政府—相对人"二元结构是法治政府建设中占主导性、支配性地位的关系结构。二是政府是"政府—相对人"二元结构的制度设计基点，政府行政权则是制度设计的出发点。在现有法治建设中，纵向行政职权相对向上集中、各级政府职责同构、行政组织上下对口设置现象依然存在，各级政府职能、权责、事权及财权等尚无法整体协调。这种整体性的纵向集权与有效治理之间关系紧张。① 三是行政权力—相对人权利的支配性结构失衡现象仍然存在。行政权力—相对人权利失衡不仅体现在静态法律规范对权力（权利）义务配置的结构失衡上，还体现在动态法律规范实施环节中，控制型、规制型行为方式仍是政府运用的主导性工具，而沟通性、柔性行为方式运用空间还很有限。因此，以"政府—相对人"二元结构为制度设计的法治建设，与多元主体结构的政府治理所对应的"政府—相对人""社会组织—相对人"无法同步接轨。如何根据政府治理的多元主体结构，完善"政府—相对人""社会组织—相对人""政府—社会组织"三元结构的法治制度构建，是一个重要问题。

（二）政府治理规则的多元化呼唤变革国家制定法的一元化

近代以来，在政府管理所对应的法治建设中，源于国家对法资源的垄断以及国家法体现国家整体意志，并以国家强制力为保障的法规范实施系统等，人们通常将法等同于国家法，同时将国家法等同于硬法。除了社会分化后社会公行政兴起造就的社会自治规范（属于软法范畴）外，一方面，国家法所创制的整齐划一、类型化的行为调整模式如要与丰富多彩的政府治理实践相吻合，往往需要借助更为具体、更具操作性的公共政策、规范性文件、专业标准等软法规范，才能实现规范与事实之间的协调；另一方面，不是所有的国家法都是硬法，国家法中也存在大量的倡导性、鼓励性以及不以强制性、制裁性为实施保障的软法规范。这也表明，法并不仅仅局限于国家法，在国家法之外还存在社会自治规范等，且法并不都依赖于国家强制力保障实施——法依靠的应当是人们与规则制定者、实施者

---

① 参见周雪光《权威体制与有效治理：当代中国国家治理的制度逻辑》，载《开放时代》2011年第10期。

的有效交互与合作。① 软法规范大量存在的事实以及软法概念的日渐成熟，对以国家法为主导的法治观念及其制度构架带来挑战。

传统政府管理中依法行政和与之对应的法治政府，尤为强调实定法依据。但政府治理更关注各合作治理主体之间选择合适的治理工具促成公共事务治理目标的有效实现，包括公法行为和私法行为及其二者组合。故政府治理所适用的治理依据也从公法规则延伸至私法规则，以及多方协商后所签订的公法协议或私法契约，都可成为规制各治理主体的行为准则。因此，当前依据国家制定法行政及其对应的法治政府建设，与政府治理所需求的规则多元化，包括国家制定法规范、社会自治规范和合约规范——不仅存在理解上的差异，而且可能与政府治理所需求的依法治理和法治政府建设均难以有效对接。

（三）政府治理过程的交互性呼唤变革单向度的行政程序制度

在政府管理模式下，以完成行政任务为导向，政府对行政任务的安排与进程均享有主导权，行政权力运行是单向性的，甚至是封闭的，行政机关单方面地表达意志、作出决定，行政相对人只能对行政行为结果予以接受与服从。因此，为了改变行政相对人处于被支配地位的失衡状态，行政程序法承载着透过行政程序对政府行政权力运行施加控制的再平衡的行政法技术。也就是说，与政府管理相契合的行政程序制度，是以行政权与相对人权利二元对立、政府与行政相对人两造对抗为特质进行构造的，且表征着政府与行政相对人在行政过程中命令与服从的关系结构。尽管行政相对人有时有过程参与但对行政过程的进展无法把控，相对人参与的范围和内容有限，参与的程度不高、效力不足，行政过程缺乏正当程序精神支撑，这些都使得行政相对人对支配性的行政行为结果要么服从要么抗拒，而无法对行政权力运行的单向度和支配性风格形成有效影响。

政府治理采用的是合作机制，无论是自治维度还是共治维度，各治理主体都是主客体的统一，也都处于多维度的关系制约均衡结构之中。政府

---

① See Jaye Ellis, "The King is Dead, Long Live the King? A Reply to Matthias Goldmann," *Leiden Journal of International Law*, 2012, 25 (2), pp. 369–372.

治理过程的交互性①表现在治理过程中,各治理主体不再迷恋于公行政权和国家法"手术刀式"的执行与反馈,而是围绕公共事务治理展开多轮协商、沟通,达成共识。政府治理开启了合作行政的新图景,以合作为特征的平权型行政,对以命令为特征的高权行政形成根本性的改造。与此对应的行政程序法,强调行政过程的协商性、公平性、自主性和可接受性。依此行政程序法规制的行政行为,在时空上表现为行政权力——相对人权利的反复博弈均衡过程,在外在形式上展现的则是各方主体协商互谅后产生的一致行动而不是一个冷冰冰的行政决定。由此,以政府治理所内含的平等、协商、双向的交互精神为参照,对应的行政程序法应当凸显程序价值的兼容并包、主体结构的伙伴化、程序风格的交往理性化以及程序表达的论辩规则化。②

(四)政府治理方式的多样化呼唤变革单一化的政府管理方式

政府管理呈现单向、封闭、强制的公权力行使特征,行政相对人是政府管理的对象,成为被支配的客体。政府管理采用命令与强制手段处理公共事务成为主导,强制性、刚性的行政方式成为政府主要仰仗的管理工具,政府与相对人之间形成命令与服从、强制与被强制、单向推进与被动接受的关系。面对政府治理中行政活动的回应性、社会分化、多主体合作③等,原有的行政法治模式为行政活动提供民主正当性的能力日益匮乏,行政存在"民主赤字"④。与此相应的法治是一种机械的法治、成本高昂的法治。

---

① 治理过程的交互性可以反映在行政决策、行政执法等各领域,以行政程序法律规定公众参与原则、说明理由制度、陈述意见制度、告知制度、陈述和申辩制度、听证制度等,在地方程序立法中均有比较集中的体现,如《湖南省行政程序规定》《江苏省行政程序规定》等。
② 参见喻少如《合作行政背景下行政程序的变革与走向》,载《武汉大学学报》2017年第2期。
③ 政府与市场主体合作提供公共服务,比较典型的是公用事业领域。如深圳市对公用事业进行市场化改革,改变传统的公用事业投资、运营模式,向民间资本开放垄断性基础设施领域,促进公用事业投资主体多元化、融资渠道社会化,减轻政府负担,增强了企业活力和发展后劲。参见《广东省深圳市"公用事业市场化改革"》,见中国政府创新网(https://news.sina.com.cn/c/2007-07-17/091613463949.shtml)。
④ 王锡锌:《当代行政的"民主赤字"及其克服》,载《法商研究》2009年第1期。

政府治理的复合性、合作性、开放性、包容性，需要依托民主改造行政权力单向度，实现行政权力与相对人权利均衡、行政行为与相对人行为互动、行政结果合理与行政过程正当兼顾。随着服务行政理念的确立和社会公共需求的扩大，为满足行政相对人多样化的个性需求和多元化的价值期待，政府活动必然要表现出灵活性、能动性和谦抑性，而这些特点与服务行政方式的结合，就使得政府治理方式呈现多样化、弹性化和柔和化。这就要求变革僵硬、单一、强制的政府管理方式，变强制命令为沟通协商，变单向推进为互动合作，变强制的普遍使用为强制与非强制兼顾和选择适用，变硬性管制为柔性说理，在双方的沟通、说服、引导、鼓励、协商中建立政府与公众的交互合作。这是行政民主的体现，也是现代政治文明的重要内容。① 与之对应的政府治理法治化应当回应从权力单向度、强制性行使转变为政府与社会、政府与市场、政府与公民之间的双向互动、多样化、共识性的变革需求。

（五）政府治理纠纷的复合性呼唤变革单调性的纠纷解决机制

政府治理的责任归属困境与以政府管理为基础的法治体系中有关政府责任单一性、认定简单化的制度设计存在紧张关系。政府治理是多主体对公共事务的合作共治，多主体的交互与渗透使公私疆界日渐模糊。这意味着政府之外的其他主体加入了公共责任的分摊体系，从单一责任主体拓展至多方责任主体。在共享权力的同时，也将产生相互推诿责任或责任转嫁的潜在风险，而责任分摊则带来责任认定困难以及由此产生的责任模糊化。在以政府管理为参照系的法治建设中，政府与相对人二元结构构造单一，责任认定相对简单。而在以政府治理为参照的法治建设中应有更为周全的责任体系划分，并在法律层面对责任范围、认定与划分、追责机制等方面进行制度再造。

立足于公法与私法分野的纠纷解决机制设计和制度安排，无法与政府治理中产生的纠纷解决需求形成有效对接。在政府治理中，公益与私益交融，公法行为与私法行为混合，公法规则与私法规则交织，所谓的"私

---

① 参见石佑启《论法治视野下行政管理方式的创新》，载《广东社会科学》2009年第6期。

法公法化"与"公法私法化"在政府治理中表现尤为明显。因此,在纠纷处理阶段,公法和私法的二元划分并不是无可非议的逻辑前提或者绝对必需的。这种状况将预示着,政府治理纠纷解决机制设计必将对既有的纠纷解决模式如行政调解、行政仲裁、行政复议、行政诉讼等予以改造。第一,尽管行政复议、行政诉讼可以附带解决民事纠纷,但此类民事纠纷仅限于与传统的行政管理有关,而在政府治理模式下的公私合作将是一种常态,由此产生的公私纠纷混合不仅仅涉及行政诉讼受案范围问题,更涉及公私救济渠道之间的衔接问题。第二,传统的行政裁决主要有损害赔偿裁决、权属纠纷裁决、侵权纠纷裁决等类型,其裁决对象主要是民事纠纷。那么,政府治理中产生的公私行为混合和公私纠纷的混合,究竟是以现有的行政裁决制度去解决政府治理中的部分纠纷,还是突破该制度作扩大化改造?第三,行政和解方式解决纠纷囿于公权力不得随意处分的公法观念而受到一定程度的抑制。在政府治理中,行政主体与私人主体之间通过协议、合约等方式对公共事务合作治理成为常态,发生纠纷时行政和解究竟是作为独立的纠纷解决机制还是依附于行政复议、行政诉讼作为一种结案方式?第四,行政调解和行政仲裁能否作为政府治理纠纷解决机制,也是一个值得深入研究的问题。当前所理解的行政调解是针对国家行政机关处理平等主体之间民事争议的一种方法,针对政府治理纠纷的公私混同特性,能否适用行政调解?主持行政调解的主体是作为独立第三方的政府机关,那么除了政府机关外,行使社会公行政权的社会组织能否作为第三方主持行政调解?第五,行政仲裁是指行政仲裁机构应当事人的申请,居间解决特定争议的活动。目前,该项纠纷解决机制主要用于劳动争议和人事争议领域。行政仲裁也存在类似于行政调解在政府治理纠纷解决中的制度空间问题。同时,基于政府治理纠纷解决渠道的可能拓宽,除不同纠纷解决机制之间的相互衔接、协调问题外,在具体纠纷解决过程中,对于政府治理纠纷受案划分、审查依据、审查标准、结案种类等,均可能对现有纠纷解决机制在对应环节产生变革的需求。

四、政府治理的法治回应

（一）政府职能定位和权力配置的法定化

建立在对市场与政府双重失灵的反思之上，政府治理就是要将科层机制、市场机制、自治机制等多样化制度性力量进行整合，建立公共事务合作治理机制从而形成比较优势。因此，厘定政府职能边界，形成各级政府合理的职能结构；职能调整引致行政权力的弱化与强化、分化与组合等多面相运动，需要构建合理的行政职权结构，这是政府治理与法治建设的共同任务。

1. 政府职能定位及其法定化

政府职能是政府一切活动的逻辑与现实起点。无论是推动政府内部治理结构的改革完善——作为自治维度的政府治理，还是建立完善的市场体系和培育成熟的社会体系——作为共治维度的政府治理，都取决于政府角色的现代转型。[①] 政府职能定位就是要在既有宪法框架下合理划定政府、市场、社会的边界，建立起政府、市场、社会多元主体分域治理的合作框架。在政府与市场关系向度上，关键在于处理好"市场取代政府和政府取代市场的程序"[②]。发挥市场在资源配置中的决定性作用，凡是市场能够处理或者处理得更好的事务必须交还给市场，政府必须从这些领域真正抽身出来。政府职能在于完善市场运行法律体系，加强市场监管，制定政策引导市场创新和有序发展。在政府与社会关系的向度上，必须关注和发挥社会组织的作用，以弥补市场和政府的双重失灵。鉴于当前政府—社会一体化仍处在发展进程中，社会对政府的依赖以及社会组织参与公共事务治理存在不确定性，需要采取政府自上而下的理性构建与社会自下而上的自发演化相互结合的合作治理模式，[③] 明确政府与社会对公共产品和公共

[①] 参见何显明《政府转型与现代国家治理体系的建构——60年来政府体制演变的内在逻辑》，载《浙江社会科学》2013年第6期。

[②] ［美］查尔斯·林德布洛姆：《政治与市场：世界的政治—经济制度》，王逸舟译，上海三联书店、上海人民出版社1994年版，第1页。

[③] 参见景维民等《经济转型深化中的国家治理模式重构》，经济管理出版社2013年版，第320页。

服务提供的界限，建立政府与社会组织的良性互动关系，政府职能在于引导、培育、扶持和监管。

通过法律来推动政府职能转变并巩固政府职能转变的成果，实现政府职能的法定化，是建设法治政府的本质要求。欠缺法律的约束和保障，政府的职能、权力、规模的有限性以及履责的正当性不仅得不到实现，而且极易滑入机构膨胀、权力扩张、有权无责、权力寻租、公权私用等深渊。① 习近平总书记指出，政府职能转变到哪一步，法治建设就要跟进到哪一步。要发挥法治对转变政府职能的引导和规范作用，既要重视通过制定新的法律法规来固定转变政府职能已经取得的成果，引导和推动转变政府职能的下一步工作，又要重视通过修改或废止不合适的现行法律法规为转变政府职能扫除障碍。②

2. 政府权力配置的法定化

法治之下，权自法授，法律是政府权力存在的合法性基础和运行依据。只有将政府权力配置纳入法治化轨道，才能从源头上建立良好的政府权力结构，同时防止政府权力来源与人格化之间的不当关联。

一是政府权力纵向上配置的层级化与法定化。解决好纵向政府权力划分，应通过宪法和宪法性法律对中央政府与省级政府、上级地方政府与下级地方政府之间的行政权力划分作出规定，将各级政府的权力、利益、义务和责任固定下来，形成清晰、明确的层级化行政权力结构，③ 非经法定程序不得随意改变，各级政府间的行政权限争议可以通过法律途径解决，从而形成法治之下各级政府间的新型权利义务关系。政府行政权力纵向上配置法定化的重心就是在科学划分中央政府与地方政府事权、上级地方政府与下级地方政府事权的基础上，实现中央政府与地方政府、上级地方政

---

① 参见石佑启《论有限有为政府的法治维度及其实现路径》，载《南京社会科学》2013 年第 11 期。

② 习近平：《在中共十八届二中全会第二次全体会议上的讲话》（2013 年 2 月 28 日），载《人民日报（海外版）》2016 年 8 月 17 第 12 版。

③ 《中共中央关于全面深化改革若干重大问题的决定》指出："加强中央政府宏观调控职责和能力，加强地方政府公共服务、市场监管、社会管理、环境保护等职责"，"直接面向基层、量大面广、由地方管理更方便有效的经济社会事项，一律下放到地方和基层管理"。这体现了行政权力纵向层级化配置的思路。

府与下级地方政府之间关系的法制化,① 依法规范二者关系,并在中央政府权力与地方政府权力之间、上级行政机关权力与下级行政机关权力之间探寻一种具有相对稳定性和可操作性的制度,从而建立起一个有权威、有内聚力的中央政府与上级政府和有活力、有向心力的地方政府与基层政府,以适应并促进经济与社会的有序运行和科学发展。

二是政府权力横向上综合化配置与平面化构造。政府权力横向配置着眼于同级政府所辖职能部门之间的权力分工与协调。横向上综合化配置是指在转变政府职能的基础上,将反映行政职能相同或密切相关、管辖范围类似、性质类同的行政权力进行合并,相对集中配置给一个行政职能部门,由一个大的部门统一行使相关的行政权力,着力解决"条条行政"模式下职责交叉、政出多门的问题,凸显"块块行政"的整体性。但政府权力横向上的相对集中可能会导致大部门专权或新一轮"权力部门化"。因此,需要根据性质不同、运行环节不同,对横向上相对集中的行政权架构起决策、执行和监督三权相互分离、相互制约的行政权力内部结构和运行机制。

(二) 行政主体多元化与行政组织法的发展

在公共事务治理中,政府、社会组织、市场主体和公民个人都是重要的合作主体。多元主体合作治理的兴起与发展,改变了以政府为单一主体的管理模式,使政府与公民的两极关系转化为政府与公民、政府与社会组织、社会组织与公民之间的多维度行政关系。就政府与社会组织而言,面对公共事务之不同的范域、层次,二者在其中既存在交集空间又存在各自独立的领域,由此构建的"政府—社会"框架凸显了政府与社会组织在公共事务治理中行政权力范围、行为方式、治理效果等方面均存在差异。与此对应,社会公行政也从政府行政中分离出来,与政府行政一起构成了公共行政的两大主体部分。②

政府行政与社会公行政的分野,对我国传统的行政主体范畴构成冲

---

① 《中共中央关于全面推进依法治国若干重大问题的决定》指出:"推进各级政府事权规范化、法律化,完善不同层级政府特别是中央和地方政府事权法律制度。"

② 参见石佑启《论公共行政与行政法学范式转换》,北京大学出版社2003年版,第24-26页。

击。传统意义上,人们将行政主体范围限定为行政机关和法律、法规授权的组织,但那些无法律、法规明确授权,而是根据组织章程、规约等行使社会公权力、履行公共职能的社会组织在行政法上该如何定位?如果拒绝承认它们是行政主体,那显然是对现实缺少观照;如果把它们看成是法律、法规授权的组织,则又存在合法性的问题;① 如果直接把它们作为一类新的行政主体,就要突破现有行政主体范围,发展和完善行政主体理论。我们倾向最后一种观点,即主张以解决实际问题为导向,直接将它们作为一类新的行政主体看待,研究它们在行使社会公权力的过程中产生的法律问题,推进依法行政。适应政府治理的兴起与公共行政发展的需要,应将行政法真正定位为关于公共行政的法,公共行政不仅包括国家行政,还包括社会公行政。社会组织的自治活动不属于国家行政,但属于社会公行政;根据组织章程、规约等行使公权力、履行公共职能的社会组织不属于国家行政主体,但属于社会公行政主体,以此来发展行政主体理论,丰富行政主体的类型,拓展行政法的调整范围。② 江必新和邵长茂建议对传统行政主体概念和理论进行扩张改造,即在保持行政主体总概念之下"将其内容扩充为三部分:行政机关、授权主体、具有公共事务管理职能的其他组织。行政机关和授权主体分别享有法定和授予的国家行政职权,具有公共事务管理职能的其他组织享有自治规约赋予的社会行政职权。"③

行政主体的多元化无疑会对传统的行政组织理论及行政组织法带来挑战。将行政组织只视为国家行政组织的传统理论,既不能为公共行政的发展提供有效指导,又不能有效回应公共治理实践。现代意义上的行政组织不仅包括国家行政组织,还应当包括社会组织。完善的行政组织法律体系是建立在对调整对象予以系统规范的基础上的,是一个能涵盖所有调整范围的完整体系。作为调整和规范行政组织的行政组织法,不仅包括针对国家行政组织的组织法,而且应包括履行社会公共行政职能的社会组织的组织法。规范国家行政组织的组织法是行政组织法的当然的组成部分,而规

---

① 因为人们已习惯于将法律、法规授权的组织理解为是得到宪法、组织法以外的单行法律、法规明确具体授权的组织。如果将直接依据组织章程与规约行使公权力的组织纳入法律、法规授权组织的范围,则与人们的认识存在较大的反差。

② 参见石佑启《论公共行政之发展与行政主体多元化》,载《法学评论》2003年第4期。

③ 江必新、邵长茂:《社会治理新模式与行政法的第三形态》,载《法学研究》2010年第6期。

范社会组织及其与政府关系的《社会组织基本法》，以及对行政组织进行监督的《行政组织监督法》同样必不可少。建立健全社会组织法律是社会组织有效参与公共事务治理的当务之急。因此，行政组织法应当对政府治理带来的行政机关、法律法规授权组织和社会组织在政府治理中行使国家行政权和社会公行政权的治理现实作出回应，除了按照党的十九大报告中部署的完善国家机构组织法外，还应当制定《社会组织基本法》，对履行公共行政职能的社会组织的含义、性质、地位、职能、设置、组织结构、权利与义务、法律责任与救济等问题作出规定，明确社会组织与政府之间的关系以及职能衔接，并通过《社会组织基本法》对社会组织进行统一性、原则性授权，再通过单行法律法规对特定的社会组织进行具体性授权，实现统一授权与具体授权相结合，促进社会组织的健康发展。

（三）法渊源的拓展与共识性规则的运用

政府治理所架构的多元主体治理结构中，具有公共行政职能的社会组织对属于其自治的公共领域，可根据自治规约、自治章程等规范实施自我管理、自我服务；多元主体治理结构还可基于公共事务的性质，由政府、社会、市场三方采用公私混合如"行政决定＋民事合同""行政决定＋行政合同""行政决定＋行政协议"的行为组合，实践中表现为政府委托、政府采购、行政协议[①]、特许协议等，此时合作治理所适用的规则既有公法规则，也可能有私法规则；既有体现国家意志的法律规范，也有融合政府与社会、市场多方主体协商达成的合意性规则。

1. 政府治理的复合性要求有对应性的复合治理规则

政府治理在政府与社会、政府与市场之间架构不同的公共事务领域，在不同的层次公共区间，采用不同类型的行政行为。也就是说，政府治理具有复合性，应当运用不同的治理工具，适用不同的治理规则——该规则有不同类型的创制主体，如国家、社会组织或者二者共同创制；该规则适用不同的创制程序，如既有正式、严格的国家立法程序，也有社会组织经过充分酝酿协商的简便程序；该规则组成一个可以覆盖不同领域的公共事

---

① 如《湖南省行政程序规定》第15条规定，各级人民政府之间为促进经济社会发展，有效实施行政管理，可以按照合法、平等、互利的原则开展跨行政区域的合作。区域合作可以采取签订合作协议，这里的合作协议即是一种行政协议。

务治理的规范体系，在空间上既包括全国性的也囊括地方层面的，在事务领域既可以是综合性的也可以是某一具体领域专业性的；该规则在效力层级上形成错落有致、疏密有度的法律位阶体系；该规则体系展现规制与引导、奖励与惩处、刚性与柔性的结合。软法规制即是适应公共治理需求的柔性规制，软法与硬法的分野与结合，能满足政府治理规则的这些特性与要求。软法和硬法的划分是法治机制设计因不同法律目的的公共性差异而对应于不同法律规范的一种集中体现，软法和硬法之间的差异体现为效力的强弱以及是否运用国家强制力保证实施这两个层面。① 根据软法和硬法不同的功能定位适用不同领域，我们可以建立一种软法和硬法规范相结合的混合法模式，以回应政府治理的需要。

2. 以共识性规则改造支配性规则，实现支配性规则与共识性规则并重

在与政府管理对应的法治建构中，国家垄断了制定法律规范的权力，在涉及公共事务领域，以政府管理为中心，以行政权力强制性、单方性为基本特征保障行政执行效率，其法律规范在某种程度上更多地表现出一种政府对社会、市场的支配性，由此形成政府行政权力—相对人权利非均衡结构。政府治理则凸显政府、社会、市场多元主体既是治理主体，又作为治理对象（客体），是主体与客体、自治与共治的统一。因此，无论是在行政立法领域还是在行政决策领域，都应强化社会组织和公民的参与，将其意见、建议整合进行政立法和行政决策之中，形成共识性规则，政府执行法律或决策决议，从而将规则系统与现实生活世界联通起来；在行政执行领域，政府治理中的行政权力处于"政府行政权力—相对人权利""政府行政权力—社会公行政权力""社会公行政权力—相对人权利"三维结构制约之中，行政权力运行呈现双向性，治理过程充满多元主体之间的协商、沟通、妥协、共识这样一个多轮博弈的合作。由此，代表一定层次公共利益的法律规范、决策再次获得相对人的认同而转化成共识性规则，而自治规约、自治章程或合约本身就是基于自治体成员的同意或合约双方之间的自由意思表示，承载着共识性规则自我规制之精髓。

---

① 参见罗豪才、宋功德《软法亦法：公共治理呼唤软法之治》，法律出版社2009年版，第326页。

(四) 治理过程的交互性及其在行政程序法中的依归

在政府治理中，政府、社会、市场、公民多方主体共同协商治理议题、治理方案、治理工具等，在时间、顺序、环节等维度上通过程序制度得以承载治理过程的交互性，从而提升政府治理的合法性与有效性。正如罗尔斯所言："公正的法治秩序是正义的基本要求，而法治取决于一定形式的正当过程，正当过程又主要通过程序来体现。"①

程序是一套可以反复工作的机制，其本质特征应当是过程性和交涉性，具有限制恣意、理性选择、"作茧自缚"效应和"反思性整合"等显著优点，②是改善政府与公民关系的一种润滑剂。政府治理过程不仅要求公权力依法行使，而且要考虑行政的复杂性、公众需求的多样性、资源的有限性，要通过扩大社会、市场、公民多方主体参与，在交涉、对话、协商、妥协中达成治理共识，淡化行政过程的单方性、强制性色彩，使社会、市场、公民主体从单纯的管理对象变为重要的参与性力量，从而增强政府治理的开放性、回应性和合意性。公众的参与程度与参与层次呈正相关关系，参与程度随着参与层次的上升而逐渐加强。因此，在政府治理过程中，行政权力在不同阶段的运行，会有对应性的权利主体参与其中，外在展现为行政行为在不同程序环节、步骤上的不同具体行为形态与行政相对人不同的参与行为具体形态的交集，而内在则体现为不同治理过程中行政主体的具体职责与行政相对人的具体权利的对应。如此，在政府治理过程中，行政行为具体形态与相对人行为具体形态的对应性，行政主体的具体职责与相对人的具体权利的对应性，以及行政行为与相对人行为在对应性基础上的反复性、博弈性，均凸显了政府治理过程的交互性。

政府治理的多元主体合作治理，其核心要义在于共享裁量权，③如何共享裁量权决定着政府治理的有效性、合法性与治理难度。通过程序性规则为多主体的利益共生、合作共赢创造良性互动的机制，以程序保障治理

---

① 约翰·罗尔斯：《正义论》，何怀宏、何包钢、廖申白译，中国社会科学出版社 2009 年版，第 57 页。

② 参见季卫东《法律程序的意义——对中国法制建设的另一种思考》，载《中国社会科学》1993 年第 1 期。

③ 参见[美]约翰·D. 多纳休、[美]理查德·J. 泽克豪泽《合作：激变时代的合作治理》，徐维译，中国政法大学出版社 2015 年版，第 51 页。

过程的理性化、规范化，在共享裁量权中展现政府治理过程的交互性，在治理的交互性中共享裁量权。政府治理的正当程序规制可以营造一个排除偏见、平等对话、自主判断选择的空间或者过程，将政府的恣意与专断压缩在尽可能小的范围内，使治理方案基于多方主体共识而便于自我遵循，提高治理效能。因此，应当基于正当程序理念，在行政程序法中设立各项具体程序制度，为相对人参与行政活动提供制度化的通道，如设立行政公开制度、信息征集制度、查阅案卷制度、信息反馈制度、表明身份制度、告知制度、说明理由制度、陈述与申辩制度、听证制度等，这些程序制度应贯穿于政府治理全过程，在事前、事中、事后环节上形成一个环形的交互过程。

（五）行政行为方式的多样化及其法律规制

行政行为方式随着达成政府治理目标而改变，而达成治理目标不再是政府单方面的事情，而是政府和社会共同的事业。政府与社会等多元治理主体摒弃零和博弈，形成互动合作的正和博弈关系，传统的采用管理与控制的单一管理模式进化为激励和促进的多元治理手段。因此，行政行为方式呈现多样化，并由强制命令为主向协商合作为主转变。

1. 放松经济性规制和强化社会性规制并存，但管制性行为整体数量减少

这主要是针对政府行政行为。政府治理是要改变"强政府—弱社会"或者"弱政府—强社会"的不均衡结构，从而建立一个"强政府—强社会"的强强联合结构，是对"大政府"或者"小政府"的反叛和对"更好的政府"[①]的形塑。政府专注于掌舵，划桨职能交由市场和社会承担：在经济领域，放松政府规制，利用市场决定性作用对具有竞争性的公共事务进行调节；对于社会领域，尽管承担公共职能的社会组织在数量上逐步扩大、参与公共事务治理的范域越来越广，但社会领域中如教育、医疗等公共服务不均衡，食品安全、生产安全、环境污染等

---

① ［美］戴维·奥斯本、［美］特德·盖布勒：《改革政府：企业家精神如何改革着公共部门》，周敦仁等译，上海译文出版社2006年版，第17页。

风险凸显，出现了卡尔·波兰尼所谓的"反向运动"①，意味着政府需要采取保护性立法和政府干预促使部分社会职能重构。因此，社会性规制改革进入所谓的"后规制时期"②，规制非但没有减少，反而向相反方向发展——规制加强。

2. 强制性、单方向的行政行为受到抑制，非强制性、双向性的行政行为增加

政府治理多元主体结构、治理手段柔性化、治理过程的民主化和治理意志的双向交流与协商，将大大抑制政府管理模式下诸如行政处罚、行政许可、行政强制等强制性行政行为的运用范围，强制性行政行为应当受到谦抑性原则、比例原则等诸多行政法基本原则的指导与约束。相反，展现政府主导、多方参与、合作治理风格的沟通性、协商性、柔和性、引导性的行政行为，如行政规划、行政指导、行政合同、行政奖励、行政协议等方式备受青睐。如有学者所言，"我国近年来也在诸多方面推行了合作治理，如相关管理的适当外包、公共服务外包，以及其他由私人与行政系统合作进行治理的情形。应当说，合作治理在我国已经越来越普遍"③。对于社会组织而言，其行政权本身属于组织成员的让渡和同意，凸显的是自我规制与合作规制，因此，社会组织实施的社会公行政行为多采用鼓励、倡导、说服、认可等不具有强制性的自律、柔性行政行为。

3. 行政行为的法治化

行政行为方式的多样化昭示了政府治理事务的复杂性和治理方式的丰富性，但对行政行为的类型进行归纳，有利于科学认识和把握行政行为的内容和形式、程序和结果、合法和违法、制度与运作，④ 从而形成系统性、结构性认识，并便于将其纳入法治化轨道。行政行为的法治化程度与水平是衡量一国行政法治化程度和水平的重要标志。回应政府治理方式的多样化，与时俱进、科学审视、合理调整行政行为的内涵和外延，将多样化的行政行为纳入行政法调整的范围，采用软法与硬法优势互补、有机融

---

① 王绍光：《波兰尼〈大转型〉与中国的大转型》，生活·读书·新知三联书店2012年版，第12页。

② 苗红娜：《治理时代西方国家的政府规制改革——兼论后规制政府的兴起》，载《重庆大学学报》2010年第2期。

③ 关保英：《论行政合作治理中公共利益的维护》，载《政治与法律》2016年第8期。

④ 参见叶必丰《行政行为原理》，商务印书馆2014年版，第40页。

合的混合法治方式对其予以规范，这是实现行政行为法治化的基本路径。

（六）多元争议解决机制的构建与权利救济的强化

1. 构建多元争议解决机制

政府治理囊括了包括政府、社会、市场以及公民个人等多元主体，蕴含政府行政、社会公行政、合作行政等多种行政模式，公法、私法规则兼顾适用，治理过程充满协商、沟通、合意。由此，政府治理中产生争议的解决诉求与以适用公法规则为依据、以复议机关或法院为中心的争议解决机制无法有效对接，后者无法为政府治理多样化的争议提供有效解决机制。党的十八届四中全会提出要"健全社会矛盾争议预防化解机制，完善调解、仲裁、行政裁决、行政复议、诉讼等有机衔接、相互协调的多元化争议解决机制"，这为构建多元化的政府治理争议解决机制指明了方向。应当根据公平、效率等不同价值追求，进行多样化的制度安排以提供不同类型的争议解决机制。建议进一步加强《中华人民共和国行政复议法》（简称《行政复议法》）、《中华人民共和国行政诉讼法》（简称《行政诉讼法》）的相关制度建设，通过专门立法建立规范化、制度化的行政调解制度、行政和解制度、行政仲裁制度。另外，还应健全各种争议解决机制之间的衔接制度和协调制度，并赋予申请人以选择权。当然，不排除在行政复议和行政诉讼中，适用调解规则及和解规则。需要明确的是，在政府治理中，行政调解、行政和解、行政仲裁、行政裁决的争议解决主体不应局限于政府机关，履行公共行政职能的社会组织也应当是争议解决主体；解决争议的依据既有硬法规范，也有软法规范。

2. 拓展行政复议与行政诉讼受案范围，丰富行政复议被申请人、行政诉讼被告类型

政府治理过程中会产生政府行政、社会公行政、合作行政等多种治理行为，以及不同的治理方式。而《行政复议法》《行政诉讼法》并不能为政府治理下出现的各类行政行为提供明确、有效的审查依据，① 这意味着

---

① 《行政诉讼法》第一条使用行政案件、行政争议，第二条使用行政行为，而第十二条肯定式规定受案范围，采用列举式＋概括式的立法技术，第十三条则采用否定式排除《行政诉讼法》受案范围，最终将受案范围实际上限定在如行政处罚、行政强制、行政许可、行政裁决、行政征收（征用）、拒绝履行保护职责、侵犯经营权、滥用行政权、违法集资摊派、不履行社会保障义务以及不依法履行协议等，主要针对政府实施的强制性行为以及少量协商性行为。

在政府治理中，属于权利救济程序中的相对人资格比政府治理实体环节要狭窄。同时，政府治理主体除政府行政机关外，还包括基于自治规约、自治章程赋权的社会组织。社会组织行使社会公行政权所实施的行政行为，也进一步突破了《行政诉讼法》第二条第二款所规定的"行政行为，包括法律、法规、规章授权的组织作出的行政行为"范围。行政诉讼受案范围扩大与行政诉讼被告主体类型增加，相互支撑。为保障政府治理与法治建设的协调性，可通过修改《行政复议法》《行政诉讼法》，对行政行为的外延及行政复议与行政诉讼受案范围进行拓展。

3. 争议解决适用依据的多样化、审查标准的强弱有别、审查强度的疏密有致

（1）解决争议依据多样化。政府治理规则是引导多方主体朝向解决共同问题的规范指引和激励机制，具体包括法律、法规、规章、自治规约、自治章程、合约等，既有硬法规范，也有软法规范，既有体现国家意志的法律规范，也有治理主体协商达成的合意规则。

（2）审查标准的强弱有别。治理事项不同，治理行为依据及其审查标准也存在差异。针对政府作为公权力主体一方，单纯的合法律检视仅仅是最低限度的正义要求；更高级的正义要求，彰显行政权力的可接受性——行政权力运行过程中的参与、协商、沟通、妥协等双向性的博弈达致的共识——体现一种多元化、多层次性的公平正义。

（3）审查强度的疏密有致。这里借用审查强度[①]这一概念，不仅在行政仲裁、行政裁决、行政调解、行政复议、行政诉讼方式中，存在一个相对独立的第三方审查行政行为，即使在行政和解中，争议各方对于己方的理据得失评判，也存在于一个类似审查强度的自我权衡，以便作出妥协、让步、认同等博弈策略。审查强度的疏密有致，大体包括以下四个层次：第一，无论是哪一种争议解决方式，对于引起争议的政府行政、社会公行政、合作行政均可面临着形式审查与实质审查、程序审查与实体审查、限于卷宗审查与超出卷宗审查、合法性审查与合理性审查等。第二，

[①] 审查强度在司法领域运用较多，往往被冠以司法审查强度，英美法系国家称之为"审查范围"，大陆法系中各有表述，有审查密度（德国）、审查界限（日本）等。参见杨伟东《行政行为司法审查强度研究——行政审判权纵向范围分析》，中国人民大学出版社2003年版，第6页。

针对政府行政权和社会公行政权源自"职权法定"——公权力不能随意放弃和处分，故解决争议过程中面临对权力监督的双重功能。因此，在行政复议、行政诉讼争议解决机制中，还存在消极审查与积极审查的空间。第三，行政诉讼因涉及审级问题，在上诉审阶段还可能存在继审主义与限制继审主义的强度之分。第四，政府治理尽管强调权力的双向性和行为的柔性化，但依然存在行政处罚、行政强制、行政许可等强制性行为。

4. 责任分化与责任制度的法律构建

政府治理带来传统公私角色调整和公私责任模糊化，以及合作治理中的双向性、协商性意思融合，加剧了治理争议中责任厘清的复杂性，造成责任分担的困难。尽管合作机制超越公私有别的责任分担与相互的责任性，[①] 但作为有限政府和责任政府的法治之维，依然需要分清公权力主体的责任，并建立相应的责任承担或追究机制。根据政府、社会组织承担公共责任的层次划分，可以分为高低两个层次：高层次公共责任要求结果为本和创新意识，体现为资源有效利用以实现所追求的目标，具有主动性特征；低层次公共责任的重心是服从和遵守规则，具有被动特征。[②] 在高层次责任划分上，政府应当承担一种担保责任，确保政府治理目标实现；在低层次责任上，政府和具有公共行政职能的社会组织，应当基于法律规定的具体职责或合约产生的义务，在不同的行政行为中承担违法（违约）责任。明确责任范围、责任种类、担责主体、担责标准、担责形式，以及追责主体、追责程序、追责执行与保障等，建立规范化的责任追究制度和系统的责任制度法律体系，既要防止法外追责，也要防止政府责任遁于法外。

五、结　　语

政府治理与法治是一体两面的关系，法治是政府治理的理性，是政府

[①] 参见［美］朱迪·弗里曼《合作治理与新行政法》，毕洪海、陈标冲译，商务印书馆社2010年版，第46页。
[②] 参见孔繁斌《公共性的再生产——多中心治理的合作机制建构》，江苏人民出版社2008年版，第161页。

治理的手段与目标。① 从政府管理向政府治理转型，从根本上有赖于法治建设的深度推进和法治政府的建成。法治化是政府治理现代化的核心和关键，是政府治理现代化的基础条件和现实要求，而政府治理现代化的过程亦为法治化的过程。② 在政府治理与法治融合互动的进程中，也会面临如政府治理陷阱、法治的限度等潜在风险，值得高度注意，精心协调。

其一，政府治理强调情境化和回应的有效性，这突显了政府治理不同具体事务之间的差异化以及处置的灵活性与及时性。但是，法治强调规则的统一性、普遍性，法律无法对政府治理多元主体的权利（权力）形态、合作行为方式作出包罗万象的规定，而且事实上存在法律规范调整社会生活的滞后性。由此导致政府治理情境化与法治统一性之间的紧张关系，需要协调。

其二，政府治理多元主体"合作性安排往往涉及超越公私有别的责任分担与相互的责任性"③，在分享权力（权利）的同时会带来责任的模糊化。而法治任务则是要减少权力（权利）交叉，以实现权力（权利）的明晰化及其对应的义务（责任）明晰化。这种背离的矛盾需要通过完善软硬法混合治理的方式，建立公私法责任追究的混同机制等予以化解。

其三，在超大规模的政府治理中，强调多元主体之间的充分协调、沟通等交互博弈达成共识，不仅行政成本巨大，而且可能因各主体积极能动带来治理系统整体的行动混乱。这与法治所强调的安全、稳定、秩序等价值及其所产生的成本可控性等，大异其趣。

其四，政府治理与法治均面临相似问题，即政府治理整体性设计与治理事项、治理空间的局部性协调问题；法治的整体性与地方法治、具体事项领域法治的径路安排问题。政府治理的整体性和局部性，与法治的整体性和局部性，涉及二者整体性与局部性各自的对应与相互之间的衔接，这

---

① 法治是现代国家治理的手段，这主要是从法治的功能角度上说的；而法治是现代国家治理的目标，则主要是从法治的理念和价值角度上说的。参见姜明安《法治与现代国家治理的关系》，载《国家治理》2014 年第 17 期。

② 法治化与国家治理现代化具有同步性，国家治理现代化的过程也是法治化的过程。参见胡建淼《治理现代化关键在法治化》，载《理论导报》2015 年第 11 期。

③ ［美］朱迪·弗里曼：《合作治理与新行政法》，毕洪海、陈标冲译，商务印书馆 2010 年版，第 46 页。

不仅是一个立法技术难题,更涉及政治考量的复杂性。

由此,必须明确的是,治理理论与治理实践的兴起无法遮蔽其背后的结构性局限;而法治本身也不是万能的,存在自身限度。政府治理与法治需要互动共进、协同发展。如何在政府治理现代化与法治化进程中有效规避治理与法治的各自短板,建立具象的治理制度系统,以法治建设促进政府治理能力的提升,以法治思维与法治方式破解政府治理难题,将是政府治理与法治有机结合的一个长期深耕的过程。

(本文原载《中国社会科学》2018 年第 1 期)

论行政法与公共行政关系的演进

行政法与公共行政的关系是近现代公法学和行政法学极为关心的问题，是关于法治主义在行政领域中应该如何适用以及以什么方式来实现的问题。无论是英美法系国家控制行政权力的观念还是大陆法系国家依法行政的观念，都旨在确定和有效处理二者的关系。行政法与公共行政的关系不是一成不变的，而是处于不断演进之中。本文就此作些考察，并探寻其中的规律性。

一、从"行政优于法"到"无法律即无行政"

如果说行政法是关于行政的法，则行政法就不是在近代资产阶级革命以后才产生的，而是在此之前就已有之，只不过古代行政法与近现代行政法在性质、功能及其与行政的关系方面有所不同罢了。在古代奴隶社会与封建社会，一般来说，实行的是集权化的专制统治，君权、神权高于一切，君王言出法随，使得权力人格化、任意化。所谓"溥天之下，莫非王土；率土之滨，莫非王臣"就是对其政制历史的写照。此时尽管也有法，但法仅作为一种辅助统治的工具而存在，没有自身的独立性。在这一时期，行政与法的关系表现为君权与法的关系，由于君权的至上性与绝对性，权大于法，自然使法只能处于一种从属地位。法律对于国王或君主来说，是驾驭臣民的衔辔垂策；对行政官吏来说，一方面是管束人民的规矩绳墨，另一方面又是君王和上级行政官吏控制、鞭策他们的准绳；对人民来说，就只剩下服从和遵守的义务了。总之，法律始终不具备超越君权的权威，而仅仅是辅助君王进行有效统治的工具。英国的詹姆斯一世说："国王在人民之上，在法律之上，只能服从上帝和自己的良心。"① 可以说，古代行政法属于管理法或统治法，其功能是单一的，它不能成为人民

---

① 参见李步云《实行依法治国，建设社会主义法治国家》，载《中国法学》1996年第2期。

取得权利、对政府实施监控的法律依据，只能作为官吏统治百姓、帝王控制官吏的"合法"工具。正如有学者所言，近代以前的行政不是法治，而是人治，封建领主、专制君主以布告、敕令等法规形式单方地推行行政，这些所谓的"法规"，只约束人民，不拘束领主、君主。① "专制君主政体就把关于行政事务的立法权集中在国王手里，并由他发给官吏的命令，变成行政法或公法的来源。"②

进入近代资本主义社会，鉴于数千年专制统治的惨痛教训，新兴的资产阶级政治家、思想家和法学家对行政机关有着强烈的戒备和防范心理，于是在政治上建立了"三权分立"的政治体制，在思想上塑造了"人民主权"的民主精神，在法制上确立了"依法行政"的法治原则。③ 在自由资本主义时期，人们基于对经济自由的渴求，对封建暴政的反思和对人性善恶的解释，信奉着"最好的政府，管事最少"，认为自由市场是经济生活的万能主宰，政府作为一种"必要的罪恶"（necessary evil）越小越好，实行一种消极的秩序行政模式。古典经济学家以及后来各个时期的自由主义经济学家，始终崇尚自由市场的调节作用，对国家的作用和政府的动机表示出极大的怀疑。他们认为，要靠市场这只"看不见的手"来支配和调节社会经济活动，政府只扮演一个"守夜警察"的角色，其职能只是保证一个有利于资产阶级发展生产和积累财富的和平环境。在英国，"十九世纪中叶时，政府的视野是很有限的，主要的兴趣就在外事活动和维持治安"④。韦德（Wade）引述泰洛（Taylor）对当时情况的描述是："除了邮局和警察以外，一名具有守法意识的英国人可以度过他的一生却几乎没有意识到政府的存在。"⑤ 在美国，直至19世纪中期内战前，联邦政府、州政府、地方政府只是在资本短缺、交通运输能力不足成为经济发展和工业化的最大障碍时，才起了一定的作用。即使在美国内战以后，"除了授予建筑铁路用地，通过移民土地法，建立邮政系统和一些其他设施外，政

---

① 参见刘俊祥《日本行政法的基本原理——法治主义论》，载《现代法学》1999年第1期。
② [荷] 克拉勃：《近代国家观念》，王检译，商务印书馆1936年版，第14页。
③ 参见罗家才主编《现代行政法的平衡理论》，北京大学出版社1997年版，第15页。
④ [英] 约翰·格林伍德、[英] 戴维·威尔逊：《英国行政管理》，汪淑钧译，商务印书馆1991年版，第14页。
⑤ H. W. R. Wade, *Administrative Law*, Oxford: Oxford University Press, 1989, pp. 3–4.

府在经济领域几乎没起什么作用"①。

与这一特定的历史背景相呼应,行政法的性质与目的发生了变化,它作为限制政府权力的法或者是严格意义上的"控权法"而存在,其基本宗旨是限制和控制政府权力,最大限度地保障个人自由;其重要内容是通过对行政行为予以严格司法审查,以达到最大限度地限制和控制行政权的目的。英国19世纪著名的宪法学家戴雪(Diecy)指出,法治的首要含义是:"与专断的权力相比,正式的法律具有绝对的至高性和主导性,排除政府任何形式的专断的、特权的,或宽泛的自由裁量权的存在。"② 在他眼里,自由裁量权具有专断倾向,行政机关不应拥有此类权力。法律至上意味着反对专断权力的影响,排斥政府方面专制、特权甚至任何自由裁量权的存在。英国学者哈洛(Harlow)和罗林斯(Rawlings)如此评析道:"戴雪所关心的是控制专横武断的权力,或者更确切地说,是控制行政权力,而他假定行政权的本性是专横武断的。"③ 戴雪的法治思想是以当时自由资本主义社会经济为背景的,适应了时代的需要,因此颇具权威性,对英国和其他国家的行政法治实践产生了巨大的影响。在戴雪法治理论盛行时期,行政权的范围受到严格的限制,"英国政府从1689年起,不再拥有执行立法过程中制定规章的普遍权力。结果,发布规定和命令的权力,根据政府的每项具体功能而分别授予……导致了司法对部门规定和命令的严格审查。"④

美国早期行政法的发展深受英国的影响,限制政府权力范围同样是其行政法的主题。⑤ 早期美国人在政治文化上,表现为"对一切政府从理论上来说都是抱着怀疑态度的。他们认为,政府管得少些,自由就多些,政府管得多,自由就少了"⑥。博登海默指出:"19世纪,美国政府的工作重点几乎完全集中在那些旨在严格限制行政范围的法律约束之上。行政中

---

① [美]希尔斯曼:《美国是如何治理的》,曹大鹏译,商务印书馆1990年版,第500页。
② A. V. Diecy, *Law of the Constitution*, Oxford: Oxford University Press, 1885, p. 198.
③ Harlow C., Rawlings R., *Law and Administration*, London: Butter Worths, 1997, pp. 11–13.
④ W. I. Jennings, *The Law and the Constitution*, London: London University Press, 1938, p. 288.
⑤ 参见李娟《行政法控权理论研究》,北京大学出版社2000年版,第49页。
⑥ [美]梅里亚姆:《美国政治思想:1865—1917》,朱曾汶译,商务印书馆1984年版,第184页。

的自由裁量范围也不可避免地被缩小到了一种无可奈何的地步。"① 罗斯科·庞德在描述美国19世纪的法律时说道："法律使行政陷于瘫痪的状况，在当时是屡见不鲜的。……将行政限于无以复加的最小限度，在当时被认为是我们这个政体的根本原则。"②

  法国在19世纪70年代以前，以公共权力作为适用行政法的标准，将行政机关的活动区分为"权力行为"和"管理行为"。前者是行政机关在立法机关的授权下执行国家意志的一种行为，受行政法约束和行政法院管辖；后者则是行政机关作为社会生活的参与者而为的一种行为，受私法规范和普通法院管辖。行政权的作用被局限于国防、外交、警察和税收等狭小范围。

  在德国，由于受到19世纪初法国大革命以来的自由主义政治思想的影响，中产阶级极力反对君主专制统治制度，他们谴责被君主及其臣仆人格化了的专制主义国家，要求国家必须服从法律，国家行为（即政府行为）必须具有可预测性，特别是当政府行为直接影响到私人事务时更要有可预测性。为此，需要一个三权分立、人民参与立法过程、通过独立的法院保护以各项基本权利自由为基础的宪政国家。1848年，德国爆发资产阶级革命，产生了君主立宪制。自19世纪中期以来，在全德意志领域内，已经开始产生了建立在法治原则基础之上参与的宪政国家，打破了君主专制制度的束缚，人民开始参与立法活动，不仅确立了行政机关的行为应当置于人民控制下的观念，还确立了法律至上的原则。国家行政机关与公民之间在诸多领域中的关系，都在法律的制约下。行政机关的行为必须依法进行，不得任意干预公民的权利。在法治原则的基础上，国家的警察职能不得任意行使，而是限定在维护法律与社会秩序的范围之内。③

  总之，在自由资本主义时期，个人主义与自由主义备受推崇，规则主义或形式主义的法治观念十分盛行，人们特别强调严格的依法行政原则，法治被理解为政府严格按照国家制定的、正式的法律规则办事，实行的是

---

 ① ［美］博登海默：《法理学——法哲学及其方法》，邓正来等译，华夏出版社1987年版，第354页。

 ② Roscoe Pound, "Justice According to Law," *Columbia Law Review*, 1914, 14 (1), pp. 12-13.

 ③ 参见刘兆兴等《德国行政法——与中国的比较》，世界知识出版社2000年版，第12-13页。

一种消极的、形式的、机械的法治,坚持"无法律即无行政",要求行政机关的一切活动都必须以议会制定的法律为依据,必须严格地执行议会制定的法律并受这些法律的约束,反对行政机关拥有宽泛的自由裁量权,合法性被理解为对规则严格负责,法律务求细密,避免授予执法者随行政目的而便宜行事的权力。英国行政法学家威廉·韦德认为,这时的行政机关"行使权力做所有行为,即所有影响他人法律权利、义务和自由的行为都必须说明它的严格的法律依据"[1]。"行政遂成从属而不独立之国家作用,'依法行政'沦为绝对的、消极的、机械的公法学原理。"[2] 为了防止行政专制,英国在17世纪率先形成由普通法院通过王权令状监督行政机关的司法审查制度,之后,西方各国竞相效仿,相继建立起适合各自国情的司法审查(行政诉讼)制度,从而使行政置于严格的司法监督之下。

二、行政国家的出现与行政法的发展

从19世纪末到20世纪,作为近代国家基本社会形态的资本主义社会发生了巨大的变化,资本主义生产方式已由自由竞争发展为垄断,各种社会问题如就业、教育、卫生、交通以及环境污染等大量涌现出来,周期性经济危机开始频繁爆发。为了缓解经济危机以及解决一系列社会问题,国家的功能发生了明显的变化,这主要是由于行政的功能有了显著的变化,并且以行政功能的积极化、扩大化和复杂化为基轴带动了许多领域发生变化。20世纪20年代末到30年代初(1929—1933年)爆发的一场世界性经济危机,给整个资本主义体系带来了致命的冲击,宣告了自由放任主义经济理论的破产,打破了"供给能够创造自己的需求"的"萨伊定律"的神话,迫使人们承认市场调节的严重缺陷和政府干预经济社会事务的必要性,导致了西方各国政府全面开始对经济和社会大规模干预。政府不再是一个"守夜"的"局外人",而是以"救世主"的身份进入资源配置的流程中,并向社会生活的各个领域渗透,使人们"从摇篮到坟墓"的

---

[1] [英]威廉·韦德:《行政法》,徐炳等译,中国大百科全书出版社1997年版,第23页。
[2] 城仲模:《行政法之基础理论》,三民书局股份有限公司1991年版,第4页。

所有事情都在行政权的作用范围之中，这昭示着行政国家①（administrative state）的到来。

行政国家造就了一个大政府（big government），并导致行政权的扩张，我们今天看到的是：这些西方国家的政府从事着几乎无所不包的事务，行政权的运用已从初期的城镇街道深入每个公民的生活，以及地球以外的空间。② 行政权的扩张不仅意味着其在传统的行政范围内，依行政固有属性增强其管理事项的量度，而且在于它已超出行政原有的属性大举侵入到立法领域和司法领域，取得了通过委任立法而得来的行政立法权和裁判纠纷的行政司法权。这给作为法治主义前提的三权分立思想构成了冲击。"由于当代复杂社会的需要，行政法需要拥有立法职能和司法职能的行政机关。为了有效地管理经济，三权分立的传统必须放弃。实际上它是已经废除了的迂腐教条。"③

行政权的扩张还表现为行政自由裁量权的增长。"对于行政管理者而言，自由裁量权就是自由进行选择或者是自由根据自己的最佳判断而采取行动的权力。"④ 20 世纪以来，基于社会发展的客观实际需要，要求政府能动地解决各种社会现实问题，行政自由裁量权日益增长并被人们所接受。"过去，人们通常认为，广泛的自由裁量权与法不容，这是传统的宪法原则。但是这种武断的观点在今天是不能被接受的，确实它也并不含有

---

① "行政国家"作为一种学术研究的概念和理论最早是由美国行政学家沃尔多（Dwight Waldo）于 1948 年发表、1984 年再版的《行政国家：美国行政学的政治理论研究》一书中提出的（Dwight Waldo, *The Administrative State: A Study of the Political Theory of American Public Administration*. New York: Holmes & Meier Press, 1984.），经过马克斯（Fritz Morstein Marx）于 1957 年发表的《行政国家：科层体制概论》等研究成果的发展（Fritz Morstein Marx, *The Administration Sate: An Introduction to Bureaucracy*. Chicago, Illinois: University of Chicago Press, 1957.），已经成为一种确认的理论和公共行政的研究领域。行政国家首先是一种国家公共职能现象，其次是一种国家公共权力现象，同时也是一种公共事务管理现象，主要是指 19 世纪末 20 世纪初，与垄断的进程相一致，尤其是第二次世界大战以后，在资本主义国家立法、司法、行政三权分立的国家权力主体的关系中，行政权力和活动扩展，具有制定同议会立法效力相当的行政命令权和取得同法院判决效力相近的行政裁判权，大量直接管理和介入国家事务和社会事务，从而起着最活跃和最强有力国家作用的一种国家现象。参见张国庆主编《行政管理学概论》，北京大学出版社 2000 年版，第 16 - 17 页。

② 参见张焕光、胡建淼《行政法学原理》，劳动人事出版社 1989 年版，第 8 - 9 页。

③ ［美］伯纳德·施瓦茨：《行政法》，徐炳译，群众出版社 1986 年版，第 6、29 页。

④ Marshall E Dimork, *Law and Dynamic Administration*. New York: Praeger Publishers, 1980, p.131.

什么道理。法治所要求的并不是消除广泛的自由裁量权，而是法律应当能够控制它的行使。"① 法治并不意味着必然与政府的自由裁量权相矛盾，事实上，公共机构不仅在过去而且在当代都拥有广泛的自由裁量权。② 总之，法治和自由裁量权的关系不是相互排斥的，不允许自由裁量权的存在，任何法律体系都不能运行。行政自由裁量权决非只为恶，不能为善，它在正确运用的条件下，不仅不会给公民带来祸患，而且能为公民创造福祉。③

随着行政国家的兴起和发展，行政与法的关系发生了变化，行政法存在的目的从消极限制政府权力转变到在承认行政权扩张的前提下，寻求新的方式和途径积极控制行政权，以促使行政权合法、公正、有效地运作。因为一味地限制政府权力，不利于行政机关能动地解决各种复杂的社会问题，不利于增进公民权益。虽然保护公民免受行政机关滥用权力的侵害仍是行政法的重要任务，但今天的公民已不满足于这种消极的保护，而是期望从政府积极的干预中获得更多的利益，"他们对官僚政治和行政机构无所作为的恐惧在今天更甚于对行政机构滥用权力和专制的恐惧，因为前者可能使他们丧失某些利益。一个主要的问题仍是要制止专制行为，而另一个问题则是要促使行政机构更迅速、更诚实和更有效地行动"④。法治原则的内容发生相应的变化，逐步从形式法治转化为实质法治，行政法有了相应的发展，除了委任立法的出现及司法审查范围扩大以外，还突出体现在以下三个方面。

（一）行政程序法的兴起——从对行政权的实体规则限制和严格的司法审查控制转为事中的程序控制

在自由资本主义时期，主要是通过议会制定的法律和法院的司法审查来限制或者严格控制行政权。行政国家兴起后，在行政权大举扩张的情况下，"议会＋法院"的限权或者严格控权模式产生了危机，对行政权的制

---

① ［英］威廉·韦德《行政法》，徐炳等译，中国大百科全书出版社1997年版，第55页。
② 参见［英］詹宁斯《法与宪法》，龚祥瑞、侯健译，生活·读书·新知三联书店1997年版，第39页。
③ 参见姜明安《论行政自由裁量权及其法律控制》，载《法学研究》1993年第1期。
④ ［法］勒·达维：《法国行政法和英国行政法》，高鸿君译，载《法学译丛》1984年第4期。

约在更大程度上必须求助于行政程序,"程序的规则所以重要,正是由于在实体上不能不给予行政机关巨大权力的缘故"①。20 世纪 30 年代以来,大陆法系国家行政法出现了程序化趋势。奥地利于 1925 年通过了《普通行政程序法》。受其影响,欧洲大陆的一些国家纷纷制定了自己的行政程序法,形成了行政程序法典化的第一次高潮。20 世纪 30 年代罗斯福新政时期,行政权力的急剧集中和扩张使人们对行政程序的作用有了迫切的期待。美国联邦最高法院在 1936 年到 1941 年期间对摩根案件的四次判决,强调了行政程序的重要性。美国于 1946 年通过了《联邦行政程序法》(APA),该法对行政程序的一般原则、规章制定(rule making)以及行政裁决(adjudication)程序作了规定,体现了行政活动的公开、参与、公正等程序原则。在美国的影响下,世界各国纷纷制定或修订行政程序法典,② 出现了行政程序法典化的第二次高潮。

行政程序法是对行政权作用过程进行规范和制约的原则和规则体系,其目的在于建立指导行政的原则与程序,预防和控制行政官员刚愎而难以自制的冲动,一方面使其循规蹈矩,另一方面却不妨碍其主动精神,以保护社会公众免受行政官员滥用权力的侵害。正如美国最高法院于 1950 年在一项判例中所说:行政程序法的形成,旨在对抗行政权的急速扩张,以节制行政官员,以免其热衷于权力而超越了职务中所规定的限度。该法乃对于武断的官员防止其侵犯私人权益的一项保障。③ 行政的法治化离不开富有理性的程序的导引,贯彻"公开、公平、公正"诸原则的行政程序既可以成为行政活动合理化和正当化的源泉,又可以满足社会对行政活动的功能期待。④ 通过程序来实现对行政的控制,用程序控权来取代实体控

---

① 王名扬:《英国行政法》,中国政法大学出版社 1987 年版,第 62-64 页。
② 如奥地利于 1948 年和 1950 年两次修订其《普通行政程序法》;意大利于 1955 年制定了《行政程序法草案》;西班牙于 1958 年颁布了现行的《行政程序法》;联邦德国于 1976 年通过了现行的《行政程序法》;日本于 1964 年出台了《行政程序法草案》;就行行政程序法传统一向薄弱的法国也于 1976 年制定了《行政行为说明理由和改善行政机关和公民关系法》;等等。
③ 参见皮纯协主编《行政程序法比较研究》,中国人民公安大学出版社 2000 年版,第 117 页。
④ 参见应松年主编《行政程序法立法研究》,中国法制出版社 2001 年版,第 32-33 页。

权,以正当程序模式的行政法来弥补严格规则模式行政法之不足,① 逐渐成为行政法发展的主流。

(二) 行政自由裁量权扩张与控制——合理性原则的产生与应用

行政自由裁量权的扩张与控制是20世纪行政法发展的一个重要标志。尽管行政自由裁量权是现代行政所必需,但它可能被滥用,因此必须受到监督与控制,否则将导致专横与恣意。"绝对的和无约束的自由裁量权的观点受到否定。为公共目的所授予的法定权力类似于信托,而不是无条件地授予。"② "自由裁量权是行政权的核心。行政法如果不是控制自由裁量权的法,那它是什么呢?"③ "一部行政法的历史,就是围绕强化自由裁量权与控制自由裁量权两种因素此消彼长或互相结合的历史。"④ 控制自由裁量权主要不是依靠制定法,而是法律的原则和精神;也不是依靠实体法,而是行政程序。这样,合理性原则就在法治的土壤上生长出来了,并与合法性原则一道规范和控制行政权,构筑现代行政法治的基本架构。⑤ 在现代法治国家,合理性原则已经成为指导一切国家机关活动的普遍规则。

关于合理性的标准问题,各国在行政法上均有自己的观点。英国的一些法官主张,自由裁量权不应是专断的、含糊不清的、捉摸不定的权力,而应是法定的、有一定之规的权力,并确立了一些"不合理"的标准:

---

① 严格规则模式以规则为中心,行政主体是规则的服从者,是执法的机器,行政人员只需严格按规则行事,不需拥有任何的自由裁量权,就可以实现法律的正义。严格规则模式片面强调了规则的重要性和有效性,容易使"法律思维与社会现实分离","不利于实际问题解决"。当社会条件时过境迁或者复杂化时,修改、补充实体法规则的工作十分庞杂,说明它对环境适应的代价是颇高的;而正当程序模式以问题为中心,其核心是"听取对方意见",允许相对人进行防卫性申辩。其特点是:从行政行为过程着眼,侧重于行政程序的合理设计,行政主体的适用技术是以正当程序下的行政决定为特征的,权力的理由通过相对人的介入和行政主体共同证成的,通过合理的行政程序设计来实现控制行政权的目的。参见[美]诺内特·塞尔兹尼克《转变中的法律和社会》,张志铭译,中国政法大学出版社1994年版,第67页;孙笑侠《法律对行政的控制》,山东人民出版社1999年版,第157-158页。

② [英]威廉·韦德:《行政法》,徐炳等译,中国大百科全书出版社1997年版,第68页。
③ [美]伯纳德·施瓦茨:《行政法》,徐炳译,群众出版社1986年版,第566页。
④ 袁曙宏:《行政处罚法的创设、实施和救济》,中国法制出版社1994年版,第71页。
⑤ 参见姜明安《新世纪行政法发展的走向》,载《中国法学》2002年第1期。

"如此荒谬以致任何有一般理智的人都不能想象行政机关在正当地行使权力时能有这种标准"（格林法官语），"如此错误以致有理性的人会明智地不赞同那个观点"（丹宁法官语），"如此无视逻辑或公认的道德标准，令人不能容忍，以致任何认真考虑此问题的正常人都不会同意它"（迪普洛克大法官语）。① 在美国，法官们认为，用专断的或反复无常的方式行使自由裁量权就是滥用自由裁量权行为，其类型包括：①不正当的目的，②错误的和不相干原因，③错误的法律或事实根据，④遗忘了其他有关事项，⑤不作为或迟延，⑥背离了既定的判例或习惯。② 在德国，行政法院对行政机关行使自由裁量权的行为进行司法审查，有两种理由，即超越自由裁量权和滥用自由裁量权。超越自由裁量权是指行政机关超越其法定权限行使自由裁量权；滥用自由裁量权则主要体现为以下五种形式：①违反比例性、适度性和必要性的原则，③ ②不正确的目的，③不相关的因素，④违反客观性，⑤违反平等对待原则。④

当然，强调对行政自由裁量权的控制与传统的限权或消极控权模式不同。公民要求对自由裁量权的控制，不是为使行政机关单纯消极地不行使权力，而是要求行政机关按照法定的目的，出于正当的动机，公正、合理地行使自由裁量权，积极地采取有效措施满足公民日益增长的多样化的利益需求和价值期望。

（三）放弃或者限制"主权豁免"原则，确立国家赔偿责任

在19世纪，甚至直至20世纪40年代，许多西方国家对政府的行政

---

① ［英］威廉·韦德：《行政法》，徐炳等译，中国大百科全书出版社1997年版，第79页。
② 参见［美］伯纳德·施瓦茨《行政法》，徐炳译，群众出版社1986年版，第571页。
③ 比例原则要求行政机关实施某种行政行为时，应适当地平衡对相对人造成的损害与社会获得的利益之间的关系，不得实施对相对人个人的损害超过对社会的利益的行政措施；适度性原则要求行政机关实施行政行为时，在能够运用为实现某一目的的各种不同的方法中，必须运用其中最适当的方法，即应当选择最适于实现行政目的的方法；必要性原则要求行政机关在具备实现某种行政目的的若干种方法中，应当选择对相对人造成损害最小的方法，即能够减少到最小损害的方法。比例原则、适度性原则和必要性原则三者之间是相互联系、相互衔接的，分别从不同的角度共同体现出合理性原则。行政机关在实施行政行为时，只要偏离了这些方面，就是滥用自由裁量权，就构成司法审查的理由。
④ 参见刘兆兴等《德国行政法——与中国的比较》，世界知识出版社2000年版，第219－222页。

侵权行为是不负国家赔偿责任的。国家不负赔偿责任的理论根据是"主权豁免"学说。在行政权较少干预社会生活和"无法律即无行政"的早期资本主义社会，由主权豁免原则引发的矛盾和冲突毕竟还不太多和不太严重。但当社会进入人们"从摇篮到坟墓"都离不开行政权，行政机关享有广泛的法定职权和广泛的自由裁量权的"行政国"时代，这一原则引发的矛盾和冲突越来越多，人们开始不能容忍政府违法行使职权侵犯自己的权益而不给予任何赔偿了，如果任损害发展下去，那么势必危及正常的管理秩序和社会秩序。① 于是，许多国家逐渐放弃或限制主权豁免原则，建立国家赔偿责任制度。法国于1873年在著名的"布朗戈案件"中，第一次明确判定了国家对公务活动所引起的损害，应当承担赔偿责任，从而开创了国家承担赔偿责任的先例。德国于1910年公布的《国家责任法》明确规定，官吏在执行公务时因故意或过失致第三人损害，国家应代为承担民法第893条的责任，从而确认了国家赔偿责任。1919年德国宪法对此作了进一步发展，魏玛宪法第131条明确规定："官吏行使受委托之公权时，对于第三者违反其职务上的义务，其责任应由该官吏所服役之国家及统治机关负担，不得起诉官吏。"英美法系国家承认国家赔偿责任晚于大陆法系国家，美国在第二次世界大战后，摒弃了"主权豁免"观念，于1946年颁布《联邦侵权赔偿法》，明确规定美国联邦政府应依有关侵权行为赔偿之规定，负担与私人同样情况下所负担的同等方式与程度的责任。英国于1947年颁布了《王权诉讼法》，该法第2条第（一）项规定："国王就本法所规定的事项，与一般有责任能力的成年人一样，负相同的侵权行为责任。"

三、国家行政的收缩与行政法的变迁

进入20世纪70年代以后，西方各国出现了以低经济增长、通货膨胀、财政赤字、高失业率为特征的"滞胀"现象。对此，凯恩斯主义显得无能为力：若采取扩张性的财政政策来刺激需求，就必然给通货膨胀火上加油；若采取紧缩政策以抑制通货膨胀，就会进一步加剧经济危机。可见，凯恩斯国家干预主义的负面效应日益显露出来，这促使人们认识到：

---

① ［英］威廉·韦德：《行政法》，徐炳等译，中国大百科全书出版社1997年版，第79页。

如同市场会失灵一样，政府同样会失灵；市场解决不好的问题，政府不一定能够解决得好，而且政府干预的失败代价更高、更可怕。"政府失灵"使人们开始怀疑行政国家控制全部社会公共事务的有效性，"人们开始反思负担过重和过分官僚化的政府是否有能力负担起指派给它的繁重的工作任务"①。20世纪70年代末以来，英国、美国等西方国家掀起了公共行政改革运动，并迅速向其他国家扩散，形成一股世界性的改革浪潮。这场改革，在方向上与过去迥然不同——如果说以前行政改革的方向是政府职能扩张和规模膨胀的话，当代行政改革则体现了政府的退缩和市场价值的回归。② 且这场改革已不再是仅局限于政府部门和政府系统内机构的调整与增减，也不再是仅局限于从政府行政的角度来设计行政改革，而是站在社会的角度，从整个公共部门系统设计和实施的公共行政改革，是一场范围更为广泛、程度更为深刻、意义更为重大的公共行政改革。③ 这场改革带来了公共行政的快速发展，其内容涉及诸多方面，如从管制行政到服务行政观念的转变、公共管理的社会化与权利结构上的均衡、放松管制与权力运行方式的多样化、公民有效参与与行政服务质量的提高，等等。公共行政的发展无疑会引起行政法的变迁。

（一）社会公行政④的崛起与行政法调整范围的拓展

社会公行政的崛起是公共管理社会化的一种结果。公共管理社会化是指政府收缩管理范围，将一部分职能逐步交给非政府社会组织承担的过程。公共管理社会化的过程就是公共管理与服务主体由一元走向多元、由

---

① Lester Salamon, *The Rise of the Third Sector*, Foreign Affairs, 1994, pp. 7 – 8.
② 参见周志忍主编《当代国外行政改革比较研究》，国家行政学院出版社1999年版，第4页。
③ 参见左然《当代国际公共行政的发展与改革》（上），载《中国行政管理》1997年第9期。
④ 社会公行政与国家行政一起构成公共行政，它是指国家行政（主要是国家行政机关的行政）以外的非政府公共组织（如社区组织、行业组织、公共事业单位等）的行政。姜明安教授在其1999年主编的《行政法与行政诉讼法》（全国高等学校法学专业核心课程教材）中指出，国家行政属于公共行政，但公共行政并不等于国家行政。公共行政除了国家行政以外，还包括其他非国家的公共组织的行政，如公共社团（律师协会、医生协会等）的行政、公共企事业单位（国有企业、公立学校、研究院所等）的行政以及社区（村民委员会、居民委员会等）的行政。参见姜明安主编《行政法与行政诉讼法》，北京大学出版社、高等教育出版社1999年版，第2页。

单一政府管理变换为政府与社会共同治理的过程。在这个过程中，国家权力、政府职能逐渐收缩和社会自治空间的不断扩大相伴进行。在现代社会，政府并不是公共行政的唯一主体，各种社会力量，包括行业组织、社区组织、公共事业单位等也可以成为公共行政的主体，承担对公共事务的管理职能。随着社会的发展，公众的需求日趋多样化，而可供政府利用的资源有限，政府无力垄断公共物品的提供和公共服务的供给，且过分强调政府的作用、行政权的过度延伸，会使公众的生存能力和创造能力退化，并会阻碍市场与社会作用的发挥。20世纪80年代英美两国兴起的公共管理主义理论，逐步成为现代公共行政改革的理论基础。公共管理主义理论强调的是公共行政主体的多元化，强调放权于社会。政府的职能是"掌舵"而非"划桨"，政府应专心致力于公共政策的制定及监督执行，而不是将自身陷入复杂烦琐的具体事务之中。在我国，改革开放以来，非政府组织获得了长足的发展，伴随着经济体制改革与政治体制改革的深入，一些享有公共管理职能的非政府组织（如行业组织、社区组织等）日益成熟起来，并在社会生活中发挥着越来越大的作用。我国有学者曾描述道："伴随着政治领域权力的减弱，经济领域和社会领域的权力正在逐渐成长，原先那种政治领域垄断一切的'单级结构'正在向三个领域分享权力的'多级结构'转变，这是1978—1998年之间中国社会结构演变的基本脉络。"① 总之，"现代行政权呈现出多元化发展的趋势，国家行政机关已不是唯一行使行政权的主体，其行政权部分地还归于社会主体"②。社会公行政的崛起，可以说是政府由集权走向分权、管理由封闭走向开放的必然结果。国家行政与社会公行政的有机结合，并吸收社会公众的广泛参与是有效利用社会资源，实现公共利益与个人利益共同发展的明智之举。伴随国家行政界域收缩，社会公行政得以发展，行政法的调整范围会发生相应的变化，其调整社会公行政的比重会不断增加。行政法需要对作为社会公行政主体的非政府公共组织的地位及其权力来源予以确认，为非政府公共组织的存在与作用发挥提供合法性的基础，并要从程序、监督和救济等方面设定规则与原则，有效地规范非政府公共组织行使公权力的活动。当然，行政法伸入社会公行政领域，并非要阻碍社会公行政的发展，而是

---

① 康晓光：《权力的转移》，浙江人民出版社1999年版，第1-2页。
② 郭道晖：《法治行政与行政权的发展》，载《现代法学》1999年第1期。

要通过行政法规则的设置和理论体系的建构适应发展变化着的公共行政的现实需要，给社会公行政划定一个合理的边界，有效地调整其与国家行政和与公民之间的关系，既防止国家行政对社会公行政的违法与不当干预，又抑制社会公行政产生的负面效应，促使社会公行政在法治的轨道上健康运行。

（二）行政观念的转变与行政法制度创新

现代公共行政发展还突出表现为行政观念上的革新——从管制行政向服务行政观念的转变。管制行政以"政府"为中心，以"权力"为本位，以"命令"与"强制"为手段，从时间和空间两个维度严格限定一切社会组织和个人的行为方向与活动空间，剥夺了社会、企业和公民自由选择的权利与机会。政府成了社会的"主人"，即由公"仆"变成了公"主"，高高在上地实施着对社会的管理，片面强调公民方的服从，一般情况下，如果双方互不信任，则容易形成积极的或消极的对抗，这势必导致行政的低效益和维持秩序的高成本，最终导致过度的管制窒息了经济与社会发展的生机与活力。而服务行政则将政府定位于服务者的角色上，政府以服务于整个社会的姿态出现，以社会公众的需求作为其行为的导向，任何时候都不以任何手段去追求政府自身的利益。服务行政要求政府彻底抛弃旧的"治民"观念或"为民作主"的观念，确立"为民服务"和"由民作主"的观念，将公众置于公共行政的中心位置上，"公众第一"成为公共行政的核心原则。在行政活动中，政府与公民的地位真正趋于平等，政府将改进服务质量，高效率地为公民提供服务作为其不懈的追求，将公民需求的满足和公共利益的实现作为其实施行政行为的最高价值选择。行政观念的革新，政府与公众角色的转换，势必引起行政法制度创新。行政法既不是单纯的管理法，也不是消极的控权法，而是要在促成政府与公民之间的合作、互动与平衡上发挥更大的作用，即行政法要通过有效的制度供给，发挥"制动器"和"发动机"的双重功效，既要抑制行政主体与相对人双方滥用权力（利），又要激发双方的主动性和创造性，促进双方在相互信任与真诚合作中实现公益与私益双赢的预期目标。

（三）放松管制、行政方式的多样化与行政法治的发展

放松管制（deregulation）代表着现代政府管制的发展趋势，是指政府

削弱或取消某些对经济和社会管制的政策或过程。放松管制的重点是放松市场管制，它在20世纪70年代成为经济理论上的热门话题，80年代形成高峰并扩展到各个领域。放松管制意味着管制界域的收缩和管制方式的更新。政府通过收缩管制的界域，给公民以较大的自由活动的空间；在管制方式更新方面，政府要以增进人民的福祉为目的，在合法范围内，以达成行政目标为指引，发挥创意，以弹性、柔和、富含民主精神的方式实施行政活动，主要靠说服和利益诱导来吸引公民对行政活动的参与与配合，密切与公民的关系，减少与公民之间发生磨擦和冲突。这样一来，行政权的强制色彩便日益淡化，而一些非强制的行政方式如指导、合同、激励、沟通等便应运而生，并逐步成为现代公共行政的主流方式。这些非强制行政方式的运用可以在管制过度与管制不足之间寻求适度平衡。

日本行政法学者盐野宏教授指出："行政并不仅是行政行为和行政强制执行，而是使用各种各样的手段来实现其目的。……行政，除从前范围内的公法上的方法以外，也使用所谓私法上的手段进行活动。"① 非强制行政方式的广泛运用，极大地改善了行政主体与相对人之间的关系，它能够促使行政相对人对行政活动的主动参与和积极配合，是民主行政、文明行政、宽容行政与高效行政的体现。非强制行政方式适用的空间越广阔，行政主体对相对人进行单方命令与强制的行政方式收缩的幅度就越大，双方合作的程度就越高，对抗与冲突的情形就越少。这既有助于降低行政成本，又能彰显民主的价值内涵与精神意蕴，还有助于推动行政法治的发展。

为适应社会发展的需要，现代行政法治对强制行政与非强制行政有着不同的要求：就强制行政来说，它要受到严格的依法行政原则的约束，坚持无法律就无行政，恪守"法无明文规定即为禁止"的原则。"行政权的行使应以法律为依据（法律的依据），同时不允许违反法律（法律优先）。这种法治行政的原理一直被认为是首先适用于权力行政。"② 而行政法对非强制行政的规制则相对缓和，非强制行政在多数情况下无需行为法上的依据，行政机关具有较强的能动性与灵活性。当然，行政机关实施非强制

---

① ［日］盐野宏：《行政法》，杨建顺译，法律出版社1999年版，第36、37页。
② ［日］室井力主编：《日本现代行政法》，吴微译，中国政法大学出版社1995年版，第145页。

行政必须有组织法的依据，且要受到法律原则（如人权保障原则、平等对待原则、信赖保护原则、比例原则、权力不得滥用原则等）的约束，并不得与宪法、法律相抵触。

（四）行政公开、公众参与与行政程序立法新高潮的掀起

日本行政法学者和田英夫认为，行政现象的复杂化、行政部门越来越多样化，以及由此而产生的行政专门化、技术化这一时代一定会到来，这是现代行政今后的主要课题，因此我们有必要进一步强调行政程序以及行政过程的重要性。① 行政程序能为行政主体和行政相对人双方提供协商与沟通的理想空间，促进意见交流，扩大选择的范围，调和彼此的利益，实现合意的自由。20 世纪 90 年代以来，出现了行政程序法典化的第三次高潮。已经制定行政程序法的国家纷纷对原法案进行修改，赋予其新的时代精神，② 没有制定行政程序法的国家和地区积极制定行政程序法。③ 第三次高潮的主题是要进一步保证行政活动的公开性与透明度，保障公民对行政活动的有效参与。行政公开是现代民主政治的必然要求和其题中应有之义，是公民参与行政和监督行政的必要前提。在利益多元化的现代社会，公民对公共行政的有效参与既有助于其充分表达自己的利益愿望，也有助于行政服务质量的提高。公民参与公共行政的广度和深度体现着公共行政的民主化和有效性的程度，也是衡量民主发展的尺度。有学者指出："21 世纪法律的发展，以程序法的发展为主要特色，其中行政程序法的发展必将成为先导。"④ 在我国，行政程序法近年来已成为热门话题，制定统一行政程序法典的呼声日益高涨。我国行政法学界正在努力解决行政程序领域存在的问题，借鉴国外行政程序立法的经验，结合我国的实际情况，在

---

① 参见［日］和田英夫《现代行政法》，倪健民等译，中国广播电视出版社1993年版，第15页。

② 奥地利于1991年、西班牙于1992年、德国于1992年和1997年两次对各自的行政程序法进行修正。

③ 葡萄牙于1991年制定了行政程序法（1996年修订），荷兰于1994年在《基本行政法典》中规定了行政程序部分，日本于1993年、韩国于1996年、我国澳门地区于1995年制定了行政程序法，而我国台湾地区则在1976年、1990年、1993年、1995年、1998年制定了五个行政程序法草案，并于1999年公布了行政程序法，于2000年修正公布行政程序法，于2001年1月1日起施行。

④ 应松年主编：《行政法学新论》，中国方正出版社1999年版，第499页。

制定单行的行政程序法的同时，积极着手起草制定一部统一的行政程序法典，以适应建立社会主义市场经济体制和民主法制建设的需要，推进我国的行政法治进程。

结　语

通过上述对行政法与公共行政关系演进的考察，我们可以发现，在古代奴隶社会与封建社会，行政法不具有高于行政（具体地说是高于君权）的权威，无法扼制行政的专横与武断，谈不上行政法治，公民的权利得不到保障。到了近代，实行的是一种消极的、形式上的法治，即将法与行政、公民权利与行政权力对立起来，并通过法律将行政权限制在尽可能小的范围内，这不能适应社会发展的需要，也不利于公民权益的增进。进入现代，行政法与公共行政的关系被不断地调适，逐渐形成良性互动的关系。行政法仍然具有制约公共行政、控制行政权的功能。为了防范公共行政的任意性和行政权的非理性膨胀，必须借助法律这个"栅栏"，[①] 通过法的合理性来制约行政的随意性，使公共行政朝着维护公益，保障民权的方向发展，这是各国依法行政理论与实践的共同点，也是公共行政走向现代化的必然要求。但行政法对公共行政的制约不是采取消极的控制方法来实现的，也不是一味地坚持"无法律即无行政"的原则，而是要针对不同的行政方式设计灵活有效的规则与原则，特别是要通过完善民主制度，在行政主体与相对人之间建立起理性的对话平台，以消除相对人与行政主体之间的对立状态来实现的。行政法除具有制约功能外，还具有激励功能，即激励行政主体在法定职权范围内积极有效地行使行政权，以更多地造福于社会，更好地服务于公民。"那种认为发达的行政法体系必定对高效的行政起反作用的观点是错误的。""行政法与行政权力应该成为朋友而不是敌人。法律能够和应当做的贡献应是创造而不是破坏。"[②] 行政法要随着现代公共行政的发展不断地进行观念、范围与制度上的变迁，以为

---

① 德国法学家拉德布鲁赫认为，"法律对于司法一般为路标，对行政则一般是栅栏——行政的路标是'国家利益至上'"。参见［德］拉德布鲁赫《法学导论》，米健、朱林译，中国大百科全书出版社1997年版，第130页。

② ［英］威廉·韦德：《行政法》，徐炳等译，中国大百科全书出版社1997年版，第24页。

公共行政提供良好的规范和指导。我国台湾地区学者章孝慈先生曾经说过:"法律制度是有生命的,是活的,它与社会的变动之间有密不可分的关系,法律制度因社会的变化而变动,法律制度也直接影响社会变动的方面,彼此密不可分,而且法律制度和社会的变化之间必须紧密配合。"①公共行政可以反作用于行政法,但不是为了摆脱行政法的控制,而应该守法与自律。在"法律空白"地带和"法律低效"区域,② 行政主体要兼顾公共利益和个人利益,遵循法的原则,以有效地满足社会公众的需求作为其行动宗旨,充分发挥行政能动作用,并推动行政法向更加健全和完善的方向发展。

(本文原载《中国法学》2003 年第 3 期)

---

① 转引自杨海坤、黄学贤《中国行政程序法典化》,法律出版社 1999 年版,第 9 页。
② 即法律不能有效地发挥调整作用的区域。莫于川先生在其所著的《行政指导论纲》一书中使用了"法律沼泽"一词,意指采用法律手段并不能有效发挥调整作用之处即法律低效区域。参见莫于川《行政指导论纲》,重庆大学出版社 1999 年版,第 118 页。

我国行政体制改革法治化研究

改革与法治是决定当代中国命运的两个最为重要的主题。深化行政体制改革是推进国家治理体系和治理能力现代化的重要组成部分,是发展社会主义市场经济和发展社会主义民主政治的必然要求,是全面深化改革的突破口。改革开放以来,我国不断推进行政体制改革并取得了重大进展。但随着改革开放的深入推进和经济社会的快速发展,我国行政体制改革面临着许多新的挑战,与完善社会主义市场经济体制、建设法治中国、实现国家治理现代化的要求相比,还存在很大差距,需要切实转变改革的方式,科学选择改革的路径,走法治改革之路,以法治思维和法治方式推进改革,以法治的理性和权威性来保障改革的连续性、稳定性,使改革达到预期的目标。

一、行政体制改革法治化的必要性分析

我国的改革已步入攻坚期和深水区。涉及若干利益上和体制上的深层次问题和矛盾,必须对"摸着石头过河"为主的改革思路、"政策推进型"的改革路径、"政府自我革命"的改革模式予以调整和转型,推进行政体制改革步入法治化轨道,以法治来凝聚改革共识,以法治引领和规范改革行为,以法治降低改革的成本和风险,以法治巩固改革成果。具体来说:

(一)是消除行政体制改革中人治因素影响的必然选择

进行政治与行政体制改革,必须处理好"人治与法治的关系"。人治与法治是两种不同的治国方式。人治强调的是个人的意志和权威,是将个人的意志凌驾于法律之上,国家的一切大事皆由个人或少数人按照自己的主观意志来决定的治国方式;法治强调的是法律至上,强调法律的权威,要求依照公平、正义的法律来治理国家。人治会导致权力恶性膨胀,异化为社会公害。我国为实现依法治国、建设社会主义法治国家进行了艰辛探

索,1978年,党的十一届三中全会总结我国民主法制建设正反两方面经验,特别是吸取"文化大革命"中法制遭到严重破坏的沉痛教训,提出了发展社会主义民主、健全社会主义法制的重大方针。邓小平同志指出:"为了保障人民民主,必须加强法制。必须使民主制度化、法律化,使这种制度和法律不因领导人的改变而改变,不因领导人的看法和注意力的改变而改变。"①"我们过去发生的各种错误,固然与某些领导人的思想、作风有关,但是组织制度、工作制度方面的问题更重要。这些方面的制度好可以使坏人无法任意横行,制度不好可以使好人无法充分做好事,甚至会走向反面。""不是说个人没有责任,而是说领导制度、组织制度问题更带有根本性、全局性、稳定性和长期性。这种制度问题,关系到党和国家是否改变颜色,必须引起全党的高度重视。"② 1992年,邓小平同志在南方谈话中再次强调,治理国家"还是要靠法制,搞法制靠得住些"。1997年9月,党的十五大郑重提出了"依法治国,建设社会主义法治国家"的重大战略任务。1999年3月,"依法治国"的基本方略和奋斗目标被庄严地写入宪法,形成现行宪法第五条的规定,即中华人民共和国实行依法治国,建设社会主义法治国家。2007年10月,党的十七大报告以科学发展观为统领,将深入落实依法治国基本方略列入实现全面建设小康社会奋斗目标的新要求。2012年11月,党的十八大报告提出:"法治是治国理政的基本方式。"强调"要更加注重发挥法治在国家治理和社会管理中的重要作用",并提出"全面推进依法治国,加快建设社会主义法治国家",到2020年实现全面建成小康社会宏伟目标时,"依法治国基本方略全面落实,法治政府基本建成,司法公信力不断提高,人权得到切实尊重和保障"。党的十八届三中全会又明确提出了建设法治中国的战略目标。可以说,我国建设社会主义法治国家,是现实的需要,也是历史的必然。行政体制改革的法治化,既是这个大背景下的必然选择,也是法治国家建设中的有机组成部分。通过走法治化的道路,可以有效地消除行政体制改革中人治因素的影响,增强行政体制改革的稳定性、系统性和协调性。

---

① 《邓小平文选》第2卷,人民出版社1994年版,第146页。
② 《邓小平文选》第2卷,人民出版社1994年版,第333页。

（二）是调节行政体制改革中各种利益关系的有效举措

行政体制改革的核心是对各种权力及其利益格局的重新调整，改革的过程实际上是利益关系重新协调的过程。利益是人们交往的纽带，所有社会矛盾和社会冲突的根源均存在于人们的利益关系之中。2013年3月17日，李克强总理在回答记者提问时说："改革要触动固有的利益格局。现在触动利益往往比触及灵魂还难。但是，再深的水我们也得趟，因为别无选择，它关乎国家的命运，民族的前途。"① 利益关系调整得好，就会使改革健康有效地进行下去；利益关系调整不好，改革就会受阻、中断甚至无功而返。有学者认为，"改革进程中的主要难题，不在于表面上的'体制摩擦'，而在于这种摩擦背后的'利益摩擦'。因此，对'改革战略'的思考，应着眼于如何尽可能妥善地解决改革过程中发生的各种利益矛盾。艰巨的任务，必须要通过法律来完成，因为法律在调整利益诸手段中处于首要地位"②。法律是利益关系的调节器，协调与平衡各种利益冲突是其重要功能，法律在对利益关系的协调中，展现其生命力和存在的价值。"法律之所以存在，因为人们继续不断地评估和重新评估利益，因为他们希望利益调和，因为他们希望保障他们本身的利益和承认尊重他人利益的正当。这种相互的权利义务观念是建设政治社会的基石。"③ 法律的制定过程就是一个充分的利益博弈过程，是分配和调节利益的过程；法律的实施过程就是一个实现公平正义的过程。"法律自身代表着一种公正、客观、平衡的精神，在多元的社会利益矛盾和冲突中保持一种中立的品质，并创造出一个公平的世界。"④ 对于社会转型、体制转轨、价值取向多元、利益高度分化的当下中国来讲，没有什么比法治更能够凝聚人们的共识。遵循法治原则和精神，对各种类型的利益冲突做出妥当协调，事关改革成败。

---

① 李克强：《触动利益比触及灵魂还难　再深的水也得趟》，见中国新闻网（http://www.chinanews.com/gn/2013/03-17/4650201.shtml）。
② 强昌文：《论利益的法律调整机制》，载《安徽大学学报（哲学社会科学版）》2004年第4期。
③ ［荷］克拉勃：《近代国家观念》，王检译，商务印书馆1957年版，第54页。
④ 陆平辉：《利益冲突的法律控制》，载《法制与社会发展》2003年第2期。

(三) 是实现改革总目标的客观要求

党的十八届三中全会决议明确提出了全面深化改革的总目标，即完善和发展中国特色社会主义制度，推进国家治理体系和治理能力现代化。在新的历史起点上推动实现这一总目标，是深化行政体制改革的重要任务。国家治理体系和治理能力，是一个国家制度和制度执行力的集中体现。党的十八届三中全会决议要求，到2020年，在重点领域和关键环节改革上取得决定性成果，形成系统完备、科学规范、运行有效的制度体系，使各方面制度更加成熟更加定型。2014年2月17日，习近平总书记在省部级主要领导干部学习贯彻十八届三中全会精神全面深化改革专题研讨班开班式上发表重要讲话强调："今天，摆在我们面前的一项重大历史任务，就是推动中国特色社会主义制度更加成熟更加定型，为党和国家事业发展、为人民幸福安康、为社会和谐稳定、为国家长治久安提供一套更完备、更稳定、更管用的制度体系。"2008年中共中央、国务院印发的《关于深化行政管理体制改革的意见》明确指出，加强依法行政和制度建设，坚持用制度管权、管事、管人。这些都明确了制度建设的重要地位和紧迫任务。加强法制建设，是完善和发展中国特色社会主义制度的基本内容；法治是国家治理体系和治理能力现代化的基本要求，要发挥法治在完善国家治理体系和提升国家治理能力中的根本性作用，推进国家治理进入良法善治的轨道。"正义的目标应当通过合法方式实现。"① 如果不通过合法的方式，不受法律的约束，改革就会扭曲异化，背离改革初衷。党的十八届三中全会还提出，必须切实转变政府职能，深化行政体制改革，创新行政管理方式，增强政府公信力和执行力，建设法治政府和服务型政府。可见，应紧紧围绕推进国家治理体系和治理能力现代化的总目标，依法深化行政体制改革，大力加强法治政府建设，构建科学完善的行政管理的体制、机制与制度，并以此为切入点推动国家政治、经济、文化、社会、生态文明和党的建设等各个方面体制机制和制度更加科学、更加完善。实现党、国家、社会各项事务治理制度化、规范化、程序化、法治化。

---

① 罗豪才、宋功德：《坚持法治取向的行政改革》，载《行政管理改革》2013年第3期。

二、行政体制改革法治化的内涵探究

行政体制改革法治化是一项系统工程，涉及的范围很广，首先应审视的是行政体制改革权本身的法治化，这是容易被人们所忽视的问题。只有将行政体制改革的主体与对象区分开来，将行政体制改革权纳入法治轨道，才有助于解决"政府自我革命"的难题，并在此基础上，探讨行政体制改革的对象或内容的法治化，主要包括政府职能的法治化、行政组织与编制的法治化、行政权的配置及其运行的法治化。

（一）行政体制改革权的法治化

行政体制改革权是关于行政改革的权力。有学者认为，行政改革权指国家立法机关和行政机关依法享有的重新界定配置行政权、调整行政组织结构和规模以及完善公务员制度的权力。① 笔者认为，行政体制改革权由行政体制改革的设定权和行政体制改革的执行权构成。实现行政体制改革权的法治化，必须做到：

1. 行政体制改革权设定的法治化

行政体制改革权属于国家权力范畴，其设定主体只能是国家权力机关，应遵循法律保留原则，即应由国家权力机关通过宪法和法律的形式设定，不能由国家行政机关自行设定。如果不区分行政体制改革的设定权与行政体制改革的执行权，不明确行政体制改革设定权的归属，由政府既行使行政体制改革的设定权，又行使行政体制改革的执行权，就无法摆脱"政府同时扮演着改革主体与改革对象双重角色"的窘境。从目前我国的情况来看，行政改革权的设定主体并不是单一的，而是多元的。不仅全国各级人民代表大会及其常务委员会有行政改革权的设定权，而且国务院及其部委和一些地方人民政府也享有此种权力。形成这种局面的原因是多方面的，但主要是由于我国有关行政改革权的立法滞后，无法满足现实需要，从而给行政机关自行设定一定范围的行政改革权留下了空间。在行政体制改革过程中，立法机关没有制定相关的法律对行政改革权进行界定、

---

① 参见邝少明、夏伟明《论行政改革权的法制化》，载《中山大学学报（社会科学版）》2003年第3期。

划分及确定其归属。因而,行政机关行使行政改革权缺乏必要的法律依据和法律授权,常处于失控和无序的状态。"我们现在面临的问题似乎更多的是行政机关在设定组织、编制、结构、聘任公务人员、配置行政权力等方面的无序状态。历次改革中,行政部门往往未经法律授权以规章、命令、决定等形式自行设置机构和配置权力,造成改革的混乱。这显然是由于行政改革权没有依法设置造成的。改变这种局面最有效的方法是用法治原则来建立秩序、减少混乱。"① 即使为适应急剧的社会转型和改革的需要由行政机关设定行政改革,也应有法律授权或者由有权机关的明确授权,以解决行政体制改革的权限不足问题,使得那些于法无据、甚至不符合现行法律规定的改革措施获得合法性。行政体制改革权的法治化要求行政体制改革要从"依法"或"依授权"开始,并要将改革的成果"入法",即要通过修法或立法来巩固改革成果,防止改革反弹。

2. 行政体制改革权运行程序的法治化

我国的行政体制改革,应当超越政策推进型的改革模式,建构法律推进型的改革模式,实现行政改革权运行程序的法治化。这有助于最大限度地保障行政体制改革权运行的权威性和合理性。如果缺乏法定程序保障,行政体制改革权就无法正常有效地运行。在行政改革权运行程序方面,西方国家有一套比较成熟的做法,大致可分为四步:一是通过立法成立一个机构改革研究委员会,行使改革设计权。该委员会的性质一般为非官方组织,吸收社会各界人士参加,由其对行政改革的所有问题进行全面调查研究,并在充分论证的基础上提出改革方案。二是立法机关制定有关改革的法律,行使行政改革决定权,并为改革提供法律依据和保障。其通常的做法是,立法机关对机构改革研究委员会提出的改革建议,采纳其中合理的部分制定法律,决定是否改革以及改革的内容。三是政府根据有关改革的法律,具体行使改革执行权。在执行过程中,西方政府倾向于分阶段、分步骤稳妥地进行,而非运动型的方式。四是设立一个专门机关行使改革监督权,监控行政改革方案的实施,确保行政改革的顺利推行。② 有学者建议,我国行政改革权的行使可按以下三个步骤进行:①成立一个专门委员会,研究、论证和决定行政改革方案,行使行政改革设计权。该委员会必

---

① 邝少明、张威:《论行政改革权》,载《中山大学学报(社会科学版)》2002年第6期。
② 参见孟鸿志等《中国行政组织法通论》,中国政法大学出版社2001年版,第269页。

须具有代表性和中立性,要独立于行政机关,并实行合议制。②重大改革事项的立法程序。由相关法律对立法机关与行政机关之间的行政改革权限进行合理划分。行政改革中重要的组织事项,必须通过立法程序决定,其他事项则可由中央政府直接决定。③成立专门机构推行行政改革。一方面,有权机关要赋予该机构一定的执行手段;另一方面,对执行过程中反映出来的问题要及时予以解决,切实保障行政改革执行权的正当行使。①笔者认为,我国可以借鉴西方国家的经验,结合我国的实际情况,将改革设计成三个阶段:改革设计与决策阶段、改革执行阶段、改革监督阶段。通过法律对行政体制改革的每一阶段的主体、职权、工作程序与机制、责任等作出明确规定,保障改革程序的规范化、法治化。②

(二) 行政体制改革内容的法治化

1. 政府职能法治化

政府职能是政府一切活动的起点。职能定位是否准确,是政府能否正确有效行使权力、发挥作用的前提和基础。如果说政府机构改革是外表,那么政府职能转变就是内核,二者之间是"表"和"里"的关系,只有把转变政府职能切实向前推进,有效简政放权,组织机构调整等其他方面改革才能取得实质性突破,才能更好地激发市场活力和社会活力,增强发展的内生动力。切实转变政府职能,是深化行政体制改革的核心和关键,是牵引行政体制改革的"牛鼻子",是建设法治政府和服务型政府的必然要求和题中应有之义。而政府职能转变既需要立法来引领和推动,也需要法律来确认和巩固职能转变的成果。"要把法律当成转变政府职能的依据,把法治当成转变政府职能的路径,并把政府职能转变的成果体现在法治政府建设上。"③ 评判行政体制改革是否法治化,必须看政府是否真正形成了从全能政府向有限政府的转变;是否真正做到了政企分开、政资分开、政事分开、政府与市场中介组织分开;是否真正解决了政府"不越位""不缺位""不错位"的问题;是否真正实现了政府职能配置的科学

---

① 参见应松年、薛刚凌《行政组织法研究》,法律出版社2002年版,第105页。
② 参见石佑启、杨治坤、黄新波《论行政体制改革与行政法治》,北京大学出版社2009年版,第87页。
③ 杨晶:《以加快转变政府职能为核心深化行政体制改革》,载《行政管理改革》2014年第3期。

化和法定化。

2. 行政权力配置法治化

伴随着政府职能的转变,必须调整行政权力结构,合理配置行政权力,在协调平衡好政府与市场、政府与社会、政府与其他国家机关之间外部关系的同时,在政府系统内部也要形成纵横合理、结构均衡、权责明确、关系顺畅的权力格局,并要将这种权力配置关系纳入法律调整的范围。这主要包括两方面内容:一是在纵向上实行法律分权。所谓法律分权,是指在分清中央政府与地方各级政府职责的基础上,通过宪法性法律对中央政府与省级政府、上级地方政府与下级地方政府之间的行政权力划分作出规定,赋予各级政府独立的主体地位,以法律的形式将各级政府的职权、职责和责任固定下来,非经法定程序不得随意改变,各级政府之间发生行政权限争议可以通过法律途径解决。通过法律分权,"从表面上看这是一个权力在不同层级的分配问题,实质上这是对上下级权力关系的革命性改造,将上下级权力关系由政治关系改变为法律关系,从而将上下级权力关系纳入法治的轨道"[①]。法律分权的重心就是在科学划分中央政府与地方政府事权、上级地方政府与下级地方政府职能的基础上,实现中央政府与地方政府、上级地方政府与下级地方政府之间关系的法治化,依法规范二者关系,并在中央政府权力与地方政府权力之间、上级行政机关权力与下级行政机关权力之间探寻一种具有相对稳定性和可操作性的制度,从而建立起一个有权威、有内聚力的中央政府和上级行政机关以及有活力、有向心力的地方政府和基层行政机关。[②] 二是在横向上实行行政权力的综合化配置。这是指在转变政府职能的基础上,将反映行政职能相同或密切相关、管辖范围类似、业务性质相近的行政权力进行合并,相对集中配置给一个行政部门,由一个大的部门统一行使相关的行政权力。通过部门行政权力的"内涵式"变革来实现行政精简、统一、效能的目标,以求从根本上解决职能交叉、部门林立、多头管理及管理低效等问题。通过纵向上的法律分权和横向上行政权力的综合化配置,改变行政权力在纵向上高度集中与横向上过于分散的状况。通过建立与完善相应的法律制度来

---

① 周永坤:《规范权力——权力的法理研究》,法律出版社2006年版,第221页。
② 参见石佑启、陈咏梅《行政体制改革及其法治化研究——以科学发展观为指引》,广东教育出版社2013年版,第203-204页。

保障行政权力结构调整的相对理性和巩固行政权力合理配置的成果，推动行政权力配置进入科学化、法治化的轨道。

3. 行政组织与编制法治化

行政组织法治化要求行政组织的设立、内部组织结构、外部运行方式等都要有明确的法律予以规范，行政组织依法进行运作，依法处理与其他组织的关系，按照党政职能分工、政企分开和精简、统一、效能的原则，建立完善的行政组织体系。如果行政组织的设立没有法律的基础，可以不依法而自生自灭，那么，相应的人员配备也会因此而不合理、不合法。在此情形下谈法治政府建设是不可能的。行政组织是行使行政权的载体，其设置是否科学合理，关系到行政权的有效行使和行政效能的提高，影响到公民权利义务的行使与履行。改革开放以来，我国虽曾进行过多次机构改革，却陷入"精简—膨胀—再精简—再膨胀"恶性循环的怪圈，其原因是多方面的，但从法治角度上看，主要在于没有完备的组织法规范，政府机构与权能配置没有法的有效制约。目前，我国行政机关的设置、地位、职责、权限等，主要由《宪法》《国务院组织法》《地方各级人民代表大会和地方各级人民政府组织法》加以规定。然而，从我国组织立法来看，行政组织的立法体系极不完善，在国务院组织法、地方政府组织法中，对行政组织机构的设立、职责权限、基本准则、调整程序等都是原则性规定，未对不同类别行政机关的设置和职权作出明确、具体的规定。这导致在行政管理的实践中，行政执法部门层次过多、职责不清、权责脱节和多头执法等问题，造成管理对象的无所适从，由此破坏了法治的权威，损害了政府的形象。深化行政体制改革必须高度重视行政组织法的作用，必须遵循行政组织法定原则，健全行政组织法体系，实现行政组织设置的科学化和法定化。

行政编制的法治化就是通过专门的立法对行政机关编制的提出、审查、论证和批准程序、领导职数限额、人员编制标准及违反编制的法律责任等，作出具体、明确的规定，把编制管理纳入到规范化、制度化和法治化的轨道。党的十三大报告就提出："要完善行政机关组织法，制定行政机关编制法，用法律手段和预算手段控制机构设置和人员编制。"中共中央、国务院印发的《关于深化行政管理体制改革的意见》指出，通过改革，实现政府组织机构及人员编制向科学化、规范化、法制化的根本转变。党的十八届三中全会通过的《中共中央关于全面深化改革若干重大问题的决定》提出："严格控制机构编制，严格按规定职数配备领导干部，减少机构数量和领导职数，严格控制财政供养人员总量。推进机构编制管理科学化、规范化、法制化。"到目前为止，我国没有专门的行政编制法，政府机构的设置、人员的编制设置表现出很大的随意性。因人设事、因人设岗的现象时有发生。因此，应尽快制定一部统一的行政编制法，严格按照"因事设岗、因岗择人"的原则，控制行政机构的在编人员和非在编人员编制，防止一些地方执法部门自行"增肥"，实现机构编制从"经验型""政策型"向"自律型""法治型"转变。

4. 行政权运行法治化

要规范行政权力的运行，构建立法民主、决策科学、执行顺畅、监督有力的权力运行体系，确保行政机关及其工作人员严格依法办事、依法行政。党的十七大报告指出："健全组织法制和程序规则，保证国家机关按照法定权限和程序行使权力、履行职责。"党的十八届三中全会通过的《中共中央关于全面深化改革若干重大问题的决定》提出："推行地方各级政府及其工作部门权力清单制度，依法公开权力运行流程。"推进行政权运行的法治化，主要包括：一是要加强和改进政府立法工作，严格按照法定权限和法定程序进行立法，完善立法工作机制，扩大公众有序参与，充分听取各方面意见，使所立之法律能准确反映经济社会发展要求，更好地协调利益关系，提高制度建设的质量，保障法制的协调统一性。二是要规范行政决策行为，建立健全决策信息公开制度，民主科学决策程序和保障制度、决策评估体系和纠错改正机制等，以扩大公民有序参与，实现行政决策的科学化、民主化、法治化。党的十八大报告强调，健全决策机制和程序，发挥思想库作用，建立健全决策问责和纠错制度。建立健全重大决策社会稳定风险评估机制。凡是涉及群众切身利益的决策都要充分听取群众意见，凡是损害群众利益的做法都要坚决防止和纠正。三是要深化行政执法体制改革，建立权责统一、权威高效的行政执法体制，完善行政执法程序，规范行政执法行为，加强对行政执法的监督，全面落实行政执法责任制和执法经费由财政保障制度，切实做到严格、规范、公正、文明执法，确保法律的正确有效实施。四是要健全对行政权力的监督制度，整合监督资源，强化监督的力度，形成监督合力，使行政权力与责任挂钩、与权力行使主体利益脱钩，切实做到有权必有责、用权受监督、违法须追究，侵权要赔偿，实现权责统一。

三、行政体制改革法治化的策略选择

(一) 善于运用法治思维和法治方式深化改革

党的十八大报告提出:"要弘扬社会主义法治精神,树立社会主义法治理念,增强全社会学法尊法守法用法意识。提高领导干部运用法治思维和法治方式深化改革、推动发展、化解矛盾、维护稳定能力。"习近平总书记在2014年2月28日下午主持召开中央全面深化改革领导小组第二次会议并发表重要讲话时指出:"在整个改革过程中,都要高度重视运用法治思维和法治方式,发挥法治的引领和推动作用,加强对相关立法工作的协调,确保在法治轨道上推进改革。"法治思维,是按照法治的根本要求、精神实质和价值追求,分析、判断、处理客观现实问题的思维方法或者思维过程;法治方式是运用法治思维处理和解决问题的行为方式,是法治思维实际作用于人的行为的外在表现。法治思维决定和支配法治方式,法治方式体现和强化法治思维。运用法治思维和法治方式深化改革,就是要求坚持改革要尊重法律、于法有据、依法而行,改革的成果要用法律制度加以巩固,形成办事依法、遇事找法、解决问题用法、化解矛盾靠法的良好法治环境。2013年6月19日,上海市第十四届人民代表大会常务委员会第四次会议表决通过《上海市人民代表大会常务委员会关于促进改革创新的决定》,该决定明确规定:改革创新应当坚持法治原则,遵守宪法和法律,注重运用法治思维和法治方式推进改革创新。运用法治思维和法治方式推进改革,要求转变改革方式,树立法治改革观,将改革纳入法治的轨道,走依法改革之路。这是中国改革本身的战略转型。只有政府和社会公众都善于运用法治思维和法治方式,才能为深化改革、全面建设小康社会提供坚强有力的法治保障。改革的成效将更加体现在如何提高运用法治思维、法治方式深化改革的能力上,以切实保障改革沿着法治化的道路健康有序推进。有学者认为,"党的十八大以来,在运用法治思维和法治方式处理深化改革问题上,以及在全面深化改革依法而行方面,已经做出很好的典范。2013年8月31日第十二届全国人大常委会第四次会议通过《关于授权国务院在中国(上海)自由贸易试验区内暂时调整实施有关法律规定的行政审批的决定》,这是国家权力机关以法治思维和法治方式推动新形势下深化改革的一项重大立法实践。这次通过全国人大常委会的立法授权，进行上海自由贸易区的改革，是以法治思维和法治方式促改革的一次生动演绎"①。

（二）处理好立法与改革的关系，实现二者互动共进

在行政体制改革过程中，必须处理好改革和立法的关系，把立法决策与改革决策有机结合起来，把深化改革同完善立法有机地结合起来，一方面要深化改革，一方面要守住法治的底线，二者不可偏废。应运用辩证的思维审视改革创新与依法行政的关系，二者并非总是此消彼长的对立（零和博弈）状态，在一定条件下可以形成相辅相成、相得益彰的（正和博弈）状态。"西方国家在行政改革中，都具有一个法律与改革呈良性互动的特点，法律指导、规范和保障了改革，而改革又促进法律变迁。"②西方国家为了保障行政改革的顺利进行而制定了与之相配套的法律法规，如克林顿在就任美国总统之初，便指定副总统戈尔组成革新委员会，并于1993年发表了《国家绩效评估报告》，而1993年所通过的《政府绩效与成果法》乃是此次行政改革的法律依据。日本国会在1998年6月12日通过《中央省厅等改革基本法》，确立了改革的大政方针。随后，1999年7月，日本国会通过并公布了共包括17部法律的中央省厅改革关联法，明确了改革后的内阁与省厅的机构调整、中央与地方责权划分以及独立行政法人的职能。1999年12月，日本国会通过并公布了共包括61部法律的省厅改革施行关联法，明确了各省厅之间的关系和每个独立行政法人的目的、事业范围等，在充分的立法基础上，2001年1月才开始新一轮的行政改革。③ 法国议会在1982年通过了《关于市镇、省和大区权利与自由法》，并以此为依据开始了以权力下放为重要内容的地方分权改革，为实现1982年确定的目标，法国在此后10年间共颁布了71项法律和748个法令予以补充和完善；1992年2月3日和6日，法国政府又先后颁布了

---

① 付子堂、陈建华：《运用法治思维和法治方式推动全面深化改革》，载《红旗文稿》2013年第23期。

② 杨解君：《全球化与中国行政法的应对：改革路径的分析》，载《学术研究》2012年第11期。

③ 参见陈都峰《国外行政改革的内动力机制及其启示》，载《理论与现代化》2006年第3期。

关于行使地方议员权责条件法和关于共和国地方行政指导法两个重要的法律文件,将地方分权改革一步步推向高潮。"虽然各国改革的内容和方式不同,但是,无论是普通法系国家较为激进、全面的改革,还是大陆法系国家较为和缓、渐进的改革,从中都可以看出具有明显的法制化特征。改革的推行要求对原有的相关法律予以调整或者制定新的法律。在改革推进的同时伴随着大量的立法活动。"① 当代中国的立法与其他国家特别是西方发达国家立法的一个重大区别是,中国的立法都是在改革背景下和在改革进程中的立法。但不能因此就错误认为,中国的改革无法可依、难于依法甚至无需依法,中国的立法只是消极地确认和巩固改革的成果,而不能引领和推动改革。要处理好改革的"变"与立法的"定"之间的关系,改革的"变"要依法而"变",否则,就会变味或变样;立法的"定"不只是定结果,还要定方向、定目标、定原则、定主体、定方式、定过程、定责任等,要摆脱"先改革后立法"甚至"立法不作为"的困境;要借鉴域外的经验,结合我国的国情,坚持以立法引领和规范改革,以改革促进法律的发展,实现改革与法律的良性互动。张德江在主持第十二届全国人民代表大会常务委员会党组学习贯彻党的十八届三中全会精神时指出:"要完善中国特色社会主义法律体系,加强立法工作,坚持科学立法、民主立法,提高立法质量,依据改革举措,结合立法规划和立法工作计划,需要修改的法律按照程序及时修改,使重大改革于法有据、有序进行,需要得到法律授权的重要改革举措,要按法律程序进行。"要做好法律的立、改、废工作,对陈旧过时的法律规范予以废除;对需要修改的法律予以修改,先立后破,有序进行;有的重要改革举措,需要得到法律授权的,要按法律程序进行。以此确保行政体制改革于法有据,有法可依,为改革的顺利推进铺好法治之路。罗豪才先生指出,行政改革与法治的关系,至少体现为两点:"第一点是行政改革完全可以依法推进,依法行政不但不会捆绑行政改革的手脚,反而通过改革前的法律设定、改革中的法律实施以及试点改革后的法律修改,来为行政改革提供全方位的法律保障,无法律则无行政改革。第二点是行政改革与依法行政不仅可以做到并行不悖,而且改革创新精神和行政法治建设还应当齐头并进、良性互动,通过行政改革提高法律的回应性,通过依法行政保证行政改革合乎理性,

---

① 薛刚凌主编:《行政体制改革研究》,北京大学出版社 2006 年版,第 270 - 271 页。

二者统一于建设服务政府与法治政府的目标之中。"①

(三) 以公开透明和民主参与的方式推进改革

"任何一项事业的背后都存在某种决定该项事业发展方向和命运的精神力量。"②"以人为本"是行政体制改革与法治共同的逻辑起点、精神支柱与价值追求。行政管理体制改革，在价值目标上，必须坚持"以人为本"这一本质要求，真正把维护社会公平正义、增进人民福祉、促进人的自由全面发展作为出发点和归宿。"从行政体制改革的这一根本目的出发，应当说改革是起因于民，目的为民，其检验标准也应当是以人民群众得到利益和实惠为准。"③"法治是源于人类对自身的存在、价值和命运的一种制度安排，'以人为本'则是深藏在它背后决定其发展方向和命运的最高的精神力量。"④ 当下行政体制改革的基点就是政民关系科学调整和合理定位，改革所涉及的政府职能转变、行政组织结构的优化、行政权力的配置与运行等，绝不仅仅是行政系统内部的事情，而且直接关系到公民等一方利益的变动，会对公民的权利义务产生重大影响，公民等一方理所当然地应当是行政体制改革中的重要参与主体，并分享因行政体制改革所造就的公共福祉。⑤ 行政体制改革有效回应公民需求和公民积极参与改革是一个双向互动的过程，也是行政体制改革民主化、法治化的具体体现和基本要求。公开透明是民主参与的前提和基础，民主参与的过程是沟通交涉的过程，也是讨论论证的过程，可以使改革方案得到社会的认可和接受。"越是大规模的、涉及范围广泛的改革，其成本和风险也越大，就越加需要开放、透明的改革，需要全社会的理解和支持。也只有通过听取和整合各方面的意见，改革方案和措施经过反复论证，才能保证其科学性、

---

① 罗豪才、宋功德：《坚持法治取向的行政改革》，载《行政管理改革》2013年第3期。
② ［德］马克斯·韦伯：《新教伦理与资本主义精神》，于晓、陈维纲译，生活·读书·新知三联书店1987年版，第98页。
③ 方世荣：《试论公众在行政体制改革中的权利》，载《国家行政学院学报》2002年专刊。
④ 吕世伦、张学超：《"以人为本"与社会主义法治——一种法哲学上的阐释》，载《法制与社会发展》2005年第1期。
⑤ 参见石佑启、杨治坤、黄新波《论行政体制改革与行政法治》，北京大学出版社2009年版，第90页。

合理性和可行性并最终得到落实。"① 封闭的改革过程与政府行政已不能适应经济发展的要求；社会公众要求参与改革与行政的呼声和能力不断提高，改革决策与方案的形成需要充分发扬民主，广泛听取公众的意见，政府活动需要更多地与公众进行互动沟通，这样才具有深厚的社会基础，才能产生良好的社会效果。实践中，一些地方发生抵制化工项目上马等群体性事件，主要问题就在于政府决策过程不公开透明，没有公众参与、民主讨论、深入沟通的过程。因此，转变执政方式，权力运作公开透明，社会公众有效参与，是当下的必然选择。行政体制改革要以公开透明和民主参与为突破口，特别是要建立健全制度化的信息公开与公众参与机制，使社会公众的主体地位在改革中受到尊重，法定的权利和利益得到保障和增进，才能赢得社会公众的认同、支持和配合，才具有力量的源泉，并能在良性互动的基础上实现改革的预期目标。

四、结　语

法治是治国理政的基本方式，是国家和社会健康有序运行的基石。我国在新的历史起点上深化行政体制改革，必须走法治之路，必须充分发挥法治对改革的引领、促进和保障作用，并应通过公开透明和民主参与等方式来有效推进改革。行政体制改革的正当性首先体现为合法性，必须与建设社会主义民主政治和法治国家相协调，而偏离法治轨道的改革则会误入歧途。全面深化行政体制改革是一场攻坚战和持久战，也是一个艰难的利益博弈过程，在这一过程中，只有将行政体制改革与法治有机结合起来，将创新性与合法性有机统一起来，才能更好地凝聚改革共识，才能从根本上确保改革不断取得新的进展和突破。行政体制改革与法治是辩证统一的关系，二者之间存在对立的一面，也有统一的一面。"如果说改革必然要试错，那么法治的作用就在于纠错以防止出现一种全局性、长期性的失误；如果说改革就要付出代价，那么法治的作用就在于最大限度地降低改革成本，规避不必要的代价；如果说改革就必然有风险，那么法治就是规

---

① 杨解君：《全球化与中国行政法的应对：改革路径的分析》，载《学术研究》2012年第11期。

避风险、把风险控制在最小范围内的不二法门。"① "尽管改革与法治建设在思维路径上存在矛盾,但在现实社会中,改革需要与法治并行,用法治方式推进改革、凝聚改革共识不可或缺。"② 要以法治为行政体制改革铺就成功之路,以法治增强行政体制改革的系统性、整体性、稳定性和协调性,以法治维护国家的长治久安,以法治保障公民的权利和自由,以法治实现社会的公平正义,使行政体制改革受到法治的滋养,使深化行政体制改革的过程成为推进法治的过程,让社会公众分享改革和法治中国建设的红利。

(本文原载《法学评论》2014年第6期)

---

① 江必新:《以法治思维和方式推进法治中国建设》,载《人民论坛》2013年第11期。
② 陈金钊:《对"以法治方式推进改革"的解读》,载《河北法学》2014年第1期。

论民法典时代的法治政府建设

第十三届全国人民代表大会第三次会议表决通过了《中华人民共和国民法典》（简称《民法典》），该法自2021年1月1日起施行。这是中华人民共和国第一部以法典命名的法律，是新时代我国社会主义法治建设的重大成果，标志着我国正式迈入民法典时代。民法典在中国特色社会主义法律体系中具有重要地位，是一部固根本、稳预期、利长远的基础性法律，对推进全面依法治国、加快建设社会主义法治国家，对发展社会主义市场经济、巩固社会主义基本经济制度，对坚持以人民为中心的发展思想、依法维护人民权益、推动我国人权事业发展，对推进国家治理体系和治理能力现代化，具有重大而深远的意义。① 2020年5月29日，习近平总书记在主持中央政治局就"切实实施民法典"举行集体学习时指出：各级政府要以保证民法典有效实施为重要抓手推进法治政府建设，把民法典作为行政决策、行政管理、行政监督的重要标尺，不得违背法律法规随意作出减损公民、法人和其他组织合法权益或增加其义务的决定。这深刻揭示了《民法典》与法治政府建设之间的关系，既表明推进法治政府建设在保障《民法典》实施中具有重要的地位和作用，也表明实施《民法典》为推进法治政府建设提出了新要求、注入了新动力。法治政府建设的内涵丰富、意义重大，现从有限政府、有为政府、守法政府、诚信政府、责任政府建设等方面对民法典时代的法治政府建设做些阐释。

一、民法典时代的有限政府建设

民法典是"社会生活的百科全书"，是市场经济的基本法，是民事权利保护的宣言书。《民法典》划定了民事主体私权利与政府机关公权力的法律界限。《民法典》第3条规定：民事主体的人身权利、财产权利以及

---

① 参见习近平《充分认识颁布实施民法典重大意义　依法更好保障人民合法权益》，载《求是》2020年第12期。

其他合法权益受法律保护，任何组织或者个人不得侵犯；第 207 条规定：国家、集体、私人的物权和其他权利人的物权受法律平等保护，任何组织或者个人不得侵犯；第 991 条规定：民事主体的人格权受法律保护，任何组织或者个人不得侵害。根据《民法典》第 1002、1003、1004 条的规定，自然人享有生命权、身体权和健康权，任何组织或者个人不得侵害他人的生命权、身体权和健康权。上述规定中的"任何组织或者个人"自然包括政府机关及政府机关的工作人员，也即民法典对民事权利的确认，其本身就是为个人或组织的私权利设定保护屏障，为政府公权力的行使划定边界，表明法治政府必须是有限政府。有限政府（limited government）是指在规模、职能、权力和行为方式等方面都受到法律明确规定和社会有效制约的政府。① "权自法出、职权法定，法不授权不可为"是法治政府的基本要求，也是有限政府的核心要义。有限政府要求政府的权力来源于法律的授予，政府的活动限制在法定的范围内。要充分发挥市场、社会及公民的作用，凡法律规定由市场竞争机制自由调节、行业组织或者中介机构自律管理、公民自主决定的事项，政府机关不得用行政权力干预，如政府机关不得随意设定行政许可、不得随意对市场价格设定强制性标准、不得随意以行政权力插手民事和经济纠纷等。

民法典全面确认民事主体的各项民事权利，为国家公权力规范运行与社会生活自由划定了界限，必然要求公权力依法行使，不得干预民事主体的合法权益。② 政府机关行使职权、履行职责必须清楚自身的活动范围和权力界限，要严格遵循民法典的规定，不能侵犯公民享有的民事权利。政府存在的正当性理由是保护公民的基本权利与自由。"基本权利是设立主权权利、客观法律规范和一般解释原则的基础，对一切国家权力和国家机关具有直接的约束力，只有根据法律或者通过法律才能限制基本权利。"③

民法典通过确认公民的人身权利、财产权利及其他合法权益，确定公民私人自治的领域，划定政府行为的禁区，为政府设定不作为义务。这既

---

① 参见陈国权《论法治与有限政府》，载《浙江大学学报（人文社会科学版）》2002 年第 2 期。

② 参见周佑勇《贯彻实施民法典 提高国家治理现代化水平》，载《学习时报》2020 年 6 月 19 日第 01 版。

③ ［德］哈特穆特·毛雷尔：《行政法学总论》，高家伟译，法律出版社 2000 年版，第 107 页。

约束了政府创制规则的活动，也约束了政府具体的执法行为。一是政府在创制规则时，要严格遵循法律保留原则和法律优位原则，不能与民法典的规定相冲突，不得随意创设限制或剥夺公民的权利与自由，不得为公民设定某种义务的规范，否则无效。二是政府在具体的执法活动中，要严格遵循"法不授权即禁止"的原则，遵守民法典的规定，不得侵犯公民的人身权、财产权及其他合法权益。在现实生活中，诸多情况下只要政府履行不作为的义务，公民的权利和自由就有保障、就能够实现。如政府不乱收费、乱摊派、乱罚款，公民的财产权就有保障；政府不违法实施拘留和采取限制公民人身自由的强制措施，公民的人身自由权就有保障。党的十八届三中全会通过的《中共中央关于全面深化改革若干重大问题的决定》明确提出："政府的职责和作用主要是保持宏观经济稳定，加强和优化公共服务，保障公平竞争，加强市场监管，维护市场秩序，推动可持续发展，促进共同富裕，弥补市场失灵。"可见，政府发挥作用的场域不是漫无边际的，而是有限的，政府与市场之间、公域与私域之间应有一条界线，应优势互补、各展其长、和谐共生。政府权力介入或干涉公民权利的行使，必须有明确的法律规定，法律无明文规定的，政府便不得为之，要把政府权力关进制度的笼子，让政府在法治轨道上运行。

　　以行政审批为例，实践中，行政权力膨胀扩张的突出表现就是行政审批过多，不断挤压、吞噬私权利行使的空间。为了治理审批乱象，我国不断深化行政审批制度改革，并强化法治保障。党的十八大以来，中央在推进行政审批制度改革的同时，提出了"放管服"改革思路，取得了积极进展。① 2018 年 6 月 28 日，李克强总理在全国深化"放管服"改革转变政府职能电视电话会议上强调："简政放权、放管结合、优化服务改革是一场刀刃向内的政府自身革命，也是近年来实现经济社会稳中向好的关键一招。"② 2019 年 6 月 25 日，李克强总理在全国深化"放管服"改革优化营商环境电视电话会议上又强调："把'放管服'改革进一步推向深

---

① 参见马怀德《"放管服"改革促进法治政府建设》，载《光明日报》2016 年 6 月 20 日第 10 版。

② 李克强：《在全国深化"放管服"改革转变政府职能电视电话会议上的讲话》，见人民网（http：//politics. people. com. cn/n1/2018/0713/c1001 - 30144286. html）。

入，打造市场化法治化国际化营商环境。"①《民法典》的出台将有助于深入推进行政审批制度改革及政府"放管服"改革，其确立了民事主体从事民事活动遵循自愿原则，民事主体按照自己的意愿依法行使民事权利，不受干涉。这表明，对民事主体而言，"法不禁止即自由"，也即在民事主体意思自治的领域，政府应保持谦抑性，不得擅自为之。可以说，《民法典》的颁布实施，对保障和扩大公民权利行使与自由活动的空间，充分发挥市场在资源配置中的决定性作用，优化法治化营商环境，建设一个有限、透明、诚信、责任的政府具有重要作用和深远意义。

二、民法典时代的有为政府建设

有限有为政府是法治政府的题中应有之义，法治政府不仅要求政府的权力受宪法、法律、法规的约束不能任意扩张，成为有限政府；而且要求政府积极履行法定职责，保障和增进公民的权益，成为有为政府。② 如果说有限政府解决的是政府能做什么和不能做什么的问题，那么，有为政府所关注的就是政府如何做好什么的问题。可以说，"法不授权不可为，法定职责必须为"就是对有限有为政府涵义的高度概括。现代意义上的有限政府与有为政府是不可分割的，有限政府表明政府的活动范围要有边界，政府的权力要来自法律的授予，做到职权法定；有为政府是指政府对其职能范围内的事情应积极作为，提高效能，优质、高效地服务社会公众。③ 按照有为政府的要求，政府对其法定职责范围内的事项不得推诿、拖延、拒绝或不予答复，而应当积极作为，防止因失职、不作为或迟延而对公民的权益造成侵害或对公共利益造成损害。④ 民法典体现了对公民的生命健康、财产安全、交易便利、生活幸福、人格尊严等各方面权利的平等、充分保护，具有鲜明的中国特色和时代精神。

民法典将人格权独立成编，突出保护公民的健康权、名誉权、隐私权

---

① 李克强：《在全国深化"放管服"改革优化营商环境电视电话会议上的讲话》，见新华网（http://www.xinhuanet.com/2019-07/28/c_1124808469.htm）。
② 参见石佑启《论有限有为政府的法治维度及其实现路径》，载《南京社会科学》2013年第11期。
③ 参见石佑启、杨治坤《中国政府治理的法治路径》，载《中国社会科学》2018年第1期。
④ 参见石佑启《以转变政府职能为纲推进法治政府建设》，载《学术研究》2019年第10期。

等重要权利,将人的价值和尊严置于法律保护的至高地位;民法典将绿色原则确立为民法的基本原则,突出对绿水青山蓝天的保护;民法典回应互联网、大数据时代科技进步带来的时代问题,将数据、虚拟财产纳入保护范围,增加对生物识别信息的保护等。这表明,民法典全面回应新时代人民群众的法治需求,聚焦经济社会发展中的热点和难点问题,全面加强对公民人身权、财产权、人格权的保护,形成更加规范和有效的权利保护机制,充分彰显了"以人为本、立法为民"的理念。可以说,民法典是一部以人民为中心的法典,它通过维护人格尊严、维护人身安全和财产安全、保障人民安居乐业、保护生态环境等,寄托了人民群众对美好生活的向往,对更好地维护社会公平正义,促进人的全面发展和社会全面进步具有重要意义。实施好民法典是衡量各级党政机关履行为人民服务宗旨的重要尺度,各级党政机关在开展工作中应充分尊重和保护民事权利,在保证民法典的有效实施中应发挥示范和带动作用。

相对于政府的义务(不作为义务和作为义务)而言,公民的权利可分为两类。一类是自我实现的权利,此类权利如上文所述,只要政府履行不作为的义务,就能够实现。另一类是靠政府履行作为的义务才能实现的权利,如公民取得房屋产权,需要政府进行行政登记,颁发产权证书;个人或组织取得国有土地使用权,需要政府实施行政许可,颁发许可证书;因发生地震、水灾等自然灾害或发生重大疫情而使公民陷入困境时,政府要实施救助,以帮助公民渡过难关;等等。民法典对政府不作为的义务与作为的义务均有设定。民法典时代的政府应既是一个有限的政府,也是一个有为的政府,政府要在守法的前提下,积极履行法定职责,在保障公民权益、增进公民利益方面大有作为,更好地发挥其在保障交易安全、维护市场秩序、营造法治化营商环境中的积极作用,真正成为人民信得过、靠得住、用得上的公共服务型政府。

"只有政府认真对待人权和公民权利,人民才会认真对待政府、法律和秩序。"[1] 政府不仅不能越权和滥用权力来侵害公民的权利和自由,还要积极履行法定职责以保护公民权利和增进公民的利益,不得失职、渎职。这要求包括以下两个方面。第一,政府要加强同民法典相关联、相配套的法规制度建设,并不断总结实践经验,对相关的行政立法予以修改完

---

[1] 张文显:《法治与国家治理现代化》,载《中国法学》2014年第4期。

善，以实现行政法规、规章与民法典的有效衔接；对同民法典的原则和具体规定不一致的有关规定，要抓紧清理，该修改的修改，该废止的废止，以保障民法典的有效实施。第二，政府在具体的执法活动中，要全面履职，积极保护公民权益。一是政府要坚持行政为民，大力开展"减证便民"行动，全面清理烦扰企业和公民的"奇葩"证明、循环证明等各类证明。二是政府应积极履行保护和给付的义务，确认和保护公民的人身权益和财产权益。如政府应依法进行婚姻登记、收养登记和权属登记等；政府征收集体所有的土地，除依法给予补偿外，还应安排被征地农民的社会保障费用，保障被征地农民的生活；政府征收公民住宅的，除依法给予补偿外，还应保障被征收人的居住条件；等等。三是政府对基于特殊原因或处于特定条件下的个人或组织有提供救助的义务。如政府有关部门在自然人的生命权、身体权、健康权受到侵害或处于其他危难情形时，应当及时施救。四是政府应对民事主体之间发生的、与行政管理活动密切相关的特定民事纠纷依法进行裁决，如对权属纠纷的裁决、对侵权纠纷的裁决和对损害赔偿纠纷的裁决等。五是政府应对具备条件的个人与组织依法予以许可。如经营许可、国有土地使用权许可等。六是政府应对侵害公民人身权或财产权的违法行为依法予以制止。七是政府要依法履行监管职责，维护公民权益或公共利益。①

"在民法慈母般的眼里，每一个人就是整个国家。"② 在行政法慈父般的眼里，每一个人都是政府保护和服务的对象。民为邦本，法系根基。无论是私法还是公法，都是以关爱人和保护人为根本的出发点和落脚点。无论是基于民法，还是基于行政法，政府在行使公权力时都要坚持以人为本，尊重公民的主体地位和人格尊严，践行"人民至上"的法治理念，把"为民造福作为最重要的政绩"，时刻关注人民群众的实际生产生活问题，始终把人民安居乐业、安危冷暖放在心上，多解民生之忧，多谋民生之利，多想利民之举，多做惠民之事，最大限度地增强人民群众的获得感、幸福感和安全感。

---

① 如《民法典》第86条规定：营利法人从事经营活动，应当遵守商业道德，维护交易安全，接受政府和社会的监督，承担社会责任；第534条规定：对当事人利用合同实施危害国家利益、社会公共利益行为的，市场监督管理和其他有关行政主管部门依照法律、行政法规的规定负责监督处理。

② [法] 孟德斯鸠：《论法的精神》下册，张雁深译，商务印书馆1995年版，第190页。

三、民法典时代的守法政府建设

有学者认为,政府守法和司法公正是践行民法典的两个最重要的条件。① 政府守法、严格规范公正文明执法是保障民法典实施与维护民法典权威的内在要求和有效手段。令在必信,法在必行。法律的生命力在于实施,法律的权威也在于实施。在民法典实施过程中,行政机关具有两种角色:一是作为民法典规范的义务主体,自觉遵守、严格执行法律规范,履行好法律规定的行政职责和行政职权;二是作为国家行政管理主体,尊重民事主体的各项权利,维护其合法权益。② 习近平总书记多次强调,领导干部要做尊法、学法、守法、用法的模范,要带头遵守法律,带头依法办事,对宪法和法律保持敬畏之心,牢固树立法律红线不能触碰、法律底线不能逾越的观念。政府机关及其工作人员要认真学习和宣传民法典,带头遵守和维护民法典,积极推进和保障民法典实施,提高运用民法典保护人民权益、化解矛盾纠纷、维护和谐稳定、促进社会发展的能力和水平。只有政府机关及其工作人员特别是领导干部带头遵守民法典,自觉维护民法典的权威,严格用民法典规范自身的行为,民法典才能得到平等执行,民法典所承载的法治精神才能得以彰显,全社会的法治信仰才能得以塑造。

民法典不仅是民事权利的保障书,而且为政府行为提供了法律依据,是规范政府权力行使的规制法。"通过法律对政府进行规制,逐步走向法治政府,即意味着用一种制度化的形式约束政府权力,防止政府权力的扩张与任性,以在政府与社会、市场和公民之间建立起行政权力—相对人权利的平衡结构,实现规制政府权力和保障公民权利与自由的目标追求。"③ 民法典在确认和保护民事权利的同时,也具有促进政府权力依法行使的作用。即民法典不仅具有保障私权的作用,而且具有规范公权的作用。要破除那种认为"民法典属于私法,不能约束政府行使公权力行为"的错误认识。一是民法典中包含着诸多公法(行政法)规范,对政府的有关行

---

① 参见谢鸿飞《政府守法和司法公正是践行民法典的两大法宝》,见北大法律信息网(http://article.chinalawinfo.com/ArticleFullText.aspx?ArticleId=113960)。

② 参见马怀德《民法典时代行政法的发展与完善》,载《光明日报》2020年6月3日第11版。

③ 石佑启、杨治坤:《中国政府治理的法治路径》,载《中国社会科学》2018年第1期。

政法义务作了规定,如发生重大灾情时或者在突发事件应急处置中政府部门要依法为公民提供必要的生活照料,在物权登记过程中政府要依法履行登记职责,公安等机关对高空抛物坠物要依法履行调查职责等。二是民法典本身也是政府依法行政的重要依据。政府机关必须自觉依据《民法典》的规定行使权力与履行职责,正确处理好权和法的关系,做到依法用权、秉公用权、廉洁用权,不侵犯民事主体的民事权利,并保护民事主体的民事权益不受侵害,促进民事关系和谐有序。这是对守法政府的基本要求。加强守法政府建设,要求政府提高运用法治思维和法治方式办事的能力,在行使权力、履行职责、作出决定时,不失职、不越权、不滥用职权、程序正当合法、内容合理适当。《民法典》第208、209、210、232、223条对政府机关的行政登记及收费作了规定;第212、213、218条对政府登记机关的职责及信息公开提出了要求;第1039条对政府机关"在履行职责过程中知悉的自然人的隐私和个人信息,应当予以保密"作了明确规定等。这些都是政府依法行政的基本遵循。尤其是《民法典》第117条规定:"为了公共利益的需要,依照法律规定的权限和程序征收、征用不动产或者动产的,应当给予公平、合理的补偿。"这表明,政府机关要征收征用公民、法人或其他组织的动产或不动产,必须是为了公共利益的需要,必须依照符合法律规定的权限和程序,必须给予被征收征用人公平、合理的补偿。这无疑是《民法典》直接为政府机关的行政征收征用行为提出的具体要求。①

政府守法乃法治政府建设之核心,政府不守法是对法治政府的严重伤害,确保政府依法决策、依法履责、依法化解社会矛盾纠纷成为法治政府建设的关键。② 政府率先守法、公正文明执法、尊重和保护公民权益,是实施好民法典的客观必然要求。政府要把民法典作为行政决策、行政管理、行政监督的重要标尺,完善行政执法的自由裁量基准,全面推行执法全过程记录制度,严格落实重大执法决定法制审核制度及执法公示制度,严禁违背法律法规随意做出减损公民、法人及其他组织的合法权益或增加

---

① 参见胡建淼《民法典是政府机关依法行政的法律依据》,载《学习时报》2020年6月24日第A2版。

② 参见杨小军《政府守法乃法治政府建设之核心》,见人民网(http://theory.people.com.cn/n/2013/0322/c148980-20879868-2.html)。

其义务的决定,发挥行政执法在保护公民权益、化解社会矛盾中的积极作用,保障公众的知情权、参与权、陈述权、申辩权和救济权,规范行政许可、行政处罚、行政强制、行政征收与征用、行政收费、行政检查、行政裁决等行为,提高政府依法行政的能力和水平,确保在执法过程中切实维护各类民事主体的合法权益,使人民群众在每一项执法活动中都感受到公平正义。

四、民法典时代的诚信政府建设

诚信是社会主义核心价值观的重要内容。民法典将"弘扬社会主义核心价值观"作为立法宗旨之一,确立平等、自愿、公平、诚信、守法与公序良俗、绿色等基本原则,实现了中国传统优秀法律文化和现代民事法律规范的有机融合,为我国民事法律制度注入了强大的道德力量。根据《民法典》第7条的规定,民事主体从事民事活动,应当遵循诚信原则。民法属于"私法",民法典是私法领域的基本法;行政法属于"公法",公私法的相互融合是现代法律制度和法学理论的发展方向。《民法典》的很多精神和原则,如契约精神和平等、公平、诚信原则等均被行政法吸收,两大部门法越来越呈现融合发展的趋向。现代政府管理已越来越多地引入民法精神、民法制度和民法方法。"诚信政府"的提倡和确立,正是民法中的诚信原则向行政法领域扩展延伸的结果。[①]

诚信的基本含义是守诺、践约、无欺。诚信政府要求政府恪守信用,做到言必信、行必果,增强政府行为的公信力,保护行政相对人的正当权益和合理预期。政府诚信在社会诚信体系中处于核心地位,是社会诚信的基石和灵魂,也是社会信用的"定盘星",起着基础性、决定性和导向性的作用。没有良好的政府诚信,就无法建立良好的社会诚信。政府诚信是联系政府和公众的纽带,贯穿于政府与公众的整个互动活动之中,只有政府讲诚信,政策才能够得到很好的执行,政令才能畅通,公众才能信赖政府,双方才能真诚合作、良性互动;如果政府诚信缺失,就会导致整个社会信用大厦的根基不牢,个人诚信和企业诚信也将偏离诚信之本。

---

① 参见胡建淼《民法典是政府机关依法行政的法律依据》,载《学习时报》2020年6月24日第A2版。

诚信政府建设是法治政府建设的基础，对社会信用体系建设乃至现代经济社会的良好运行都有着极为重要的意义。对政府来说，信用是一种基础性执政资源，一旦公众对政府失去信任，政府就没有公信力，便会寸步难行。只有政府诚信并获得人民认可，才能引领和支撑社会诚信，才能形成风清气正、和谐共荣的社会潮流。[①] 诚信是为政之本、立国之本、治国之本。《论语》有言："民无信不立。"我国历史上有商鞅"徙木立信"而变法成功、周幽王"烽火戏诸侯"而国破家亡的经验教训，正反两方面的事例均充分说明了政府诚信的重要意义。"得民心者得天下，失民心者失天下"是亘古不变的至理明言。政府要依托诚信的人文精神、正确的政策理念、良好的法治思维、规范的执法行为，取信于民，团结人民，凝聚力量，以实现社会和谐稳定和国家长治久安。

2016年12月，国务院印发了《国务院关于加强政务诚信建设的指导意见》，为政务诚信建设作出了部署、指明了方向、确定了目标，为全面推进诚信政府建设打开了新的局面。许多地方也就加强政务诚信或诚信政府建设制定了相应的规范。虽然我国在诚信政府建设上取得了很大进展，但仍存在诸多短板，仍然存在政府政策"朝令夕改"、"新官不理旧账"、政府不兑现承诺、政府发布的信息不及时不准确等现象。这些都会损害民利、伤及民心，引发政府诚信危机。

诚信原则不仅是民事主体从事民事活动应遵循的基本准则，而且会对诚信政府建设起到巨大的促进作用。加强诚信政府建设需要标本兼治、多措并举、持之以恒、久久为功。重点可从以下三个方面着力。

一是抓好思想观念的"总开关"，夯实诚信建设的思想基础。政府机关及其工作人员要牢固树立诚信观念，"内诚于心、外信于形"，将"诚信为本、执法为民"变成一种思维方式、一种工作习惯、一种行动自觉，着眼长远、立足当下，务实进取，杜绝"三拍"决策，不搞"形象工程"和"政绩工程"，根除作风之弊、行为之垢，坚持知行合一、言行一致，形成取信于民的良好风尚，大力提升政府的公信力。

二是关好制度机制的"安全阀"，扎牢诚信体制制度的笼子。要深入推进政府信息公开，严格遵循正当法律程序，切实加强信赖利益保护。要

---

① 参见刘建发《诚信建设 政府先行》，见人民论坛网（http://www.rmlt.com.cn/2018/0201/510438.shtml? from = timeline）。

发挥制度机制的激励约束作用，建立健全政府承诺的制度体系，形成"政府承诺+社会监督+失信问责"一体化。要加强政府守信践诺机制建设，将政府守信践诺监督考核以及信用奖惩机制等纳入制度化、法治化轨道，促使政府严格履行对社会作出的承诺，把政府履约和守诺状况纳入政府绩效评价体系，对于诚实守信的政府部门及其工作人员要予以表彰，对于失信的政府部门及其工作人员要予以惩戒。要探索建立因政府政策变化或规划调整造成企业合法权益受损的补偿机制等，以打造良好的信用环境，提升竞争的软实力。

三是装好诚信缺失的"警报器"，为推进诚信政府建设提供技术支持。要运用好互联网、大数据等新兴技术，建立健全预警机制，对政府的信用状况进行监测、评价及预警，确保政府机关的行政行为全面接受社会监督；要通过大数据分析，对有失信行为的政府部门及时予以警示，督促其进行整改，以此不断提高政府的公信力，不断增强公民对政府的信赖。

五、民法典时代的责任政府建设

法治政府必定是责任政府。政府的权力要法定，责任也要法定，权力和责任要相统一，要将政府行使权力的活动置于责任的状态之上，当其违法与不当行使职权，或不履行法定职责时，应依法承担法律责任，做到有权必有责，用权受监督，违法须追究，侵权应赔偿。《民法典》对违法与侵权责任作了规定，如根据《民法典》第120条规定，民事权益受到侵害的，被侵权人有权请求侵权人承担侵权责任。根据《民法典》第222条第2款规定，因登记错误，造成他人损害的，登记机构应当承担赔偿责任。根据《民法典》第259条的规定，履行国有财产管理、监督职责的机构及其工作人员，滥用职权，玩忽职守，造成国有财产损失的，应当依法承担法律责任等。《民法典》对政府机关及其工作人员违法行使职权与不依法履行职责从而侵害民事权益的行为规定了法律责任的，依据《民法典》的规定追究法律责任；《民法典》中没有规定的，可依照单行法的规定追究政府机关及其工作人员的法律责任，并对被侵害人予以救济。

"权力受其本性使然，一旦脱离了责任的规制，就注定会恣意妄为，践踏人间正义。如果权力是烈马，责任制度就是不可缺少的笼头。"① 可以说，权力与责任是一个事物的两面，没有无责任的权力，也没有无权力的责任；权力越大，责任也就越大。要做到权责法定，权责相当，有责必究。对政府而言，责任与权力相一致；对公民而言，救济与权利相伴随。要通过对政府机关及其工作人员法律责任制度和公民权利救济制度的设计与运行，使政府机关及其工作人员因违法与不当行为应承担的法律责任落到实处，使公民权利得到保护并使其受损害的权益得到救济。民法典是有关权利的法典，是有关权利保障的法典。"有权利就必须有救济，无救济即无权利"，这是一条法律公理。法律是利益关系的调节器，是保障公民权利的利器，对权利的确认和保护是法律调整社会关系的根本宗旨，法律中设立的各种法律责任制度实则为各种权利保障和救济制度；同理，救济既是对公民法定权利的保护，也是对政府法定责任的追究。"凡权利受到侵害时应有法律救济之方法，此为权利之本质。"②

为了保护公民的合法权益不受政府公权力的侵害或者受到侵害时获得及时补救，公法中设定了一系列的救济途径与手段，通过多元救济途径与手段的综合运用，形成一个保护公民权利的链条。我国已设立了行政复议、行政诉讼、国家赔偿等救济途径，如果政府机关的行政行为违法侵害了民事主体的民事权利，如违法处分当事人的产权、违法限制公民的婚姻自主权、违法侵犯公民的人格权等，民事主体能否以行政相对人的身份申请行政复议或提起行政诉讼呢？回答是肯定的。我国《中华人民共和国行政复议法》（简称《行政复议法》）与《中华人民共和国行政诉讼法》（简称《行政诉讼法》）所确立的"保护当事人的人身权、财产权等合法权益"，既包括当事人在行政法上的权益，也包括当事人的民事权益。这就是说，政府机关的行政行为违法侵害了当事人的民事权益，同样要受到《行政复议法》和《行政诉讼法》的权利救济保护。③ 当事人可以依法通过行政复议、行政诉讼的方式，使其受到政府行政行为侵害的民事权益得到恢复与补救。健全而有效的权利救济制度，既使公民权利获得了制度支

---

① 齐延平：《权力运行的道德底线与责任制度》，载《法商研究》2000 年第 6 期。
② ［英］威廉·韦德：《行政法》，徐炳译，中国大百科全书出版社 1997 年版，第 95 页。
③ 参见胡建淼《民法典是政府机关依法行政的法律依据》，载《学习时报》2020 年 6 月 24 日第 A2 版。

持，使权利的实现有了法律保障；也对政府公权力的行使发挥着制约与监督作用。

六、结　语

总之，《民法典》作为中华人民共和国第一部带"典"字的法律，标志着中国民事法律制度和国家法治的进步成熟，是中国法治建设发展的重要里程碑，开启了权利保护的新时代，为提升"中国之治"筑造了坚实的法律保障，为推动经济高质量发展注入了强大的法治力量，必将对我国法治国家、法治政府、法治社会建设带来更积极、更全面、更规范的影响。[①] 民法典在对私权利的保障与对公权力的约束方面确立了界线和原则，为规范公权力确立了一定的标准和依据，对法治政府建设提出了新使命、赋予了新动能。实施好民法典，要深入推进法治政府建设，把民法典的新精神、新规定和新要求贯穿到政府依法行政的全过程，推动政府治理进入良法善治的轨道，全面提升政府的治理能力和水平，实现政府治理的现代化，更好地保障公民权益。

（本文原载《学术研究》2020 年第 9 期）

---

① 参见王利明《民法典的时代意义》，载《人民检察》2020 年第 15 期。

以转变政府职能为纲　推进法治政府建设

党的十八大把"法治政府基本建成"确立为到 2020 年全面建成小康社会的重要目标之一。加快建设法治政府，是全面深化改革的迫切需要，是全面依法治国的重大任务。党的十八大以来，习近平总书记围绕全面依法治国作了一系列重要论述，提出坚持依法治国、依法执政、依法行政共同推进，坚持法治国家、法治政府、法治社会一体建设，并提出"科学立法、严格执法、公正司法、全民守法"的新十六字方针[①]。可以说，党的十八大以来，在全面推进依法治国的过程中，法治政府建设换挡提速。习近平总书记在党的十九大报告中根据党和国家建设的新形势和新任务以及深化依法治国实践的新要求，从决胜全面建成小康社会、夺取新时代中国特色社会主义伟大胜利的战略高度，对"建设法治政府，推进依法行政，严格规范公正文明执法"做出重要部署，开启了法治政府建设的新征程。我们要从中国特色社会主义进入新时代的历史方位和战略高度，从建设社会主义法治国家、推进国家治理体系和治理能力现代化的全局高度，找准着力点和突破口，深入推进法治政府建设。

一、职能科学是法治政府建设的基本前提

政府职能是指政府的职责和功能，是政府一切活动的起点。职能定位是否科学准确，是政府能否正确有效行使权力、发挥作用的前提和基础。转变政府职能首先要科学界定政府职能，不科学界定政府职能，转变政府职能就会失去方向。职能科学是法治政府的重要标准，是法治政府建设的基本前提。党的十八届四中全会提出，各级政府必须坚持在党的领导下、在法治轨道上开展工作，加快建设职能科学、权责法定、执法严明、公开公正、廉洁高效、守法诚信的法治政府。中共中央、国务院 2015 年 12 月

---

① 这是对党的十一届三中全会确立的"有法可依、有法必依、执法必严、违法必究"十六字方针的丰富和发展，标志着我国社会主义法治建设进入了新的发展阶段。

印发的《法治政府建设实施纲要（2015—2020年）》将"职能科学、权责法定、执法严明、公开公正、廉洁高效、守法诚信"作为法治政府的总体目标。将"职能科学"置于法治政府总体目标的首位，既遵循了法治政府建设的一般规律，又抓住了当前法治政府建设的突出问题。职能科学是政府发挥作用的核心要件，是政府依法全面履行职能的逻辑前提，是推动上层建筑适应经济基础的必然要求。

（1）职能科学首先要理顺政府与市场、政府与社会的关系。其核心是明确政府"应该做什么、不应该做什么"，防止政府越位、缺位。党的十八届三中全会通过的《中共中央关于全面深化改革若干重大问题的决定》（简称《决定》）在指导思想部分明确提出："政府的职责和作用主要是保持宏观经济稳定，加强和优化公共服务，保障公平竞争，加强市场监管，维护市场秩序，推动可持续发展，促进共同富裕，弥补市场失灵。"《决定》将政府职能概括为五项，即宏观调控、市场监管、公共服务、社会管理、环境保护。有学者提出，与以往对政府职能的界定[①]相比，《决定》对政府职能界定有两个明显的变化。"一是宏观调控替代了过去的经济调节。政府宏观调控职能的定位，揭示出了政府与经济的核心关系，那就是不能干预微观经济，但又不能无所作为，政府能够作为经济、应该作为经济的空间以及调控的方式，就是宏观调控。二是把环境保护职能单列出来，反映了对环境保护生态文明建设的高度重视。"[②] 之所以强调政府的宏观调控职能，是因为：首先，宏观调控是发展市场经济的本质要求，也是市场经济健康发展的重要前提。市场并非万能，有其自身的缺陷和不足，需要政府进行必要的宏观调控，以弥补市场失灵。其次，宏观调控有助于防止和克服社会总供给和总需求的严重失衡，避免经济资源的巨大浪费，保持经济总量平衡，保障经济持续、协调、健康发展。最后，宏观调控有助于缩小贫富差距，实现社会收入分配的相对公平。之所以没提政府经济调节的职能，是因为经济调节这个概念过于宽泛，给政府干预资源配置留下的空间较大，也与市场决定资源配置相矛盾。[③] 而将政

---

① 以往将政府职能界定为：经济调节、市场监管、社会管理和公共服务。

② 《杨小军：三中全会〈决定〉对政府职能做出新界定》，见人民网（http://politics.people.com.cn/n/2013/1115/c1001-23559973.html）。

③ 参见杨伟民《详解十八届三中全会亮点：句句是改革　字字有力度（权威访谈·学习贯彻十八届三中全会精神）》，载《人民日报》2013年11月15日第02版。

府在环境保护方面的职能单列，目的在于强化政府在环保方面的职责，有利于加强生态文明建设，建设美丽中国，也顺应民意，符合现实需求，体现了时代特点和针对性。

（2）职能科学还要理顺中央和地方政府以及政府部门间的关系。其核心是要合理划分中央和地方政府以及政府各部门的职能。一是要合理划分中央和地方政府的职能，理顺中央与地方政府的关系。中央与地方政府的职能配置，应根据实际需要，遵循权力和责任同步的原则，形成权责一致、事权与财力相匹配的政府间职能划分体系。[①]《决定》提出，要加强中央政府宏观调控职责和能力。这是因为宏观调控具有全局性、战略性，中央政府在发展趋势研判，综合运用多种政策手段调控经济社会运行，统筹当前与长远、发展与改革、经济与社会、各区域发展等方面具有优势。《决定》还提出，要加强地方政府公共服务、市场监管、社会管理、环境保护等职责；直接面向基层、量大面广、由地方管理更方便有效的经济社会事项，一律下放地方和基层管理。这样做，有利于发挥地方政府贴近基层、就近管理的优势，便于地方政府从实际出发，创造性地开展工作。二是要合理界定政府各部门的职能，理顺部门间的职责关系，完善运行机制。要按照政府各部门的职责定位不同，科学合理界定各部门的权责范围和职能重点，坚持一件事情原则上由一个部门主管，确实需要多个部门管理的事项，明确牵头部门，分清主次责任，健全部门间的协调配合机制，降低行政成本，提高行政效率。

二、全面履职是法治政府建设的本质要求

全面履职是指政府要按照依法行政的要求，做到职权法定、依法办事，这是法治政府建设的本质要求。全面履职要求政府不失职、不越权、不滥用职权、程序正当合法、内容合理适当。政府的职能与权力要受到宪法、法律的约束而不得扩张与滥用，政府要积极履行法定职责而不得消极无为，以确保政府依法办成事、办好事，真正成为人民信得过、靠得住、用得上的公共服务型政府。具体有以下要求。

[①] 参见蒋定之《加快转变政府职能需处理好六个关系》，载《人民日报》2014年5月19日第07版。

（1）政府要在法定范围内履行职能与行使权力，不得越权。这是"有限政府"的要求。"有限政府"表明政府不是全能的政府，不能无事不管、无孔不入、无所不能，政府的活动范围要有边界，需要科学划分政府与市场、政府与社会、政府与公民的界限，并依法确定下来；政府的权力来自法律的授予，即权自法出、职权法定；政府的活动要限定在法律的范围内，受到法律制约，不能超出法定的范围、不能不受法律的限制，否则就会损害公共利益或侵害公民的合法权益，就可能破坏市场公平竞争的秩序。

（2）政府要积极履行职责，不得失职。这是"有为政府"的要求。"有为政府"是指政府对其职能范围内的事项，应该管住和管好，积极作为，提高效能，提供优质高效的服务，更好地满足社会公众的需求。法治政府既是"有限政府"，也是"有为政府"，是二者的有机统一。"有限有为政府"要解决两个基本问题：一是人们为什么需要政府？二是人们需要一个什么样的政府？人们为了更好地生存和发展，离不开政府，但人们需要的是得到授权后能为社会公众谋福利且又能受到法律控制和人民监督的政府，即"有限政府"；而"有限政府"又不同于一个消极无为的小政府，其也要求政府是一个"积极有为的政府（即有为政府）"。如果政府"消极无为"，就失去了其存在的意义和价值。如果说"有限政府"解决的是政府能做什么和不能做什么的问题，那么"有为政府"所关注的就是政府如何做好什么的问题。[①] 按照"有为政府"的要求，政府对其法定职责范围内的事项，不得推诿、拖延、拒绝或不予答复，而应当积极作为，防止因失职、不作为或迟延而对行政相对人的权益造成侵害或对公共利益造成损害。政府要以强烈的责任意识和担当精神，将宏观调控、市场监管、公共服务、社会管理和环境保护职能履行到位，该管的一定要管住管好，做到不缺位、不失职。习近平总书记指出："各级政府一定要严格依法行政，切实履行职责，该管的事一定要管好、管到位，该放的权一定要放足、放到位，坚决克服政府职能错位、越位、缺位现象。"[②]

---

① 参见石佑启《论有限有为政府的法治维度及其实现路径》，载《南京社会科学》2013年第11期。

② 中共中央文献研究室编：《习近平关于全面依法治国论述摘编》，中央文献出版社2015年版，第60页。

（3）政府要依法办事、严格规范公正文明执法，不得滥用职权。政府要依照法定的权限、条件、方式和程序办事，并公正地行使自由裁量权，不得违反法律的实体和程序规定行事，不得违背法律的目的、宗旨和原则而滥用自由裁量权。严格规范公正文明执法是建设法治政府的重点，也是法治政府基本建成的重要标志。执法是实现政府职能的基本方式，是法律实施的关键环节。当前，中国特色社会主义法律体系已经形成并不断完善，保证法之必行就成为建设法治政府的核心和关键。习近平总书记强调："全面推进依法治国，必须坚持严格执法。法律的生命力在于实施。如果有了法律而不实施，或者实施不力，搞得有法不依、执法不严、违法不究，那制定再多法律也无济于事。"① 行政执法的成效是衡量法治政府建设成效最直观、最普遍、最可信的标尺。"严格执法"要求执法者执法必严，依法惩处各类违法行为，不得放纵违法行为，不得徇私枉法。"规范执法"要求执法者严格依照法定的权限、条件、方式和程序执法，不违规越轨。"公正执法"要求执法者公平正直，做到依法办事，无偏私；平等对待，不歧视；执法时，所采取的措施和手段应当必要、适当；对违法行为人实施处罚时，要过罚相当；执法时只考虑相关因素，排除不相关因素的干扰。"文明执法"要求执法者在执法过程中摆事实、讲道理，尊重相对人的人格，以理服人，而不是以力服人、以势压人；要克服执法的简单化、粗暴化倾向，严禁暴力执法、野蛮执法、钓鱼执法；要创新执法方式，提高执法水平，消解执法冲突，增强执法的可接受性和公信力。总之，执法不仅要严格规范，而且要公正文明理性。只有严格规范公正文明执法，才能彰显法治权威、带动全民自觉守法，切实增强人民群众的法治获得感。② 习近平总书记指出："执法是行政机关履行政府职能、管理经济社会事务的主要方式，各级政府必须依法全面履行职能，坚持法定职责必须为、法无授权不可为，健全依法决策机制，完善执法程序，严格执法责任，做到严格规范公正文明执法。"③

---

① 中共中央文献研究室编：《习近平关于全面依法治国论述摘编》，中央文献出版社2015年版，第57页。
② 参见袁曙宏《建设法治政府（认真学习宣传贯彻党的十九大精神）》，载《人民日报》2017年12月27日第07版。
③ 习近平：《加快建设社会主义法治国家》，载《求是》2015年第1期。

三、切实转变职能是推进法治政府建设的着力点

《决定》提出,"必须切实转变政府职能,深化行政体制改革,创新行政管理方式,增强政府公信力和执行力,建设法治政府和服务型政府"。党的十九大报告强调:"转变政府职能,深化简政放权,创新监管方式,增强政府公信力和执行力,建设人民满意的服务型政府。"转变政府职能是实现职能科学的客观必然要求,是深化行政体制改革的"牛鼻子",是推进法治政府建设的着力点。

(一)紧紧扭住政府职能转变这个"纲"

不切实转变政府职能,深化行政体制改革就是空谈,推进法治政府建设就难以突破瓶颈。转变政府职能的基本方向是推动政府职能向创造良好发展环境、提供优质公共服务、维护社会公平正义转变。要遵循"职能科学、权责一致"的要求,进一步厘清政府的职能范围,优化设置组织机构,合理划分部门权责,理顺政府与其工作部门以及政府各部门之间的职能关系。在体制与制度层面处理好"放"和"收"的关系,要坚决把政府不该管的事交出去,切实把政府该管的事管住、管好,更好地发挥政府的作用。习近平总书记指出:"更好发挥政府作用,不是要更多发挥政府作用,而是要在保证市场发挥决定性作用的前提下,管好那些市场管不了或管不好的事情。"他还强调:"更好发挥政府作用,就要切实转变政府职能,深化行政体制改革,创新行政管理方式,健全宏观调控体系,加强市场活动监管,加强和优化公共服务,促进社会公平正义和社会稳定,促进共同富裕。"①

当前,我国全面深化改革已进入攻坚期,经济发展进入新常态,对政府管理和服务水平的要求越来越高。这需要政府与时俱进,继续实现权力"瘦身"、职能"健身",要用好并管好政府的"有形之手",进而放活市场的"无形之手",完善社会这只"自治之手"。要深化行政审批制度改革,继续简政放权,改进管理,优化服务,为促进经济社会发展创造更富

---

① 中共中央文献研究室编:《习近平关于社会主义经济建设论述摘编》,中央文献出版社2017年版,第61页。

效率、更加协调、更为规范的行政体制环境。

改革开放以来，我国历经的多次行政体制改革中，政府职能转变都是改革的重点，虽然取得了成效，但总体上看，政府职能转变仍需持续推进。"重微观、轻宏观""重审批、轻监管""重管理、轻服务"的问题尚未真正解决，政府与市场、政府与社会的关系还没有完全理顺，"越位、缺位、错位"的现象仍然存在，改革的系统性、协调性、针对性还需增强，"最先和最后一公里"还不时"卡壳"，离社会公众的期待仍有较大差距，营商环境还要进一步优化。转变政府职能还任重道远，决不能有"过得去""差不多""歇歇脚"的松懈思想，还需要下更大决心、以更大力度、以钉钉子的精神推进政府职能转变，使政府职能转变能跟上时代前进的步伐，能更好地适应深化改革开放、加快建设法治政府的需要。

（二）以"放管服"改革为突破口，加快转变政府职能

"放管服"改革既是当下行政体制改革的重要内容，也是法治政府建设的基本要求。党的十八大以来，中央在推进行政审批制度改革的同时，提出了"放管服"改革思路，取得了积极进展。① 中央和地方政府通过推进"放管服"改革，重塑政府和市场的关系，减少政府对市场经济领域的微观干预，让企业和社会公众在创新创业中释放出经济社会发展的活力和创造力。② 2018 年 6 月 28 日，李克强总理在全国深化"放管服"改革转变政府职能电视电话会议上强调："简政放权、放管结合、优化服务改革是一场刀刃向内的政府自身革命，也是近年来实现经济社会稳中向好的关键一招。"③ 2019 年 6 月 25 日，李克强总理在全国深化"放管服"改革优化营商环境电视电话会议上又强调："把'放管服'改革进一步推向深入，打造市场化法治化国际化营商环境。"④ 深化"放管服"改革，须

---

① 马怀德：《"放管服"改革促进法治政府建设》，载《光明日报》2016 年 6 月 20 日第 10 版。

② 杨小军、杨霞：《行政审批制度改革成效、问题与探索》，载《行政管理改革》2018 年第 12 期。

③ 李克强：《在全国深化"放管服"改革转变政府职能电视电话会议上的讲话》，见人民网（http：//politics.people.com.cn/n1/2018/0713/c1001-30144286.html）。

④ 李克强：《在全国深化"放管服"改革优化营商环境电视电视会议上的讲话》，见中华人民共和国中央人民政府网（http：//www.gov.cn/premier/2019-07/28/content_5416035.html）。

做好以下工作。

一是"精简"。要继续全面清理行政审批事项,最大限度减少政府对生产经营活动的许可,最大限度缩小投资项目审批、核准的范围,最大幅度减少对各类机构及其活动的认定和对行政相对人办事的各种奇葩证明①的要求;加大取消和下放束缚企业生产经营、影响群众就业创业行政许可事项的力度,鼓励大众创业、万众创新。② 自 2013 年到 2018 年,我国行政审批制度改革取得了显著成效。行政审批的数量大幅减少,③ 极大地激发了市场活力。彻底终结非行政许可审批。④ 全面实施商事制度改革,由先证后照改为先照后证到现在的证照分离,由三证合一、多证合一到照后减证,在工商登记和注册资本领域的商事制度改革使企业开办时间缩短到原来的三分之一左右。五年多时间,各类市场主体的数量超过 1 亿多户,增加近 80%,城镇新增就业人口 6600 万人以上。⑤ 2019 年 6 月 25 日,李克强总理在全国深化"放管服"改革优化营商环境电视电话会议上指出:"大力缩减市场准入负面清单。今年要把工业生产许可证种类再压减一半以上,中央层面再取消下放 50 项以上行政许可。整治各类变相审批。深化'证照分离'改革,企业注册开办时间减到 5 个工作日以内。抓好工程建设审批制度改革。协同推进'放管服'改革和更大规模减税降费,形成优化营商环境合力。"⑥

二是"放权"。其一,向市场放权,充分发挥市场在资源配置中的决

---

① 曾几何时,证明"我妈是我妈"激起千层浪。各类"奇葩证明"给社会公众造成诸多不便。国务院办公厅印发《关于简化优化公共服务流程方便基层群众办事创业的通知》,努力解决群众办证多、办事难的问题,凡是没有法律法规依据的证明和盖章环节,原则上一律取消。2018 年政府把行政证明行为的清理作为重点工作推进。

② 参见姜明安《推进落实法治政府建设新要求》,载《行政管理改革》2018 年第 1 期。

③ 削减国务院部门行政审批事项 699 项,削减比例达 44%;取消中央指定地方实施行政审批事项 317 项,削减比例超过 30%。

④ 2014 年初,国务院常务会议决定,对面向公民、法人或其他组织的非行政许可审批事项原则上予以取消,显示了国务院推动政府自身改革、加快转变政府职能的决心。

⑤ 参见杨小军、杨霞《行政审批制度改革成效、问题与探索》,载《行政管理改革》2018 年第 12 期。

⑥ 李克强:《在全国深化"放管服"改革优化营商环境电视电话会议上的讲话》,见中国政府网(http://www.gov.cn/premier/2019-06/25/content_5403115.htm)。

定性作用。① 要从广度和深度上推进市场化改革,最大限度地减少政府对市场活动的直接干预,加快建设统一开放、竞争有序的市场体系,建立公平开放透明的市场规则,把市场机制能有效调节的经济活动交给市场,充分发挥市场的作用,推动资源配置实现效益最大化和效率最优化,让企业和个人有更多活力和更大空间去发展经济、创造财富。其二,向社会放权,更好地发挥社会力量在管理社会事务中的作用。要健全社会组织并充分发挥其自律自治功能,凡是该由社会办理的,政府不要插手;凡是能由行业协会和社会中介组织提供服务的领域,政府尽快退出。习近平总书记指出,有些事情是政府管不了也管不好的,可以让群众依法实行自我管理、自我服务,同时也要加强对各类社会组织的规范和引导。② 发挥好社会组织的作用,有助于弥补政府和市场的双重失灵。随着社会的发展,社会组织日益增多并趋于多元发展,社会的自我管理不断强化,原先由政府承担的一些社会职能逐渐转由社会组织承担,社会组织起着沟通政府与市场、政府与公民的桥梁作用,它们与政府互相依赖、优势互补,共同承担起社会责任。其三,中央政府向地方和基层放权,切实发挥中央和地方两个积极性。对直接面向基层、量大面广、由地方管理更为方便有效的社会经济事务,一律下放给地方和基层管理。这既有利于调动地方政府的积极性和主动性,更好发挥地方政府贴近基层、就近管理的优势,强化市县政府的执行职责,也有利于增强政府管理和服务的针对性和有效性。

三是"优化"。政府管理和服务要便民利民、优质高效。要压缩审批环节,简化审批手续,完善审批流程,明确审批时限,砍掉一批繁文缛节,最大限度地减环节、减材料、减流程、减时限,要对部门之间交叉重叠审批的事项予以归并,大幅降低制度性交易成本;要加快审批标准化建设步伐,强化部门间业务协同和信息共享,进一步提高审批效率;要创新

---

① 充分发挥市场在资源配置中的决定性作用,更好发挥政府作用,是改革开放40年来的重要经验。党的十五大提出"使市场在国家宏观调控下对资源配置起基础性作用";党的十六大提出"在更大程度上发挥市场在资源配置中的基础性作用";党的十七大提出"从制度上更好发挥市场在资源配置中的基础性作用";党的十八大提出"更大程度更广范围发挥市场在资源配置中的基础性作用";党的十八届三中全会把市场在资源配置中的"基础性作用"修改为"决定性作用";党的十九大提出"使市场在资源配置中起决定性作用,更好发挥政府作用"。这是我们党对市场和政府关系认识的不断深入总结。

② 中共中央文献研究室编:《习近平关于全面深化改革论述摘编》,中央文献出版社2014年版,第54页。

服务方式，优化政务服务，推动实体政务大厅向网上办事大厅延伸，探索构建一站式、全天候的网上办事平台。

四是"监管"。简政不是"减政"，应该由政府履行宏观调控、市场监管、公共服务、社会管理、环境保护等职责，要切实担当起来；放权不是"放任"，后续监管要更严实、更精准，做到审批减下去、监管严上来。要健全监管规则，规范监管行为，促进公平竞争。推进"双随机、一公开"监管和信用监管、重点监管等结合，推行"互联网＋监管"，健全与新兴产业相适应的包容审慎监管方式，对疫苗、药品、特种设备、危险化学品等实行全覆盖、严监管。在做好"权力减法"的同时，要强化"监管加法"，实现"放而有度、活而有序"，杜绝出现"有批无管、只批不管"的现象，确保"无缝监管"，防止"监管失灵"。

"放管服"改革聚焦社会公众反映突出的"办事难、办事慢""多头跑、来回跑"等问题，目的是力除烦苛之弊，大兴便民之举，营造权利公平、机会公平、规则公平的环境条件，以更好满足人民群众对美好生活的新需求。在此理念指导下，中央部委和地方各级政府结合实际，探索出许多独具特色的经验和做法，如"一门式一网式"政务服务、"不见面审批"、"互联网＋政务服务"等等。纵观"放管服"改革，其带来的是政府治理理念的巨大创新、政府职能的加速转变和政府权力运行方式的深刻变革。"'放管服'改革是一个有机的整体，必须上下衔接、左右协同，注重改革的系统集成，提升整体效能。现在看，改革推进既存在基层落实的'最后一公里'问题，也有中间层次的'中梗阻'问题，还存在国务院部门'最先一公里'问题。"① 因此，还要以攻坚克难的勇气，在更大范围、更深层次推进"放管服"改革，把该"放"的坚决放开，该"简"的坚决精简，该"管"的真正管好，该"服"的服务到位，最大限度地激发市场活力、增强内生动力，进一步解放和发展生产力，着力提升人民群众的获得感、安全感和幸福感，全力打造便捷、公平、稳定、透明、可预期的营商环境；要在转变政府职能上持续发力、久久为功，为企业"松绑"、为群众"减负"、为市场"增效"、为法治政府建设"提速"。

---

① 李克强：《在全国深化"放管服"改革转变政府职能电视电话会议上的讲话》，见人民网（http：//politics.people.com.cn/n1/2018/0713/c1001－30144286.html）。

四、职能转变的法治化是法治政府建设的题中之义

政府职能转变涉及面广,系统性强,关系复杂,不能为"转"而"转",也不能突破法律底线,而应在法治的框架下依法推进改革,并依法巩固改革的成果。这表明,政府职能转变的法治化,既包括政府职能转变过程的法治化,也包括政府职能转变结果的法治化。

(一) 政府职能转变过程的法治化

政府职能转变过程的法治化是指政府职能转变需要法治来引领和推动,以法治为路径推进政府职能转变,并把政府职能转变的成果体现在法治政府建设之中。如有学者所言,"政府基于法律而行政,政府职能的边界应由法律定,同样,政府职能转变也应依法而变。"[1] 有学者认为,"以法治方式推进政府职能转变,要求把握法治政府的基本特征,做到主体适格、职权法定、行为依法、程序正当和权责一致。"[2] 克服过去转变职能与简政放权的过程中出现"一收就死、一放就乱"现象的基本方式在于法治,要在法治下推进改革、在改革中完善法治,把政府职能转变纳入法治轨道,以法治的权威性和稳定性保障改革有序推进、行稳致远,达到预期目标。2014 年 2 月,在中央全面深化改革领导小组第二次会议上,习近平总书记指出:"凡属重大改革都要于法有据。在整个改革过程中,都要高度重视运用法治思维和法治方式,发挥法治的引领和推动作用,加强对相关立法工作的协调,确保在法治轨道上推进改革。"[3] 他还强调,要把发展改革决策同立法决策更好地结合起来。对实践证明已经比较成熟的改革经验和行之有效的改革举措,要尽快上升为法律;对部门间争议较大的重要立法事项,要加快推动和协调,不能久拖不决;对实践条件还不成熟、需要先行先试的,要按照法定程序作出授权,既不允许随意突破法律红线,也不允许简单地以现行法律没有依据为由迟滞改革;对不适应改革

---

[1] 杨小军:《从法律与行政关系论政府职能法治化》,载《行政法学研究》2013 年第 3 期。
[2] 任进:《加快政府职能转变与法治政府建设》,载《行政管理改革》2014 年第 7 期。
[3] 全国干部培训教材编审指导委员会组织编写:《建设社会主义法制国家》,人民出版社、党建读物出版社 2019 年版,第 145 页。

要求的现行法律法规,要及时修改或废止,不能让一些过时的法律条款成为改革的"绊马索"。①

用法治保障政府职能转变,也面临着不及时、不协调、不一致等问题。因此,要推动政府职能转变与法治建设的协同发展、互动共进。要按照在法治下推进改革、在改革中完善法治的要求,抓紧清理修改一切不符合新发展理念、不利于高质量发展、不适应社会主义市场经济和人民群众期盼的法律法规,及时把改革中形成的成熟经验制度化、法律化。各级政府要主动与人民代表大会及司法机关沟通对接,配合做好相关法律法规的立改废释工作。习近平总书记指出:"政府职能转变到哪一步,法治建设就要跟进到哪一步。要发挥法治对转变政府职能的引导和规范作用,既要重视通过制定新的法律法规来固定转变政府职能已经取得的成果,引导和推动转变政府职能的下一步工作,又要重视通过修改或废止不合适的现行法律法规为转变政府职能扫除障碍。"②

(二) 政府职能转变结果的法治化

政府职能转变结果的法治化是指要依法巩固政府职能转变的成果,实现政府职能的法定化。评判法治政府建设的成效,必须看政府是否真正形成了从全能政府向有限政府的转变;是否真正做到了政企分开、政资分开、政事分开、政府与市场中介组织分开;是否真正解决了政府"越位、缺位、错位"的问题;是否真正实现了政府职能配置的科学化和法定化。③ 2004 年 3 月国务院印发的《全面推进依法行政实施纲要》提出,合理划分和依法规范各级行政机关的职能和权限,实现政府职责、机构和编制的法定化。习近平总书记指出,"要以建设法治政府为目标,推进机构、职能、权限、程序、责任法定化,推进各级政府事权规范化、法律化"④。《决定》提出,推进职能法定化,行政机关要做到法定职责必须

---

① 习近平:《在省部级主要领导干部学习贯彻党的十八届四中全会精神全面推进依法治国专题研讨班上的讲话》,见人民网(http://politics.people.com.cn/n/2015/0207/c1024 - 26523541.html)。
② 《习近平谈依法治国》,载《人民日报(海外版)》2016 年 8 月 17 日第 12 版。
③ 参见石佑启《我国行政体制改革法治化研究》,载《法学评论》2014 年第 6 期。
④ 中共中央文献研究室编:《习近平关于全面依法治国论述摘编》,中央文献出版社 2015 年版,第 62 页。

为、法无授权不可为。法治政府的实质是政府的职能、权力、程序和责任要法定化,核心要义是指政府要受制于法律,权自法出,依法行政,实现从无限权力政府向有限权力政府转变,促使政府有所为、有所不为。欠缺法律的约束和保障,政府的职能、权力、规模的有限性以及履责的正当性不仅得不到实现,而且极易滑入机构膨胀、权力扩张、有权无责、权力寻租、公权私用等的深渊。① 要坚持法治支撑、立法先行,加强政府职能体系的法制建设,通过立法界定政府职能,依法划定政府活动的边界。

五、结　语

政府职能是政府行政活动的灵魂,"把权力关进制度的笼子,让政府在法治轨道上运行"要从政府职能的定位、转变和履行抓起,促使政府依法做正确的事和正确做事。法治政府建设与政府职能转变是相辅相成的,转变政府职能本身就是法治政府建设的重要内容,转变政府职能的过程就是推动政府依法履职的过程。切实转变政府职能,是深化行政体制改革的关键,是加快建设法治政府的客观必然要求。政府职能转变离不开法治,既要以法治思维和法治方式推动政府职能转变,也要以法律来确认和巩固政府职能转变的成果。要将政府职能转变置于法治轨道上,依法转职能、提效能、强服务、促发展,构建系统完备、科学规范、运行高效的政府职能体系,推进法治政府建设,全面提升政府的治理能力和水平。

(本文原载《学术研究》2019 年第 10 期)

---

① 石佑启:《论有限有为政府的法治维度及其实现路径》,载《南京社会科学》2013 年第 11 期。

论有限有为政府的法治维度及其实现路径

政府模式与社会经济基础密切相关，又受到占主流地位的价值观念的影响。我国在计划经济时代所形成的"全能政府"已被证实不能适应社会主义市场经济体制的要求，日渐被"有限政府"所取代。但中国特色社会主义市场经济体制走的是一条自上而下的政府主导型"后发式"变革之路，它在相当长一段时期内将不能离开政府的"主导"与"推动"作用，需要一个"有限有为"的政府，需要政府尊重市场规律及社会与公民的自律与自主性，同时要求政府以积极有为的姿态，按照法定的权限和程序行使职权与履行职责，以营造公平竞争的环境，提供优质公共服务，保障与增进公民权益，保障经济社会健康有效地运行。而法治是有限有为政府的基础，有限有为政府建设必须置于法治的框架下并寻找其相应的路径。

一、有限有为政府解读

有限有为政府是有限政府与有为政府的有机统一。作为人类社会"必要的恶"，政府是一把双刃的剑：一方面，它能保护公民自由和权利，给公民创造福祉；另一方面，它可能侵犯公民的自由，损害公民的权益。基于此，有限有为政府理论给我们提供了一个很好的分析视角。有限有为政府理论主张对政府抑恶扬善，即针对政府的"恶性"，应保持审慎的态度，加强对政府权力的规范和制约，避免其越界和滥用；针对政府的"善性"，应充分认识、挖掘、发挥政府的积极作用，使政府更好地造福于社会公众。有限有为政府是一种理念、一种价值追求、一种理论，也可以表现为具体政府模式及其运作过程，从深层次上讲，它体现的是有关政府与公民关系的价值取向和选择。

有学者认为，有限政府是指其规模、职能、权力和行为方式都受到法律明确规定和社会有效制约的政府。衡量有限政府与无限政府的尺度在于：一个政府在权力、职能、规模上是否受到来自法律的明确规定和限制，是否受到社会的监督与制约；政府的权力和规模逾越其法定疆界时，能否得到及时有效的纠正；政府官员，尤其是最高领导违法是否受到法律的惩罚。① 另有学者认为，"所谓有限政府，是指一个政府自身在规模、职能、权力和行为方式上都受到宪法和法律的制约"②。尽管在表述上存在差异，但有一个基本的共同点，即有限政府是受制于法的政府，必须以法律界定政府的职能权限，政府必须在法律的约束下行事。

强调政府的有限性并非简单以限定政府的职能与权力为目的，而是为了促使政府做正确的事和正确地做事，保障政府能够更好地履责；权能无限的政府不是好政府，但职能越少、管得越少的政府也并非就是好政府，政府职能的范围应当结合一国经济社会发展的客观实际需要予以界定。有学者认为，站在现代立场，把有限政府理念等同于主张政府的消极无为和极端的控权是没有道理的，"现代意义上的有限政府理念要求政府是一种规模上的适度政府，功能上的谦抑政府，形态上的法治政府，价值上的人本政府。"③ 现代意义上的有限政府与有为政府是不可分割的，甚至可以说有限政府本身也涵盖了有为政府意蕴，政府有限不是政府无为的理由，而是要求政府集中精力把该做的事情做好。"在强调政府'有限'的同时，也强调政府'有为'，既要求政府坚决地减少、放弃某些职能，不管其不该管、管不了和管不好的事，又要求政府加强、健全和完善某些职能，管其应该管、管得了和管得好（而其他组织则管不好）的事。"④ 我们在建设有限政府，走出全能型政府的误区时，必须避免陷入无能政府的泥团。世界银行在1997年世界发展报告《变革世界中的政府》中提出，"如果没有有效的政府，经济的、社会的和可持续的发展是不可能的，有效的政府——而不是小政府——是经济和社会发展的关键，这已越来越成为人们的共识。"⑤ 以美国为例，在自由资本主义时期，由于对"有限无

---

① 参见陈国权《论法治与有限政府》，载《浙江大学学报》（人文社会科学版）2002年第2期。
② 白刚、林广华：《宪政通论》，社会科学文献出版社2005年版，第94页。
③ 叶敏、叶战备：《有限政府：法治政府的价值审视》，载《甘肃行政学院学报》2007年第2期。
④ 姜明安：《建设"有限"与"有为"的政府》，载《法学家》2004年第1期。
⑤ 参见《1997年世界发展报告：变革世界中的政府》，中国财政经济出版社1997年版，第1页。

为政府"以及"自由放任"主义的信奉与践行，美国经济在20世纪初出现了诸如经济秩序混乱、投机诈骗猖獗、贫富差距悬殊、资源浪费与环境污染严重等一系列社会问题，奉行"政府干预理论的"的"罗斯福新政"以显著的成效将美国经济带入复苏，被视为有限政府向有为政府转变的标志性事件，证明了政府应当而且可以有为。我国市场经济的发展也同样证明了政府对经济进行调节和对市场进行监管的必要性，要按照社会主义市场经济体制的要求，逐步减少政府的微观经济管理职能，加强政府的宏观调控职能，强化政府的社会管理和公共服务职能。同时，现代社会发展所依赖的市场本身并不能解决社会公平的问题，市场会促进经济的发展与繁荣，但社会公平需要政府来解决。资本的逐利性和社会力量的有限性需要政府向社会公众提供市场和社会不能或不愿提供的公共产品和公共服务，着力保障和改善民生，落实教育优先发展战略，合理调整收入分配关系，加快建设覆盖城乡居民的社会保障体系，切实维护社会和谐稳定，有效满足社会公众多样化的需求。

综上所述，笔者将有限有为政府初步界定为：政府的职能、权力、组织规模和人员构成限定在法定范围内，政府应依法行使职权和积极履行职责，以满足社会公众需求为存在目的和价值的政府模式。有限政府主要关注的是政府活动的范围与边界，而有为政府主要关注的是政府活动的效率与效果。"有限政府"表明政府的权限不是漫无边际的，不是全能的政府，政府不是无事不管、无所不能、无孔不入，政府的活动范围要有边界，需要合理划分政府与市场、政府与社会、政府与公民的界限，并要依法确定下来，政府的权力一定要来自法律的授予和受到法律制约，即权自法出，依法办事。有限，就是限定在法律的范围内，不能超出法定的范围、不能不受法律的限制，否则就可能损害公民的利益，就可能破坏市场公平竞争的秩序。"有为政府"是指政府对其职能范围内的事情应该管住和管好，积极作为，提高效能，提供优质高效的服务，更好地满足社会公众的需求。有限有为政府以政府的有限性为前提，以有为作为政府存在的价值。有限有为政府涉及政府活动的两个基本问题：人们为什么需要政府以及需要一个什么样的政府。人们为了更好地生存和发展，离不开政府，但一个不受限制的政府，必然会导致对权力的滥用而危害社会和公民，因此，人们需要的是得到授权后能为社会公众谋福利而又能受到控制而不无限膨胀与扩张的政府，即"有限政府"；但"有限政府"并不意味政府是一个消极无为的小政府，而是一个职能有限、规模适度、权责一致、运转协调、效益最优的政府，如果政府"消极无为"，就失去了存在的意义和价值。与此同时，政府所拥有的统筹全局、宏观调控、政策导向等权能亦非其他机构、组织和个人所能比拟的，政府在某些公共事务管理中发挥着不可替代的作用，政府应当在其法定的职责和权限范围内"积极有为"。如果说有限政府解决的是政府能做什么和不能做什么的问题，那么，有为政府所关注的就是政府如何做好什么的问题。

二、有限有为政府的法治维度

有限有为政府是法治政府的题中应有之义，法治政府不仅要求政府的权力受宪法、法律、法规的约束不能任意扩张，而且要求政府积极履行法定职责，保障和增进公民的权益，确保政府在法定的职权范围内做正确的事、正确做事、把好事办好。法治是有限有为政府从理念、价值追求与理论转变为现实形态的助推器。在法治政府的框架内审视有限有为政府，就是要求政府有一个边界和限度，符合一定的条件和标准，达到一定的目的和要求。

（一）有限政府的法治维度

法治视野下的有限政府要求政府的权自法出、依法办事、违法必究，具体是指：

（1）行政组织与职权法定。行政组织法定是指行政组织的结构、规模、权限，中央和地方的权力划分、行政机关的设置、职能以及行政编制等都要依法设定，其他任何机关或个人都无权规定。职权法定是法治政府的最基本要求，意味着行政机关的职权来源于法律的规定，凡法律没有授予的职权，行政机关不得自行享有和行使。行政机关实施影响公民、法人和其他组织合法权益的行为，必须取得法律的明确授权，没有法律的授权，行政机关不能限制或剥夺公民的权利，也不得为公民设定或增加义务。[①] 职权法定原则贯穿于法治政府建设的始终，适用于政府及其公务人员的一切行政活动。

---

① 参见石佑启主编《行政法与行政诉讼法》，中国人民大学出版社2012年版，第18页。

（2）依法办事。这是法治政府对行政主体实施行政行为的基本要求，法治下的有限政府必然是依法办事的政府。它具体要求：①行政主体实施行政行为必须依照法律的实体规定。这主要包括行政主体实施行政行为必须遵循法定的权限、条件，依据充分确凿的证据。法律从各个角度为行政权力设定了各种界限，如行政权力的存在既有时间上的限制，又有空间上的限制；既有行政权力运用程度上的限制，又有行使权力所采取的方式、手段上的限制；既有行政权力运用所针对的事项上的限制，又有行政权力运用所针对的对象上的限制等。行政机关行使行政权力不得超越这些界限。同时，任何行政行为的作出都必须基于一定的事实，具备一定的条件。在法律上，事实存在与条件具备必须要有相应的证据来证明，没有证据证明的事实和条件，在法律上不成其为事实和条件。因此，法律相应地规定了作出某一行政行为的事实、条件和证据等要素，行政主体实施行政行为必须具备。否则，将导致行政行为的违法与无效。"行政行为不具备法定的实体性要件时，便具有无效或应予撤销的瑕疵，这是依法行政原理的当然归宿。"① ②行政主体实施行政行为必须遵循法定程序和正当程序。行政主体实施任何行政行为，都离不开一定的程序。程序具有限制恣意、理性选择、"作茧自缚"效应和"反思性整合"等显著优点。② 它是行政管理中改善政府与公民关系的一种润滑剂。凡是法律对行政行为程序有规定的，行政主体实施行政行为就必须按法定程序进行，否则，就构成程序违法。当法律、法规对行政主体实施行政行为的程序没有作出明确规定时，行政主体应当遵循正当程序原则。正当程序能为公众参与公共行政提供制度化的渠道，能在公共行政组织与公众之间建立起理性的对话平台，将公众从单纯的管理对象变为可以通过行政程序制约管理者的参与性力量。③ 正当程序不但在客观上确保了行政管理的公平与正义，而且在主观上抑制了管理者的随意与私欲。它不是权力的附庸，而是制约专横的屏障。正当程序，可以改善传统行政管理方式中单向度的强制、命令与制裁而产生的行政主体与相对人之间冲突的情形，实现行政主体与相对人双方意志交融，增强行政过程透明度和行政结果的准确性与可接受性，同时也

---

① ［日］盐野宏：《行政法》，杨建顺译，法律出版社1999年版，第229－230页。
② 参见季卫东《程序比较论》，载《比较法研究》1993年第1期。
③ 参见石佑启、戴小明《政治文明与依法行政的契合》，载《法学评论》2004年第4期。

有利于降低行政成本，提高行政效能，提升行政管理的品格，促进政民关系的和谐。①

（3）违法必究。政府有违法行为如越权、失职、滥用职权、程序违法时，必须承担法律责任，做到权力和责任相一致。这是责任政府与法治政府的基本要求，如果权力行使没有责任相伴，政府就可能成为一匹脱缰的野马肆意横行，所以一定要用责任这根缰绳，把拥有公权力的政府这匹劣马控制好，使其成为一匹温顺的、能为公民服务的良马，多为善少为恶甚至不为恶。行政机关及其公务人员在行使职权或履行职责的过程中，由于各种主客观方面的原因，可能会出现违法或不当行使职权的情形。一旦行政机关违法或者不当行使职权，也应当承担相应的法律责任，这是实现依法行政的关键。为此，法律在为行政机关配备职权、职责的同时，必须规定相应的法律责任，做到无责任即无权力。同时，为了落实行政机关及其工作人员的法律责任，必须建立有效的追究法律责任的制度，做到有责必究。国家必须建立健全诸如行政复议、行政诉讼、国家赔偿、行政监察和公务员惩戒等法律责任追究制度，通过这些制度的正常有效运作，使行政机关及其行政公务人员的违法和不当行为应承担的法律责任落到实处，从而实现有权必有责、用权受监督、违法须追究、侵权要赔偿的行政法治状态。

（二）有为政府的法治维度

（1）政府应当积极履行职责，提供优质服务。有为政府应当是一个高效、便民的服务型政府。政府对其法定职责范围内的事项，不得推诿、拖延、拒绝或不予答复，而应当积极作为，防止因失职、不作为或迟延给公民一方造成损害。政府在履行其职能时，要方便公民、法人和其他组织，力争以最快的时间、最少的人力、最低的成本耗费取得最大的效益，为公民、法人和其他组织提供最好的服务。在机械、消极的法治时代，遵循"管得最少的政府即是最好的政府"，政府实施无为而治。随着能动、积极的法治时代到来，国家必须向公民提供基本的生存照顾，而行政权因具有比较优势而充当了建设福利国家的排头兵和生力军，政府不仅不能随意侵害公民权利，还必须积极主动地为公民服务，增进公民的福祉。因

---

① 参见石佑启《论法治视野下行政管理方式的创新》，载《广东社会科学》2009年第6期。

此，在积极、能动法治下，法律不仅要控制行政权滥用，还要激励行政权积极行使以增进公民权益。①

（2）政府要公正地行使自由裁量权。行政自由裁量权是指在法律积极明示或消极默许的范围内，行政机关自由斟酌，选择自己认为正确行为的权力。由于社会生活的复杂多变，与此相适应，行政活动千变万化、错综复杂，行政法律规范不可能对每种权力的每个方面都规定得明确具体、详尽无疑。行政法为了实现对社会生活的有效调整，必然要作出一些原则性的、富有弹性的规定，给行政机关留下斟酌选择的空间。法律授予行政机关自由裁量权的目的，就在于使行政机关根据具体情况作出公正合理的选择和判断，准确地贯彻立法精神，而不是让行政机关在法律留给的空间内随心所欲、任意所为。实施法律的目的不在于它本身，而在于实现公正的价值。"行政自由裁量权应当成为公平正义的寓所，而不能成为滥用职权的渊薮。"② 行政机关在行使自由裁量权时要根据法律的目的、宗旨和原则，因时、因地、因事制宜，灵活机动、便宜行事，使其作出的决定更适合当时当地的客观实际情况，产生良好的社会效果。

（3）政府要创新行政管理的方式。传统行政管理方式可谓是压制型的管理方式，其突出表现就是以政府为中心、以行政权力为本位，行政机关主要运用强制手段对社会事务进行全方位的管制，它以单方性、命令性、强制性和封闭性为基本特征。行政管理方式创新就是要推动行政管理方式从"管制型""人治型""单一化"向"服务型""法治型""多元化"转变，压缩传统行政管理方式的适用空间，积极采用弹性、柔和的行政方式，大力推行电子政务，努力满足公众多样化的个性需求与价值期待，增强政府行为的可接受性。2004年国务院发布的《全面推进依法行政实施纲要》强调要"改革行政管理方式。……充分运用间接管理、动态管理和事后监督管理等手段对经济和社会事务实施管理；充分发挥行政规划、行政指导、行政合同等方式的作用；加快电子政务建设，推进政府上网工程的建设和运用，扩大政府网上办公的范围；政府部门之间应当尽快做到信息互通和资源共享，提高政府办事效率，降低管理成本，创新管

---

① 参见石佑启、杨治坤《法治视野下行政体制改革探索》，载《宁波大学学报（人文科学版）》2008年第4期。

② 江必新：《行政诉讼问题研究》，中国人民公安大学出版社1989年版，第259页。

理方式，方便人民群众"。创新行政管理方式是顺应现代行政民主化发展趋势的必然要求，也是政府能否灵活应对复杂多变的社会现实、满足公众多元化需求的关键。美国学者戴维·奥斯本、特德·盖布勒说道："今天我们政府失败的主要之处，不在目的而在手段。"① 适应经济社会发展的需求，行政主体应采用多样化、弹性、柔和的方式实施行政管理，这是政府职能转变和行政作用空间拓展的逻辑必然。这些弹性、柔和的方式更加强调行政管理中各方的平等协商、相互信任和合作，契合了经济市场化、行政民主化和服务行政的需要，能够更好地调动相对人参与行政的积极性，较大程度地代表了平等、独立、民主、责任、宽容的人文精神，有助于减少摩擦，增进社会的和谐，促进行政目标的有效实现。②

三、有限有为政府的实现路径

（一）推动观念变革

我国在计划经济时期所形成的"全能政府"的观念并没有随着市场经济的兴起和发展而根除，仍残存于一些人的头脑之中，人们遇到问题和困难时习惯于去找政府，政府为了当好"父母官"什么事都去插手干预，在这种心理支配下，包揽与承担成为政府的当然责任与光荣使命。建构有限有为政府首先应当从观念上进行变革。

一是公众观念的变革。有限有为政府要求社会公民具有高度自觉的公民意识、权利意识和制约政府权力的意识。公众必须建立起一种新的认知：现代社会是一个由政府、市场和社会共同构成的有机整体，在这个有机体内，政府、市场和社会各司其职、分工合作，共同服务于公众需求。政府不能包打天下，"有问题找政府"的观念必须更新为"应该由政府管的事情找政府解决"。只有公众摆脱了对政府的过度依赖和一味盲从，在观念上形成了政府权能和作用有限的认识，并善于依法理性地去追求正当利益，才能清晰地认识和判断政府能干什么、该干什么和必须干好什么，

---

① ［美］戴维·奥斯本、［美］特德·盖布勒：《改革政府：企业精神如何改革着公营部门》，上海市政协编译组、东方编译所译，上海译文出版社1996年版，第8页。
② 参见石佑启《论法治视野下行政管理方式的创新》，载《广东社会科学》2009年第6期。

从而要求政府做好应该做的事情。同时，要增强公众的自主意识和责任意识，充分发挥公众自身的积极性、主动性和创造性，使其成为一个有能力、讲诚信、敢担当、负责任的主体。

二是政府观念的变革。政府同样应当清晰地认识到自己职能和作用的有限性，把那些不该由自己管的事情交出去，实现由"大而全"的全能政府向"精而能"的有限有为政府转变。政府在对待市场主体和社会经济的运行过程中，要有包容和信任的心态，摆脱那种对一切社会事务都要进行"管理"和"干预"的"父爱情结"，要养成法治思维和善用法治方式，尊重并创造条件发挥市场和社会的作用，促进社会协调有序地发展，政府的角色更多的应该是"助产士"而非"永久保姆"。同时，在全能政府向有限政府转变的过程中，政府还应当克服由于权力受限可能引发的消极无为思想，避免从社会事务的包揽者蜕变为超然的旁观者，而应集中精力做好应当做的事情，以优质高效的服务赢得社会公众的认同、信赖和配合。

（二）促进关系整合

建设有限有为政府，必须解决好政府"越位""缺位""错位"和"不到位"的问题，整合好政府与公民、政府与市场以及政府与社会的关系，充分发挥政府、公民、市场、社会在公共行政中的不同作用，形成良性互动的关系。

（1）政府与公民关系的整合。有限有为政府理论本质上是试图协调好公民权利与政府权力的关系，即在公民权利和政府权力之间寻求平衡的政府理论。有学者指出，传统的依法行政观念忽略了行政相对人对行政权力所具有的既参与配合又形成制约的双重积极作用；也未揭示行政权力在当代国家行政事务中既要对行政相对人提供广泛的服务又应当实施依法管理的积极效能，传统的、消极控权的依法行政理论需要根据时代的变化而得到发展完善。① 伴随现代行政的发展，传统的行政管理理论越来越受到质疑，政府与公民的关系需要合理定位。从来源上看，公民权利先于政府权力，政府权力源于公民权利的让渡且为了更好地保护公民的权利而存在。因此，在政府与公民的关系问题上，应以公民为重，政府只能保障和

---

① 参见方世荣《论行政相对人》，中国政法大学出版社2000年版，第6页。

增进公民的权益，而不能侵犯和损害公民权益。它具体要求：一是政府必须充分尊重个人在现代社会的存在和价值，凡是个人能够自主决定和完成的，且符合法律规范的行为，政府负有不去干涉的义务；二是政府必须为个人的生存和发展提供公共产品和公共服务，保障个人有尊严地生活；三是个人的社会主体地位必须得到充分的尊重，政府负有以理性、科学、合法的方式处理好与个人关系的义务，个人与政府的关系应当包含管理、服务、合作、协商、监督等多种关系，而非仅仅只是管理与被管理的关系，个人的生存能力、创造能力、主动性、能动性应当得到充分的认知、重视与发挥。

（2）政府与市场关系的整合。如何处理政府与市场的关系，已不在于是要政府还是要市场，或者是政府多一些还是市场多一些的非此即彼的两元选择，因为市场会失灵，政府同样会失败。"现实的选择实际上是在不完善的市场和不完善的政府之中以及在二者的各种结合之中进行的。"① 市场在发展中的地位和作用是基础性的，同时，政府的作用也不可或缺。但政府在经济和社会发展中的地位与作用不是作为全部公共产品与公共服务的直接生产者与提供者，而是作为合作者、催化剂和促进者体现出来的。政府与市场应形成一种合作关系，从而纠正各自的失灵，而不是相互取代。市场经济健康运行的前提在于政府要遵循市场自身的运行规律，尊重市场主体的自主选择。传统的全能型政府承担了过多的本应由市场承担的事务，有限有为政府强调政府的作用是弥补市场缺陷而不是替代市场，政府在市场中的主要作用是为市场主体提供基本的公共服务。有效整合政府与市场的关系，要求：一是应当保证市场职能的真正实现。"政府的作用是补充市场，而不是替代市场。"② 凡是市场能够处理或者处理得更好的事务必须交还市场，政府必须从这些领域真正抽身出来，切实培育和发展市场体系，充分发挥市场在资源配置中的基础性作用，真正做到"该市场做的交还给市场"。二是政府应当以公正的、中立的管理者的身份实现经济调节与市场监管职能，维护市场的稳定协调与公平有序。政府尤其不能直接介入微观经济过程，甚至直接充当市场主体，混淆裁判者与执行

---

① ［美］查尔斯·沃尔夫：《市场或政府——权衡两种不完善的选择》，谢旭译，中国发展出版社1994年版，第5页。

② 宋世明：《美国行政研究》，国家行政学院出版社1999年版，第1页。

者的身份,破坏市场经济最需要的公平与平等竞争的环境。

（3）政府与社会关系的整合。"市场失灵并不是把问题交给政府去处理的充分条件"①，政府由于自身缺陷（如官僚主义、腐败、寻租、信息不完全等）并不是在任何时候都能扮演个人困境和市场失灵的救世主。为了弥补市场和政府的双重失灵，我们必须关注和发挥社会组织的作用。"在传统的行政管理体制下，政府是公共事务唯一的或几乎唯一的主体，是公共物品唯一的或几乎唯一的提供者。人们几乎把政府与公权力等同，很少有人想像政府之外还有其他公权力——社会公权力的存在。"② 随着社会的发展，社会组织日益增多并趋于多元发展，社会的自我管理不断强化，原先由政府承担的一些社会职能逐渐转由社会组织承担，社会组织起着沟通政府与市场、政府与公民的桥梁作用，它们与政府互相依赖、优势互补，共同承担社会责任。传统的政府与社会的关系需要重新整合：

一是应当明确政府不是公共产品和公共服务唯一的提供者，政府不能垄断公共产品和公共服务应当有观念、体制和制度的保障。

二是应当明确政府与社会对公共产品和公共服务提供的界限。凡是社会能够提供或者提供得更好的服务，政府就不应当介入；凡是能够以竞争的方式进行或有一定利益回馈的公共产品和公共服务，应当首先由社会承担，如果由社会承担不能保障甚至可能损害社会的公平与正义，则由政府承担；对社会不能、不愿或无力承担的公共产品和公共服务，政府必须承担；凡是涉及社会整体的公平与正义、公民基本的生存和发展，以及关系国家和社会未来的基础性的公共产品和公共服务应主要由政府承担。

三是对社会公共组织的培育和规范。我国的社会公共组织尚处于起步阶段，对政府存在较大的依赖性，自治意识比较薄弱，发展尚不完善，现有的履责成效并不十分尽如人意。因此，政府在处理与社会组织的关系时，一方面要培育和发展，另一方面也要管理和规范，形成良性互动、分

---

① ［美］布坎南：《自由、市场和国家》，吴良健等译，北京经济学院出版社1988年版，第282页。

② 姜明安：《行政管理体制改革的目标、任务和路径选择》，载《前沿理论》2008年第12期。

工合作的关系，共同满足社会对公共产品和公共服务的需求。

（三）加强法治保障

靠法治保障有限有为政府的实现，主要体现为：

（1）推进政府职能的法治化。政府职能是政府一切活动的逻辑与现实起点，是有限有为政府建设中深层次的、带有根本性的问题。只有把转变政府职能切实向前推进，组织机构调整等其他方面改革才能取得实质性突破，才更有意义。政府职能的法治化是我国建设法治政府的本质要求，必须通过法治来促进政府职能的转变并巩固政府职能转变的成果。欠缺法治的约束和保障，政府的职能、权力、规模的有限性以及履责的正当性不仅得不到实现，而且极易走向机构膨胀、权力扩张、有权无责、权力寻租、公权私用等"有限有为政府"的对立面。

（2）实行政府组织和职权法治化。我国现行行政组织法在规制政府行政组织的权限上缺乏明确具体的规定，在一定程度上导致地方行政机关的设置和职权划分较为混乱。① 职能结构的不同，要求与之相配套的行政职权安排各有重点，有所区别；而各级政府职能、职权不同，则其组织机构设置也应不同，不必要求上下级政府对口设置机构。因此，对各级政府的组织机构、职权等应分别进行立法规定。具体包括：第一层次，制定《行政组织基本法》。从整体上规定行政组织法的基本原则、行政组织形态、行政主体制度、地方法律分权、行政组织程序、违反行政组织法的责任等基本问题。② 同时，修改《国务院组织法》，适时制定国务院各部、各委员会和各直属机构的组织条例。第二层次，就地方组织法而言，应将地方各级人民代表大会和地方各级人民政府组织法分开，分别进行立法，并结合地方的实际情况，制定省、市（县）、乡（镇）以及各自治地方人民政府的组织法及各级政府职能部门的行政组织条例。

（3）实行行政编制法治化。实行行政编制法治化，就是要对行政机关编制的提出、审查、论证和批准程序、领导职数限额、人员编制标准及违反编制的法律责任等，通过制定专门法律进行具体、明确的规定，实现

---

① 参见姜明安、沈岿《法治原则与公共行政组织》，《行政法学研究》1998年第4期。
② 参见应松年、薛刚凌《行政组织法研究》，法律出版社2002年版，第270－271页。

行政编制由政策调整向法律调整转变。

（4）推进行政程序法治化。行政程序的法治化是行政法治的核心问题之一，行政法治有赖于行政程序保障。运用程序规范行政权力，可以避免传统实体控权机制的僵硬、死板，有效防止政府实施行政行为的肆意又不至于束缚政府的手脚，提高行政效率，同时能充分调动行政相对人参与国家和社会事务管理的积极性，[1] 增强政府与公民之间的沟通，预防纠纷发生，降低执法成本，减少行政失误，促使政府有为有效。[2]

（5）实行行政监督与责任法治化。完善对政府权力监督的体制，建立有效的法律监督机制对政府权力进行监督和制约，明确政府履责不力、履责不能、履责不善的法律后果，强化法律责任的追究，促进政府在职能范围内积极履责，防止政府追逐利益、规避责任，保障行政权力有效行使。

四、结　　语

我国建设有限有为政府是经济与社会发展的客观要求，是加快推进政府职能转变的必然选择。有限政府不是无为而治的"小政府"，而是要求政府规模与其职能相匹配；不是简单地否定政府对市场、社会和公民的积极作用，而是基于比较优势强调政府应当作为最后的选项而成为市场、社会和公民的忠实助手；不是一味地把政府视为"恶"而对其横加指责和排斥，而是基于对人性的不完善的理性体察而运用法律对政府权力予以制约的一种谨慎的制度性回应。由全能政府转变为有限有为政府，意味着政府应该在不该管、管不了和管不好的地方有所不为，在该管的地方要积极有为、大有作为。要对政府的职能作出科学合理的定位，切实把政府经济管理职能转到主要为市场主体服务和创造良好发展环境上来，并建立有效的制约与激励机制，促使政府从无限权力政府转变为有限权力政府，从管制型政府转变为服务型政府，从内耗严重的政府转变为效能政府，实现"有限政府"与"有为政府"的有效兼容和有机结合，使政府权力的取得

---

[1]　参见姜明安《行政程序研究》，北京大学出版社2006年版，第5-7页。
[2]　参见石佑启、杨治坤《法治视野下行政体制改革探索》，载《宁波大学学报（人文科学版）》2010年第4期。

和行使受到宪法、法律的约束而不任意扩张与滥用，使政府积极履行法定职责而不消极无为，确保政府依法办成事、办好事，真正成为人民信得过、用得上、靠得住的公共服务型政府。

（本文原载《南京社会科学》2013年第11期）

石佑启自选集

第二部分

区域法治

粤港澳大湾区治理创新的法治进路

治理创新是推进粤港澳大湾区（简称"大湾区"）建设的题中之义，是实现大湾区融合发展的动力机理。而大湾区治理创新离不开法治的引领和保障，必须在法治的框架下推进。如何将大湾区治理创新纳入法治轨道，有效回应大湾区治理创新的法治需求，实现治理创新与法治建设的互动共进、协调发展，成为推动大湾区发展面临的重大现实课题。

目前，学界对大湾区法治建设相关问题的研究主要围绕两条学术主线展开：一是从法学研究的视角切入，直接对大湾区建设中存在的法律问题进行归纳分析，并从制度机制层面提出完善的建议。例如，从制度层面出发，对大湾区合作协议的效力、区域合作组织的主体资格与权限、区域纠纷的解决等法律问题展开讨论；[1] 从机制层面出发，提出大湾区协调机制的欠缺及其完善建议。[2] 二是从其他学科的视角切入，研究粤港澳区域在经济贸易关系、产业分工布局、公共行政结构、社会融合发展等方面存在的问题，认为体制机制建设是破解现存问题的必要环节。例如，从区域经济学或产业经济学的角度分析大湾区经贸合作壁垒以及产业重复建设等问题，提出要构建区域经贸合作制度保障大湾区经济整体、协调发展；从政治学或行政学的角度剖析大湾区区域合作与传统行政区行政的内在差异，并就建构长效的大湾区合作制度与协调机制建言献策；[3] 从社会学的角度揭示粤港澳社会服务体系融合的客观规律，认为制度协调是促进社会融合

---

[1] 参见钟韵、胡晓华《粤港澳大湾区的构建与制度创新：理论基础与实施机制》，载《经济学家》2017年第12期；赵伟《论粤港澳区域合作中的法律问题及其反思》，载《江汉大学学报》2017年第3期；等等。

[2] 参见毛艳华《粤港澳大湾区协调发展的体制机制创新研究》，载《南方经济》2018年第12；柯静嘉《粤港澳大湾区投资合作的法律机制及其构建》，载《广东财经大学学报》2018年第5期；王圣军、田军华《粤港澳区域合作创新机制研究》，载《经济与管理》2012年第8期；等等。

[3] 参见和杰《试析当前香港本土主义政治光谱的两极化、归因及其引导对策》，载《学术研究》2017年第11期；丘杉《粤港澳大湾区城市群发展路向选择的维度分析》，载《广东社会科学》2017年第4期；等等。

的关键因素;① 等等。这些研究成果体现了学者们对大湾区制度建设的学术关切,为继续研究大湾区法治问题提供了理论参考。但总体而言,现有研究仍需进一步整合、拓展和深化:现有研究未能充分揭示大湾区合作与传统粤港澳区域合作的内在差异,对大湾区承载的多重国家战略功能的现实语境及其全新的合作宗旨、目标关注还不够;现有研究对大湾区发展的规律及其治理需求挖掘还不到位,对法律问题的分析尚未达致全面深入,对法治的理解多驻足于规范层面分析,缺少对法治价值的探讨,更未拓展到对大湾区治理创新与法学理论及其学科体系之回应型变革的关注与研究;研究角度的局限性割裂了大湾区建设过程中政治、经济、社会等各个领域间的交互关系。

在推进国家治理现代化的时代背景下,综合各学科的知识谱系,以大湾区治理创新和法治回应为切入点,破解大湾区建设和发展中的难题,不失为一种有效的路径选择。同时,大湾区这个看似区域性的论题,在研究其治理创新的法治进路的过程中,由于综合运用法学主要学科的理论工具和研究方法,也会在一定程度上促进法学学科的发展和学科体系的完善。

一、粤港澳大湾区的治理创新

融合发展是新时期大湾区建设的战略要义。粤港澳地区具有悠久的合作历史和良好的合作基础,其中,地方政府间合作作为粤港澳区域合作的主要模式,对推动广东与港澳之间就公共事务管理的沟通协商,促进粤港澳区域经济协调发展,增强粤港澳的整体实力和竞争力发挥了重要作用。但由于受"两制"差异以及粤港澳区域市场竞争加剧、产业结构调整、多元利益分化、系统性风险增多等因素的影响,地方政府间的合作也面临一些困境。特别是随着大湾区战略从首次提出到全面铺开,仅依赖政府间合作已无法满足复杂多样的利益需求,难以深入推进大湾区的融合发展。

第一,大湾区发展要有效回应"一国两制"的时代诉求。全面准确贯彻"一国两制"的基本方针是共建粤港澳大湾区的基本前提和指导思想。习近平总书记指出,"一国"是根,根深才能叶茂;"一国"是本,

---

① 参见谢宝剑《"一国两制"背景下的粤港澳社会融合研究》,载《中山大学学报》2012年第5期。

本固才能枝荣。必须牢固树立"一国"意识，坚守"一国"原则。① 党的十九大报告提出，要支持香港、澳门融入国家发展大局。② 这意味着推进大湾区融合发展关键要处理好"一国"与"两制"的辩证关系，既要保持香港、澳门地区的繁荣稳定，又要促进香港、澳门积极融入国家发展的整体规划当中；既要通过发挥"一国两制"的优势推进大湾区建设，又要以大湾区建设丰富"一国两制"的实践。

第二，从区域经济合作上升为全方位开放的国家战略，大湾区建设被赋予了更深层次的内涵，③ 需要从更广阔的视域加以审视和谋划。一是大湾区建设要对接"一带一路"倡议，对内破除合作治理藩篱，对外深化与沿线国家在基础设施、经济贸易等领域的融合，充分发挥其特殊的区位优势与经济优势。二是大湾区要引领国家区域协调发展战略实施，探索解决区域发展分化、无序化等公共问题的路径，实现三地协调机制创新，以辐射带动泛珠三角区域、中南地区、西南地区发展，为内地与港澳更紧密合作提供参考范本。三是大湾区要成为实施创新驱动发展战略的重要支撑区。《粤港澳大湾区发展规划纲要》将"创新驱动、改革引领"作为大湾区融合发展的首要原则，这意味着，不仅通过创新合作体制机制制度，破解粤港澳传统合作模式的单一性、滞后性等问题；而且要重视科技创新对粤港澳区域产业转型升级、提质增效的功能，发挥试验区、企业、人才的创新引领作用，构建科技创新湾区。四是大湾区建设要充分发挥深圳建设先行示范区战略的作用。《关于支持深圳建设中国特色社会主义先行示范区的意见》提出，深圳要建设现代经济体系，助推粤港澳大湾区建设。这表明，应当进一步发挥深圳在大湾区建设中的"窗口"作用，探索先行先试、制度创新，以提升粤港澳互联互通水平。

第三，大湾区建设较以往粤港澳区域合作囊括了更多新内容，一是强调湾区经济，二是城市群建设。④ 湾区经济的形成是以城市群为基本框架

---

① 参见习近平《在庆祝香港回归祖国二十周年大会暨香港特别行政区第五届政府就职典礼上的讲话》，载《人民日报》2017 年 7 月 2 日第 02 版。

② 参见习近平《决胜全面建成小康社会　夺取新时代中国特色社会主义伟大胜利》，人民出版社 2017 年版，第 55 页。

③ 参见李猛《营建粤港澳大湾区良好法治营商环境》，载《当代经济管理》2018 年第 4 期。

④ 参见蔡赤萌《粤港澳大湾区城市群建设战略意义和现实挑战》，载《广东社会科学》2017 年第 4 期。

的,城市群建设对湾区内部的产业体系、生活环境、社会服务等有更微观的标准。对标国际一流湾区,打造世界一流的大湾区城市群,要求对粤港澳各大城市的功能进行准确定位,弱化行政区划界限,促进人、财、物自由流动以及基础设施共建共享等。

共建大湾区涵盖的内容丰富,需要超越只依赖地方政府间合作模式的局限,在国家治理现代化的整体框架下,以治理创新为抓手,破解阻却大湾区融合发展的现实难题,创新区域合作治理模式。

大湾区治理创新必须直面区域发展从政府管理迈向公共治理存在的共性问题,回应粤港澳区域治理面临的个性问题。鉴于此,大湾区治理创新的基本内涵包括:

第一,大湾区治理创新以实现公共利益最大化为价值导向。治理的目标是实现善治,而善治是公共利益最大化的治理过程和治理活动。① 推进大湾区融合发展,关键是要解决粤港澳区域条块分割、市场割据、社会利益分化等问题,并在区域内形成政府、市场、社会三者之间的平衡结构,发挥好公共利益的统合作用。

第二,大湾区治理创新旨在解决大湾区建设在不同层次与空间维度面临的治理问题。大湾区治理是一个综合性的治理体系,需要运用整体性治理理论,构造整体性协作治理网络。② 治理创新能够通过加强中央的顶层设计,解决粤港澳区域治理存在的产业同构、重复建设等问题;通过创新跨境公共服务供给体系,鼓励市场主体、社会组织就解决粤港澳教育、医疗、养老等公共服务供给不均衡问题展开合作;通过创新合作体制机制,统筹利用全球科技创新资源与平台,解决大湾区科技创新治理面临的资源配置不均、知识产权保护不足等问题。

第三,大湾区治理创新追求多元主体对区域公共事务的协同共治。从政府系统内部关系看,中央主动向地方放权,加强与粤港澳地方政府的协商与合作;粤港澳各地方政府通过签订区域合作协议、设立区域合作组织,强化对大湾区公共事务的协调。从政府与市场、社会的关系看,政府权力逐渐向市场、社会转移,形成政府与非政府组织在相互依存的环境中

---

① 参见俞可平《法治与善治》,载《西南政法大学学报》2016年第1期。
② 参见崔晶《区域地方政府跨界公共事务整体性治理模式研究:以京津冀都市圈为例》,载《政治学研究》2012年第2期。

分享公共权力，共同管理公共事务的网络化治理模式，[1] 并以灵活多样的集体行动组合探索大湾区公共问题的解决途径。由此，纵向上各层级、横向上各地方政府在内部建立起合作治理网络关系，可以有效缓解传统科层制引起的片面追求政绩、信息交流不畅、效率较低等问题，明晰中央与地方在大湾区治理中的职能分工与权责关系。同时，政府、市场主体、社会组织在大湾区公共事务治理中形成双向甚至多向的合作治理关系，有助于破解政府与市场、社会单向的"中心—边缘"结构，有助于发挥市场、社会的自治功能。

第四，大湾区治理创新以寻求治理方式创新为主要纽带。沟通协商、智能高效、平等合作、刚柔相济是大湾区治理方式创新的内在意蕴。治理方式的创新，可以改变区域管理模式下权力自上而下的运行结构，实现权力自上而下或平行甚至自下而上的多向度运行，有利于破解大湾区公共政策滞后性等问题，缓解政府管理的刚性和封闭性，以对话、沟通、合作的方式避免政府间、政府与市场及社会间的冲突。

第五，大湾区治理创新是一个双向度的动态发展过程。治理不是一种正式的制度，而是持续的互动。[2] 大湾区治理创新，既包括大湾区合作从政府主导型管理模式向多元协同型治理模式转型的过程，也包括大湾区治理体系不断整合新的元素以适应治理需求的过程。在这个过程中，单向度的权力运行形态转变为中央与地方合作、粤港澳各地方政府合作、政府与市场主体及社会组织合作、社会公权力主体与公民合作等双向度的"权力—权力"或者"权力—权利"交互形态。

二、法治于粤港澳大湾区治理创新之功用

法治是大湾区治理创新的基石，大湾区治理创新要在法治的轨道上推进，充分发挥法治的引领和保障作用。

---

[1] 参见陈振明主编《公共管理学——一种不同于传统行政学的研究途径》，中国人民大学出版社2003年版，第86页。

[2] See Commission on Global Governance, *Our Global Neighbourhood*. Oxford: Oxford University Press, 1995, p. 2.

(一) 法治是大湾区治理创新的逻辑前提

每一个既定社会的经济关系首先表现为利益。① 推进大湾区治理创新核心在于协调好多元主体的利益关系，形成合作共赢的格局，而这需要一套良善的规范体系作为支撑。

首先，法治为大湾区治理创新中央与地方关系的协调提供规范依据。明确央地参与治理的事项范围及权力（权利）义务，是实现央地合作，推进大湾区治理创新的重要前提。为此，中央与粤港澳各地方政府在科技创新、产业发展、基础设施建设、生态环境保护等领域共同编制的专项规划或者签订的合作协议，对各方的权利义务及事项范围进行约定，将成为中央与地方就大湾区治理相关议题展开合作的行动指南。

其次，法治为大湾区治理创新中横向府际关系协调提供制度支持。正如制度性集体行动理论所阐释的，恰当的制度安排是跨区域公共事务治理中突破集体行动困境、达成集体行动计划的前提。② 只有通过制度设计，形成良好的制度环境，才能协调粤港澳各地方政府的行为，才能创新区域合作的内容和形式，吸引香港、澳门共同推进大湾区治理创新。

最后，法治为大湾区治理创新中多元主体合作提供协调机制。市场主体、社会组织对区域公共事务的参与程度与大湾区发展的进程呈现正向关系，因而通过规则建构事先明确各主体间的权利义务及参与合作治理的路径显得至关重要。推动粤港澳行业协会、企业、银行、高校、科研机构等主体开展跨区域合作，加强产学研深度融合，促进产业合作与分工，推进市场互联互通，亦有赖于协调机制的构建。

(二) 法治是大湾区治理创新的基本保障

法治可以保障大湾区治理创新不偏离正确轨道。从宏观层面看，一是只有全面贯彻"一国两制"的基本方针，才能充分利用其制度优势，保证大湾区治理创新既发挥"两制"互补性，又不忽视"一国"的共性，

---

① 参见中共中央马克思恩格斯列宁斯大林著作编译局《马克思恩格斯选集》第3卷，人民出版社2012年版，第258页。

② See Richard C. Feiock, "The Institutional Collective Action Framework," *Policy Studies Journal*, 2013, 41 (3), pp. 397–425.

保障香港、澳门高度自治权的有效行使；二是市场经济就是法治经济，市场经济关系是一种蕴含着市场主体自由要求的契约法权关系，① 要形成统一的粤港澳大湾区市场必然要有相应的规则保障市场主体地位的平等性，解决各类利益纠纷；三是只有通过法律法规、合作协议、内部章程等规范性文件的制定出台和衔接适用，才能厘清各种法律关系属性、明确责任主体、化解复杂的矛盾纠纷。

（三）法治是大湾区治理创新的关键动能

法治推动着大湾区治理创新行稳致远。大湾区治理创新需要通过加强顶层设计为之提供牵引力。随着《粤港澳大湾区框架协议》的签订与《粤港澳大湾区发展规划纲要》的出台，粤港澳合作从过去的跨境产业合作、以横向政府间合作为主的模式，向由国家规划引导的跨境协同发展与跨境区域治理模式转换，确立了大湾区发展的基本方向。这表明，只有加强制度设计，才能保证大湾区治理创新的可预期性，才能最大限度地激发政府、市场、社会的积极性、主动性和创造性。

大湾区治理创新的顺利推进还取决于法治是否为之预留了充足的空间。梅因曾言："社会的需要和社会的意见常常是或多或少走在'法律'的前面的。我们可能非常接近地达到它们之间缺口的接合处，但永远存在的趋向是要把这缺口重新打开来。"② 大湾区的法治建设要妥善处理法律的"定"和创新的"变"之间的关系，要以能动的法治助推治理创新走向深入。

（四）法治是大湾区治理创新的实现路径

在大湾区治理创新的过程中，法治是贯穿始终、不可或缺的基本要素。

法治确立大湾区治理创新的价值理念。法治在为大湾区治理注入秩序、公正、权利保障等价值的同时，治理理念的创新也在反哺和丰富大湾区法治建设的基本理念。合作、自治、共治等价值理念最终会被大湾区建

---

① 参见公丕祥《当代中国区域法治发展的动力机理》，载《江苏社会科学》2018年第4期。

② ［英］亨利·梅因：《古代法》，沈景一译，商务印书馆1959年版，第15页。

设相关的规范性文件吸纳而得以确立。例如,"开放合作,互利共赢"被《粤港澳大湾区发展规划纲要》确立为大湾区建设的基本原则;《粤港澳大湾区框架协议》将"完善创新合作机制,建立互利共赢合作关系"作为粤港澳合作的基本宗旨;等等。

大湾区治理创新本身包含了法治创新。大湾区治理创新要迈向深入,必然要冲破利益固化的藩篱,在粤港澳区域形成新的利益格局。而要确保创新的内容落到实处,必须及时推动法治创新:一是坚持凡属重大改革必须于法有据,通过加强顶层制度设计,增强公共政策、法律法规的前瞻性;二是在广东自贸试验区范围内暂时调整部分法律法规的适用;三是授权广东进行先行先试,制定自贸试验区条例和管理办法;四是积极运用法律解释来解决治理创新过程中产生的法律争议;五是将实践证明行之有效的创新经验及时上升为法律法规规章或者其他有约束力的规范性文件,确认和巩固大湾区治理创新的成果。

大湾区治理创新的推进和实现仰仗于良好的区域法治环境。大湾区经济社会发展在很大程度上取决于粤港澳区域内部法治环境的塑造。法治是最好的营商环境。[①] 为大湾区打造良好的法治环境,要依托经济体制创新降低市场交易成本,转变政府职能,营造规则对接的市场环境;要积极推动粤港澳三地法律事务合作,建立与港澳地区接轨的法律职业对接机制,助力大湾区法治化营商环境建设。

三、粤港澳大湾区治理创新之法治需求

在大湾区建设过程中,治理创新与法治互为条件、相互促进,法治推动和保障大湾区治理创新,大湾区治理创新又对法治产生新的需求。

(一)大湾区治理创新对法治建设有效对接的需求

大湾区建设是一个长期的过程,可以根据发展的现实需要以及短期目标划分为不同的发展阶段,形成对应的发展规划和行动方案。在不同的发

---

① 参见《习近平主持召开中央全面依法治国委员会第二次会议强调 完善法治建设规划提高立法工作质量效率 为推进改革发展稳定工作营造良好法治环境》,《人民日报》2019年2月26日第01版。

展阶段，大湾区建设在指导思想、行动目标、建设重点等方面各有侧重，治理需求也会呈现差异性。无论处于哪一阶段，都要求法治建设与之并驾齐驱、互动共进，破解不同的治理难题。从及时出台国家政策、签订区域合作协议、构建区域合作机制到总结制度创新的经验、摒弃不合时宜的治理规则、缓和法域差异引致的内在矛盾、促进粤港澳制度对接等，大湾区法治建设的重心应随着治理创新的推进不断调适。

大湾区治理创新最直观的表现在于先行先试。先行先试是一种权力，是一个包含法律授权、政策支持、先行规定、容许试错等内容的综合体系，主要包含先行立法权、变通规定权、试错免责权等。[1] 先行先试是政府推进大湾区和自贸区建设的重要方式，具体表现为：①实施粤港澳合作制度机制创新。例如，研究实施促进大湾区出入境、工作、居住等便利化政策；允许粤港澳联合创新资金跨境使用；构建跨境知识产权合作机制、案件协作机制；扩大大湾区内人民币跨境使用的规模和范围；建立金融监管协调沟通机制等。②推动粤港澳合作体制创新。广东自贸区、国家级创新示范区等新区的设立本身就是一种体制上的创新，在自贸区、创新示范区范围内，无论是管理机构设置，还是法律法规的变通适用，先行先试的幅度都更大一些。先行先试存在被滥用的风险，必须受到法律规制。什么事项可以"先行先试"、如何开展"先行先试"依然要放在法治语境中考量，并且对法治建设的同步性具有更高的要求：一是先行先试的紧迫性和涵盖内容的广泛性直接反映了法治建设的迫切性；二是程序法不容易落后于社会发展，规范"先行先试"更依赖程序法规则，先行先试之前必须获得相应的授权；三是对先行先试的时间应有所限制，要根据实际效果及时对先行先试的内容进行动态反馈、调整。

（二）大湾区治理规则创新对拓展法律规范体系的需求

大湾区治理关键要协调好中央与地方，粤港澳地方政府间以及政府与市场、社会之间的利益关系。利益的博弈需要有一定的正式或者非正式的

---

[1] 参见倪斐、奚庆《国家级新区先行先试权及其法治化改进》，载《哈尔滨工业大学学报》2018年第6期。

制度安排统一调整，以保证协商有效有序进行。① 传统观点通常以是否体现国家意志、由国家制定或认可、以国家强制力保障实施作为界分正式制度与非正式制度的标准，认为只有正式制度才能纳入国家法——也称之为硬法的范畴。随着利益结构急剧变迁以及受"一国两制"基本国策和单一制国家结构形式影响，传统法律规范体系难以有效回应粤港澳区域公共问题，大湾区治理主要适用以协商性、柔性、便捷性为主要特征的非正式制度——或称之为软法，并以其规则体系的创新和扩容及时回应治理过程中产生的新问题。以指导性文件为例，2008—2011年出台的《珠江三角洲地区改革发展规划纲要（2008—2020）》《大珠江三角洲城镇群协调发展规划研究》等文件中分别提出"世界级城市群""世界级新区域""一湾三区"的战略构想；2011年国家"十二五"规划纲要明确提出"打造世界级城市群"的目标；2015—2017年，"粤港澳大湾区"的概念逐渐在《推动共建丝绸之路经济带和21世纪海上丝绸之路的愿景与行动》、国家"十三五"规划、国务院政府工作报告等中央文件中予以明确。以政府间合作协议为例，2003年，中央政府与香港、澳门特区政府签订了第一个自贸协议——《关于建立更紧密经贸关系的安排》（CEPA），并在此后十年间，不断以《CEPA补充协议》的形式推进合作并完善法律文本；② 2014—2018年，又分别就服务贸易、投资、经济技术合作、货物贸易签署了《CEPA服务贸易协议》《CEPA投资协议》《CEPA经济技术合作协议》《CEPA货物贸易协议》。从建立更紧密经贸关系的需求考量，CEPA是今后粤港澳大湾区经贸问题治理的重要规则依据。除了专项合作协议以外，各级政府还形成《粤港合作框架协议》《粤澳合作框架协议》《深化粤港澳合作　推进大湾区建设框架协议》等综合性合作协议，为推动大湾区整体性治理提供了基本的制度框架。

当前，在区域治理法律规范体系建构方面存在的共性问题是："把正式制度视为形成区域竞争优势的决定性因素，而不同程度地忽视了在社会经济生活中逐渐生长起来的非正式制度对于构造区域竞争高地、推动经济

---

① 参见程栋、周洪勤、郝寿义《中国区域治理的现代化：理论与实践》，载《贵州社会科学》2018年第3期。

② 截至2013年8月29日，已经签订到《CEPA补充协议十》。

转型发展的强大力量。"① 源于对软法规范的特殊需求,这种对"法"的固化认识在大湾区治理中容易导致治理规则与治理实践不相吻合,造成规范体系漏洞以及治理无序化的局面。其一,这会导致大湾区法律规范体系建设呈现单一化的发展趋势,陷入"立法是解决大湾区治理问题的唯一路径""大湾区法治建设等同于法律的修改和创制"等认识误区,并将法律化作为标准对大湾区法治化程度进行评估和考察;其二,这会造成对大湾区软法治理实践关注不足,缺乏在软法与硬法相结合的混合法规范体系下界定软法在大湾区治理中的渊源和功能定位,缺乏从法的基本价值层面界定软法规范的本质属性及对其制定与实施过程进行规制。大湾区治理创新对软法规范的广泛适用,必然对崇尚国家法(硬法)为主导的法治观念带来冲击,产生拓展大湾区法律规范体系的需求。

(三)大湾区治理模式创新对构造法律治理模式的需求

大湾区治理模式创新是指治理理念、治理主体、治理方式等要素转变革新的总体动态过程。公域之治的模式选择与公法规则相伴而生②,从静态的法律规范体系迈向动态的法律治理过程,需要构造相应的法律治理模式与之匹配。

第一,大湾区治理主体的多元化对治理结构法定化的需求。在大湾区治理创新过程中,政府、市场和社会等多元主体要各展其长,逐步对大湾区建设的公共议题进行分工,形成新型的网状化治理结构。大湾区治理结构对法治的需求表现为治理结构的法定化。受政府管理思维的影响,在区域合作法治化进程中,有关的制度安排和机制构建仍以政府权力关系调整为基点,在一定程度上是自上而下的政府管理体制在区域层面的延伸。由此开启的区域法治建设与大湾区多元化治理结构的设定和运行难以有效对接,表现在:中央、粤港澳各级地方政府及其职能部门以及社会公权力主体的职能分工与权力配置尚不明晰,两者在大湾区治理中并未形成对应关系;现有的法律规范体系对大湾区治理中政府权力、社会公权力行使的规

---

① 公丕祥:《当代中国区域法治发展的动力机理——纪念中国改革开放四十周年》,载《江苏社会科学》2018年第4期。
② 参见罗豪才、宋功德《公域之治的转型——对公共治理与公法互动关系的一种透视》,载《中国法学》2005年第5期。

制尚且不足，缺乏责任约束；粤港澳公民的参与权尚未在治理结构转型中得到充分体现，尤其是推进通关便利化、拓展就业创业空间、教育资源交换等惠民政策的制定出台，缺乏公民有效的参与、监督。如何依据多元共治的网络治理结构，实现政府、社会公权力主体在大湾区治理中职权配置、责任分配以及公民参与权的法定化，作为大湾区法治建设的重要问题，亟待回应。

第二，大湾区治理方式多样性及其规范化的必要性。大湾区治理方式创新表现为治理方式的多样性、灵活性、双向性、专业化、柔和化等特征，即协商合作将成为大湾区治理的主基调。协商合作与放松规制在大湾区治理语境中具有一定的同义性，但两者并不完全等同。回应大湾区市场、社会融合发展的需求，政府对于协商合作的方式选择主要目的在于放松对粤港澳区域市场、社会的规制，发挥市场对区域资源配置的决定性作用和社会自身的调节作用，为推进区域市场建设、产业结构优化、社会保障和治理领域合作清除制度障碍。但从大湾区生态环境治理、知识产权保护、社会矛盾化解等方面考虑，协商合作是为了通过吸纳市场主体、社会组织等主体的参与而实现规制强化。这本质上是政府权力、社会公权力针对大湾区不同层面的公共事务治理而展开的强弱调适。因此，采用以协商合作为主导的治理方式，既要防止政府权力过度干预大湾区建设的创新实践，又要避免政府权力挂起，①规避区域公共问题的治理责任。这具体体现为对政府间合作、公私合营等方式予以规范化的必要性。

第三，大湾区合作治理的双向性对塑造合作型程序制度的需求。治理创新是持续探索治理有效性的过程，包含政府有效性和社会有效性两个层面的内容。② 这本质上要求对公共权力单向运行结构进行改造，以"沟通与合作"为特征，形成治理主体、对象协商互动的过程，确保两者间形成的共识性规则得以贯彻实施。在大湾区治理中，多元主体就公共议题进行协商互动的过程，需要程序制度加以体现和确认。目前，粤港澳基于功能上的互补已经形成相互促进、紧密相依的关系，中央与粤港澳各地方政府在政府间合作、公私合作、公民参与等事项上也积累了较为丰富的经

---

① 参见熊樟林《权力挂起：行政组织法的新变式？》，载《中国法学》2018 年第 1 期。
② 参见欧阳静《论基层运动型治理——兼与周雪光等商榷》，载《开放时代》2014 年第 6 期。

验。为保障大湾区治理过程始终处于平等协商、双向互动的状态，应当塑造与之契合的合作型程序制度。

第四，大湾区治理创新过程的动态化对构建法律治理机制的需求。通过不同利益主体的反复博弈，最终形成新的制度框架——相关因素充分博弈后的契约格局，① 是大湾区治理创新过程动态化的直观体现。在大湾区治理实践中，无论是法律法规、公共政策、合作协议等规范性文件的制订、出台与实施，还是对先行先试的促进、监督和保障，治理创新的路径选择总是和相应的治理创新实施机制相匹配的。② 只有弥补大湾区法律治理机制存在的欠缺，构建常态化的区域协调机制、利益补偿机制、监督评估机制等，才能有序推进合作治理方案的制定和实施。

（四）大湾区治理纠纷多样性对完善法律救济制度的需求

在大湾区治理中也会产生纠纷，且纠纷的类型和属性复杂多样，对现有的救济制度带来挑战。而在"一国两制"下，粤港澳三地的法律规定及其适用条件存在很大差异，实体与程序规则的不统一客观上又加剧了粤港澳区域纠纷的化解难度。

首先，现有解决行政纠纷和民事纠纷的法律救济制度难以与大湾区治理中政府间纠纷的解决需求相对接。大湾区政府间合作治理以中央的广泛参与为主要特征，而不局限于粤港澳地方政府间的合作。粤港澳区域合作协议对协议各方来说是一种对等性行政契约，其约束力主要体现为成员方基于对共同体的责任和有诺必践原则所产生的自我拘束力。③ 粤港澳府际合作纠纷的解决，不仅要考虑程序上的制度构建，还要对违约类型、责任范围等认定标准进行协调。

其次，未能摆脱公、私法分野之桎梏的救济制度难以解决大湾区治理创新过程中基于公私合作产生的复合性纠纷。公私合作的广泛运用促进了大湾区范围内公益与私益的紧密融合、公法与私法的交替适用，由此产生

---

① 参见金太军《从行政区行政到区域公共管理——政府治理形态嬗变的博弈分析》，载《中国社会科学》2007年第6期。
② 参见胡宁生、戴祥玉《地方政府治理创新自我推进机制：动力、挑战与重塑》，载《中国行政管理》2016年第2期。
③ 参见叶必丰《长三角经济一体化背景下的法制协调》，载《上海交通大学学报》2004年第6期。

的纠纷也呈现公、私法属性兼具的复合形态。既有的坚持公、私法分立的救济制度难以满足大湾区治理的需求而具有重塑之必要。内地在实践中对项目协议纠纷是否纳入行政救济范围依然存在分歧。①《中华人民共和国行政诉讼法》（简称《行政诉讼法》）关于"行政协议"的受案范围界定不清，可操作性偏弱。这意味着协议合作方，特别是香港、澳门地区的社会资本方在面对协议纠纷时，究竟是选择民事救济还是行政救济并不明晰。同时，公私合作纠纷难以适用行政复议、仲裁、调解等司法以外的救济途径解决。随着大湾区治理的推进，公私合作及其纠纷的类型会逐渐增多，这样容易造成严重的司法负担；且政府与协议相对方多为互利的长期合作关系，而非一次性商业交易，如果诉诸司法，则会被视为不适当且易产生负效应。②此外，由社会组织行使公权力而引发的纠纷该如何救济仍需探究。

最后，大湾区治理创新以行政改革为主要抓手在很大程度上体现了行政管理的收缩和市场价值的回归。③大湾区发展战略的确立、广东自贸区及各地特色发展平台的建设为市场主体的跨境交流释放了巨大的空间，也会增加跨境纠纷的整体数量。④因此，塑造法治化的大湾区创新、营商环境，要求加强粤港澳司法交流与协作，推动建立共商、共建、共享的多元化纠纷解决机制，促进三地实体规范的选择适用。

四、粤港澳大湾区治理创新之法治回应

（一）同步展开：法治建设对治理创新的能动回应

法治建设的同步展开，就是要在时间及空间维度谋求法治与大湾区治

---

① 参见石佑启《论公共行政与行政法学范式转换》，北京大学出版社2003年版，第148页。

② See Peter Cane, *An Introduction to Administrative Law*, Oxford: Oxford University Press, 1992, pp. 263-264.

③ 参见周志忍主编《当代国外行政改革比较研究》，国家行政学院出版社1999年版，第4页。

④ 例如，根据2010年、2015年《全国法院司法统计公报》统计数据，2010—2015年，内地人民法院受理的涉港澳案件呈递增趋势，其中，2010年受理数量为11987件，2015年受理数量为16488件。参见《最高人民法院公报》2011年第4期、2016年第4期。

理创新的整体契合。这意味着，要回应大湾区治理的法治需求，同步推动法学研究及制度创新，以支撑大湾区法治创新实践。

1. 大湾区治理创新与法治建设的同步展开，要发挥党的领导核心作用

党的领导是推动大湾区治理创新的根本保证，在大湾区治理创新中起着统领全局的作用。党对"一国两制"基本内涵的充实和创新，成为大湾区治理创新的根本遵循；通过规划纲要、实施意见等重要文件制定出台，党提出了大湾区发展的指导思想、总体规划和战略部署，指明了大湾区治理创新的方向和路径；在推进大湾区治理创新的过程中，必然会遇到新的问题，尤其涉及粤港澳三地制度机制协调的问题，需要发挥党的领导优势，统筹协调中央与粤港澳三地的资源予以解决。同时，在党的领导下推动大湾区法治创新实践，是实现大湾区治理法治化的内在要求。只有坚持党的领导，才能确保大湾区法治建设的有序展开，促进治理创新与法治的良性互动。

2. 围绕大湾区建设的短期目标、阶段性规划及其治理需求形成相应的法治建设规划

在大湾区建设初期，"合作与转型"是大湾区治理创新的首要任务。此时，要求中央加强顶层设计，围绕大湾区发展规划制定出台实施纲要；中央与粤港澳地方政府签订合作框架协议并构建常态化合作机制；中央通过法定程序拓宽广东及自贸区进行先行先试、制度创新的空间；粤港澳三地清除区域供给障碍，[①] 减少贸易、投资、教育、就业等跨境交流的规则限制；等等。随着大湾区建设的推进，大湾区治理创新的侧重点由"促进合作"向"深化和保障合作"转变，目标在于通过破解治理面临的障碍，创新合作方式，增强粤港澳区域协调发展能力，实现城市间的功能互补、错位发展；优化多元协同创新环境，形成以创新为核心的治理模式；发展新兴产业，推动产业分工和结构升级；促进市场高水平互联互通与社会融合发展；改造区域生态环境，提高生产生活质量；等等。与之相对应的法治建设，应当着重于构建监督、评估等实施机制，保障合作治理顺利展开；建构市场主导的开放型经济新体制，不轻易干预市场主体、社会组

---

① 韩永辉、张帆：《粤港澳大湾区的区域协同发展研究》，载《治理现代化研究》2018年第6期。

织的合作；在出入境管理、金融监管、信息管理、社会保障等领域签订合作协议；建立知识产权保护、环境保护等案件的跨境合作机制；等等。

3. 将大湾区治理中的先行先试、体制机制创新同步纳入法治的轨道

"先行先试"与"体制机制创新"是大湾区治理创新的一体两面，从先行先试到体制机制创新，事实上是由破到立的过程，是由治理创新迈向治理法治化的同步过程。先行先试并不是恣意妄为，而是在合法前提下的大胆创新。① 其对法治的需求不只体现为对改革成果的确认与巩固，更体现为法治要优先于改革，要引领和规范改革。② 这表明，要在《中华人民共和国立法法》（简称《立法法》）、《中国（广东）自由贸易试验区条例》、《深化粤港澳合作 推进大湾区建设框架协议》等规范性文件的基础上，对先行先试进一步规范化：一是明确适用先行先试的主体范围与禁止性事项范围，限制粤港澳地方政府或广东自贸区管委会等主体在海关、税收等法律保留事项上进行先行先试；二是要求各级政府对法律法规的变通适用必须经过全国人民代表大会常务委员会（简称"人大常委会"）及广东省人大常委会等有关机关按照法律程序作出授权批准；③ 三是强化授权机关对先行先试实际效果的跟踪评估，建立监督、延期及终止机制；四是先行先试的有效经验要及时上升为法律规则，并予以细化。同时，对应的体制机制创新也应当遵守法定程序和法律层级，由授权先行先试的机关对试验成果进行巩固和确认，并由中央与粤港澳三地构建相应的合宪合法性审查机制；重点明确关于自贸区规范性文件以及管委会出台规范性文件的效力层级，防止其与现行法律法规产生冲突。④

4. 积极推进粤港澳三地法治水平的均衡发展

粤港澳三地的法治水平参差不齐，促进粤港澳市场规则的对接、营造一体化的法治营商环境、减少大湾区内部的制度壁垒，必须着力补齐部分地区法治建设的短板，提升法治建设的水平。

从时空维度把控大湾区治理创新阶段性所对应的法治建设进度，厘清

---

① 参见沈国明《法治创新：建设上海自贸区的基础要求》，载《东方法学》2013年第6期。
② 参见石佑启《深化改革与推进法治良性互动关系论》，载《学术研究》2015年第1期。
③ 如《中共中央 国务院关于支持深圳建设中国特色社会主义先行示范区的意见》规定，凡涉及调整法律的，按法定程序向全国人民代表大会或其常务委员会提出相关议案，经授权或者决定后实施。
④ 参见李猛《中国自贸区国家立法问题研究》，载《理论月刊》2017年第1期。

大湾区制度创新实践与法治同步建设的辩证关系，都要以相关的部门法学理论创新为基础，以法学学科体系发展为支撑，破解大湾区治理创新面临的制度障碍。

(二) 软硬结合：法律规范体系的拓展与兼容

区域合作协议、行业协会章程、权力清单等软法规范在大湾区治理中的广泛运用，本身便是一种制度创新。软法可以突破"一国、两制、三法域"以及传统行政区划等多重因素的束缚，弥补硬法滞后性、刚性引起的制度缺位与失灵，推动中央与粤港澳地方政府对区域公共问题进行沟通协商，在平衡各方利益的基础上达成共识。同时，在利益诉求多元、创新要素集聚、矛盾复杂多样的大湾区发展过程中，软法承载着众多的公共治理功能。应当正视软法对大湾区治理的保障和推动作用，明确软法在法律规范体系中的地位，增强软法治理功效。

法律规范体系的拓展。软法与硬法同属"法"的范畴，都构成大湾区治理的法律依据。可以在法律规范体系下对大湾区合作框架协议、粤港澳区域合作协议、大湾区发展专项规划等规范性文件的类别和效力做出规定；以调整公共事务为标准，将大湾区治理涉及的软法规范和政府与市场主体间的民事协议、市场主体内部的自治章程等规范文件区分开来，并明确其在法律规范体系中的效力层级；明确大湾区合作框架协议、区域合作协议等软法规范与粤港澳各地的立法文件及其他规范性文件之间的效力层级关系，避免粤港澳各地制定的规范性文件与之相冲突。

大湾区软法治理的实效性补强。充分挖掘协商民主、程序正当、实质正义等法的基本价值，是增强大湾区软法治理实效性的有效途径。从实质上看，粤港澳区域软法治理难以取得预期成效的重要原因在于软法规范的价值偏好凸显。推进大湾区整体建设必须规避区域软法的价值偏好，以"互联互通"的理念重构软法规范，坚持区域平等原则，① 做出制度性双边互动安排。从形式上看，大湾区软法规范的载体形态纷繁复杂，关于粤港澳合作的规范性文件，就有合作协议、框架协议、规划纲要等多种表现

---

① 参见叶必丰《区域经济一体化的法律治理》，载《中国社会科学》2012年第8期。

形式。载体形态的多样性,是软法自身得到充分发展的一种体现,① 但也反映了粤港澳区域软法的制定依然缺乏统一的标准,规范之间效力层级不清。因此,建议出台关于大湾区软法规范制定的指导性文件,为软法的制定提供参照标准。通过明确各类协议、规划纲要等载体形态的适用主体、适用事项和适用程序,并在同一框架体系下明确各自的效力位阶,避免规范冲突。②

软法与硬法在大湾区治理中的衔接适用。软法是大湾区治理创新的重要依据,这并不意味着硬法的衰败。法律、行政法规、地方性法规等硬法规范在大湾区治理中仍具有不可替代的地位。软法、硬法并行不悖,但在关系上又错综复杂,③ 立足大湾区的治理实践,两者形成了各自调整的场域,产生衔接适用的内在需求。在效力位阶上,除非涉及法律法规的变通适用,否则软法规范都不得与宪法、法律、行政法规相抵触;政府权力清单、行业协会章程等软法规范的制定、签订和出台都必须遵循硬法规定的权限、基准、程序等。但硬法并不必然优先于软法,在空间布局调整、区域创新环境优化等公共事务整体性治理中,香港、澳门的立法及广东省内的地方立法应当围绕大湾区发展总体规划及专项规划、大湾区合作框架协议、粤港澳区域合作协议等软法规范展开。在功能定位上,软法、硬法应各有侧重,形成良性互动的交织形态。规划纲要、框架协议、合作协议等软法规范立足于从宏观层面加强大湾区发展的顶层设计和谋篇布局;法律、行政法规及粤港澳三地立法文件中的硬法规范为该类软法规范的实施提供基本的效力保障。同时,硬法托底,为大湾区知识产权保护、生态污染防治守住底线;权力清单、社会自治规范、行业技术标准等软法规范则细化、优化硬法规范,使之更具针对性和可操作性。在衔接机制上,建议建立相应的审查机制,不仅将软法规范纳入合宪合法审查的范围,而且要在粤港澳三地建立联动的违法审查机制,对与区域合作协议相冲突的文件进行修订、清理;建立软法、硬法转换机制,推进粤港澳三地及时将规划

---

① 参见罗豪才、宋功德《认真对待软法——公域软法的一般理论及其中国实践》,载《中国法学》2006年第2期。

② 参见石佑启、陈可翔《互联网公共领域的软法治理》,载《行政法学研究》2018年第4期。

③ 参见罗豪才、宋功德《软法亦法——公共治理呼唤软法之治》,法律出版社2009年版,第405页。

纲要、合作协议等规范中难以落实的内容以及社会自治章程中有效的规范及时转化、吸纳为地方立法。

(三) 多元共治：法律治理模式的包容与创新

大湾区治理模式创新要依托法学各学科理论研究的深入，推进组织法治、行为法治、程序法治、区域法治建设，推动法律治理模式的包容性、创新性发展。

1. 大湾区多元主体治理结构的法定化

政府、市场、社会等多元主体围绕大湾区发展目标和公共事务治理对各自的功能边界与权责关系进行厘定，这是大湾区治理创新与法治建设的共同课题。

一是多元主体治理的功能分域及其法定化。"市场主导、政府推动、社会参与"构成大湾区合作治理结构的基本形态。在政府与市场的关系维度上，构建开放型经济新体制，基本实现粤港澳市场高水平互联互通，关键是要准确把握"政府收缩与市场价值回归"的发展趋势，合理划定政府与市场的边界。充分发挥粤港澳区域市场在资源配置中的决定性作用，促进货物、技术、资金等各类资源要素高效便捷流动，激发市场主体科技创新、产业创新的活力。在政府与社会的关系维度上，两者之间的互动过程实质上是资源互换和利益博弈的过程。[①] 中央和粤港澳地方政府应培育社会组织，并引导其参与大湾区社会保障和社会治理，加强与其在教育、医疗、养老等公共服务、公共产品供给中的协商互动等。

谋求政府—市场—社会治理结构的法定化，是为了防止在大湾区治理中三者的功能异化。建议以简政放权为主基调，深化广东机构改革。各级政府及其职能部门、自贸区管委会应当建立政府权责清单制度，明确市场监管、税务等部门的职能范围，大幅减少行政审批事项；推进粤港澳三地的行业准入标准、产业技术标准等市场规则的对接。以优化大湾区法治化营商环境为目标，促进广东在市场准入、事中事后监管、贸易投资便利化

---

① 参见汪锦军《合作治理的构建：政府与社会良性互动的生成机制》，载《政治学研究》2015年第4期。

等领域的制度创新,① 适当放宽内地对双向跨境资本流动的审查流程,促进跨境投融资合作等;搭建社会主体、公民参与政府决策的制度平台,将公众参与作为粤港澳区域公共决策制定的必经程序,放宽粤港澳社会主体兴办跨境公共服务机构的限制,推进社会公共产品的跨境使用等。

二是权力配置法定及责任机制构建。大湾区治理目标的实现,在很大程度上取决于是否在中央与粤港澳地方政府之间、粤港澳各地方政府之间、政府各部门之间以及政府与社会公权力主体之间形成合理的权力结构。这就要通过宪法和组织法等明确中央与地方政府、上级政府与下级政府的权力划分以及对各级地方政府的合作权限作出规定,在此基础上,利用大湾区合作协议等文件细化多元主体的职权范围,将各方的权力(权利)义务关系确定下来,建立起职权清晰的合作治理结构。

合作型区域公共物品提供机制运作的基本原理是权力共享,并以责任和义务为导向来实现公共物品供给。② 在权力配置既定的基础上,构建相应的责任机制,促使中央、粤港澳地方政府与社会主体正确履行职能。无论是在大湾区专项规划文件,还是在大湾区相关合作协议中,都应当明确参与各方承担的责任范围、责任种类、责任形式,并且在中央层面建构统一的责任追究制度,明确责任追究主体、程序等。大湾区治理责任机制,既要包含现有的行政责任和民事责任认定、追究制度,也要将合作关系下中央、粤港澳地方政府、社会主体的责任形态纳入其中,弥补违约责任对公权力主体的规制不足。

2. 大湾区多样性治理方式的规范化

"放松管制、协商民主"与"风险规制、合作监督"是大湾区治理方式创新的两条逻辑主线,由此形塑了多种治理方式交替适用的表现形态,同时也对治理方式的规范化提出了复合性要求。

一是对创新型、民主性、柔性治理方式的有效规范。由于多元主体的合作治理结构与责任配置都具有较强的可变性,因此,在大湾区治理中,创新型、合作型、柔性行政行为的规范化较之于强制性行政行为的规范化更为复杂。需要在对多种治理方式进行分类归纳的基础上,灵活适用依法

---

① 参见毛艳华《粤港澳大湾区协调发展的体制机制创新研究》,载《南方经济》2018年第12期。

② 参见霍春龙《论政府治理机制的构成要素、涵义与体系》,载《探索》2013年第1期。

行政原则，为府际合作、公私合作、先行先试、体制机制创新预留空间；明确各类行为方式的法律属性以及对应大湾区公共事务的具体内容、范围；针对不同的治理方式制定相应的程序规则；等等。

二是强化对大湾区公共风险合作规制行为的监督。在大湾区的公共风险治理中，粤港澳地方政府通过行政委托、公共服务外包、行业自治等形式与社会主体形成合作规制关系。合作规制本质上是一种规制的加强，即以社会规制补强政府规制的不足。这同时又会引发新的问题——如何防止社会公权力的滥用或者不作为。由此，粤港澳可以逐步实现参与区域风险规制的社会主体及其专业人员在资质、技术等标准上的对接，同步提高社会主体参与的门槛；厘定政府与社会主体在公共风险规制中的相互关系，通过协议规则明确并强化政府的规划、评估、监督职能以及构建社会主体的定期汇报机制；以社会主体的责任认定为轴心，建立粤港澳三地协调联动的追责追偿、违约惩戒等机制。

3. 大湾区合作治理的程序制度塑造

在粤港澳实体性法律规范难以统筹的情形下，建构合作型程序制度，促进程序性规则的对接是大湾区法治建设的明智选择。

第一，完善规范性文件制定的协商、表决程序。协商、表决程序反映了决策的互动性，其要求中央或者粤港澳共同制定关于规范文件制定（签订）的指导性文件，对政府间协商的整体过程予以规范化，同时明确市场主体、社会组织参与协商的渠道，涉及科技创新、新兴产业建设、公共服务供给等领域的公共事务须有一定比例的专业化的社会主体参与；平等赋予大湾区参与各方表决权，以弥补公共政策、合作协议与公众预期值的落差，增强市场主体、社会组织和公民的认同感。

第二，构建征求意见程序与专家论证程序。合作型程序制度以民主参与为程序理念。[1] 中央、粤港澳各地方政府在大湾区公共服务领域形成公共政策、实施纲要、合作协议等规范草案时，应当借助官方媒介、大数据平台向粤港澳居民发布征求意见稿，并将反馈的意见建议进行整理汇总，将普遍支持的建议及时纳入规范性文件中；建议建立公共决策咨询制度，支持和加强内地与港澳的智库合作。

---

[1] 参见陈军《公私合作背景下行政程序变化与革新》，载《中国政法大学学报》2013年第4期。

第三，健全公共决策的公开程序。权力决策的公开透明既是建立科学决策的基础，也是推动全面监督的重要渠道。①《粤港澳大湾区发展规划纲要》提出，要扩大粤港澳大湾区建设中的公众参与，畅通公众意见反馈渠道。其前提在于大湾区相关的公共政策、合作协议应当为公众所知晓，充分发挥规范性文件的明示作用和预测作用。这要求粤港澳地方政府要搭建三地联动的官方信息发布平台，鼓励、支持行业协会、跨境企业等市场主体、社会组织建立公共事务信息公开渠道，并积极与政府信息公开门户网站、报纸杂志等媒介开展合作等。

4. 大湾区法律治理机制的构建

回应大湾区治理创新的动态需求，不同类型的治理机制面临不同程度的交易成本。② 中共中央、国务院于 2018 年 11 月 29 日发布的《关于建立更加有效的区域协调发展新机制的意见》对构建区域协调发展机制提出了新要求，为大湾区法律治理机制创新明确了方向。

一是构建常态化的大湾区协调机制。粤港澳协同和管理机制缺失，跨区域沟通受阻是大湾区融合发展的结构性难题。③ 在区域公共治理中，"公法的基础不再是命令，而是组织"④。因此，建议在中央层面构建大湾区统筹协调推进机制，强化对大湾区建设的规划指导，统筹解决涉及中央事权的有关事项；⑤ 全国人民代表大会及其常务委员会可以尝试在立法法和特别行政区基本法的框架下，构建促进大湾区法治协调的综合授权机制，从中央立法层面对粤港澳法律制度体系的衔接进行统筹设计，并结合专项规划、合作协议等文件将授权的内容具体化，以此缓解三地的法律冲突，推动中央重大决策的落实；依据《深化粤港澳合作 推进大湾区建设框架协议》的规定，建立中央与粤港澳四方协调机制，定期召开合作协商会议，并下设工作联络办公室，负责四方日常的协调联系；整合粤

---

① 参见胡税根、翁列恩《构建政府权力规制的公共治理模式》，载《中国社会科学》2017 年第 11 期。

② 参见邢华《我国区域合作治理困境与纵向嵌入式治理机制选择》，载《政治学研究》2014 年第 5 期。

③ 参见王登嵘《粤港地区区域合作发展分析及区域管治推进策略》，载《现代城市研究》2003 年第 2 期。

④ 莱昂·狄骥：《公法的变迁·法律与国家》，郑戈等译，辽海出版社、春风文艺出版社 1999 年版，第 54 页。

⑤ 参见课题组《粤港澳大湾区总体思路研究》，载《国际贸易》2018 年第 2 期。

港、粤澳两个高层联席会议机制的功能，建立统一的粤港澳合作高层联席会议制度，定期对大湾区内部涉及三地利益协调的公共事务展开磋商，并依此达成共识性规则。

二是构建大湾区利益补偿机制。《关于建立更加有效的区域协调发展新机制的意见》提出，要健全区域利益补偿机制，并从生态补偿、供给补偿等方面提出具体要求。可以通过在合作协议中明确利益补偿条款，规定利益补偿的具体流程和标准来实现各地之间的利益转移，使粤港澳各地方都能共享合作的收益。

三是构建大湾区治理成效评估机制。通过明确专业评估主体、确立绩效评估标准等，对粤港澳各地方政府参与大湾区建设的成效进行评估，是督促各地方政府积极履行职能，推动法律规范实施的有效途径。

四是构建大湾区内部信息共享机制。构建信息共享机制，消解信息不对称问题，有利于避免粤港澳各地方政府的集体非理性结局。参与大湾区治理的多元主体应加大跨境跨行业信息基础设施建设力度，规划建设信息共享基础网络，推进三地信息交换标准对接；打造大湾区合作治理信息平台，共享统一的公共信息数据库，并充分利用网络技术建立粤港澳区域合作信息通报与传递规则等。

（四）公私衔接：法律救济制度的完善与适用

大湾区治理纠纷的复杂多样性，推动着相应的法律救济制度摒弃公私分野的结构特征，朝着公私衔接的方向转型和完善，并且丰富救济的类型，增强救济机制间的衔接。

构建大湾区政府间纠纷的救济制度。政府间纠纷解决的行政模式契合我国国情以及当下推进大湾区发展的现实语境。建议中央部委、粤港澳各地方政府先就合作协议产生的争议自行协商和解。这是一种温和的解决争议的方式，有利于保持大湾区治理各方的关系和谐以及后续合作事项的顺利对接。当争议双方在自主协商难以和解的情况下，任何一方都可以请求中央裁决。

完善大湾区公私合作治理的多元救济制度。政府与社会资本合作、公共服务外包等公私合作模式在大湾区科技创新、产业创新、基础设施建设、环境治理、社会保障等领域的运用所产生的多元化争议诉求，难以通过适用单一的公法规则或者私法规则，及以司法机关为中心的争议救济机制得到解决。因此，需要塑造多元的救济制度：一是建议《行政诉讼法》明确行政协议的受案范围，将"行政权力的违法行使"作为行政协议纠纷的受案标准。在公私合作中，只有当政府违法变更、解除协议时，合作相对方才能成为适格的行政诉讼原告，普通的协议纠纷则适用民事救济规则。同时，要建立民事诉讼程序与行政诉讼程序的衔接机制。① 二是构建行政复议、和解、仲裁、调解等司法外救济渠道，为粤港澳各地的司法机关减轻负担，有效避免司法管辖争议。三是粤港澳法律规范体系应当对社会公权力侵权纠纷有所回应，逐步将社会公权力主体纳入行政复议的被申请人与行政诉讼的被告范畴，在政府部门与社会公权力主体之间建立责任分配和衔接机制，明确三地政府及其职能部门对协议授权内容违法或监管不作为担责，并构建内部追偿机制等。

完善大湾区民商事纠纷解决制度。粤港澳跨境民商事纠纷数量呈递增趋势，囿于"一国两制"的制度特征，法域多元与市场主导之间存在内在的张力，② 降低了市场主体对纠纷解决的预测性。因此，要充分挖掘"一国两制"独特的资源优势。一是推动诉讼案件的管辖协调。在粤港澳三地法院均有管辖权的情况下，采取"先立案先受理"方式，避免"一案多裁、平行诉讼"。二是健全粤港澳纠纷仲裁、调解机制。目前，前海、南沙新区已分别设立了深圳国际仲裁院和南沙国际仲裁中心，应尽快吸收港澳专业人士参与仲裁院（仲裁中心）的管理工作和涉港澳案件审理工作，创新跨境案件审理模式，促进内地法律、香港法、澳门法以及国际性仲裁规则的选择适用。同时，建议在内地—香港联合调解中心基础上，尽快成立粤港澳联合调解中心，创新智能化跨境纠纷调解方式，并推动调审对接，由三地法院对调解结果的效力进行司法确认。三是内地与港澳相互承认与执行民商事判决、仲裁裁决。此前，最高人民法院已陆续发布了系列司法解释，为粤港澳民商事判决效力实现奠定了制度性基础。2019 年，内地与香港特别行政区又陆续签署了《关于内地与香港特别行政区法院相互认可和执行民商事案件判决的安排》《关于内地与香港特别

---

① 参见石佑启、陈可翔《政府与社会资本合作模式下法律救济制度之构建》，载《江海学刊》2018 年第 5 期。

② 参见江保国、赵蕾《粤港澳大湾区纠纷解决机制的设计理念与实施策略论纲》，载《理论月刊》2019 年第 4 期。

行政区法院就仲裁程序相互协助保全的安排》，实现三地更加紧密的司法协助。未来，粤港澳要探索构建民商事判决、仲裁裁决执行过程中的及时反馈沟通机制，以有效避免重复执行或超额执行问题。

余论：大湾区治理创新助推法学理论及学科体系发展

习近平总书记指出："前进征程上，我们要坚持'和平统一、一国两制'的方针，保持香港、澳门长期繁荣稳定。"[1] "我们要继续全面准确贯彻'一国两制'、'港人治港'、'澳人治澳'、高度自治的方针，严格按照宪法和特别行政区基本法办事。我们相信，有祖国的全力支持，有广大爱国爱港爱澳同胞的共同努力，香港、澳门一定能与祖国内地同发展共进步、明天一定会更好！"[2] 这为大湾区治理创新及其法治化指明了方向，提供了基本遵循。治理创新与法治建设是大湾区融合发展的"双引擎"，治理创新是大湾区发展的内在驱动力，法治是大湾区治理创新的路径依归。全面推进依法治国，建设中国特色社会主义法治体系需要法治理论的引领和推动。[3] 围绕大湾区治理创新而展开的先行先试、体制机制创新等法治实践，同样要凸显法治理论的现实关切。大湾区治理创新与法治建设的互动共进，必不可少要运用法学理论研究这一介质，秉承"问题—经验—逻辑"一体化的思维方式，以法学理论创新，回应大湾区治理创新的时代诉求，支撑大湾区法治创新实践。法学与法治理论的创新根源于法治实践的需要。大湾区治理创新的法治实践为法学与法治理论创新提供了广泛的空间，其不仅促进了组织法、行为法、程序法、救济法等理论的创新，也必然推动法理学、部门法学理论及法学学科体系之变革与发展。

首先，大湾区治理创新的法治实践，可以促进法理学、部门法学理论的变革。法理学要高度关注区域法治问题，要正视大湾区软法治理实践对法的本体论产生的冲击，改造传统意义上"法"的概念，丰富"法"的

---

[1] 习近平：《在庆祝中华人民共和国成立70周年大会上的讲话》，载《人民日报》2019年10月2日第02版。

[2] 习近平：《在庆祝中华人民共和国成立70周年招待会上的讲话》，载《人民日报》2019年10月1日第03版。

[3] 参见胡明《用中国特色社会主义法治理论引领法治体系建设》，载《中国法学》2018年第3期。

内涵；要加强对区域法治问题，尤其是大湾区"一国、两制、三法域"背景下区域法治问题的研究；要加强对软法与法治、软法与硬法的关系，以及软法的制定主体、程序及其效力的研究；要深入研究法与利益这一基本的理论问题，① 在利益多元化的情境下，凸显法对区域利益、公私合作利益等利益形态的关注等。立法学要重点回应大湾区法治建设中，立法与治理创新的关系协调问题，尤其是先行先试对立法体制的挑战；要对中央与地方立法的事项、粤港澳区域立法协同、区域合作协议的效力等理论问题，以及区域协同立法程序与技术、立法评估等问题展开系统的研究。宪法学要立足于"一国两制"的新内涵——支持港、澳融入国家发展大局，厘清"一国"之本与"两制"之异、中央全面管制权与港澳高度自治权的辩证关系；明晰大湾区建设及治理创新的宪制基础，研究宪法实施、宪法解释等问题，关注合宪性审查在大湾区范围的适用；应当结合区域治理的实践，深化对央地事权划分、行政区划调整、国家机构改革等问题的研究。行政法学要适应区域公共治理的需要，以理论创新助力大湾区法律治理模式发展。要拓展对行政组织与行政主体理论的研究，以有效回应政府、市场、社会的职能调整及政府机构改革对行政组织法律体系的挑战；要改变对传统行政行为的单方性、强制性认识，将公私合作行为、平等协商等柔性行政行为归入行政行为法规制的范围；要围绕多元主体治理过程的交互性，构建合作型行政程序制度等。② 诉讼法学要深入研究粤港澳三地的司法协同问题，为大湾区内部诉讼管辖权、执行权协调与法律选择适用提供理论依据；在公法、私法疆域日渐模糊的情境下，强化对行政、民事、刑事三大诉讼衔接适用的理论探讨等。国际法学要在"一带一路"倡议、建设国际一流湾区和世界级城市群等战略背景下，对如何解决大湾区之区际法律冲突，如何协调大湾区法治与国际法治的关系，如何促进大湾区与其他国家立法、执法、司法交流等问题予以研究。

其次，大湾区治理创新的法治实践，可以助推法学学科体系的发展。一是促进法学学科的交互式发展。法学学科过度的精细划分会造成学科体系分散的局面，导致法学研究因缺少综合性视野而呈现碎片化现象。大湾

---

① 参见付子堂、王勇《1978—2018：走向实践的中国法理学》，载《山东大学学报》2018年第5期。

② 参见石佑启、杨治坤《中国政府治理的法治路径》，载《中国社会科学》2018年第1期。

区治理是一个综合治理体系，与之对应的法治建设是一个系统性工程，多元化的规范体系、治理模式以及复杂化的治理纠纷等要求以系统思维整合不同法学学科和法律规范。回应大湾区治理创新的法治需求，需要法学学科内部的交互与融合发展。二是促进法学学科的回应型变迁。囿于对科技、产业、环境等区域公共事务的治理需求以及对互联网、金融等新兴领域的风险规制，大湾区治理亟须依赖于一个开放多元的法治体系。既有的法学学科分类体系难以应对多元化的现实需要而显现出滞后性缺陷，[1] 迫切需要从封闭的结构形态向开放性研究形态转变：重视法学与治理领域的融合，培育区域法学、互联网法学、金融法学等新兴交叉学科；[2] 拓展法学与其他社会科学学科甚至自然科学的交流。

总之，我们不仅要回应大湾区治理创新的法治需求，建立和完善大湾区法治理论，推动大湾区法治实践创新、制度创新，还要着力构建大湾区治理法治化的法学理论体系、学术体系和话语体系，推动大湾区法治软实力增长。这既有助于深化"一国两制"的制度实践，促进粤港澳三地在价值层面形成法治认同、法治共识、法治互信，又有助于以"一国、两制、三法域"的法治协同为国际湾区建设和全球治理提供样本，提升大湾区治理创新的国际影响力。

（本文原载《中国社会科学》2023 年第 9 期）

---

[1] 参见马怀德《构建中国特色法学学科体系》，载《中国高校社会科学》2017 年第 4 期。
[2] 参见张文显《迈向科学化现代化的中国法学》，载《法制与社会发展》2018 年第 6 期。

论区域府际合作治理与公法变革

区域府际合作治理，是一定区域范围内的治理主体为应对区域经济一体化所导致的日益增多的区域性公共问题而作出的必然选择，是各治理主体通过跨域合作来协力处理各种区域公共问题，提升区域整体实力和核心竞争力，共享整体利益，突破行政限制而形成的一种新的治理模式。区域府际合作治理的有效实施需要完善的公法制度保障。要回应这一时代需求，公法理论、公法制度也必须适时而变，从而推动区域府际合作治理健康有序地进行，推进区域经济一体化的进程。

一、区域经济一体化下的府际合作治理

（一）区域府际合作治理是区域经济一体化的必然选择

20世纪80年代以来，市场化和地方分权改革使地方间的联系日益紧密，先后形成了珠三角、长三角等重要经济区域，区域经济一体化成为中国经济发展的一大趋势。然而，每个行政区域都是一个利益主体，都有自己特殊的利益诉求。每个行政区域对自我特殊利益的追求常常会侵蚀区域共同利益，从而带来产业同构、恶性竞争、环境污染、重复建设等一系列跨域公共问题。为了消除每个行政区域之间利益上的对立与冲突，促进区域经济一体化持续、健康发展，必须建立跨域公共事务治理机制对区域公共事务进行协调与管理。综观域内外理论与实践，跨域公共事务治理机制主要有命令机制、市场机制、地方政府协作机制和公众参与机制。

命令机制，是指通过科层制，即依托上级机关权威来实现对区域公共事务的协调与管理。科层制的优点在于高效率作出决策，并通过上下级隶属关系强制性执行，从而有效促进区域间资源互补、政策协调，克服地方保护主义和"诸侯经济"问题。然而，在市场经济条件下，每个行政区域都是一个利益单元。每个行政区政府基于其局部利益以及官员晋升博弈等个人利益的影响，对上级机关不利于其局部利益的僵硬化区域政策往往

会采取阳奉阴违的策略,"上有政策,下有对策",从而导致区域公共事务协调与管理交易成本上升,效益低下,带来诸多跨域公共问题。

市场机制,是指通过市场对资源配置基础性作用来实现对区域公共事务的协调与管理。市场机制承认每个行政区的自我利益。通过市场机制的基础性作用,有利于生产要素的高效率配置,有利于产业结构的调整和优化,从而增进区域的共同福利。市场机制有助于政府管理的理念创新、方式转变,从而促进责任型和服务型政府的形成。然而,市场机制往往会带来局部化问题,带来地方保护主义和"诸侯经济"盛行,从而造成低水平恶性竞争的"囚徒困境"。同时,市场机制也无法从根本上解决地方政府竞争所产生的环境污染、资源掠夺性开发等外部性问题。

地方政府协作机制,是指地方政府间通过协商、对话并缔结行政协议的方式实现对区域公共事务的协调与管理。政府协作机制强调各地方政府的平等、互利、协商、合作,尊重各区域的特殊利益诉求,可有效地实现各种利益在地方政府间的合理分配。同时,政府协作机制有利于整合区域资源,发挥区域资源的综合效益,提升区域的整体竞争力。但政府协作机制也存在一系列问题,主要有:①政府协作机制缺乏统一性,存在各自为政现象,很容易形成区域利益,引发区域间的冲突,妨碍全国统一大市场的形成。②政府协作机制缺乏中央政府的制度性参与和权威性指导,容易导致"地方联盟担忧"(即中央担心地方合作在事实上形成地方联盟,从而对抗中央,影响国家统一;地方担心地方合作被误认为地方联盟,从而影响自己的政治晋升)。③地方政府协作的结果难免会脱离现实需要。区域经济一体化中,哪些跨域问题需要政府协商解决、哪些应由市场解决、由政府协商解决的哪些应该优先考虑等,处于其中的组织和社会公众是最为清楚的。而地方政府由于信息传递的通道阻塞、主体主观滤波以及地方政府自身利益考量等原因,有时难以反映现实需求。④地方政府间权力不对等、财力不对等以及政治晋升博弈等,常常使地方政府协作机制更多地表现为一种态度,而少见于行动之中,同时也难以规范化、法制化。

公众参与机制,是指通过非政府组织的协商、对话来实现对区域公共事务的协调与管理。人类公共事务的本质表现为合作秩序。① "自愿的合

---

① 参见[英]弗里德里希·奥古斯特·冯·哈耶克《致命的自负》,冯克利、胡晋华等译,中国社会科学出版社2000年版,第12页。

作可以创造出个人无法创造的价值。"① 因此，公众参与是当今社会治理的一种趋势。公众参与机制可以增强区域协调、合作的正当性、合法性、责任性，防止政府公权力的滥用，也能切实反映区域经济一体化的客观需要。因此，公众参与机制成为人们探索解决地方政府协作机制问题的一种有效途径。然而，在我国社会公共组织受到制度框架的极大约束。社会公共组织独立性的缺乏、对政府的过度依赖，必然使社会公共组织的"政治责任"大于"公共责任"，从而在根本意义上制约公众参与机制在区域经济一体化中作用的充分发挥。

综上分析，"命令机制""市场机制""地方政府协作机制"和"公众参与机制"对区域公共事务协调与管理既有着其积极的一面，同时其不足又常常阻碍了区域的有效合作。寻求一种新的跨域公共事务治理机制成为推动区域有效合作的客观要求。区域府际合作治理，是府际治理与合作治理在中国区域一体化背景下的融合，它吸收了"命令机制""市场机制""协作机制"与"公众参与机制"的合理要素，同时又有效地克服了"命令机制"僵硬化的弊端，弥补了"市场机制"局部化的缺点，化解了"协作机制"的"过度离散性"，纠正了"公众参与机制"过度软化的不足，是"命令机制""市场机制""协作机制"与"公众参与机制"的并存与融合，回应了区域一体化的时代需求，是我国区域一体化的必然选择。

（二）区域府际合作治理的基本属性

作为一种新型的治理模式，区域府际合作治理的基本属性主要体现在②：

（1）区域府际合作治理是一种政府主导的合作治理。区域府际合作治理首先是一种合作治理。它需要政府、社会公共组织、私人部门或者公私合作机构作为相对独立的平等主体存在，各主体之间形成有机的协同合作。可以说，它是一种"市场推动、政府主导、社会协同、公众参与"

---

① ［美］罗伯特·D. 帕特南：《使民主运转起来》，王列、赖海榕译，江西人民出版社2001年版，第21页。

② 参见朱最新《区域合作视野下府际合作治理的法理界说》，载《学术研究》2012年第8期。

的治理模式。在这种模式下，治理的主体呈现多元化趋势，且多元化主体之间存在着一种权力依赖关系。"府际合作治理的过程是一种多层面互动的过程。在这种互动过程中，政府与其他社会组织机构建立各式各样的合作伙伴关系。"① 区域府际合作治理需要建立高效、善治的政府，强调公权力主体之间的良性互动、权力与权利的双向互动运行。

（2）区域府际合作治理是一种多机制和多模式的治理。多机制治理是指府际合作治理并不否定"命令机制""市场机制""协商合作机制"与"公众参与机制"，而是强调上述机制的有机统合，并根据区域合作实践的客观需求而有所侧重。社会是纷繁复杂的，在不同的区域合作中，其参与主体不同，利益需求有所差异，所带来的区域性问题有所不同，影响问题解决的因素也不尽相同。相应的不同区域府际合作治理的具体模式也必然有所差异。因而，区域府际合作治理并不强调模式的唯一性，而主张因地制宜、多机制、多模式治理。

（3）区域府际合作治理是建立在尊重、信任、协调、共赢基础上的治理。区域府际合作治理追求的价值、理念是尊重、信任、协调、共赢。区域府际合作治理是区域合作主体共同解决区域性问题的一种群体活动。只有在相互信任的氛围中，区域合作主体才会表达出自己的真实意图，真正的合作对话才能开启。区域合作实质上是一种利益博弈，没有任何互信的利益博弈必然走向博弈惨局，而建立在互信基础上的利益博弈才有可能是双赢的。因此，相互尊重、相互信任是区域府际合作治理的基础。区域府际合作治理要取得最佳效果，就需要区域合作主体的沟通协调和通力合作，就需要将协调的理念贯彻于区域合作的始终，成为区域"集体行动"不可或缺的理念。因此，协调是区域府际合作治理的灵魂，共赢是区域府际合作治理的最终目标。区域府际合作治理的目的是改变旧有"各扫门前雪"的治理理念，通过调控政府、社会公共组织、私人部门之间的关系，促进区域内各地方单元通过有序竞争、协调合作，实现公共产品和公共服务的府际间转移以及区域内资源的有效整合，从而达到"双赢"或"多赢"的目的。

（4）区域府际合作治理是一种制度性治理。区域府际合作治理作为

---

① 何精华：《府际合作治理：生成逻辑、理论涵义与政策工具》，载《上海师范大学学报》2011年第6期。

一种新型的跨域公共事务治理机制,是一种制度性治理。区域合作不是区域趋同,而是在多样性的基础上追求整体利益的一致性。在区域合作中,各种危机和困境的克服有赖于区域单元的行为自主性,但更多地依赖于制度安排。区域府际合作治理以公法制度为基石,以厘定府际合作治理主体的权利界限为条件,强调法律优先,强调构建科学、有效的区域利益分配、激励和约束机制,强调社会参与的制度性安排,强调地方政府官员绩效评价的法治化,即强调借助制度和规则来实现跨域公共事务的有效治理。

二、区域府际合作治理兴起对公法的挑战

"公法是规范和控制公权力的法,是调整公权力主体与政治共同体成员的关系以及公权力主体相互之间关系的法律规范系统。"① 区域府际合作治理是对传统行政区行政的治理模式的革新,其兴起与发展需要雄厚的公法理论支撑和完善的公法制度保障,从而对传统公法的价值理念、概念范畴、调整范围、规制方式、制度设计、变迁路径等带来冲击和挑战。

(一) 公法核心价值的时代局限性

保障人权是公法的逻辑起点和最终归宿。然而,人权既是历史范畴,也是一个权利体系。不同时代,公法保障人权的侧重点有所不同,从而带来不同时代公法体系的差异。近代公法,以保障公民的自由权为基础,从而建立了控权模式的公法体系;现代公法,以保障公民的生存权和发展权为基础,从而建立了保权与控权相结合的公法体系。任何价值体系都不是从天上掉下来的,也不是少数人闭门造车的结果,而是一定历史时期社会政治、经济、文化发展的产物。不同时代拥有不同的符号表达系统,这些系统之间总是按照时间法则进行叠加和传承的。② 当代中国处于一个社会急剧转变时期,社会结构、生活方式、思想方式和意识形态等都处于剧烈

---

① 姜明安:《健全公法,推进社会主义政治文明建设》,载《中国党政干部论坛》2003年第10期。

② 参见暴景升《论社会主义核心价值体系的民族性、时代性和群众性》,载《文化学刊》2010年第4期。

变革之中，公法保障的权利体系也需要适时提升和及时确立。区域府际合作治理的核心是多元参与下的共同治理，它强调政府主导下的社会公共组织和公民的有效参与，强调各治理主体间的协商合作。可以说，尊重和善于运用公民和公民社会中公众的政治参与权利和能量，是建立和谐社会的根本之途。社会主义公法体系应当建立在发达的公民社会的基础上。① 也就是说，公民参与权应该成为当代中国公法保障的权利体系的核心。

（二）公法变迁路径的政策性

公法变迁大致有两条路径：①立法变迁，即适应社会之变化，通过法律的立、改、废来推动公法发展；②释法变迁，即适应社会之变化，通过解释宪法和法律来推动公法发展。现实中大多数国家都是以立法变迁为主，释法变迁为辅。反观我国公法变迁，基本上是以改革或先行先试的名义运用突破现行公法规范的政策来推行的。如《粤港合作框架协议》中有关金融合作的问题，就属于《立法法》规定的相对保留事项。这些协议实质上是得到中央默许的，但从形式上看并没有得到中央批准。同时，即使属于广东地方权限范围内的事项，这类行政协议的许多内容也属于重大事务，依法应经同级人民代表大会常务委员会（简称"人大常委会"）批准。但所有行政协议基本上都没有经过同级人大常委会的讨论、决定。② 公法变迁路径的政策性，即政策先行、法律随后的制度变革路径，在我国公法体系没有建立、"摸着石头过河"改革时期有其存在的合理性和必要性。然而，在公法体系已基本形成的今天，这种公法变迁路径将破坏公法制度的稳定性与连续性，带来合法性危机、影响人们的法律信仰等一系列问题。③

（三）公法范畴有限

（1）公法调整对象有限，主要限于国家公权力。区域府际合作治理是一种政府主导下的政府、社会公共组织、私人部门共同参与的合作治

---

① 参见郭道晖《公法体系要以公民的公权利为本》，载《河北法学》2007年第1期。
② 参见朱最新《区域一体化法律治理模式初探》，载《广东行政学院学报》2011年第3期。
③ 参见刘云甫、朱最新《制度创新与法治：政府主导型改革的法律规制》，载《求实》2010年第1期。

理。在治理中，不仅国家机关、法律法规授权的组织能成为公权力主体，而且一般的社会公共组织也能成为公权力主体。这些社会公共组织成为公权力主体是来自共同体成员的授权，而非法律法规的授权。然而，由于受"政府组织是行使国家事务管理与社会事务管理的唯一权力中心"①的传统思想影响，我国现行公法的调整对象基本上只限于国家机关和法律法规授权的组织，从而将大量社会公权力主体置于公法的调控之外。

（2）公法渊源有限。区域府际合作治理中，各公权力主体既可通过国家机关制定的法律和政策来推进区域经济一体化，也可以通过区域立法、行政协议来推进区域经济一体化，还可以通过社会公共组织间相互协商形成的合作协议来推进区域经济一体化。目前，我国公法渊源有限，仅限于宪法、法律、行政法规、地方性法规、自治条例和单行条例、部门规章和地方规章等。区域立法、府际协议与上述公法渊源有所不同，它们是由地方上具有立法权的机关（权力机关或政府）联合进行的立法或地方政府在协商一致基础上签订的协议，已经超出了单纯由某一地方立法机关创制的地方性法规或地方政府规章的效力和适用范围，从而具有跨地区（省级行政区或城市）的效力或适用性。因此，它们还不能被纳入现有的公法渊源之中。而社会公共组织签署的区际合作协议，更难以为现行公法所包容。一个规范性法律文件若不能成为法律渊源，就难以确定其法律效力及相应法律地位，没有相应法律地位则使区域立法、行政协议、区际合作协议从制定到实施都会遭到质疑和阻碍。

（3）公法调整的行政方式有限，主要限于刚性管理方式。"现代世界各国，都在变革政府对经济干预的范围和方式……在方式上，强制性的管制逐渐减弱，非强制性的引导作用日益增强。"② 国务院于 2004 年发布的《全面推进依法行政实施纲要》也明确提出，要改革行政管理方式，"充分发挥行政规划、行政指导、行政合同等方式的作用"。在区域府际合作治理中，各个治理主体更多的是利用行政指导、行政协调、行政合同等柔性管理方式来实现行政目标，为市场主体提供优质高效服务，构建良好的区域营商环境。"柔性管理方式与刚性管理方式相对应、相配合，体现了广泛参与、两造互动、平等协商、自由选择等行政民主性的基本要求，发

---

① 郭济主编：《政府权力运筹学》，人民出版社 2003 年版，第 435 页。
② 石佑启：《论公共行政与行政法学范式转换》，北京大学出版社 2003 年版，第 133 页。

挥出特殊的行政管理功效……产生了有助于实现行政管理目标的积极效果，有助于形成行政机关与行政相对人的和谐关系。"① 然而，现行公法体系并没有将柔性管理方式纳入其调整范围，从而导致柔性管理方式运用的不规范。

(四) 公法规则缺漏

(1) 组织规则缺漏。区域府际合作治理问题实际上是一个宪法问题，直接取决或受制于我国中央与地方的权限划分、地方与地方之间关系上的宪法安排，并将最后归结于我国地方分权、权力协调等府际关系的宪法变革之中。我国宪法和地方组织法中关于区域府际合作的具体规定几乎是空白的，法律只明确了各级政府对其辖区内事务的管理以及上级机关在跨辖区事务管理中的角色，没有涉及区域地方政府间合作的问题，也没有涉及区域社会公共组织合作的问题。这往往使得区域合作缺乏法制保障。长期以来，各地方政府间利益冲突不断升级的一个重要原因是有关区域合作的法律缺位。没有权威的法律来规范各地方政府之间的关系，造成各区域利益主体陷入无休止的讨价还价和恶性竞争之中，严重阻碍了区域经济一体化的进程。此外，我国有关社会公共组织的组织法规则也是残缺不全的，阻碍了社会公共组织的发展与功能的发挥。

(2) 行为规则缺漏。按照法治的要求，公权力主体必须按照法的规定行政。而实现按照法的规定行政的前提在于法的规定的完备性。现实中，不仅社会公共组织缺少应有的行为规则，就是政府组织行为规则也不够健全。由于公法调整的行政方式有限，主要限于政府的刚性管理方式，政府众多柔性管理方式无法可依。柔性管理方式无法可依意味着政府的裁量权无限。这必然导致柔性管理方式在区域府际合作治理中产生一系列问题：规避法律责任，致使法律空洞化；懈怠行政职责，丧失了政府权威；出现变相干预，损害相对人利益；缺乏民主协商，变味成权力行为；法律关系尚未理顺，角色不明确；行为动机不尽纯正，公正性不足；行为效果

---

① 莫于川等：《柔性行政方式法治化研究——从建设法治政府、服务型政府的视角》，厦门大学出版社2011年版，第14、155页。

不甚稳定，预期性较弱。①

（3）程序规则缺漏。权力的行使是一个动态的行为过程，对权力的控制常常就是对过程本身的控制。② 现代法治重视通过事前、事中、事后的程序规则来规范权力。近年来，虽然我国在行政程序立法方面做了大量工作，在诸多单行法律文件中规定了行政程序的内容，为规范政府权力行使发挥了重要作用，但全国统一的行政程序法典尚未制定，区域政府合作、社会公共组织合作的法律规范缺失。现实中大量存在的区域合作行为，如行政协议的签订等几乎找不到程序法上的依据。这就使区域府际合作治理缺乏必要的程序约束，随意性较强。

（五）公法责任机制与救济机制不健全

完备的责任机制和救济机制是区域府际合作治理良性运行的关键和保障。区域府际合作治理需要完备的责任机制来保证各区域治理主体各尽其职。而责任机制的缺失则会使区域合作沦为一种政绩工程。当政绩需要时，政府不仅会极力推动府际合作，而且可能会出现许多不合法、不合理的府际合作形式；在个人利益、地方利益需要时，政府也可能用各种不同的方式阻碍区域府际合作治理的正常进行。同时，区域合作是一种有着自我利益诉求的不同区域社会主体间的合作，其利益冲突与矛盾难以避免，责任机制的缺失更可能加重这种矛盾和冲突的出现。实施区域府际合作治理并非要完全消灭矛盾，也不可能完全消灭矛盾，而是要通过健全的救济机制来有效、有序地预防和化解这些矛盾和冲突。然而，我国公法体系中有关区域府际合作治理纠纷的救济机制严重缺失。以行政协议为例，在行政协议的签署和履行过程中，难免会产生各种各样的纠纷。这些矛盾和纠纷如果得不到妥善解决，则必然影响区域的互利合作，甚至会使行政协议成为一纸空文。然而，在我国公法体系中，行政协议纠纷的"司法解决机制和仲裁解决机制缺乏相关的宪法依据和法律依据，并不具有现实可能性"，"有关行政协议违法行为的损害赔偿的法律依据严重缺位"。③ 这就

---

① 参见莫于川等《柔性行政方式法治化研究——从建设法治政府、服务型政府的视角》，厦门大学出版社 2011 年版，第 14、155 页。

② 孙莉：《程序控权与程序性立法的控权指向检讨》，载《法律科学》2007 年第 2 期。

③ 叶必丰、何渊、李煜兴等：《行政协议：区域政府间合作机制研究》，法律出版社 2010 年版，第 231、238 页。

使行政协议更多成为一种政治宣言，而不是推动区域合作的"活法"，导致已有的区域合作成果也可能付之东流。

三、区域府际合作治理下公法的发展

社会治理模式的变化是公法变迁的基础。正在兴起的区域府际合作治理必然导致公法的变革，公法也必须通过持续不断的回应性制度变革为区域府际合作治理提供良好的制度保障，彰显其时代特色。

（一）公法核心价值体系的完善

公法制度、公法规则体系的确定、选择以及良善运作都离不开人权这一核心价值的指引。如果公法保障的人权价值存在问题，那么即使公法制度再健全、公法规则体系再严密，"也不过是建在流沙之上的城堡，见风即毁，遇水则覆"[①]。人权价值体系是一个多重结构的权利体系。对人类而言，自由是最为重要的，"如果一个人不能自我做主、自由行动，那就意味着他的生命已丧失灵性，不再具备真正的属人价值"[②]。自由权的旨意在于控制公权力。因此，自由权是人权权利体系的基础。生存权、发展权是公民其他权利实现的前提条件。马克思曾指出："我们首先应该确立一切人类生存的第一个前提也就是一切历史的第一个前提，这个前提就是：人们为了能'创造历史'，必须能够生活，但是为了生活，首先就需要衣、食、住以及其他东西。"[③] 生存权、发展权的宗旨在于激励政府积极行政，向公民提供实现个人自由必不可少的物质条件，如最低生活保障、社会福利、教育、卫生等，使社会中的每一个个体能够有尊严地生活。[④] 参与权是一种新兴的现代政治权利形式。参与权的有效行使不仅可以弥补议会民主中官员"为民做主"的缺陷，还能起到改善权力与权利的关系、提高决策科学性和可执行性、增强社会和谐之作用。适应区域府

---

① 莫于川、田文利：《公法共同价值论要》，载《法学论坛》2007年第4期。

② 万斌、顾金喜：《和谐社会视角下的公民自由权探析——兼论自由优先性与正义首要性的对立统一》，载《学术界》2009年第1期。

③ 中共中央马克思恩格斯列宁斯大林编译局：《马克思恩格斯全集》第3卷，人民出版社1960年版，第31页。

④ 参见李海平《信息社会中的公法变迁》，载《科技与法律》2005年第2期。

际合作治理的需要，我们应该完善公法保障的权利体系，建构以自由权为基础，以生存权、发展权为前提，以参与权为核心的多元权利体系作为公法的价值体现。

(二) 公法变迁路径的重构

"法律并不是一堆绝对的、不可改变的原则，相反，它们是一套随着时间的推移而不断发展和变化的规则。"[①] 综观世界各国公法变迁，既有自下而上的社会自然演变模式（如美国），也有自上而下的政府自觉推动模式（如新加坡）；既有通过流血的暴力革命建立法治的模式（如法国），也通过非暴力的相互妥协而走向法治的模式（如英国）。但不论是何种模式，凡是法治搞得比较成功的国家，无一不是较好地坚持了法治规律与本国国情的创造性结合。[②] 现代法治的一个基本规律就是任何制度变革都必须依法而行。因而，中国公法变迁路径应该符合普世规律，以立法变迁为主，释法变迁为辅。同时，我国正处于社会转型时期，政治民主化却不完善，经济市场化却不发达，社会多元化却不均衡，社会组织开放化却不独立，法制日益发展却不健全。因此，中国公法变迁路径应该具有中国特色，即人民代表大会（简称"人大"）引导、政府推进、社会参与并举。所谓人大引导，是指人民代表大会作为一种民主制度的组织形式，要广泛地了解并听取社会各界意见，准确把握区域府际合作治理中的制度需求，把握社会政治、经济、文化中的重大制度需求，及时作出有效的制度供给；同时，及时总结政府和社会公共组织法治实践的积极成果，使其制度化、法治化，从而引导、推动整个社会的法治发展。所谓政府推进，是指行政机关一方面要严格遵守法律规定，依法行政，从而带动整个社会形成信法、遵法、守法的良好风气；另一方面要积极行政，适应区域府际合作治理和社会转型发展的客观需要，利用其立法专业性、灵活性等特点及时、高效地提供相关制度供给，从而有效推动整个公法体系的创新和完善，增强其对现实的回应性。所谓社会参与，包括三层含义：①社会公共组织带头并引导其成员严格遵守法律，从而形成人人守法的社会氛围；

---

① ［法］莱昂·狄骥:《公法的变迁·法律与国家》，郑戈、冷静译，辽海出版社、春风文艺出版社1999年版，第187页。

② 参见袁曙宏等《统一公法学原论》（下），中国人民大学出版社2005年版，第430页。

②国家法律为社会公共组织参与国家立法提供良好的制度保障，社会公共组织积极利用各种有效途径参与到人大立法、政府立法之中，提高国家立法对民意的契合；③社会公共组织在其"契约"范畴内，在不违背国家立法的前提下进行补充性立法和实验性立法，推动社会自治的法治化，并为国家立法提供鲜活的实践经验。所谓并举，就是指既要发挥人大立法的主动性，强化人大立法对政府立法、社会公共组织立法的规范性和引导性；又要调动政府的能动性，发挥政府立法的积极性，强化政府对社会的积极管理与服务；更要调动社会公共组织参与国家立法的积极性，强化社会公共组织的自我约束、自我管理、自我服务。同时，实现人大立法与政府立法、社会公共组织自治立法的有机衔接，人大守法与政府守法、社会公共组织守法的有机结合，强调其积极的作为，遏制其权力的滥用，从而使三者优势互补、各得其所。

（三）公权力配置制度的变迁

公权力配置制度是公法制度的核心内容。区域府际合作治理有效实施的公法困境大多可以在我国公权力配置制度中找到根源。区域府际合作治理的兴起必然带来公权力配置制度的变革：①公权力配置主体的变化——各级人民代表大会和人民将成为公权力的配置主体。在现代社会，权力都是属于人民的。公权力的配置主体理应属于人民。由于人民是一个抽象的个体结合，难以直接行使配置权，因而在现代民主国家，公权力的配置大多委托给议会行使。在我国，《宪法》规定："中华人民共和国的一切权力属于人民。人民行使国家权力的机关是全国人民代表大会和地方各级人民代表大会。"因此，各级人民代表大会应成为国家公权力的配置主体。除了国家公权力外，还有社会公权力。社会公权力是国家机关以外的人类共同体为生产、分配、提供公共产品和公共服务而享有的权力，是一种不依靠国家强制来保障实施的权力。从各国法律和实践来看，社会公共组织是社会公权力的行使主体，其权力来源于共同体成员的让渡或授予。这就是说，作为人民组成部分的共同体成员也可以成为社会公权力的配置主体。②公权力配置结果的变化。未来我国公权力配置的方式并不会发生根本性改变，仍然是以立法方式进行，只不过公法范畴有所拓展而已。但公权力配置的结果会发生质的变化。未来公法将在坚持人民代表大会制度的基础上，按照权责统一原则实行社会公共组织与政府的分权、中央政府与地方政府的分权以及横向地方政府之间的权力配置与资源共享。

(四) 公法范畴的拓展

公权力的扩张必然带来公法范畴的拓展。在未来,公权力主体将由国家机关扩大到社会公共组织,从而使公法的调整对象拓展到所有社会公共组织;公权力主体将更多地使用柔性管理方式提供管理与服务,从而使公法调整范围延伸至柔性管理领域,即"在创设治理行为方式时,公法应当视具体情境建构各类强弱程度不等的公法关系,依照由弱到强的排列,形成一个由建议类、契约类、审批类、命令类、处罚类共同构成的行为方式谱系"①。当然,公法范畴的拓展最突出表现还在于公法渊源的扩展。这主要体现在两个方面:一是在区域经济一体化进程中,区域内的人大或政府联合进行立法所制定的规范性文件应成为公法渊源;二是作为软法的区域行政协议应成为公法渊源。所谓软法,是指社会公权力主体制定的并由社会公权力主体运用社会自治权保证实施的行为规则,以及国家公权力主体通过平等协商制定的不具有国家强制力、不以强制与制裁的方式保障其实施的行为规则的总和。区域一体化中政府间一系列合作新机制的探索催生出一种独特的"论坛规则"——府际协议构成了软法的重要内容。此外,随着社会公共组织行使社会公权力的不断扩展,共同体之间的契约也就成了软法的另一重要组成部分。这样,就形成一个以宪法为最高效力,既包括法律、行政法规、地方性法规、自治条例和单行条例、行政规章、国际条约与协定、法律解释等传统法律渊源,也包括区域立法、府际协议以及共同体契约在内的多元等级规范体系。

(五) 公法规则体系的健全

区域府际合作治理的不断完善必然带来公法规则体系的健全。未来,我们应该修改宪法与地方组织法,对区域府际合作问题作出法律规定;制定地方政府间关系法以及与之相配套的法律法规体系,明确横向地方政府之间的协调合作关系;制定统一的行政程序法,将区域府际合作治理的程序规则纳入其中,实现对各区域社会治理主体的程序规制;清理和撤销阻

---

① 罗豪才、宋功德:《公域之治的转型——对公共治理与公法互动关系的一种透视》,载《中国法学》2005 年第 5 期。

碍区域府际合作治理良性运转的法律与政策；建立健全"有权必有责"的权责关联机制、"用权受监督"的权力监督机制、"违法受追究"的责任实现机制和"侵权须赔偿"的法律救济机制。① 其中，区域府际合作中的法律救济机制应该是多元的，既有纠纷处理的协商机制、命令机制和仲裁机制，又有司法的最终解决机制，并赋予司法机关有限的违宪审查权。这种有限违宪司法审查，是司法机关在具体案件审理过程中对法律、行政法规之外的地方性法规、规章、其他规范性文件、地方政府行为、社会公共组织的"契约"和行为进行的合宪性审查。

四、结　语

实现区域经济一体化，关键在于打破行政权力对经济要素自由流动的阻隔，消除行政权力对市场机制的不当干预而产生的行政壁垒和歧视性政策。区域府际合作治理之所以能够成为实现区域经济一体化的重要途径，就在于它是通过行政权协调来改变原有的各地方政府间的行政权力绝对化分割配置状态，实现行政权力在区域层面上的再配置，从而实现资源在整个区域的优化配置。② 要保障区域府际合作治理的有序进行，保障区域经济一体化中府际合作治理的连续性、稳定性并取得预期的成效，必须以制度建设为立足点，以法治化为路径选择，依靠公法的变迁，打破原有行政区行政的制度安排，加强区域法治建设，建构一套完善的公法制度为区域府际合作治理行为的规范实施起到基础性和根本性的调节作用，实现区域府际合作治理与公法的良性互动，为推动区域经济协调、健康、持续发展提供良好的法制环境和有力的法治保障。

（本文原载《江海学刊》2013 年第 1 期）

---

① 参见姚锐敏《行政责任机制的价值承载与基本意蕴》，载《行政与法》2011 年第 5 期。
② 参见彭彦强《区域经济一体化、地方政府合作与行政权协调》，载《经济体制改革》2009 年第 6 期。

论区域合作与软法治理

经济全球化与区域经济一体化已成为并行不悖的两大时代潮流,深深地影响和制约着各国的经济社会发展进程。① 我国由于受传统的计划经济体制的影响,长期以来实行以行政区经济为主的格局,具体表现为地方经济与行政区划紧密叠合,行政区划对区域经济构成刚性约束。随着社会主义市场经济体制的建立与完善和改革开放的不断深化,行政区经济与区域经济之间的矛盾日益突出,已成为制约我国经济社会发展的主要因素之一。由行政区经济向区域经济转变是我国经济发展的必然要求,也是未来我国经济社会全面发展的新动力。为此,我国开始积极参与区域经济一体化实践,在国际上,与周边国家和地区建立更加紧密的经济联系,如积极参与亚太经济合作组织的活动,推动中国—东盟自由贸易区的建立;在国内,各省市之间也在积极探索打破行政区划界线,加强并推动省际或省内各地区间的经济合作,逐步形成了长江三角洲(简称"长三角")、珠江三角洲(简称"珠三角")、环渤海经济区等重要的经济区域。随着区域经济一体化进程的推进,跨行政区划的区域公共问题大量涌现,如跨行政区划的环保问题、人口与资源问题、流域治理问题、基础设施建设问题、地区稳定问题、流行病防治问题、区域发展问题,等等。这些问题依靠单个地方政府的力量已无法解决,必须寻求各地方政府合作治理之道,促进地区之间的分工与协作,发挥整体联动效应,增强整个区域的竞争优势和发展后劲,并要建立有效的制度予以引导与保障,减少合作中的交易成本,形成有约束力的合作机制。这是从行政区经济向区域经济转型对政府治理的基本要求。

---

① 参见杨爱平《论区域一体化下的区域间政府合作——动因、模式及展望》,载《政治学研究》2007年第3期。

一、区域合作是实现区域经济一体化的必然选择

区域经济一体化（Regional Economic Integration），是指相邻的两个或者两个以上的国家或地区按照自然地域经济内在联系、商品流向、民族文化传统以及社会发展需要而形成为区域经济的联合体。[①] 它也是实现资源在区域内优化配置，推动区域经济整体协调发展的过程。区域经济一体化能够给区域内的各地区和各部门带来共同利益，能从整体上提高区域经济竞争力。区域经济一体化包括基础设施建设一体化、产业布局一体化、生产要素市场一体化、环境保护一体化和区域城市发展一体化等多个方面。区域经济一体化有国际区域经济一体化和国内区域经济一体化之分。无论是国际区域经济一体化还是国内区域经济一体化，两者追求的目的都是一样的：通过逐步取消阻隔各国或各地区生产要素在区域内自由流动的障碍，建立一个包括商品、资本和劳动力在内的统一市场，充分发挥各国或各地区生产要素的优势，实行区域内生产要素的优化配置，促进区域内专业分工，协作生产，发挥规模经济效益，从而促进区域的共同繁荣。就国际区域经济一体化而言，当前最大的三个组织是欧洲联盟、北美自由贸易区和亚太经济合作组织。其中，欧盟一体化是目前国际区域经济一体化中最成功的典范之一，其成功经验对世界其他国家和地区推进区域经济一体化有重要借鉴意义。而国内区域经济一体化的类型和数量就更多。在我国，区域经济一体化的基础是打破计划经济时期形成的"条块"分割，使区域内各城市间和区域内外之间的生产要素得以自由流通和优化组合，发挥各自的优势，形成合理的分工体系。但在区域经济一体化进程中面临着诸多障碍，如产业结构趋同，缺乏有效分工与整合，重复建设现象较为严重；区域内生产要素的自由流动仍受到很大的限制，特别是一些短缺要素如资金、人才、技术流动受到种种不合理限制；区域内各城市之间在发展战略上缺乏统一协调，在城市职能分工上没有进行统筹规划；等等。这些问题的存在已经影响到区域经济的整体协调发展和区域经济潜力的充分发挥。[②] 为解决这些问题，迫切需要地方政府在更为宽广的视野下思考行

---

① 参见郝寿义《区域经济学》，经济科学出版社1999年版，第108页。
② 参见宋巨盛《长江三角洲区域经济一体化研究》，载《当代财经》2003年第2期。

动方案，使得协商与合作成为各地方政府集体行动的内在逻辑。

区域合作是指一定区域内的各地方政府基于共同的利益追求，经过磋商与沟通，将资源在地区之间进行优化组合，以获得最大的经济效益和社会效益的活动。这一概念包括以下内容：一是区域合作的组织形式包括高层联席会议、城市政府联合体、政府倡导下的非政府组织合作论坛、跨经济区的地方政府联合、区域一体化发展咨询委员会、区域协调联合会、区域一体化促进会等组织。其中，成效显著的地方政府间合作组织主要有粤港澳合作联席会议、长江三角洲经济合作区等。尤其在长江三角洲区域政府间关系的协调中，1992年成立了长江三角洲经济协作办主任联席会议，后升格为市长级协调组织，并于1997年更名为"长江三角洲城市经济协调会"，2001年又成立了沪苏浙省（市）长座谈会制度，这些组织机构通过定期召开座谈会，商谈区域合作事宜与区域发展规划，有效地促进了跨区域公共问题的解决。[1] 二是区域合作是区域内的地方政府在平等、自愿的基础上，经过磋商沟通，形成合作协议作为行为依据。三是区域合作的目标是实现区域间的经济效益和社会效益的最大化。四是区域合作在本质上是对地方政府之间关系的一种调整，其核心在于利益共享。[2] 加强区域合作，有利于打破区域内部各地区之间的贸易壁垒，强化区域整体发展观念，使区域内不同地区的生产要素能自由流动，以形成区域发展的统一大市场，实现经济利益上的互惠共荣。区域合作也是协调地方政府间利益冲突、走出"公用地悲剧"和"囚徒困境"的必然选择。一个内部经济发展协调的区域可以使区位、生产要素和产业结构不同的各级各类城市通过合理分工、相互协作而承担不同的经济职能，克服单个城市在资源、空间等方面的不足，从而形成规模经济和集聚效应，优化资源配置，实现共同发展。

有学者认为，研究现阶段我国的区域经济发展与区域合作，需要从政治经济学的维度切入，通过对政府结构、政府的决策程序及其微观基础的考察和审视，推进问题的解决。因为，实现区域经济一体化的主要障碍，即地方保护主义的根源在于现行的体制和结构。在市场机制尚不完善、法

---

[1] 参见刘祖云《政府间关系：合作博弈与府际治理》，载《学海》2007年第1期。
[2] 参见牟文星、蒋瑛《简论我国地方政府间的跨区域合作治理》，载《西南民族大学学报（人文社科版）》2005年第1期。

治还不健全的情况下，仅仅依靠民间经济交往这一自下而上的市场力量，显然难以冲破这一体制性障碍。而通过构建一个强有力的区域政府合作机制，依靠政府间的合作积极推动区域经济一体化，是在现行体制下实现我国区域经济一体化发展的理性选择。[①] 在日益激烈的市场化竞争中，我国要在国际经济舞台上胜出，必须走区域合作的道路，凭借整体的力量、依靠区域综合优势参与全球经济竞争，而不是"单打独斗"。事实上，由于资源禀赋的差异和越来越多的跨区域公共问题的凸显，各地区之间通过互利合作来实现利益最大化的需求也越来越迫切。目前，我国在实践中已探索出了一些区域公共治理的模式，但治理工具比较单一，治理的内容主要局限在经济发展方面，较少关注和涉及其他区域公共事务和公共问题，区域公共协调机制尚不健全而且缺乏制度化，区域的无缝隙衔接也缺乏制度的配套。[②]

二、区域合作离不开软法治理

推进区域合作，取决于我们能否建构起良好的制度环境、合理的组织安排和完善的合作机制。如果没有制度、组织与机制的支撑，就无法在区域范围内协调各地方政府的行为，无法实现区域内资源的有效配置。因此，区域内各地方政府应遵循统一的非歧视原则、市场准入原则、透明度原则、公平贸易原则，积极清理各类法规文件，加强区域立法，并要吸纳政府、非政府组织、社会公众等多元主体共同参与，创建区域合作规则，形成多中心、自主治理的合作机制。这表明，实现区域合作，既要完善硬法，发挥硬法的规制作用；又要建立健全软法，充分发挥软法在区域合作中的治理作用。

（一）软法治理的必要性

何为软法，迄今为止尚无统一的定义。法国学者弗朗西斯·斯奈德

---

① 参见陈剩勇、马斌《区域间政府合作：区域经济一体化的路径选择》，载《政治学研究》2004年第1期。
② 参见王先锋《论我国区域经济一体化背景下的政府区域公共治理》，载《党政干部学刊》2007年第7期。

（Francis Snyder）对软法作了如下界定："软法是原则上没有法律约束力但有实际效力的行为规则。"① 软法（Soft Law）是相对于硬法（Hard Law）而言的，是由一定人类共同体通过其成员参与、协商等方式制定或认可的规则，一般是共同体内的成员自愿达成的契约、协议。它不具有国家强制力，不由国家强制力保障实施。当然，软法不具有国家强制力并不等于其没有约束力，软法一经形成，相应的共同体成员必须遵守。如果违反，则会遭到舆论的谴责、纪律的制裁，甚至被共同体孤立、开除。可见，软法通常是由人们的承诺、诚信、舆论或纪律保障实施的。② 软法是伴随着硬法立法滞后、协商民主思维兴起而发展起来的。它在公共治理中起着增强公民的主体意识与促进社会自治、弥补硬法不足、降低立法与执法成本、创新管理方式、防止公权力滥用的积极作用。有学者认为，在当代社会，"软法"因"公共治理"的兴起而大规模涌现，它是"公共治理"的主要根据。"公共治理"主要是"软法"治理。③ 我国正处于经济与社会的转型期，各种新的社会关系都迫切需要法律调整，而硬法的供给严重不足，导致社会生活的许多方面无法可依。为了填补硬法在这些方面的空白，提高法对社会发展变化的适应性，软法应运而生，并得到快速发展。经过协商、论证与合意而形成的软法能够回应多元利益诉求，其实施并不依赖于国家强制力的保证，而主要运用自律机制或者是利益诱导下的自愿服从。这有利于建构起内在利益平衡下和谐共治的秩序，优化资源配置，弘扬法治精神，催生行政民主，完善社会自治。

在利益多元、复杂多变的当代社会，软法承载着众多的公共治理功能，维系着社会的和谐与稳定，彰显着民主、自由、平等、宽容、理性、文明和效益等多重价值。在公共治理的语境之下，实现治理目标的手段已经不再是，准确地说不全部是命令和控制式的管制方式，而是强调公共主体与私人主体之间的对话、协商并进与协作，从而通过多种治理手段共同

---

① Francis Snyder, "Soft Law and Institutional Practice in the European Community," in Stephen Martin, *The Construction of Europe—Essays in Honor of Emile Noel*. Dordrecht: Kluwer Academic Publishers, 1994, p. 198.

② 参见姜明安《软法的兴起与软法之治》，载《中国法学》2006年第2期。

③ 参见翟小波《"软法"及其概念之证成——以公共治理为背景》，载《法律科学》2007年第2期。

实现治理目标的过程。① 软法的兴起作为一种制度创新，一方面是回应正在兴起的现代公共治理模式的需要，通过引导与激励等柔性机制实现善治；另一方面，由于软法规范可弥补硬法规范的不足，通过二者的优势互补，可实现对权力有效的规范和制约。软法治理源于社会变迁的实际诉求，超越了传统的管制思维，强调平等互利、合作共治，其所使用的手段褪去了许多命令强制色彩，重视过程的正当性，并把弹性、柔和、富含人文关怀的新方式推上前台，是契合了协商民主的新思维与公共治理的新实践。

（二）软法治理是一种治理模式上的转型

现代治理模式是一种公共治理或合作治理模式，强调更多的协商与沟通，更少的命令与强制。在全球化、民主化、市场化和信息化的时代背景下，由开放的公共管理与广泛的公众参与整合而成的公共治理模式正在取代传统的国家管理模式或者统治模式，日益发展成为公域之治的主导模式，这种趋势不可逆转。与传统的国家管理模式不同的是，公共治理不可能纯粹地建构在硬法之上，只能软硬兼施、刚柔相济。因此，公域之治的转型过程，在很大程度上表现为一种由单一僵化的硬法体系向软硬交错的混合法体系进化的过程，这就迫切需要软法的崛起以填充从国家管理向公共治理转型所形成的法律空白。软法的崛起与公共治理模式的兴起之间存在紧密的关系。伴随着公共治理模式的日渐兴起，软法规范大量涌现，软法治理的作用日益凸显，成为"公共治理"的主要根据。"软法"和现代治理模式在很多方面是同质同构的，公共治理主要是"软法"治理，是社会的自我治理及国家和社会的合作治理。自我治理与合作治理的基础主要是自主、自愿的行动。从规范依据看，政府管制时代主要是"硬法"的时代；公共治理时代主要是"软法"的时代。② 软法依靠其民主协商性来推动公共治理模式的确立，在治理的过程中，软法手段往往成为各方主体合意或者可取的选择，甚至出现了硬法的软化现象（softness in law）。

---

① 参见罗豪才、毕洪海《通过软法的治理》，载《法学家》2006 年第 1 期。
② 参见翟小波《"软法"及其概念之证成——以公共治理为背景》，载《法律科学》2007 年第 2 期。

这样的治理方式也被称作"软治理"。① 这种温和的、人本化的治理方式能够以较低的运行成本,理顺公共关系。同时,软法关注与回应多元利益诉求,倚重协商民主,推崇认同、共识与合意,这与公共治理的价值取向和功能定位相契合,决定着软法的兴起将有利于促进国家管理向公共治理转型,巩固公共治理的基础,推动"善治"目标的实现。②

在区域经济一体化的进程中,区域间的政府通过协商、沟通,在尊重各地区利益的基础上达成共识,主要通过合作、协调、谈判、伙伴关系、确立集体行动的目标等方式实施对区域公共事务的共同治理。与传统的命令强制及被迫服从的单向度的统治模式不同,这是一种平等协商、互信互利、自愿遵从的双向互动的治理模式,体现出治理模式上的转型,这种治理实质上就是一种柔性治理、软法治理。民主协商性在这种治理过程中得到更为充分的体现。学者 Helen Sullivan 和 Chris Skelcher 分析了英国地方跨区域合作演进的原因,指出在政治层面上、操作层面上及财政层面上存在的因素是影响政府间跨区域合作的重要因素;欲促使跨区域问题获得圆满解决,可以采用契约(contract)、伙伴关系(partnership)及网络(network)三种形态,利用可行的合作机制、协同发展组织甚至"公司治理",来增进其解决能力,以提供政府经营之重要发展途径。③ 罗森布鲁姆在《联邦制与府际关系:美国行政国家的结构》一章中重点论述了联邦政府与州政府之间以及各州之间的合作,尤其指出了促进各州之间合作的法律依据即"充分信任与信用条款"、《统一商业法规》。④ 这一合作机制与传统体制下的地区合作和发展不同,它必须是建立在分享共同利益的基础之上的合作行为。在市场经济深入发展和各地方政府利益独立化的制度背景之下,区域内各地方政府之间的合作是一种利益驱动下的战略选择,区域合作框架必须是基于各地的共同利益之上,并且使区域内的地方政府意识到只有选择合作才能增进和分享共同的利益。总之,采用柔性的

---

① 参见罗豪才、毕洪海《通过软法的治理》,载《法学家》2006 年第 1 期。
② 参见罗豪才、宋功德《认真对待软法——公域软法的一般理论及其中国实践》,载《中国法学》2006 年第 2 期。
③ Helen Sullivan, Chris Skelcher, *Working Across Boundaries: Collaboration in Public Service*. New York: Palgrave Macmillan, 2002, pp. 14 – 138.
④ 参见[美]罗森布鲁姆、[美]克拉夫丘克《公共行政学:管理、政治和法律的途径》(第五版),张成福等校译,中国人民大学出版社 2002 版,第 135 页。

协商、协调机制,通过"自主参与、集体协商、懂得妥协、共同承诺"的方式对区域发展进行"激励或软约束",这是市场经济条件下促进区域合作,实现区域协调发展的主要途径。目前,珠三角地区正按照《珠江三角洲地区改革发展规划纲要》的总体框架要求,遵循"政府推动、市场主导、资源共享、错位发展、平等协商、互利共赢"的原则,积极推进区域经济一体化的发展。

(三)软法治理的主要表现形式——区域合作协议

跨行政区划的制度创新不足是我国区域经济一体化的主要障碍之一。在区域合作的政策导向之下,区域内的政府对区域整体发展所达成的共识,必须以制度性的规则来保证,以强化地方政府调控政策的规范化。美国地方政府之间通过制定具体的府际服务契约、合力协议的方式来构建完善的跨区域合作政策,以实现合作制度的一体化。要规范我国地方政府间的竞争行为,遏制地方保护主义,区域内的政府有必要基于共同的利益诉求,制定各地共同遵守的区域合作协议或章程,构建一套完善的跨区域合作机制,实现对跨区域公共事务的有效治理。如果没有明确的协议或章程,就很难保证地方政府在追求地方利益的同时不会对共同利益产生影响。

区域合作协议是一定区域内的各地方政府为协调相互间的行政合作事宜、实现区域的共同发展,经协商而形成的对各自行政管理活动进行规制的协议。它是地方政府间开展合作的行为依据。随着现代经济社会的发展,地区之间的合作越来越广泛,对此,各地区之间签订了大量的行政协议,其法治基础在于不具有隶属关系的地方政府间平等、互信、互利的原则;缔结主体是地方政府或其职能部门;缔结方式往往是行政首长联席会议;表现形式多为"宣言""协议""协定""议定书""备忘录""纲要""意向(见)书""倡议书""(实施)意见""章程""纪要""方案""计划"以及"共识"等,其中以"宣言"和"协议"这两种形式的使用频率最高;签订协议的目的在于通过政府之间的合作,消除经济发展的种种障碍,促进区域经济的健康有序发展。在我国区域合作的实践中,成员之间大多采用了政府首长联席会议的方式,在平等自愿的基础上签订政府间的合作协议,明确合作的内容和形式,规范各方的行为。实践中,区域内的地方政府签订了数量众多、涉及面广的合作协议。例如,自长三角区域经济提出以来，长三角地区间签订了大量的行政协议。既有单一领域的行政协议，如《长江三角洲旅游城市合作宣言》《关于开展人事争议仲裁业务协助和工作交流的协议》《关于三地引进国外智力资源共享的协议》《长三角地区道路运输一体化发展议定书》《长三角标准化服务合作宣言》《长江三角洲人才开发一体化共同宣言》《加强"长三角"区域市场管理合作的协议》《沪苏浙共同推进长三角区域创新体系建设协议书》等；也有一些总体规划的涉及领域广泛的行政协议，如《长江三角洲地区城市合作协议》，该合作协议就涉及信息、规划、科技、产权、旅游、协作等六大专题。再如，在广东省委、省政府的推动下，珠三角正在积极打造"广佛肇""深莞惠"和"珠中江"三大经济圈，以促进从局部区域一体化到整个区域一体化的发展。2009年，一系列区域合作协议纷纷出台。2009年2月27日，深圳、东莞、惠州三市在深圳召开党政主要领导联席会议，并签订了《推进珠江口东岸地区紧密合作框架协议》；2009年3月19日，广州市和佛山市签署了《广州市佛山市同城化建设合作框架协议》；2009年4月17日，首届珠海、中山、江门三市紧密合作工作会议在珠海举行，会上三市签订了《推进珠中江紧密合作框架协议》；2009年6月19日，广州、佛山、肇庆三市签署了《广佛肇经济圈建设合作框架协议》。此外，珠三角九市还陆续签署了多个专项合作协议。

签订区域合作协议的地方政府有义务按照协议中的约定，在本地出台相应的政策与措施，以保障协议内容的实现。区域合作协议不是一方对另一方的强制命令，而是缔结协议的地方政府对其所享有的行政权力的一种自我约束与激励，也是地方政府运用行政权力的一种新方式，是经过自愿、协商而形成的对区域内的各地方政府有约束力的行为规则。其正当性是区域内的各地方政府在平等的基础上通过对话、沟通、磋商、普遍认同的方式获得的。目前，我国区域合作协议在内容方面涉及基础设施（能源、交通等）、产业投资、商贸、旅游、科技、人事、金融、信息化建设、环境保护等诸多领域。

区域内的地方政府之所以要签订合作协议，就是要通过明确的合意条款来引导各方按照协议内容相互支持和配合，以实现区域共同发展。由于区域经济一体化程度的不断加深，区域内地方政府间的联系日益密切，形成相辅相成的利益攸关的共同体，如一方政府违反协议，势必给其他按协议规定办事的合作方带来巨大的损失,故必须建立相应的机制保障区域合作协议的有效实施。区域合作协议的实施有赖于各成员方对共同体的责任感和自觉性。从利益追求的角度看,签订区域合作协议的各方会受到来自作为一个理性经济人的利益追求所产生的自我约束的制约。在实践中,一旦签订区域合作协议的一方违约,其他各方就可以依据自我救济机制通过采取共同行动来保证协议效力得到尊重,使违约方迫于区域合作中被孤立的压力而遵守约定。"社会性使人们害怕孤立,希望得到尊重和喜爱。""只有假定了人们对孤立的极端恐惧时,我们才能解释人类为什么至少在集体中能取得伟大成就。"[1] 可见,区域合作协议中违约责任的具体形式不是一种严格意义上的制裁,而是某种合作的停止、某种优惠的取消,也即违约方因为不履行义务而不能享受其权利与利益。因为,区域合作协议的各方在合作中所能获得的各种权益需要相对方的配合或给予特定的资格,这样就存在着理论上的可行性,即区域合作协议中的守约方通过某种合作的停止或某种优惠的取消来迫使违约方遵守协议或采取补救措施,从而实现对违约方的制约。

三、软法治理的机制构建

要保障区域合作协议内容的有效实现,增强软法治理的功效,需要很多配套的条件,诸如观念转变、体制改革、机制创新等。因此,区域内的地方政府要转变"行政区经济"的观念,以整体利益为重,树立"区域经济一体化"和"大市场"的观念,以制度合作为切入点,加强相应的机制建设,推动区域合作取得良好效果。

(一) 绩效评价机制

我国现行干部考核制度特别是对地方政府领导的政绩考核体系主要是以国内生产总值(GDP)、财政收入为标准进行简单的量化和比较。这种方式诱导地方政府片面追求 GDP 和财政收入增长,必然导致各行政区首长强化资源配置本地化和保护本地利益。地方政府及其官员往往会为了自

---

[1] 叶必丰:《长三角经济一体化背景下的法制协调》,载《上海交通大学学报(哲学社会科学版)》2004 年第 6 期。

身利益的最大化而忽视全局利益，以至于地方政府行为呈现异化特征，从而导致地方政府间利益关系的不协调、地方保护主义和地方市场分割盛行。因此，必须建立科学的地方政府及其官员绩效评价机制，通过其正确的方向引导、规范政府官员的价值取向和行为选择，从而达到协调和改善政府间利益关系的目的。

建立科学的地方政府及其官员绩效评价机制可从下列方面着手。一是对地方政府的绩效评价，应该把该地方经济社会发展与其历史状况及长远发展有机结合起来，尤其要注重该地方可持续发展的能力；应该把该地方经济社会发展与促进区域经济社会发展的贡献结合起来；应该把该地方在治理公共事务过程中的成本与收益结合起来。二是对地方政府官员的考评，应当设计一套科学、规范、可量化的绩效考核指标体系，而不应仅仅局限于其发展经济的能力。其中，不仅要有经济数量、增长速度指标，更要关注经济增长的质量指标、社会效益指标和生态环保指标；不仅要考察干部在促进当地经济社会发展方面的政绩，而且要关注其在遵守法律法规和履行区域合作协议方面的表现；不仅要考核干部对本地区的业绩贡献，还要考虑由于本地区发展而对相邻地区带来的正、负效应；不仅要关注效率，还要关注社会公众的满意度，要把其发展经济的能力同提高社会效益的能力有机结合起来。三是要建立规范的考核机制，如建立公开、公平和公正的考核程序和监督办法。四是要有激励机制和明确的奖惩措施，并严格按照考核结果兑现。只有这样，才能促使地方政府及其官员树立正确的政绩观，树立全局和长远意识，力避"数字出政绩、眼光只在本地、谋事只顾眼前"的现象发生，以为地方政府合作治理跨地区公共事务与实现区域协调发展提供足够的动力。

（二）利益协调机制

马克思曾指出："人们为之奋斗的一切，都同他们的利益有关。"① 利益是社会联系的纽带，利益关系是政府间关系的决定性因素。在区域经济一体化进程中，各地方政府是作为地方利益的代表而存在的，"政府间关

---

① 中共中央马克思恩格斯列宁斯大林著作编译局：《马克思恩格斯全集》第1卷，人民出版社1995版，第187页。

系的内涵首先应当是利益关系"①。一方面，利益分配问题是区域经济协调发展的核心问题，也是重复建设和地方保护主义顽症久治不愈的根源所在；另一方面，还存在一个利益创造问题，即如何通过区域经济一体化增强区域整体竞争力，迎接经济全球化的挑战，推动区域经济健康快速发展，创造出更大的区域整体利益，并在此基础上分享合作带来的收益。②

区域经济一体化的关键，是如何协调各地间的利益关系。各地方政府通过合作来共享整体利益，打破传统"小而全""大而全"的产业体系，重新调整各地的产业结构，形成合理的产业布局和产业分工体系是区域合作的题中应有之义。但合作过程中会有一方处于优势而另一方处于劣势的情形出现，于是便会产生地区利益从劣势一方流向优势一方的问题。这就需要优势一方给劣势一方以相应的利益补偿，构建这一制度变迁机制，改变原博弈格局下的"囚徒"困境，让"合作"成为区域内各地方政府的理性选择，使区域内所有的地区都共享合作的收益。因此，区域合作能否取得应有的成效，取决于能否达致各方利益的平衡与共进，这就需要建立一个与之相适应的"区域利益分享和补偿机制"，使各地方政府在平等、互利、协作的前提下，通过制定区域政策或合作协议来实现地方与地方之间的利益转移，从而实现各种利益在地区间的合理分配，形成共赢、共享的局面。

（三）信息交互机制

区域合作的风险主要来自于利益不对称与信息不对称。实现区域合作，除建立利益协调机制外，还要通过制度化的设计，建立信息交互机制，加强各方的信息交流与沟通，消除彼此之间的不信任和信息不对称问题，避免地方政府间的集体非理性结局。③ 信息是一种资源，对信息的占有就意味着对资源的控制。信息不对称容易导致地方政府间的不信任，从而使其交往受到阻碍，使得原本应该合作无间的府际互动过程出现偏差，进而影响到跨区域合作治理的效果。同时，由于信息不对称，地方政府的

---

① 谢庆奎：《中国政府的府际关系研究》，载《北京大学学报（哲学社会科学版）》2000年第1期。
② 参见李庆华《长三角地区经济一体化制度建设——基于政府间磋商机制的研究》，载《现代管理科学》2007年第4期。
③ 参见高新才《论区域经济合作与区域政策创新》，载《学习论坛》2004年第7期。

思维容易局限于本地区,难以从整个区域全局来思考,支持跨区域公共事务的治理,使得区域合作治理流于形式。因此,信息的交流与共享就显得极为重要。

在推进区域经济一体化的进程中,区域内的各方应突破地区、部门、行业界限和体制性障碍,加大信息基础设施建设力度,统筹规划信息基础网络,统一信息交换标准和规范,打造跨区域合作治理信息平台,建立区域合作信息通报与传递制度,共建共享公共信息数据库,建设数字化城市和数字化区域,建立企业信用信息共享机制、联合执法信息机制、维权信息联动机制和检测结果信息互认机制等,实现区域公共信息管理一体化。①

(四)激励约束机制

区域合作一是要有合作的动力,二是要有对非合作行为的约束。即要为合作行为提供足够的激励,对违反"合作规则"者要给予相应的惩戒。区域合作主体的积极性是受利益驱动与诱导的,各地方政府推动区域合作除了获取区域利益之外,还希望得到认可。因此,要运用相应的手段对区域合作给予鼓励和支持,如对区域合作项目的投资给予政策倾斜,对跨区域产业给予目标性政策扶持,对跨区域企业给予工具性政策优惠,对跨区域合作开发给予制度性政策肯定,对积极推进区域合作的部门和领导的政绩评价通过量化指标予以认可,等等,这些都可成为区域合作的有效激励。同时,区域经济一体化与区域合作对每个成员来说都有一种责任或约束。"共同体的每个成员所负有的一项义务就是使共同体的利益优先于他的自我利益,不论两者在什么时候发生冲突都一样。……这就是社会责任原则。社会责任并不要求人们放弃对个人自我利益的追求。但他们必须用与共同体利益相一致的方式去追求。"② 这就意味着容忍和妥协。区域合作协议对签订协议的各方来说是一种对等性行政契约,其约束力主要体现为成员方基于对共同体的责任和有诺必践原则所产生的自我拘束力。③ 为

---

① 参见陈瑞莲《欧盟经验对珠三角区域一体化的启示》,载《学术研究》2009年第9期。
② [英] A.J.M. 米尔恩:《人的权利与人的多样性——人权哲学》,夏勇、张志铭译,中国大百科全书出版社1995年版,第49、52、45页。
③ 参见叶必丰《长三角经济一体化背景下的法制协调》,载《上海交通大学学报(哲学社会科学版)》,2004年第6期。

了防止区域合作中的机会主义行为,维系区域之间合作的稳定性,还需要建立外在约束机制。该机制可包括以下内容:明确区域合作协议中的行为规则条款,规定区域合作各方在合作关系中应遵守的规则,以及违反区域合作条款而应承担的责任;建立一种区域合作冲突的协调组织,负责对区域合作中的矛盾和冲突予以裁决;中央政府或上级政府通过相关的政策和法规对区域合作关系进行规范,对区域合作中的非规范行为作出惩罚性的制度安排。

(五)争议解决机制

在区域合作中,区域内政府间争议的发生是不可避免的,故应建立健全争议解决机制。一般来说,区域合作中的各方如果发生争议,可以选择自主协商和解的方式解决争议。这是一种温和的解决争议的方式,有利于维护各方关系的和谐。但这种方式并非在任何时候都能奏效,当争议双方在自主协商和解不成的情况下,可以选择请求上级行政机关裁决,由上一级行政机关行使裁决权,作出决定解决争议。这是一种具有权威性和可行性的解决争议的方式。上述两种方式均是在行政系统内部解决争议。那么,能否在行政系统之外通过诉讼的途径解决区域合作中的争议呢?在西班牙,对区域政府在行政协议履行中发生的纠纷可以通过行政诉讼和宪法诉讼的途径解决。在美国,因州际协定在实施中引起的争议可在美国联邦最高法院进行诉讼,如缔结州际协定的一成员州擅自违反协定的规则,对另一成员州造成损害,受害的州有权向联邦最高法院提起要求赔偿的诉讼。[1]在我国,虽然从目前的状况来看,近期将区域合作中产生的争议纳入诉讼程序,在行政裁决机制之外设计一套司法裁决制度来解决争议有一定的困难,但从长远的发展与制度设想来看,将区域合作中产生的争议纳入诉讼程序,使司法救济成为区域合作的最终保障途径是必要且合理的。

四、结　语

总之,第二次世界大战以后,特别是进入21世纪以来,区域经济一体化迅速发展成为全球经济发展的主流之一,且正在重塑着民族国家和地

---

[1] 参见叶必丰《我国区域经济一体化背景下的行政协议》,载《法学研究》2006年第2期。

方政府所面对的经济社会环境,进而对"行政区经济"和政府传统的行政管理模式带来严峻的冲击与挑战,迫切呼唤着一种新的治理模式与制度安排,以实现区域治理的范式变革与制度创新。区域合作作为一项新的公共治理模式应时代需求登上历史舞台。促进区域合作,实现区域经济社会的协调、有序发展,需要有良好的体制、机制和制度保障。美国法与社会变迁研究的先驱弗里德曼教授曾经指出:相对于社会变迁而言,法既是反应装置又是推动装置;在这两种功能中,尽管法对社会的被动反应得到了更普遍的认知,但法对社会的积极推动的作用正在逐步加强。① 法有硬法与软法之分,硬法在区域一体化中发挥重要的规范和调整作用,软法在区域一体化进程中也扮演着重要的角色,具有不可替代的地位和作用,区域合作离不开软法治理。我们应充分发挥软法作为反应装置与推动装置的作用,引导和推动区域内的各方消除政策的差异和限制商品、资本劳务、技术和信息自由流动的壁垒,制定科学、合理的统一发展战略,深化产业分工,加快产业整合,形成功能互补,增强区域综合竞争力,以应对发展的外在压力,激发发展的内在动力,促进区域协调发展,实现互利共赢、效益最优的目标。

(本文原载《学术研究》2011年第6期)

---

① See W. Friedman, *Law in a Changing Society*. New York: Columbia University Press, 1972, p. 11.

区域府际合作中软法的效力保障

区域协调发展战略是新时代国家重大战略之一,是贯彻新发展理念、建设现代化经济体系的重要组成部分。党的十九届五中全会通过的《中共中央关于制定国民经济和社会发展第十四个五年规划和二〇三五年远景目标的建议》对促进区域协调发展作了明确的部署,绘就了今后一段时期区域协调发展的路线图①。随着区域协调发展战略的深入实施,跨行政区域的公共治理愈加频繁,区域府际合作也逐渐成为常态。软法作为区域府际合作的治理工具,虽然不具有法律强制力,但其对区域府际合作起到了明显的规范作用,成为持续磋商的基础和平衡多元利益的重要手段。"软法是在制度设计上不具有法律约束力但在实践中可能产生一定的实际效果并以自愿遵守为基础的行为规则。"②在区域府际合作中,区域合作协议、框架协议、规划纲要、指导意见、合作意向书等文件均具有软法性质③。与硬法不同的是,软法效力的实现并不以司法适用为主,而是依靠相关主体自愿遵从以及社会共同体约束来实现④。软法的效力,从狭义上讲,是指具体的生效范围,包括时间效力、空间效力、对人的效力和对事的效力;从广义上讲,是指约束力。本文主要从广义上对软法的效力进行探讨。现有研究主要运用功能主义的分析方法,围绕软法在区域经济领

---

① 参见《中共中央关于制定国民经济和社会发展第十四个五年规划和二〇三五年远景目标的建议》第八部分:"坚持实施区域重大战略、区域协调发展战略、主体功能区战略,健全区域协调发展体制机制,完善新型城镇化战略,构建高质量发展的国土空间布局和支撑体系。"

② Francis Snyder, "Soft Law and Institutional Practice in the European Community," in Stephen Martin, *The Construction of Europe—Essays in Honor of Emile Noel*. Dordrecht: Kluwer Academic Publishers, 1994, p. 198.

③ 有代表性的区域软法有《全国主体功能区规划》(2011)、《京津冀协同发展规划纲要》(2016)、《粤港澳大湾区发展规划纲要》(2019)、《长江三角洲区域一体化发展规划纲要》(2019)等。

④ 参见罗豪才、宋功德《认真对待软法——公域软法的一般理论及其中国实践》,载《中国法学》2006年第2期。

域①、区域生态领域②、区域食品安全合作领域③的运行状况进行描述和分析，指出软法效力的局限性和完善途径。然而，对软法效力机制的精细化考量和体系化论证仍有深度挖掘的空间。探讨软法为什么具有效力，何以保障软法的有效实施等问题，对于更好地发挥软法的功用，促进软法与硬法的有机衔接，推进区域府际合作目标的实现，具有重要意义。

一、区域府际合作中软法的效力依据

（一）传统法律效力理论及其局限性

传统法律效力理论认为法总是与强制性、制裁性相联系的。对法律及其效力的认识最为经典的是奥斯丁的"命令论"，即"法是主权者的命令"④。分析实证主义法学派也主张法律效力就是国家的强制力和约束力。这一观点占据了定义法律效力、界定法律范畴的理论"制高点"，法律理论一度受"命令—服从"关系所主导。利益法学的创始人耶林（R. V. Jhering）曾经形象地表述："国家的强制力是确定法的绝对标准，没有强制力的法律规范是一种自我矛盾，好比不燃烧的火，不发光的灯。"⑤ 国内也有学者认为："法的效力是指对其所指向的人们的强制力，是法不可缺少的要素。"⑥ 如果法没有强制性，就不能发挥其激励与惩罚功能，从而失去严肃性和权威性。⑦

随着经济社会的发展，传统法律效力理论呈现的"国家中心主义"色彩和法律一元论受到了学界的质疑。虽然奥斯丁的理论与以往自然法学

---

① 参见黄茂钦《论区域经济发展中的软法之治——以包容性发展为视角》，载《法律科学》2014年第4期。

② 参见王雅霖《我国区域生态经济治理的软法之需——以制度设计为视角》，载《西北师大学报（社会科学）》2016年第4期。

③ 参见石佑启、韩永红《论内地与香港食品安全合作法律机制的构建——一种跨行政区域软法治理的思路》，载《国际经贸探索》2011年第5期。

④ ［英］约翰·奥斯丁：《法理学的范围》，刘星译，北京大学出版社2013年版，第20－24页。

⑤ ［德］魏德士：《法理学》，吴越、丁晓春译，法律出版社2005年版，第30页。

⑥ 张文显：《法理学》，高等教育出版社2007年版，第105页。

⑦ 参见刘金国、舒国滢主编《法理学教科书》，中国政法大学出版社1998年版，第52页。

的理论相比已经有着鲜明的时代进步性,但是"命令说"依然没有走出其自身的历史局限。庞德(Roscoe Pound)认为,分析实证主义法学派的观点来源于拜占庭式的法律理念,受制于专制主义政府观念①。以往法总是与国家绑定在一起,法律强制力由国家垄断,立法者通过直接使用暴力或者强硬管制的方式,可能能使法律有效,这种模式也确实适合国家管制模式。然而,现代社会已经实现从身份到契约、从国家管制模式到公共治理模式的巨大转变,现代行政已呈现从权力行政、命令行政向合作行政、参与行政转型的发展趋势②。公共治理模式要求法要体现更加广泛的公共意志,法不仅包括体现国家意志的硬法,而且包括体现社会共同体意志的软法。法需要得到公众发自内心的尊重和认同。

现代社会治理越来越多地需要采用软法式的柔性手段。因此,传统法律效力理论不仅可能无法对现代社会的变化作出积极回应,而且忽视了法的效力来源、法的适用范围等问题。

(二) 强制力不应作为判断法效力的必备要件

诚然,有关法效力的每一种观点在法律的发展进程中均具有其独特的内在价值。国家强制力对于社会秩序和法律秩序的维护具有重要意义,能够保障法效力的实现,法治的推进也离不开国家强制力。然而,将是否具有强制约束力作为判断法效力的必备要件或者认为法应当具有制裁性或强制性,容易造成一种僵硬的二分法判断。这种判断存在局限性,让人误以为任何法效力的实现都离不开国家强制力。因此,本文并非要否定强制性在促使义务主体遵守法规范方面的有效性,而是要探究纾解其局限性的有效办法。

强制力对于法效力的实现而言并非不可或缺。在法效力的实现与国家强制力之间是一种或然的而非必然的关系。就法效力的实现而言,国家强制力可以保障法的实施,基于社会共同体或者政治组织的隐性压力也可以促成主体的遵守,因义务主体自身认可而自愿服从或者运用指导、激励等非强制性方式同样也能促使主体的遵从。主体之所以遵守法规范,不一定

---

① 参见[美]罗斯科·庞德《法理学》第1卷,邓正来译,中国政法大学出版社2004年版,第53页。

② 参见张春莉《试论行政参与的基本原则》,载《学习与探索》2007年第6期。

是完全出于对国家强制力的畏惧而被迫服从,也可能是由于法能满足自身需要而作出自愿遵从的选择①。

(三) 软法通过柔性方式实现其效力

在公共治理模式下,法规范效力的实现还应考虑其正当性以及对公众权益诉求的回应程度。不是所有的法都必然来自主权者的命令,也不是所有的法都必然以强制性、制裁性作为法规范的效力基础。除了依靠刚性的国家强制力促使公众因畏惧而服从法律以外,利益激励、沟通协商等柔性方式同样也能唤起公众认同法律从而自觉遵从法律。

软法是通过柔性方式实现其效力的。审视区域府际合作中的软法及其治理,可以发现软法不是命令性的法律规则,而是构筑区域政府间相互联系的基本规范和基于区域共识而理性建构的秩序规则。虽然软法更多的是激励性、引导性规范,但并非没有效力。由于这种秩序规则源于区域内各政府对府际合作的共识,因此区域内各政府认可和接受软法规范背后的利益和权责分配。它们不是因惧怕而被迫服从,而是理解和认同其作出的制度安排是正当的、符合公共理性要求的,进而产生自我激励,自愿遵从软法规范。

总之,硬法与软法的效力差别并非有无的区别,而是在刚性强弱上的差异。依靠国家强制力保障实施只是划分硬法与软法的外在形式标准,其内在实质标准是二者在效力上的刚性强弱差异。硬法的效力主要体现为强制性约束力、刚性约束力,而软法的效力则主要体现为说服性约束力、柔性约束力。

二、区域府际合作中软法效力保障的必要性

区域软法效力的有效实现,取决于完善的效力保障机制。同时,软法的效力保障问题也关乎软法在区域合作中能否充分发挥作用,能否建立软法与硬法的有机衔接,以及能否推进区域府际合作目标的实现。

---

① 参见 [英] 哈特《法律的概念》,张文显、郑成良、杜景义等译,中国大百科全书出版社1996年版,第58-59页。

(一) 更好地发挥软法作用

硬法呈现的是以"司法中心主义"为特征的效力保障模式,如果违反硬法的规定,就会受到制裁或被限制某项实质性权利。然而,硬法治理模式也存在一定程度的不足:制度更新成本的制约以及稳定性的要求决定硬法不宜进行频繁的修改,导致硬法可能难以及时适应社会的变化,无法完全满足当前区域公共治理实践的需求,进而在一定程度上存在治理失灵的风险。当面对多元的区域治理需求时,软法的灵活性和多样性能弥补硬法的不足,激发主体的参与意识,引导主体在利益激励的作用下积极投入府际合作的各项活动。对于硬法中需要顺应实际情况而适时作出调整的部分,可以留给软法来"填补",这既能保持硬法的稳定性,也能尽可能地满足各方利益需求。

与硬法相比,软法缺乏明确的责任规定和司法适用性,呈现"非司法中心主义"的特点。不同于硬法所依赖的"规范性硬约束力",软法依靠的是"功能性软约束力"[1],寻求在最大程度上缝合内部分歧,凝聚共识,突破硬法治理局限。区域府际合作背景下的软法充分尊重各地方政府的自主性,注重主体间的协商与合意,通过柔性手段实现府际合作的目标。可见,软法效力的保障对于充分发挥软法在区域府际合作中的作用至关重要。软法的效力问题是软法理论体系的重要组成部分,也是软法得以实施的内在要求和基础条件。与软法实践形成鲜明对比的是,区域府际合作中软法的效力问题在理论上尚未得到充分的体系化论证和足够重视。因此,着眼于区域府际合作中软法的实效性,以减少对软法实施带来的不确定因素,有必要深入探讨软法效力保障机制,确保软法实质性地持续发挥作用。

(二) 促进软法与硬法的有机衔接

软法对于区域府际合作所具有的现实意义证明了其自身存在的价值,

---

[1] "规范性硬约束力"是以法律权利或义务是否确立、发生违法行为时是否可获得制裁为标准;"功能性软约束力"是将可执行性视为标准,即法是以实现某些功能为目标。See Anthony D'Amato, "Softness in International Law: A Self-Serving Quest for New Legal Materials: A Reply to Jean d'Aspremont," *The European Journal of International Law*, 2009, 20 (3), pp. 897–910.

但并不等于区域府际合作治理只需要单一的规制模式或者硬法规制就不再重要。恰恰相反,硬法在区域府际合作中发挥着难以替代的基础性保障作用。硬法与软法的关系并非互相对立,而是相互依存、相辅相成,二者形成一种相互补充、相互促进的良性互动关系。软硬法并举、协同共治才是区域府际合作的未来图景和因应方案。① 软法可以对硬法作出解释,弥补硬法的真空,因而推进软法与硬法的衔接离不开软法效力的保障。

一方面,区域合作协议和合作意向书等区域软法规范的出现,反映了区域合作各方对于制度保障的迫切需求。软法可以发挥其"前法律的功能"②,作为过渡性制度规范在一定程度上弥补硬法在区域府际合作领域因滞后、僵化而形成的制度真空。面对复杂多变的区域合作领域,不可能构造一个能一劳永逸地解决区域府际合作问题的制度体系。这就意味着,软法可以作为硬法的初步试验,发挥其示范性作用,通过采取渐进主义进路为硬法的创制提供先导性经验和调试空间,从而选择一个更加合理的制度方案。伴随着实践经验的积累,软法也在不断地进行修正和完善。硬法在创制时可以根据软法的实施效果进行评估、变通和调整,减少立法成本。如果先行实践取得理想效果,就可以将经过实践检验的软法及时通过正式的立法程序转化为硬法。

另一方面,面对不同区域的地方性差异,硬法不可能涵盖区域府际合作的所有细节。软法可以发挥其"后法律功能",对硬法进行补充和解释,通过细化具体执行措施以增强硬法的针对性和可操作性。二者分工明确、功能互补,可采用硬法为主、软法为辅的主次顺序,共同发挥作用,从而形成严密的硬软法协同治理体系。此外,软法也应克服过于依赖规制对象自愿遵从的自身局限,通过与硬法的衔接以强化软法的确定性和司法适用性,从而巩固区域共识成果。因此,有必要探索软法的效力保障机制,充分把握硬法与软法的适用条件与应用场域,深度挖掘各自的比较优势与特有功能,构建一个合力共治、互相衔接的软硬法混合治理模式,从而推动区域府际合作的有效运行。

---

① 参见石佑启、杨治坤《中国政府治理的法治路径》,载《中国社会科学》2018 年第 1 期。
② Linda Senden, "Softlaw, Self-regulation and Co-regulation in European Law: Where do they meet?," *Electronic Journal of Comparative Law*, 2005, 9 (1), p. 24.

（三）推进区域府际合作目标的实现

区域府际合作是指为应对区域公共事务，一定区域内各政府基于共同的利益诉求，在平等自愿的基础上整合区域内的优势资源，经过沟通协商等方式达成合作。① 府际合作并不是要完全避免利益冲突，而是在承认利益多元性和个体差异性的基础上，建立区域利益平衡机制以减少利益竞争造成的无序和混乱，从而促使利益诉求走上理性化的轨道，并促进区域合作的有效运行。作为对传统"行政区行政"困局的破解，区域府际合作打破了"条块"分割的束缚，最大程度地消除了传统地域的限制性与割裂性，跨越了行政区划刚性约束的鸿沟。但是，由此催生的制度保障问题受到学界的关注，而构建良好的制度保障则是推进区域府际合作的根本保证。虽然硬法发挥着不可替代的作用，但对制度规范的迫切需求与传统硬法治理模式的相对滞后成为制约区域府际合作的主要矛盾。

软法的兴起增加了制度选择空间，软法治理能弥补硬法治理的不足，及时回应区域府际合作的制度需求。② 软法不仅能确立区域府际合作的整体目标，而且能明确区域内各政府的权责边界。软法的灵活性和引导性也促使区域府际合作进入相对有序的状态，府际合作的内隐理念通过软法的制定逐步表现为外显规范。此外，区域内各政府通过理性协商与对话沟通促使区域软法更显均衡性与互惠性。基于共同的目标追求，区域内各政府更能理解和认可区域软法，并将软法规范作为评判自身行为正当性的标准，从而推进区域府际合作的有序开展。

虽然区域府际合作中软法不直接依靠国家强制力保障，不构成对区域内政府的刚性约束与硬性规制，但软法在区域府际合作中发挥着重要作用。保障软法效力是影响区域府际合作的目标能否顺利实现的关键性因素。

三、区域府际合作中软法效力保障的机制构建

区域内部的要素禀赋差异加剧了区域府际合作的复杂性。考虑到软法

---

① 参见石佑启、朱最新《论区域府际合作治理与公法变革》，载《江海学刊》2013 年第 1 期。
② 参见石佑启、陈可翔《粤港澳大湾区治理创新的法治进路》，载《中国社会科学》2019 年第 11 期。

适用于"区域府际合作"这一领域的复杂性,有必要揭示地域空间、府际关系等因素对软法效力的综合影响,从而更有针对性地运用软法推进区域公共事务的解决,实现区域协调发展。鉴于此,需要构建软法的效力保障机制,形成"利益驱动机制—沟通协商机制—声誉压力机制"的框架体系,以保障区域府际合作目标的实现。

(一)利益驱动机制

硬法依赖的是特有的"命令—服从"模式,在硬法的强制性约束下,通常呈现的是管理与被管理、强制与服从的关系。一旦违反硬法,人们将会受到制裁或被限制某些实体性权利,承担不利的法律后果。软法则不同,它注重利益引导和内在激励,引导规范对象作出符合软法目标的行为选择。

一方面,利益是地方政府作出决策的逻辑起点和内在动因,地方政府遵守软法,是因为此种软法所维护的利益得到地方政府的认可,契合地方经济社会的发展方向,且只有自觉遵守软法才能获得该利益。第一,在利益驱动的作用下区域内地方政府意识到自愿遵从软法有助于实现其利益,如政治利益、经济利益。反之,虽然不会对某项实质性权利造成直接损害,但会失去在区域府际合作中获得某种利益的机会,甚至存在被"边缘化"的风险。第二,内在的利益诉求转化为对规则的外在认同,并以此作为自身行为的正当性标准,形成一种内在约束力来指导和评价自身行为。实践中,很少有成员愿意失去获得利益的机会或者被排除在府际合作之外,因此便会为了自身利益的最大化而高度认同软法,依照区域软法规范作出相应的行为选择,将其内化为自身的行为准则。

另一方面,地方政府具有"理性经济人"的特性,有其自身的利益追求。它们在参与区域合作时会根据自身的现实情况,来判定遵守软法所产生的收益,所以软法在利益激励的作用下效力得以实现。第一,区域软法由中央机构制定或认可,地方政府需要对区域软法的执行情况向上级机关报告,这无疑会产生一种内部竞争机制,使得区域内政府间互相形成横向比较的参照,能够对地方政府产生自我约束和利益激励。第二,在现行地方官员政绩考评体系下,当地方政府面对"同行压力"(peer pressure)时,将更为看重区域府际合作的正和博弈前景,作出符合软法规定的行动选择和决策。对于地方政府决策者来说,遵守区域软法推动区域合作显然是最优理性选择。

总之,软法之所以能获得共同体内各主体的遵从和认可,就在于在利益驱动下软法促使各方主体形成了自我约束和利他决策,保障区域合作的有序运行。可见,利益驱动机制的实质就在于可以为软法规范与区域内各政府之间建立起利益关系的桥梁,形成内在的驱动力和约束力。

(二) 沟通协商机制

区域软法是区域内各政府将自身的利益诉求具体化,通过沟通协商方式达成的整体共识。沟通协商机制正是促使区域内各政府相互连接的重要纽带,并产生持续性的外在约束力,对产生内在约束力的利益驱动机制形成有效补充。

一方面,对于利益诉求多样化和利益纷争复杂化的区域府际合作,沟通协商机制打破以往区域内部经济发展不平衡而横亘于区域内政府间的利益藩篱,逐步消融原本的差异性隔阂从而积累起区域府际合作的信任资本,为软法的创制和实施奠定坚实基础。第一,沟通协商机制致力于消融原本的差异性隔阂,这在区域这个独特的场域下显得尤为重要。区域内各政府在经济规模、资源条件和发展阶段等多个维度呈现明显的差异性,进而导致区域内各政府的谈判能力不对等,实质性地影响了区域内政府间的利益结构,甚至动摇区域"关系"的稳定。沟通协商机制的最大功效在于重视区域内部差异,平衡区域多元利益,使区域内政府间的交往、商谈与合作成为常态,稳固了区域内各利益主体之间的互动关系基础,促使府际合作朝着良性的方向健康发展。第二,沟通协商机制能够提供有效的表达途径,促使协商参与者之间进行深层次互动,为往后的区域府际合作积累起更多的信任资本。采取双向对话的沟通协商并不必然要求作出改变,因为着眼于协商与合意的治理过程就是一种目的[①]。一般而言,区域软法会专门规定重大政策沟通协调机制,根据市场和社会情况的变动及时组织协商会议,共同协商区域发展策略。因此,区域软法通过定期会晤等信息交流制度和临时的报告制度,缓解信息不对称问题,努力寻求区域合作的最大公约数,有利于形成多元主体的互利共赢局面,这也成为区域府际合

---

① 参见沈岿《软法概念之正当性新辨——以法律沟通论为诠释依据》,载《法商研究》2014年第1期。

作得以井然有序的重要基础。

另一方面，沟通协商机制能够增强区域府际合作的黏合度和激发区域内各政府的集体认同感，为创制具有共识性的软法和实现软法效力创造有利条件。第一，在软法制定的商谈博弈过程中，各地方政府通过充分有效的沟通，逐渐增强府际合作的黏合度以建立起稳定的府际合作信任关系。更为紧密的府际合作关系也是软法产生效力的内在基础。随着府际合作信任资源的累积，软法规范得以更好地融入区域府际合作的关系网络之中，并成为区域内各政府认可和遵从的权威性标准。第二，沟通协商本质上是平等对话、互动式的认同传递过程，可以激发区域内各政府参与协商的积极性和自主性。在软法创制过程中，对于区域府际合作中争议较大的议题，往往不是一蹴而就的，而是经过不断协商博弈与反复讨论，使之与各主体的需求越发贴近。一次协商不成，还能反复协商，经过多重博弈彼此角力，直到最终协商一致，得到参与各方的基本认同和普遍理解，最大限度地消除模糊性和化解各方分歧，从而具有了内在理性。[①] 作为一种得到普遍认可的内生性规则，区域内各政府也更愿意通过自身的运作促使软法规范"内化"为自身的行动准则，并自发渗透到区域府际合作中。第三，经过充分协商的软法是在所有参与者共同协商、多重博弈的集体行动下共同订立的"契约"，可以看作是协商参与者表明自愿接受的一种证明工具。协商沟通的开展，正是交往行为的进行。软法是经过沟通程序和多方合意所达成的理性共识，具有一定的正当性基础，对协商参与者形成一定的约束力，其效力也因此得以保障。

总之，多元利益的交融以及利益关系形态的多样化决定了区域公共问题的复杂性。这就需要区域内各政府通过沟通协商制定符合区域共同利益的软法和切实保障软法效力，以协调利益冲突、凝聚各方共识。

（三）声誉压力机制

诚然，软法效力的实现在理论上依赖于区域内各政府的主观意愿和自觉行动，缺乏制裁措施和责任追究规定。但软法仍能得以遵守的原因在于声誉压力机制能够产生威慑效应，及时惩罚机会主义行为，防止软法流于

[①] 参见罗豪才、宋功德《认真对待软法——公域软法的一般理论及其中国实践》，载《中国法学》2006年第2期。

形式、束之高阁。

一方面，如果某一地方政府严格执行区域软法规范，拥有良好个体声誉，将有助于唤起社会公众和区域内其他地方政府对该政府的正面认知和良性评价，增加自身的信任资本和获得更丰厚的府际合作资源①。第一，声誉的实质是在社会公众中产生一种集体记忆或者群体印象，紧密的区域内政府间关系正好营造了一个公共舆论场域，为公共评判提供了一个集体声誉平台②。在沟通协商机制的作用下，动态博弈成为区域府际合作的运行方式。这意味着这种博弈不是偶然发生的博弈行为，而是一种长期的动态博弈过程。在这个动态博弈的过程中，声誉效应得以增强，对区域内各政府形成了有力的约束机制，从而有效规避集体行动困境的风险。第二，该地方政府一旦凭借良好声誉塑造了合作型公共形象，便拥有了韦伯（Max Weber）所说的"社会印章"（a social seal of approval），在区域府际合作中更容易获得优惠式的区别对待，产生声誉溢出效应中的"传染效应"，其他地方政府也更倾向于在未来与其展开其他领域的深度合作③。这意味着声誉具有强烈的信号功能，持续激励地方政府珍视与维持自身良好声誉并在长期博弈关系中自觉遵守区域软法的行为指引，更有动力进行自我约束进而积累声誉资本，形成一种无形资产。

另一方面，如果区域内某地方政府不遵守区域软法的规范指引，或者在软法实施过程中暗行机会主义，该政府将被置于公共舆论的聚光灯下。这种不良声誉将作为既往表现的否定性评价持续性地储存在社会公众的认知记忆中，并犹如滚雪球般在区域内传播和发酵，对该政府形成一种强大的外部压力。第一，地方政府如果违反或忽视区域软法规范，将被视为破坏了区域内各政府共同协商制定的契约，可能会受到舆论谴责并遭到区域内其他地方政府的排斥，形成"谴责—出局"的压力机制。第二，对于地方政府来说，这是一个负面影响。即使之后想重塑正面形象或者重新回归原有的正向评价轨道，也很难完全切断声誉内生的记忆效应和打破既有的刻板印象。通过这种非强制性的群体性压力可以有效约束区域内成员，

---

① 参见吴元元《基于声誉机制的法官激励制度构造》，载《法学》2018年第12期。
② 参见吴元元《双重博弈结构中的激励效应与运动式执法——以法律经济学为解释视角》，载《法商研究》2015年第1期。
③ 参见费显政、李陈微、周舒华《一损俱损还是因祸得福？——企业社会责任声誉溢出效应研究》，载《管理世界》2010年第4期。

督促其不敢轻易违反软法规范,对潜在的违法行为产生显著的威慑效应。为了获得区域内其他地方政府的认同,每个地方政府通常也会潜意识地选择遵从共同制定的软法,软法因而得以顺利实施。第三,在区域"熟人社会"中,借助府际关系网络和内在的自组织性,软法规则的声誉压力有增无减。紧密的府际关系通过利益联结增强了区域内政府间的群体黏性和交互影响。声誉压力机制依托府际关系网络具有更为显著的"扩散—强化"效应,对区域内政府采取机会主义行动和违反软法规范施加了相应的成本,违反软法的声誉惩戒效果得以网络化扩大,进而增加其未来参与区域府际合作的成本,加大了声誉修复的难度①。即使长期博弈下的区域府际合作在投入与回报之间存在延时性的特点,但对被疏离于区域关系网络之外的畏惧感,府际博弈中各方主体仍会慎重考虑选择不遵守软法规范所带来的高额成本,不敢轻易跨越软法所设的界限。正如古兹曼(Andrew T. Guzman)所言,当遵守所得的声誉收益超过违反可获得的非声誉利益时,规范对象往往会选择遵守。②

因此,声誉压力机制有助于敦促区域内各政府自觉实施区域软法以避免获得负面评价,并且更为积极地精心维护与区域内其他地方政府的长期关系。在此意义上,声誉压力机制为区域内各政府违反区域软法的行为提供充分威慑,是促进个体理性转向集体理性的助推器和外在驱动力,以保障软法效力的顺利实现。

四、结　语

综上所述,软法的效力保障机制是基于利益驱动而非命令服从、沟通协商而非利益零和博弈、声誉压力而非强制约束的内在逻辑,由此促使区域府际合作得以有序展开和顺利推进。软法效力保障机制的重点既非指向对软法制定与修改程序的合法性审查,也非指向地方政府权力运行的合理性监督,而是更多地指向如何运用柔性方式借助利益驱动机制、沟通协商机制与声誉压力机制,确保地方政府自觉遵守和主动实施区域软法,彰显

---

① 参见王瑞雪《公共治理视野下的软法工具》,载《财经法学》2020 年第 4 期。
② See Andrew T. Guzman, *How International Law Works: A Rational Choice Theory*, Oxford: Oxford University Press, 2008, p. 75.

软法的治理效果。三种效力保障机制构成一个有机互动的整体性框架，体现了"核心动力—内在推力—外在牵制力"的内在关联。利益驱动机制作为核心动力机制，是持续激励主体遵守软法的核心要素；沟通协商机制作为内在推力机制，是推动区域内各政府达成和巩固合作共识的重要因素；声誉压力机制是敦促区域内各政府自觉遵守区域软法规范的外在牵制力。

（本文原载《求索》2022 年第 6 期）

第三部分 地方立法

石佑启自选集

论立法与改革决策关系的演进与定位

改革与法治已成为当下中国两个最鲜明的时代主题。2014年2月28日，习近平总书记在中央全面深化改革领导小组第二次会议上的讲话中明确提出："凡属重大改革都要于法有据。在整个改革过程中，都要高度重视运用法治思维和法治方式，发挥法治的引领和推动作用，加强对相关立法工作的协调，确保在法治轨道上推进改革。"2015年1月，习近平总书记在江苏调研时又将新一届中央领导集体治国理政的总框架提升为"四个全面"，指出在全面建成小康社会的奋斗过程中，全面深化改革是根本路径，全面推进依法治国是基本方式和可靠保障，二者如鲲鹏双翼，共同促进着改革目标的实现。这对准确把握改革与法治之间的关系具有重要意义。作为推动社会发展的两种手段，改革与法治是辩证统一的关系。法治作为规则之治，具有较强的稳定性；而改革作为一种创新发展手段，具有较强的变动性。改革的"变"与法治的"定"之间存在某种张力，在一定条件下二者还可能发生矛盾或冲突。但不能因此就认为改革与法治只存在冲突或对抗的关系，二者还具有内在的一致性，统一于促进国家治理现代化的实践之中。① 要使二者能合力助推全面建成小康社会目标的实现，关键在于改革决策应当在法治框架内作出以符合法治的基本要求，而立法亦须及时反映改革的正当需求以推动改革决策的落实，即立法与改革决策之间应良性互动、有效衔接。本文通过梳理立法与改革决策的关系沿革，分析与之相应的立法理念，并结合法治中国建设的新战略，探讨以法治思维和法治方式统领和协调立法与改革决策的关系，寻求实现二者关系科学定位之路径。

一、立法与改革决策关系的演进

改革开放三十多年来，关于立法与改革之间关系的争论持续不断，其

---

① 参见石佑启《深化改革与推进法治良性互动关系论》，载《学术研究》2015年第1期。

中的焦点便是立法与改革决策的关系，或者说立法与改革决策在国家治理中的角色定位。那么，为了反映二者关系的变化，就有必要对历史进行阶段性划分，这里选取邓小平同志1992年南方谈话和以习近平为总书记的新一届领导集体执政两个历史事件为标志，理由在于南方谈话明确了建设社会主义经济体制的改革目标，使改革从目标摸索阶段进入围绕目标进行建设的时期；而新一届领导集体执政是在我国社会主义市场经济体制日益完善、社会主义法律体系已经形成和全面深化改革的背景下提出了"以立法引领改革"的治国理念。在这两个事件背后蕴藏的立法与改革之间的关系变化比较典型，故本文以1992年和2013年为界分点来分析不同阶段立法与改革决策的关系。

（一）20世纪90年代前，立法确认改革成果

改革开放之初，国家百废待兴，执政党要将工作重心从以阶级斗争为纲转变到社会主义现代化建设上来，唯有通过党的决策凝聚全党共识才能冲突思想束缚。同时，党的决策不仅因其执政地位而具有极高的政治权威，决策的灵活性亦符合时不我待的历史环境，所以改革是在党的决策下开展和推进的。但是，决策的易变性并不利于巩固改革成果，而法律所具有的稳定性和确定性自然成为确认改革经验和成果的最佳选择，并且当时国家法制处于初建阶段，立法经验和技术也需要通过总结改革经验来不断积累和提升。因此，立法成为确认改革成果的重要途径。

1978年，邓小平同志便提出"应该集中力量制定刑法、民法、诉讼法和其他各种必要的法律"，"现在立法的工作量很大，人力很不够，因此法律条文开始可以粗一点，逐步完善"，"修改补充法律，成熟一条就修改补充一条，不要等'成套设备'"，"有比没有好，快搞比慢搞好"。① 正是由于法律要通过总结改革经验来完善，所以法律规定可以较为原则，这也为改革决策提供了相对宽松的制度环境，避免二者发生冲突。此时正值宪法修改，彭真同志在修改草案的报告中亦指出，"当前我国正在进行经济体制的改革"，"今后还要全面、深入地进行下去"，"草案有关规定为这种改革确立了原则"。② 这说明，改革尚处于探索阶段，宪法只能先

---

① 《邓小平文选》第2卷，人民出版社1994年版，第146–147页。
② 彭真：《论新时期的社会主义民主与法制建设》，中央文献出版社1989年版，第155页。

确定有关原则，而难以对改革目标、措施等作出具体规定。1984年，国内出现了严重的通货膨胀，农业后劲不足，主要农副产品（如粮、棉、猪）的产量连年低于历史最高水平，而工业生产增长过速，国民经济总体陷入严重失调局面。① 为推进改革以化解经济困境，党的十二大通过了《中共中央关于经济体制改革的决定》提出有系统地进行经济体制改革。在经济体制成为改革的重点后，国务院于1986年在《关于第七个五年计划的报告》中提出，"经济体制改革的深入进行……要求把更多的经济关系和经济活动的准则用法律的形式固定下来"，"加强社会主义法制的一个重要目的，就是要促进改革的顺利进行，保证改革的健康发展，巩固改革的胜利成果"。② 根据这些要求，经济立法成为立法的中心工作。1988年第七届全国人民代表大会（简称"人大"）第二次会议就要求其常务委员会（简称"常委会"）"抓紧制定有关经济建设，特别是微观放活和宏观控制以及对外开放的法律"。③ 由此可见，改革决策决定了立法的重点和方向，立法通过将实践检验成熟并可普遍适用的改革经验和成果予以确认来巩固和发展改革；换言之，立法实质上是对实践检验证明正确的改革决策的确认。

（二）20世纪90年代至2013年，立法服务改革大局

20世纪90年代初，中央从容应对苏东剧变和妥善处理国内政治风波，确保了国家总体形势的稳定，改革与发展刻不容缓。在改革目标方面，邓小平同志南方谈话提出了要建设社会主义市场经济体制的改革方向，随后党的十四大作出决策确立了这一目标，改革与立法的关系进入了新的阶段。1993年，党的十四届三中全会《关于建立社会主义市场经济体制若干问题的决定》要求，"社会主义市场经济体制的建立和完善，必须有完备的法制来规范和保障"，"改革决策要与立法决策紧密结合"，

---

① 参见马骏《经济、社会变迁与国家重建》，载《公共行政评论》2010年第1期。
② 全国人大财政经济委员会办公室、国家发展和改革委员会发展规划司主编：《建国以来国民经济和社会发展五年计划重要文件汇编》，中国民主法制出版社2008年版，第331页。
③ 《七届全国人大常委会工作要点》，见中国人大网（http://www.npc.gov.cn/wxzl/gongbao/2000-12/26/content_5002140.htm）。

"立法要体现改革精神,用法律引导、推进和保障改革顺利进行"。① 这表明,执政党在逐步走出将立法仅视为确认改革成果的认识,洞察到改革决策与立法之间存在本质差异,但是决策的主导地位并未改变。为此,乔石同志在八届全国人大第五次会议的讲话中就要求:"努力使立法工作与改革步骤紧密配合,用法律引导、推动和保障改革。对已经出台的改革措施,要及时总结经验,尽可能用法律形式固定下来,使之规范化。"② 在此,立法的基础是"已经出台的改革措施",这样立法与改革决策的配合实质上是要求前者围绕着后者开展工作,所以立法仅是实现决策的工具而已。

为深入推进经济与政治体制改革,党的十五大提出了依法治国的方略,但是立法仍继续发挥着上述服务功能。1998年,李鹏同志在九届全国人大一次会议闭幕式上要求立法工作要"同党对改革和发展的重大决策结合起来"③;易言之,就是要"紧紧围绕国家的中心工作开展立法","使立法工作服从和服务于国家工作的大局"。④ 李鹏同志认为,这是该届人大及其常委会最重要的立法经验,而后一届全国人大及其常委会亦继承了该理念。2003年,吴邦国同志在十届全国人大第一次会议上提出:"争取在本届任期内,基本形成中国特色社会主义法律体系,为深化改革、加快发展、保持稳定提供有力的法律保障。"⑤ 那么,如何建成这一体系呢?吴邦国同志认为:"立法要服务于党和国家工作大局","将改革开放和社会主义现代化建设的成功经验以法律形式固定下来"。⑥ 2011年,十一届全国人大四次会议宣布中国特色社会主义法律体系已经形成。

纵观这一阶段,立法工作不再是单纯地确认改革经验和成果,执政党已经认识到立法有其自身的规律性,更加重视立法的质量,强调发挥立法对改革的能动性。但是,立法工作必须围绕着改革决策进行,这就又束缚

---

① 中共中央党校教务部主编:《十一届三中全会以来党和国家重要文献选编》,中共中央党校出版社 2008 年版,第 293－294 页。
② 乔石:《在八届全国人大常委会第五次会议上的讲话》,载《人大工作通讯》1994 年第 2 期。
③ 《全国人民代表大会常务委员会公报》1998 年第 1 期。
④ 《全国人民代表大会常务委员会公报》2003 年第 2 期。
⑤ 《全国人民代表大会常务委员会公报》2003 年第 2 期。
⑥ 《全国人民代表大会常务委员会公报》2008 年第 3 期。

了立法的能动性。事实上，改革仍是由党的决策来引导的，立法只是服务于这一决策的工具。

（三）2013年后，立法引领和推动改革

2013年，习近平总书记在中央政治局第四次集体学习时要求"全面推进依法治国，必须坚持科学立法，使法律准确反映经济社会发展要求，更好协调利益关系，发挥立法的引领和推动作用"。党的十八届四中全会《中共中央关于全面推进依法治国若干重大问题的决定》提出："实现立法和改革决策相衔接，做到重大改革于法有据、立法主动适应改革和经济社会发展需要。"这表明，执政党对立法和改革决策的关系有了新的认识，要求发挥立法对改革的引领和推动作用，强调改革的法治化运行、推进改革不偏离法治轨道。张德江在十二届全国人大第一次会议上的讲话中提出："充分发挥立法的引领和推动作用，加强重点领域立法，促进社会主义经济建设、政治建设、文化建设、社会建设、生态文明建设。"① 鉴于这里涉及的立法与改革决策的衔接互动关系将在下文具体分析，故不再赘述。

二、立法与改革决策关系演进中的立法理念

从上述分析来看，立法角色的转变反映出执政党对立法与改革决策之间关系认识的逐渐深入，而二者关系的变化调整说明执政党亦在寻找促进二者良性互动之路径。然而在2013年前，改革决策在总体上居于主导地位且优先于立法，后者要么是消极确认前者的成功经验，要么是积极围绕着前者开展工作，这就形成了法的稳定性与改革决策的探索性和风险性之间的巨大张力，以致出现"良性违宪"、"良性违法"、法律虚无主义等现象。当然，这些现象不是立法无意识地应付改革的结果，而是由于立法在某种理念影响下因应改革，这才形成了二者关系的变化图景，因此，推动二者良性互动的关键在于用新的理念指导二者关系的处理，故有必要进一步揭示立法与改革决策关系演进中所蕴藏的立法理念。

---

① 《全国人民代表大会常务委员会公报》2013年第2期。

（一）经验主义立法理念指导下立法确认改革成果

1978年，我国在没有现成经验可循的情况下开始了改革开放和法制建设，邓小平同志鼓励立法工作在实践中积累经验，指出"有的法规地方可以先试搞，然后经过总结提高，制定全国通行的法律"，"不要等待'成套设备'"①。这一"先实践再立法"的理念亦是当时多数人认为国家法制建设的最佳途径。彭真同志在阐释改革实践对立法的重要性时，就指出："实际是母亲，实际产生法律。法律、法理是儿子。法要有自己的独立的体系，有自己的逻辑，但要从实际出发，受社会实践检验。"② 在全国人大常委会工作期间，彭真同志也多次强调实践经验对立法工作的重要性，他认为，"经过社会实践，有了经验，有多少经验，我们就立多少法。如果经验已经证明了，还没有搞出来，说明立法工作没跟上。经验还没有，那就只好继续调查研究"，"有的法一时还定不出来，不是工作不积极，而是因为经验不成熟，或意见还没有系统地集中起来。随着我们经验的蓄积和调查研究的深入，条件成熟了，法律也会日益完备起来的"③。由此可见，全国人大常委会主要是在总结改革经验和成果的基础上制定法律，这就是经验主义的立法理念。④

受该理念影响，法律所确认的改革成果是经实践检验成功的改革决策，所以立法在客观上便表现出对改革决策的被动迎合。结合上述分析来看，经验主义立法是有历史必然性的，是改革的时代选择。⑤ 在国家法制初建和社会管理基本处于无法可依的情况下，改革决策事实上发挥着引导改革遵循规范秩序展开的"法"的效用，而且借助执政党的极高政治权威，决策往往比法律更能有效规范市场与政府行为，也更能快速应对变革时期的社会问题。同时，权力机关通过调查研究改革中存在的问题并及时

---

① 《邓小平文选》第2卷，人民出版社1994年版，第146页。
② 彭真：《发展社会主义民主，健全社会主义法制——在中国法学会成立大会上的讲话》，载《法学杂志》1982年第5期。
③ 彭真：《论新时期的社会主义民主与法制建设》，中央文献出版社1989年版，第139页。
④ 参见蔡定剑《20年人大立法的发展及历史性转变》，载《国家行政学院学报》2000年第5期。
⑤ 参见刘松山《当代中国立法与政治体制改革关系的演变》，载《学习与探索》2012年第7期。

总结经验和成果,再从纷繁复杂的社会现象中归纳出规范社会关系的一般性规则,这也符合法律的生成规律。所以迄今为止,经验主义立法仍是立法工作的重要理念,吴邦国同志就曾指出"确保立法进程与改革开放和社会主义现代化建设进程相适应"的关键是总结改革经验。

然而,经验主义立法亦有其局限性。立法的"被动迎合"往往使得人大立法权旁落,造成立法短视和滞后,结果是所立之法不能适应改革发展的需要,① 同时立法仅停留于总结和肯定改革经验的层面,法律亦会变成对现有秩序的僵化守护,这反而会阻碍改革的深入推进。特别是在国家法律体系已经形成的情况下,经验立法的滞后性还可能导致改革决策的合法性缺失,影响改革措施的实施。

(二) 工具主义立法理念指导下立法服务于改革

20世纪90年代后,伴随改革开放的深入和经济社会发展,国家法制逐渐完善,无法可依的困境得以初步改变,这为国家用法律管理社会创造了条件,而立法也从确认改革成果的数量扩张,转向注重满足改革和社会需要的质量提升。1993年,中共中央在《关于建立社会主义市场经济体制若干问题的决定》中就要求"做到改革开放与法制建设的统一,学会运用法律手段管理经济"②。随后,万里同志在全国人大常委会上指出,建立市场经济后,要用法律来管理个体经济、私营经济、三资企业等各种经济。③ 法律成为管理国家和社会事务的工具,而立法实质上也就是实现改革决策的工具,然而这一工具主义的立法理念还被不断推向新的高度,以致形成了上述"立法工作必须服从和服务于改革"的角色定位。

在工具主义立法理念的影响下,改革决策的主导地位没有改变,但立法已不仅是对改革经验的确认,还要围绕改革决策发挥其能动性来推动改革,这样立法就在客观上表现出对改革决策的主动迎合。例如,立法项目要围绕国家中心工作以及改革需要来设立,确保其与国家改革、发展、稳定的重大决策相结合;立法要根据改革决策的方向和进度来推进,使之与

---

① 参见蔡定剑《20年人大立法的发展及历史性转变》,载《国家行政学院学报》2000年第5期,第76页。

② 中共中央党校教务部主编:《十一届三中全会以来党和国家重要文献选编》,中共中央党校出版社2008年版,第319页。

③ 参见万里《万里文选》,人民出版社1995年版,第543页。

改革进程相适应。从历史角度来看，我国在这一时期形成了社会主义法律体系，工具主义立法理念对国家法制建设是具有指导和促进作用的；而且从"无法可依"到"用法律管理经济"，法律成为社会管理的根本性工具，这也反映出国家治理方式正在迈向法治化。此外，改革时代的社会关系错综复杂，立法应对改革需求制定法律，用法律解决问题，在实践中检验法律再加以完善，这亦是实现法律内在公平正义价值的必经阶段。

然而，工具主义立法的缺陷在于：将法律作为管理和控制社会以实现一定社会目标的工具，法律实施的目的实为实现政策，这不仅导致法律至上性丧失，还使立法成为保障国家机器运转的工具，弱化了人民对法治价值的崇尚。[①] 这些观点是有说服力的。退一步讲，法律虽然可以作为推进改革的工具，但也应承认立法和改革决策的本质差异，审慎运用这一理念，避免出现没有改革决策就没有立法，改革不推进而立法亦停滞，以至改革决策失败而立法也失败的后果。

（三）法治主义立法理念指导下立法引领和推动改革

"凡属重大改革都要于法有据"是新一届中央领导集体部署全面深化改革的根本要求，这不是为改革设置障碍，而是要"把立法决策与改革决策更好的结合起来"，"从法律制度上推动和落实改革举措，充分发挥立法在引领、推动和保障改革方面的重要作用"。与之前不同的是，现在的改革是在中国特色社会主义法律体系已经建立并逐步走向完善的条件下进行的，深化改革已经有法可依，所以不能再延续过去"敢闯、敢试、敢为天下先"的改革路径。那么，要破解改革的"变"与法治的"定"之间的难题，关键就在于立法与改革决策的互动衔接必须回归法治正途。在理念形态上，法治的系统化主张和价值判断对立法的要求，可以归结为法治主义的立法理念，而实现法治主义的思维和方式，就是法治思维和法治方式。易言之，立法与改革决策之间的关系应当以法治思维和法治方式来协调，确保已成立的法律获得普遍的服从，依法作出改革决策与推进改革，保证各种利益关系的调整都处于法律秩序之中；同时，所立之法应当充分尊重和保障人民权利，改革决策和立法都应当尽可能凝聚社会共识，

[①] 参见谢晖《法律工具主义评析》，载《中国法学》1994年第1期；谢晖《权利主导·价值定位·信仰塑造》，载《天津社会科学》1994年第6期。

用民主来约束权力，实现增进人民福祉的改革目的。如此，在改革步入深水区之际，改革的"变"才能在法治的"定"的引领下，有效破除改革的障碍，有序调整利益关系，促进经济社会的全面发展。

需要说明的是，上述分析并非意在阐释某一理念在特定时期的立法工作中居于独占地位，而是表明其对立法的主导性影响。综上所述，从立法和改革决策的关系演进及其所蕴含的立法理念的转变来看，执政党对立法和改革决策关系的认识在不断深入，亦在不懈探索着促进二者良性互动的径路。经验主义和工具主义立法理念的共同缺陷在于不适应法治语境下深化改革的现实要求，所以法治主义立法理念应运而生，这样立法与改革决策良性互动关系就应当以法治思维和法治方式来建构。

三、构建立法与改革决策良性互动关系之路径

在历经三十多年改革开放之后，我们要告别"改革推进法治"，走向"立法引领和推进改革"，要以法治主义立法理念转变立法角色，运用法治思维和法治方式推进全面深化改革，以构建立法与改革决策良性互动的关系。

（一）法治主义立法理念引领立法角色转型，实现立法主导改革

法治主义的含义十分丰富，[①] 其基本内容是宪法法律至上，权力应当受到法律的限制和约束，所有社会关系都应当处于法律秩序之中，法律的目的是实现人民安全与幸福生活的权利。[②] 在我国已建成社会主义法律体系和全面深化改革的现实背景下，立法若仅是总结改革经验或者作为实现改革决策的工具就难以适应社会发展的需要，立法和改革都应当遵循宪法法律至上原则在法治框架内运行。同时，从根本上讲，改革决策是重新分

[①] 本文中"法治主义"是指所有国家活动都必须依法进行，这不同于日本行政法中将法治主义仅理解为依法行政的观点。参见［日］盐野宏《法治主义与行政法——在日本的展开》，载《中山大学法律评论》第九卷第1辑；江利红《论法治主义在日本的形成与发展》，载《人大法律评论》2004年卷第2辑。

[②] 参见［韩］李在龙《中国传统法思想与现代法治主义之法哲学根基》，载《南京大学法学评论》1997年秋季号。

配社会利益的方案，改革必然会面临整合不同利益诉求的问题，而立法又具有吸纳这些诉求及凝聚社会共识的制度效用，法律是社会基本共识的载体，那么要有序有效整合利益诉求，确保人民福祉的增进，改革决策就应当通过作为立法机关的人民代表大会这一民主化商谈机制来赋予其正当性。当然，法治主义并不排斥实践经验在立法中的作用，也不否定工具主义立法在社会变革中的价值，而是要将"经验"和"工具"纳入法治视域下来运行，保证依法推进改革。因此，法治主义立法理念要求立法主导改革，确保立法和改革决策的良性互动和有效衔接符合合法性与民主性的要求。

（1）法治主义引导经验立法，及时将反映社会发展规律的改革经验上升为法律，巩固和发展改革成果。作为上层建筑的重要组成部分，法律的发展离不开社会实践，必须根据实践需要适时调整法律的内容，而改革就是我国当前最伟大的实践，改革经验和成果凝聚着改革者理性规划社会发展以及解决实际问题的智慧与技巧，这为立法者分析社会发展规律并从中提炼出规范社会关系的一般规则提供了实践素材。同时，稳步有序地推进改革亦离不开法律的支持，必须在法治框架下依法改革，而改革经验和成果的法制化转换，不仅奠定了深化改革的合法性基础，而且使改革决策既立足于法律又来自于实践。诚然，法治主义下的经验立法是将改革经验成果中所蕴含的社会发展规律上升为法律，而非不加甄别的唯经验论，这样才能保证立法的适度前瞻性及法的稳定性，使所立之法立得住、行得通，用良法来推进善治。同时，要警惕少数人假借改革成果之名而以立法谋取不当利益，这就要切实保证公民成为立法的有效参与者，不仅要使之有表达意见和建议的渠道，还要有反馈和回应公众意见的机制，立法涉及的相关资料（在不违反保密原则的前提下）应当公开，使改革经验或成果接受公共理性的检视，在人民代表大会制度中搭建起决策、立法与公共理性的对话平台。通过法治化的民主和公开立法，广泛听取各方意见，提升立法的民主科学性，确保真正成熟的改革经验依法转化成可复制推广的制度模式，不断推进社会主义法制的自我完善，保护来之不易的改革成果，使之更广泛惠及社会公众。

（2）法治主义引导工具主义立法，依法将顶层设计的改革决策转化为法律，为改革提供法律依据。在深化改革进程中，立法不应仅是消极地适应改革与确认改革成果，亦须积极主动地因应改革发展；"立法不仅仅是对实践经验的总结,更要通过立法转化顶层设计、引领改革进程、推动科学发展;立法不仅仅是对实践的被动回应,更要对社会现实和改革进程进行主动谋划、前瞻规划和全面推进"①。法治主义下的这一立法角色虽仍具有工具主义色彩,但其已不是盲目地围绕着改革来开展工作,而是要"引领"改革。这就对改革决策提出了更高的合法性要求,执政党在制定决策时应当考虑相关的法律问题,改革思路、方案、措施等都应当在法治框架内遵循法治原则和法律规定来进行,不能"踩着法律改革"。在此基础上,改革决策经法定程序进入立法视域,由立法机关根据社会现实和改革进度做好立法规划,最终通过科学和民主的立法程序将改革决策转化为法律规定和法治主张。特别是,"重大改革都要于法有据",这不仅是因为改革必须依法进行,更是因为此类改革往往涉及广泛的公民利益和社会公益,稍有不慎就会引发诸多不特定的负面影响,所以必须经过立法这一民意聚合途径来确保理性、渐进地推行改革,维护社会的稳定与安全。此外,在改革决策转化为法律过程中,立法应注重协调平衡各种利益,一方面要警惕改革中过度强调公益而造成对公民权益的挤压与限缩,始终将公权力置于法律严格控制的范围内,尊重和保障公民的权利与自由,对任何有损公民权益的行为,必须提供畅通、有效的法律救济途径;另一方面,要力促不同利益主体通过立法程序的平等对话来增进所立之法的正当性,有序架构公正公平的利益格局,实现利益关系结构的合理化。总之,在立法将改革决策转化为法律的过程中,应当坚持法治权威优位于改革,改革决策蕴育于立法,实现立法主导改革。

(二) 法治思维和法治方式助推立法与改革决策的良性互动和有效衔接

一般而言,法治思维是指坚持宪法法律至上,主张良法善治,尊重人权与自由,保障秩序和安全,要求公权力机关职权法定并依法行使权力、严格公正执法及自觉接受监督,公平对待但允许合理等差,秉持程序正当,注重实体正义的治国理政思维。②法治方式是运用法治思维处理和解

---

① 王乐泉:《论改革与法治的关系》,载《中国法学》2014年第6期。
② 参见江必新《法治思维——社会转型时期治国理政的应然向度》,载《法学评论》2013年第5期。

决问题的行为方式，是法治思维实际作用于人的行为的外在表现，而这一思维和方式就是法治主义处理有关问题的思维和方法。那么，要实现法治主义立法理念引导立法角色的转型，关键还在于以法治思维和法治方式协调立法与改革决策的关系，促进二者良性互动与有效衔接。

（1）完善立法与改革决策互动的法律规定，以法治思维和法治方式推动二者良性互动。在法治主义下，要协调好立法与改革决策的关系，就应当运用法治思维并通过法治方式来化解二者间的嫌隙，力促二者良性互动。这里的关键是要加快提升党领导人大及其常委会立法工作的法治化水平，按照党总揽全局、协调各方的原则，处理好党委与人大及其常委会的关系；对改革决策中涉及的立法问题，党委应当主动与立法机关协调，及时提出立法需求和立法建议；对违法推行改革或者因疏于履行协调职责而导致改革违法进行的，应当依法追究直接领导人的纪律责任或者政治责任。再者，要加快提升立法转化改革决策的法治化能力。立法不能唯改革决策是从，应当运用法治思维审慎、理性地对待改革决策，科学规划国家立法，合理推进立法进程，依法创制法律。在立法程序中，全国人大及其常委会还应当积极发挥立法的监督职能，严格依法审议改革决策，并完善与决策制定机关的沟通机制，对违背法治原则的改革决策应当在提出法律意见后退回决策制定机关，防止"破法改革"的重演，积极稳妥地引领和推动国家改革发展。

（2）创建架通立法与改革决策衔接的法律程序，以法治思维和法治方式促成二者有效衔接。这是实现立法与改革决策良性互动的关键环节。在法治主义下，当改革决策经法律程序进入国家法治体系后，改革主张转变成法治主张，但并不意味所有改革决策都要转化为法律，而是要求立法应当以法治方式来落实决策。首先，若立法、释法或者修法的条件均不具备，但改革又势在必行的，最高国家权力机关应当遵循法治原则并依照法定程序授权相关地区或者部门先行先试，在确保法制稳定的前提下，为改革发展留下足够的空间，鼓励首创精神。其次，若现行法律总体满足社会发展要求，只是规定过于原则以致影响到改革决策的落实，权力机关可以运用法律解释方法使之明确以支持改革。再次，若现行法律已经严重落后于社会发展需要，阻碍了改革决策的落实，但是立法条件尚不成熟的，此时权力机关应当修改或者废止该法律以清除阻滞改革的"壁垒"。最后，若改革决策要求的立法条件已经具备的，应启动立法程序制定法律来落实改革决策要求，保证立法与改革决策的同步协调，共同促进全面深化改革。

四、结　语

总之，改革开放三十多年来，我国立法与改革决策的关系历经变化，立法理念也在不断转型。随着社会主义法律体系的建成及改革进入攻坚期和深水区，改革往往涉及深刻而强烈的利益调整，各方面利益博弈日趋激化，依法改革成为改革稳步有序推进的关键，立法与改革决策的关系应科学定位，实现二者的良性互动与有效衔接。在全面推进依法治国背景下，要注重发挥法治思维和法治方式的效用，在研究改革方案和改革措施时，要同步考虑改革涉及的立法问题，及时提出立法需求和立法建议，使改革决策转化为法治主张，更好地凝聚社会共识，增强社会对改革决策的认同，做到重大改革于法有据，依法推进改革。立法要主动适应改革和经济社会发展需要，发挥立法的引领和推动作用。立法不应是消极地适应改革，也不仅仅是对实践经验的总结，而要对社会现实进行主动谋划、前瞻规划，要通过立法转化改革决策、引领改革进程、推动科学发展。改革举措涉及法律立改废的，要及时启动立法程序，做到立法和改革决策相衔接、相统一，深化改革和推进法治双轮驱动、协调共进。

（本文原载《法学评论》2016 年第 1 期）

论地方特色：地方立法的永恒主题

地方立法是我国立法体制中必不可少的组成部分，在地方事务治理中发挥着至关重要的作用。地方特色是地方立法的核心和灵魂，是地方立法质量的重要支撑。地方立法必须从本地的"具体情况和实际需要"① 出发，对接地方的客观需求，解决地方的实际问题。有学者提出，"地方立法所以要体现地方特色，是由地方立法的特性决定的。没有地方特色，地方立法就失去其存在的价值"。② 2013年2月23日，习近平总书记在十八届中共中央政治局第四次集体学习时的讲话中指出："人民群众对立法的期盼，已经不是有没有，而是好不好、管用不管用、能不能解决实际问题。"③ 2015年9月6日，全国人民代表大会（简称"人大"）常务委员会（简称"常委会"）委员长张德江在广东省佛山市调研地方人大工作时指出，地方立法关键是在本地特色上下功夫、在有效管用上做文章，确保立法质量。这就指明了地方立法的本质与基本要求。如何把握及充分体现地方立法的地方特色，是一个需要不断探索和实践的永恒主题。

一、地方立法的地方特色之界定

立法实务界对地方立法的地方特色的理解通常是"符合本地的具体情况和实际需要"。立法理论界也对地方立法的地方特色进行了积极探讨，提出的观点主要有五个方面。一是所谓地方特色，就是要求地方立法

---

① 《中华人民共和国立法法》第72条第1款、第2款的规定，省、自治区、直辖市的人民代表大会及其常务委员会根据本行政区域的具体情况和实际需要，在不同宪法、法律、行政法规相抵触的前提下，可以制定地方性法规；设区的市的人民代表大会及其常务委员会根据本市的具体情况和实际需要，在不同宪法、法律、行政法规和本省、自治区的地方性法规相抵触的前提下，可以对城乡建设与管理、环境保护、历史文化保护等方面的事项制定地方性法规。

② 周旺生：《立法学》（第二版），法律出版社2009年版，第282页。

③ 中共中央文献研究室编：《习近平关于全面依法治国论述摘编》，中央文献出版社2015年版，第43页。

反映本地的特殊性。具体是指：第一，地方立法能够充分反映本地经济、政治、法制、文化、风俗、民情等立法调整的需求程度；第二，地方立法要有较强的、具体的针对性，注重解决本地突出问题，把制定地方性法规文件同解决地方实际问题结合起来。① 二是地方立法特色是指地方立法在与中央立法保持一致的基础上，从本地自然环境、经济发展、民族风俗、文化水平等实际出发，总结实践经验，讲究立法创新，体现地方性和时代性，并注重可行性和操作性的一种特点。② 三是所谓地方特色，简单地说，就是地方固有的、客观存在的特殊性。地方立法中的地方特色，也就是在地方立法中体现出地方的这种特殊性。③ 四是地方立法中的地方特色，是指地方立法主体对于某一事项，在决定是否进行地方立法以及如何立法时应当考虑的因素，以使其更好地适用于地方。④ 五是所谓特色，简单地讲就是"人无我有、人有我优"。中央立法主要是解决普遍性、综合性、规律性的东西，地方立法的切入点应当放在本地发展水平的差别化、多样化、特殊性上，充分考虑本地经济社会、地理环境、自然条件、风土人情、民族习惯等情况，因地制宜，创造性地解决地方事务中的问题。这些因素都应该是评估立法是否具有地方特色的基本判断标准。⑤

笔者认为，尽管学者们对地方立法的地方特色做了不同的表述，但可以提炼出一些基本的内核。第一，地方立法的地方特色就是地方立法在不同宪法、法律和行政法规相抵触的前提下，所反映出的地方的个性、差异性和特殊性。第二，地方立法的地方特色要求地方立法应有效对接本地经济、政治、文化、社会、风俗等对立法的客观需求，适应本地的实际情况。第三，地方立法的地方特色要求地方立法要有针对性、操作性和可行性，能解决本地突出的而中央立法尚未解决、不宜解决或难以解决的问题。界定地方立法的地方特色，需要把握以下三个方面。

---

① 参见周旺生《立法学》，法律出版社1998年版，第336页。
② 参见孙政《地方立法框架下——立法技术研究》，沈阳出版社2009年版，第28页。
③ 参见许京敏《地方立法中的地方特色》，载《法制建设》1998年第1期。
④ 参见张伟《评价地方性法规的若干标准》，引自山东省人大常委会法制工作室编《地方立法研究》，山东人民出版社1991年版，第140页。
⑤ 参见李高协《再议地方立法的不抵触、有特色、可操作原则》，载《人大研究》2015年第9期。

(一) 地方立法的地方特色之边界

地方立法的地方特色之边界可以从正边界和负边界两个纬度加以审视。正边界就是要维护"法制的统一性"或者遵循"不抵触"原则。《中华人民共和国立法法》（简称《立法法》）对地方立法的限定有两个：一是"根据本行政区域的具体情况和实际需要"；二是"不同宪法、法律、行政法规相抵触"。由此可见，"法制统一性"或者"不抵触"是地方立法的地方特色之前提，地方立法具有从属性，既不能与宪法、法律和行政法规的具体规定相抵触（称之为直接抵触），也不能与宪法、法律和行政法规的原则精神相抵触（称之为间接抵触）。地方特色中的"特"不是搞特殊化，如果地方立法违背了"法制统一性"的要求，"特"出了边界、超越了权限，就会产生无效的后果。这样的地方立法不仅会浪费宝贵的立法资源，而且会造成其他诸多不良的影响。① 负边界就是要排除"地方保护主义"。地方特色与地方保护主义二者在性质上是完全不同的：地方特色是地方立法的生命线，是地方立法存在的基础和价值所在，是要坚持和倡导的；而地方保护主义则是违法的，是违背地方立法的基本原则、破坏法制统一性而要坚决反对的。地方保护主义是以违背中央政策和国家法律的方式积极或者消极地行使权力来维护或者扩大地方局部利益，阻碍社会主义市场经济体制建立，破坏国家法治统一的行为。如果地方立法机关借地方特色之名，行地方保护主义之实，将地方保护主义法制化，就是使地方立法误入歧途。

(二) 地方立法的地方特色之范围

有学者认为，地方立法的功用主要体现在三个方面。一是实施性。实施国家法律、行政法规，对上位法进行细化和补充。二是地方性。自主解决具有地方特殊性的事项。三是先行性。在国家专属立法权以外且国家尚未立法的情况下，先行先试，为国家立法提供经验。② 与此相对应，地方立法可分为执行性地方立法、自主性地方立法和先行性地方立法。一般认为，自主性地方立法和先行性地方立法的地方特色较为明显，而执行性地

---

① 参见王斐弘《地方立法特色论》，载《人大研究》2005年第5期。
② 参见王波《地方立法要突出地方特色》，载《南方日报》2015年6月8日。

方立法则不具有地方特色或地方特色很弱。笔者认为，地方立法的地方特色存在于各类地方立法之中。执行性地方立法一方面是为了贯彻执行国家的法律、行政法规，另一方面还要结合地方的具体情况和实际需要，着眼于解决地方的实际问题，在现有法律框架内对其中部分条款根据地方的实际需要进行细化、明确化和具体化。它是将法律的普遍性和地方的特殊性有机地结合起来，在某种程度上弥补中央立法之不足，是要体现地方特色的。与执行性地方立法相比，自主性地方立法和先行性地方立法的地方特色更为鲜明。自主性地方立法不是为了执行上位法，也不需要上级机关的授权，而是按照宪法、组织法和立法法的规定，对本地的经济、教育、科技、文化、卫生、体育等地方性事务自我决定是否立法以及确定立法内容等。地方性事务是与全国性事务相对应的、具有地方特色的事物。一般来说，它不需要由国家法律、行政法规来做出统一规定，[①] 而应由地方在维护国家法治权威的前提下，根据本地的实际自主进行立法，因地制宜、灵活多样地解决本地方的特殊问题，突出立法的地方特色。先行性地方立法是指省级和较大的市的人大及其常委会依据《中华人民共和国宪法》第5条第3款、《立法法》第73条第2款[②]、《中华人民共和国地方各级人民代表大会和地方各级人民政府组织法》（2015修正）第7条[③]的规定，在

[①] 参见王鉴灿《地方立法权之研究——基于纵向分权所进行的解读》，浙江工商大学出版社2014年版，第111页。

[②] 《立法法》第73条第2款规定，除本法第8条规定的事项外，其他事项国家尚未制定法律或者行政法规的，省、自治区、直辖市和设区的市、自治州根据本地方的具体情况和实际需要，可以先制定地方性法规。在国家制定的法律或者行政法规生效后，地方性法规同法律或者行政法规相抵触的规定无效，制定机关应当及时予以修改或者废止。

[③] 《中华人民共和国地方各级人民代表大会和地方各级人民政府组织法》（2015修正）第7条规定，省、自治区、直辖市的人民代表大会根据本行政区域的具体情况和实际需要，在不同宪法、法律、行政法规相抵触的前提下，可以制定和颁布地方性法规，报全国人民代表大会常务委员会和国务院备案。设区的市的人民代表大会根据本市的具体情况和实际需要，在不同宪法、法律、行政法规和本省、自治区的地方性法规相抵触的前提下，可以制定地方性法规，报省、自治区的人民代表大会常务委员会批准后施行，并由省、自治区的人民代表大会常务委员会报全国人民代表大会常务委员会和国务院备案。

中央专属立法事项①之外，对国家尚未制定法律、行政法规的其他事项，根据地方的具体情况和实际需要制定地方性法规的行为。先行性地方立法要充分彰显地方特色，既应立足于当地实际，也应尽可能地增加一些前瞻性、创新性的条款，运用先进的立法理念，充分发挥地方立法的导向作用和"试验田"的作用。

（三）地方立法的地方特色之竞合

经济全球化和区域经济一体化已经成为世界经济发展的必然趋势，其在推动各个国家和地区加强联系、共谋发展的同时，也给各国和地区的经济社会发展带来了新的问题和挑战。在我国，区域经济一体化已经成为推动我国经济发展的重要力量。随着区域经济一体化的发展，迫切需要打破行政区划的刚性约束，通过立法协作与制度创新有效调整各方的利益关系，确认、保护各方共同的利益，建立无壁垒无障碍的共同市场和共同规则，促进利益共赢。②区域经济一体化的发展对地方立法的主体、对象、目的、内容、程序与适用范围、冲突协调等均提出了挑战，要求地方立法从传统意义上的单一行政区立法走向跨行政区立法或区域立法，立法的价值取向从只关注本行政区的利益及其发展转向关注区域的整体利益及区域协调发展，立法的调整对象从本行政区公共事务走向跨区域公共事务，以促进区域统一大市场的形成，促进商品、要素的自由流动，产业的合理布局，以及资源的优化配置，最终实现区域的健康、协调、可持续发展，增强区域的整体竞争力。适应区域经济一体化发展的现实需要，创新地方立法的体制与机制，在地方立法层面做好推进区域经济一体化的工作，废除与区域经济一体化有冲突的地方性法规、规章及其他规范性文件，建立健全与区域经济一体化有关的法规、规章及其他规范性文件，实现区域内法律规范的协调统一。这是否会对地方立法的地方特色产生冲击呢？笔者认

---

① 根据《立法法》第8条的规定，中央专属立法事项是指"国家主权的事项；各级人民代表大会、人民政府、人民法院和人民检察院的产生、组织和职权；民族区域自治制度、特别行政区制度、基层群众自治制度；犯罪和刑罚；对公民政治权利的剥夺、限制人身自由的强制措施和处罚；税种的设立、税率的确定和税收征收管理等税收基本制度；对非国有财产的征收、征用；民事基本制度；基本经济制度以及财政、海关、金融和外贸的基本制度；诉讼和仲裁制度；必须由全国人民代表大会及其常务委员会制定法律的其他事项"。

② 参见王腊生《地方立法协作重大问题探讨》，载《法治论丛》2008年第3期。

为，这不是要否定地方立法的地方特色，而是要在一定的经济区域内谋求各地规则一致性（或者规则趋同）而出现的地方特色之竞合，其目的是解决好区域内面临的共同问题，协调平衡各方的利益关系，实现平等互利、合作共赢。同时，这种地方立法特色竞合只是表现在部分事项上（基于共同利益需求的事项上），如有关区域协调发展规划的事项、有关自然资源管理的事项、有关产业结构政策的事项、有关生态环境保护的事项、有关执行上位法要统一执法标准与程序的事项、有关跨区域公共事务的治理等，在此方面，通过谋求规则的一致性或者规则趋同，为区域协调发展营造良好的法制环境，提供有效的制度支撑。

二、地方立法的地方特色之必要性分析

地方立法只有具有地方特色才能展现其存在的价值。而从实践来看，地方立法存在的主要问题之一就是地方特色缺乏，针对性和可操作性不强，创新性不突出，这既减损了地方立法的效用，也浪费了宝贵的立法资源。故坚持地方立法的地方特色是我国地方立法必须直接面对且应重点解决的问题。

（一）坚持地方立法的地方特色是完善社会主义法律体系的客观需要

地方立法是中国特色社会主义法律体系的有机组成部分，其在保障宪法、法律、行政法规在本行政区域内得以有效实施，促进地方改革创新，为地方经济发展及社会和谐稳定创造良好的法制环境等方面发挥了重要作用。我国疆域广袤，各行政区域的情况千差万别，各项事业的发展状况又极不平衡。"中央立法只能对一般性的问题进行规范，而不可能对地方的特殊情况加以考虑，其中有难以了解的客观现实，也有难以规范的立法实际。"[1]虽然中国特色社会主义法律体系已经形成，但还需要不断完善，需要从数量规模型立法转变为质量效益型立法，实现立法的转型升级与提质增效。

地方立法既具有从属性，又具有相对的独立性。它一方面可以细化法

---

[1] 刘莘：《立法法》，北京大学出版社2008年版，第426页。

律的原则性规定,使中央立法得以全面贯彻执行;另一方面可以弥补中央立法之不足,充分体现地方特色,解决地方的实际问题,推动着社会主义法律体系的健全和完善。地方立法在及时回应地方出现的新情况与新问题、填补中央立法之空白、避免地方经济社会发展中出现失范与无序现象等方面发挥着重要作用。如果说中央立法是主干,地方立法就是枝叶,如果没有枝叶的光合作用,那么主干最终也会枯死。地方立法权与中央立法权作为国家立法体制的基本构成,二者相辅相成、密不可分,如果没有地方立法权,中央立法权就难以充分实现,进而会从根本上影响我国法制建设的进程。

(二) 坚持地方立法的地方特色是赋予地方立法权的本质要求

党的十一届三中全会以后,我国的法制建设逐渐步入正轨。1979年的《地方各级人民代表大会和地方各级人民政府组织法》赋予了地方立法权。1982年修订的现行宪法规定了中央和地方国家机构职权划分的基本原则。① 这为中央与地方立法权的划分及地方立法权的行使奠定了基础,提供了基本遵循。国家赋予地方立法权,就是希望地方立法在体现地方特色上下功夫,在为地方事务治理提供有效依据上做贡献,尽量弥补中央立法无法全面细致规定或难以及时规定而导致地方可能丧失发展机遇的缺陷,促进地方健康、协调、有序发展,这应是地方立法权设定的出发点和落脚点。② 有学者认为,中央立法面对全国各地政治、经济和文化状况的千差万别,根本不可能面面俱到,对各地因地制宜地有针对性的调整和规范只能也必然要依赖地方立法发挥作用,这是地方立法产生和发展的重要机理。③ "正因为单有中央立法不足以解决地方的特殊问题,不足以反映各地不平衡的状况……才在中央立法之外,再辟地方立法的蹊径。"④

---

① 现行宪法第3条第4款规定:"中央和地方的国家机构职权的划分,遵循在中央的统一领导下,充分发挥地方的主动性、积极性的原则。"

② 参见王宝坤《中国地方立法特色研究》(学位论文),北方工业大学法学院2012年,第13、8-9页。

③ 参见崔卓兰、于立深、孙波等《地方立法实证研究》,知识产权出版社2007年版,第8页。

④ 周旺生:《立法学》,北京大学出版社2000年版,第376页。

可见，国家赋予地方立法权的目的就是要调动地方的主动性和积极性。地方立法必须在遵循国家法制统一原则的基础上从地方实际出发，满足地方的特殊需求，体现地方特色，既能有效地保证宪法、法律、行政法规在本行政区域内贯彻执行，又能为地方各项事务的治理提供良好的法律依据，引领和推动地方各项事业的发展。如果地方立法没有地方特色，简单地照抄、照搬上位法的规定，搞"三世同堂、四世同堂"；或者脱离地方实际，闭门造车，盲目立法，形成"无的放矢"的局面，也就背离了国家赋予地方立法权的本意和初衷。①

（三）坚持地方立法的地方特色是提高地方立法质量的关键所在

良法是善治的前提，而良法的精髓在于立法的质量，立法的质量决定着法治的质量。越是强调法治，越是要提高立法质量。如果立法的质量不高，就会形成一个法律越多而秩序越差的怪象，就难以达到立法的目的，并会损害法治的权威。党的十八届四中全会《中共中央关于全面推进依法治国若干重大问题的决定》（简称《决定》）指出："建设中国特色社会主义法治体系，必须坚持立法先行，发挥立法的引领和推动作用，抓住提高立法质量这个关键。"地方立法质量直接关系到法的实施效果，对地方治理能力和治理水平的提升有着至关重要的影响。而地方特色是地方立法质量的基本标准，直接决定着地方立法有无存在的必要。目前，有的地方立法缺乏地方特色，存在为立法而立法的思维，重复立法的现象时有发生，"上下一般粗"的情况比较普遍，照抄照搬的情形仍然较多。在地方立法主体扩容②的背景下，如果地方立法不能做到有特色、可操作，那么这种扩容就会毫无意义。因此，以彰显地方特色为基点，大力提高地方立法的质量，是加强和改进地方立法的首要任务，是地方立法得以有效实施的前提和基础。地方立法要避免走简单重复的老路，要充分利用国家赋予的自主立法权、先行立法权等，在地方立法领域体现改革需求和创新精

---

① 参见练俊生、肖萍《地方立法中的地方特色》，载《理论与改革》1996 年第 4 期。
② 我国于 2015 年 3 月 15 日召开的第十二届全国人民代表大会第三次会议通过了《全国人民代表大会关于修改〈中华人民共和国立法法〉的决定》，将过去只有 49 个较大的市才享有的地方立法权扩大至所有 284 个设区的市、30 个自治州和 4 个不设区的地级市。

神，开拓地方立法发展的独特空间，充分反映地方特色，使地方立法不断适应新形势、解决新问题、引领新发展，促进地方治理的法治化。

（四）坚持地方立法的地方特色是促进地方经济社会发展的必然选择

一个国家经济社会的发展和繁荣与其制度设计的水平密切相关。立法就是国家最基本、最正式的制度设计。立法是法治的首要环节，也是基础性环节，立法的质量直接关系到法治建设的质量。我国幅员辽阔，东中西部地区、北方和南方以及同一行政区划内的城乡之间的经济结构和社会发展状况均存在着较大差异，区域发展不平衡已经成为困扰国民经济持续发展的焦点难题。由于经济基础决定上层建筑，因此各行政区域在政治、经济、文化、社会、生态等方面亟须立法调整和解决的问题是不一样的，而中央立法在某些方面也只能做出原则性的规定甚至是无法规定，且中央立法周期长，各个地方如果不能按照本地的实际情况制定相关的法规、规章，则宪法、法律的规定就难以得到有效实施，经济社会发展就可能会出现无法可依的情况。因此，地方立法必须立足于本地实际，与本地的经济社会发展水平相适应，充分调研分析本地的产业结构及增长方式、基础设施建设水平、地区发展的比较优势、经济发展要素以及城乡生活方式和公众心理方面的差异等，找准进行地方立法的客观需要，既要通过地方立法来保护改革发展的成果，又要具有适当的前瞻性，以地方立法来引领改革发展的方向。这种反映各地方发展不平衡的实际情况，解决各地方经济、社会的特殊问题，满足地方经济社会发展对法律制度需求的地方立法，才凸显地方特色，并具有强大的生命力。

三、地方立法的地方特色之实现策略

突出地方立法的地方特色不是一蹴而就的，而是一项复杂的系统工程，需要与时俱进、不断探索、选准路径、科学施策。现从以下六个方面提些初步的建议。

（一）定位上：坚持问题导向，实施精准立法

与中央立法调整社会关系的体系化、完整性相比，地方立法是以解决

地方的实际问题为依归的，是"问题导向立法"。彭真同志指出："马克思主义的活的灵魂，就在于具体地分析具体的情况，由地方依据中央总的方针，从自己的实际情况出发来立法，可以更好地解决本地的问题。"①这是指导我国地方立法的基本方针，也有助于我国立法资源的科学合理使用。坚持问题导向为地方立法提供了方向指引与原动力，体现地方特色重在解决地方实际问题。问题找得准不准、解决得怎么样、立法管不管用、群众满意不满意，是评价立法质量高低的根本标准。地方立法只有坚持问题导向，实施精准立法，加强制度创新，使所立之法真正管用有效，才能最大限度地发挥地方立法的效用。重点应做到以下四点。

（1）找准地方立法的针对性。针对性是"坚持问题导向立法"的内在要求，要体现地方立法的地方特色，至关重要的是找准地方立法的针对性。所谓针对性，就是要对接地方的实际需求进行立法，不搞无的放矢。只有针对性强的地方立法才会具有可行性和有效性。地方立法如缺乏针对性，其生命必将凋零，甚至丧失其存在的必要性。地方立法的针对性主要包括两个方面：一是地方立法项目本身具有针对性；二是地方立法的制度设计具有针对性。这两个方面的针对性，缺一不可。

（2）增强地方立法的操作性。这主要是指地方立法在具有针对性的基础上，其制度设计上的创新，重在寻求最优的制度设计以解决本地的实际问题。有学者提出："地方的立法早已不是单纯地对中央立法的重述，在现行的立法体制下基于地方之间竞争与民众需求的压力，各地的立法都在寻求制度性创新，尽管这种创新都是在先行先试的法定条款名义下进行的。"②"法律目的的权威性和法律秩序的整合性来自更有效率的法律制度的设计。"③ 地方立法是为解决地方的实际问题而存在的，是否具有可操作性是衡量其存在价值的重要标准。如果缺乏可操作性，地方立法就会失去其应有的意义，只能当作一种摆设。故要保障地方立法的质量，体现其地方特色，就应研究设计出适应本地状况的操作性强的制度。

（3）避免地方立法的趋同性。地方立法的趋同性主要表现在两个方

---

① 中共中央文献编辑委员会：《彭真文选》，人民出版社1991年版，第387页。
② 徐清飞：《权能分治下的我国地方立法：法律与实践》，载《学术研究》2011年第9期。
③ ［美］P. 诺内特、［美］P. 塞尔兹尼克：《转变中的法律与社会：迈向回应型法》，张志铭译，中国政法大学出版社2004年版，译序第6页。

面：一是地方立法与中央立法具有趋同性，即简单移植中央立法的内容，盲目追求体例上的完整性而缺乏针对性；二是地方立法相互之间具有趋同性，即各地立法项目选定和法律制度设计大同小异，看不出不同的地方在经济社会发展方面的差异。故要避免地方立法的趋同性，就应在对接地方的特殊需求中凸显地方立法的个性化与差异化，形成鲜明的地方特色。

（4）选准地方立法的体例。地方立法体例是地方立法的地方特色的外在体现，具有十分重要的作用。地方立法要以解决地方的实际问题为依归，需要几条就制定几条，成熟几条就写几条，不能片面追求立法形式上的完整性而导致立法体例冗长，不搞"大而全"，注重"小而精"，要在立法的精细化上下功夫，尽量不要重复上位法的内容，要立良法、出精品，防止"小法抄大法"、法繁扰民，有效回应人民群众对地方立法的关切和期盼。这也是精准立法的要求。

（二）源头上：科学编制立法规划（计划），准确选定立法项目

编制地方立法规划（计划），是地方立法准备阶段的重要工作，有利于地方立法的统筹协调、科学安排。通过编制地方立法规划（计划），指导地方立法工作分清轻重缓急、有次序、有步骤、有重点地进行，可以避免盲目立法或重复立法，降低立法成本，提高立法效率，推动地方立法与改革发展相协调、立法的科学性与现实性相统一。科学、合理的立法规划（计划）是做好地方立法工作的前提，是提高地方立法质量的基础。为了保证立法规划（计划）编制得科学、合理，实现预期的立法目标，准确选定立法项目是关键。准确选定立法项目是开展地方立法工作的首要环节，也是保障地方立法质量的一项基础性工作，是从源头上体现地方特色、增加地方立法"含金量"的重要举措。在立项阶段，要对各种复杂的社会关系进行疏理、分析、研究，将需要通过立法调整的社会关系的现状搞清楚，"根据本地区政治、经济体制改革和建立社会主义市场经济体制的需要，在科学预测的基础上，提出立法项目"[1]，切实把地方立法同本地经济社会发展的需求结合起来，同解决本地的实际问题结合起来，将反映经济社会发展规律的、维护人民群众利益、得到人民群众拥护的项目

---

[1] 许俊伦：《地方立法论》，中国民主法制出版社1997年版，第110页。

列入立法规划（计划）中，以对立法工作做出科学的安排和有效的指导。①

（三）抓手上：深入开展调研，广泛听取民意

任何立法都必须建立在拥有详实的资料与数据之上，而这必须依靠广泛而深入的调研，没有广泛深入的调查研究就难以选准立法项目，就难以进行高质量的立法，也就不可能立出符合人民意愿、得到人民拥护的法。地方立法是要应用于地方治理实践的，必须符合地方的客观实际，因此，立法者必须深入基层、深入一线展开调研。如果没有获得客观真实的信息，这样立出来的法则不但不能指导实践，反而会损害地方立法的可信度和权威性。立法者如不深入基层、不接地气，地方立法就不可能符合地方实际需要，也就不可能展现出地方特色。只有深入实践，抓住本地亟待解决的问题和最有特色的方面进行立法，把人民群众切实关心的问题摆在立法者的面前，使地方立法的真实性、针对性、有效性大大提高。这样才能真正通过地方立法解决社会问题，维护人民群众的利益，促进地方经济发展与社会进步。②为此，立法部门必须大兴调查研究之风，在地方立法的立项、起草、审议等各个阶段都要深入社会生活实际、深入基层一线进行调研，把各项工作做细、做实、做精，把需要立法解决的问题看透、找准，抓住事物的本质、把握事物的规律；要找准抓手，投入必要的立法成本，通过广泛建立基层立法联系点等方式，加强立法机关与基层群众的直接联系，倾听人民群众的意见、建议和利益诉求，切实获取真实、充分的立法信息，厚植地方立法的民意基础，打牢工作基础，为实现地方立法的程序正义与实质正义建立起有效的连接点。

（四）内容上：立足地方实际，反映经济社会发展需求

地方立法应当立足于地方的地理环境、资源禀赋、文化传统、风俗习惯，以本地方生产力为依托，反映地方经济社会发展的客观需要，解决国

---

① 参见王林、梁明《地方立法突出地方特色的实践与思考》，载《人大研究》2015年第8期。

② 参见王宝坤《中国地方立法特色研究》（学位论文），北方工业大学法学院2012年，第13、8-9页。

家法律和行政法规难以规范、尚未规范或规范不全等问题,增强地方立法的回应性。主要体现为以下五点。

(1) 地方立法应当立足于地方的地理环境、资源禀赋。孟德斯鸠曾说过:"法律应该和国家的自然状态有关系;和寒、热、温的气候有关系;和土地的质量、形态与面积有关系;和农、猎、牧各种人民的生活方式有关系;和居民的宗教、性癖、财富、人口、贸易、风俗、习惯相适应。"① 我国地域辽阔,东西经度、南北纬度跨越较大,地理状况复杂,自然资源分布不均,气候多样,动植物种类迥异。这就决定了立法者在进行地方立法的时候,必须考虑本地区的地理状况,重视本地区的生态资源承受力以及不同区域内人民群众的生产生活方式,反映不同地方各自特定的立法需求。

(2) 地方立法必须尊重地方的文化传统和风俗习惯。地方立法之地方特色及实施效果,是与地方的文化传统和风俗习惯分不开的。苏力教授认为,"真正能够得到有效贯彻执行的法律,恰恰是那些与通行的习惯惯例相一致或相近似的规定。"② 虽然制定法作为正式的制度安排在现代法治中占据重要地位,但民间规范、风俗习惯等作为非正式的制度安排也是现代法治不可或缺的组成部分,它们从来都是一个社会的秩序和制度的内在要素,在社会治理与法治社会建设中发挥着不可替代的作用;而且任何正式制度的设计,都不能不考虑这些非正式的制度。正如诺思所言,即便是在最发达的经济中,正式规则也只是决定人们选择的总约束中的一小部分(尽管是非常重要的部分),人们行为选择的大部分行为空间是由非正式制度来约束的。③ 如果没有这些非正式制度的配合和引导,地方立法所设计的正式制度就会因缺乏坚实的社会基础而难以得到人们的真正认可和自觉遵从。

(3) 地方立法必须以本地方生产力为依托。地方立法必须反映生产力的发展状况,符合生产力发展的基本要求,这样才有助于实现地方立法的宗旨与目的。不顾生产力发展状况与水平的地方立法无异于水上浮萍或

---

① [法] 孟德斯鸠:《论法的精神》(上册),张雁深译,商务印书馆1995年版,第7页。
② 苏力:《法治及其本土资源》,中国政法大学出版社1996年版,第10页。
③ 参见 [美] 道格拉斯·C. 诺思《制度、制度变迁与经济绩效》,杭行译,格致出版社2008年版,第50-51页。

空中楼阁，难以落地生根，不能指导实践、为民所用。马克思曾指出："立法者应该把自己看做一个自然科学家，他不是在制造法律，不是在发明法律，而仅仅是在表述法律，他把精神关系的内在规律表现在有意识的现行法律之中。"①

（4）地方立法必须从本地经济社会发展的需要出发。法律不是凭空想象的产物，而是来自维护公民合法权益、管理国家社会事务、推动经济社会发展的现实需要。地方立法是否与地方经济社会实际状况、人民群众的迫切需要、政府管理的重点难点等相吻合，是衡量地方立法必要性和可行性的重要标准。

（5）找准制约本地经济社会发展的关键环节和体制机制问题进行立法。以经济社会发展的现实需求为前提，针对问题立法，聚焦群众反映强烈的问题、意见集中的问题、矛盾突出的问题，在发现"新问题"、找准"真问题"的基础上，围绕问题、深挖根源、对准症结、开出药方，使立法成为公平分配社会利益、调整社会关系和处理社会矛盾的公器，在有效满足人民群众的期待中得以落实，产生良好的社会效果。

（五）程序上：健全相应的程序保障制度，实现利益的协调与平衡

程序的基本功能在于保障公正，防止偏私。立法程序作为一种制度化的正当过程，是限制立法者恣意进而使立法活动彰显和实现公平正义的制度设置，也是国家借助于立法手段协调利益冲突、维护社会秩序及配置社会资源的有效途径。立法程序具有民主性、公开性、参与性及自律性等属性。立法本质上是一个利益表达、利益协调、利益整合和利益分配的交涉过程，这个交涉过程是以求得共识、达成合意和做出决定为目的的。它必须通过正当、合法的程序来保障，否则，就难以制定出察民情、表民意、聚民智、促民生、得民心的高质量的地方性法规、规章。随着改革开放的深入、利益格局的调整及利益的多元化，立法工作越来越成为社会关注的焦点。因此，要通过正当的程序设计，让更多的人参与到立法中来，借助于程序这个交涉平台与协商机制将立法机关的作用、专家学者的作用和社会公众的作用有效发挥出来，实现立法的民主性与科学性的有机统一、过

---

① 《马克思恩格斯全集》第1卷，人民出版社1956年版，第183页。

程正当与结果公正的有机统一。要建立健全地方立法的委托起草制度、立法回避制度、公开征求意见制度、立法听证论证制度、协商协调制度、立法信息反馈制度、立法评估制度、立法公示制度、法规审议过程中的辩论制度、个别条款单独表决制度、重要法规案全民讨论制度① 等，让各类利益主体进行充分的利益博弈，寻求最大的利益公约数，实现利益的协调与平衡，让地方立法分配正义的功能以看得见的方式得到实现，增强地方立法的公信力。

（六）队伍上：打造专业化的立法队伍，夯实地方立法的人才基础

加强地方立法队伍建设是推进地方立法、增强立法特色、提高立法质量的一项基础性、保障性工作。党的十八届四中全会《决定》指出，推进法治专门队伍正规化、专业化、职业化，完善法律职业准入制度，建立从符合条件的律师、法学专家中招录立法工作者、法官、检察官制度。高质量的地方立法，离不开高素质的立法队伍。没有高素质、专业化的立法队伍作保障，地方立法的质量和效益必将受到很大的影响。有学者认为，地方立法转型时期的人才队伍建设，一定要向专业化、成熟化、体系化方向发展。② 现在人们对立法队伍应专业化已基本形成共识，但对专业化的内涵尚需进一步挖掘。人们通常认为，地方立法人员的专业化主要是趋向技术层面的要求，重在熟悉地方立法程序和技术规范。笔者认为，这样对立法专业化的理解还不全面，有失偏颇。突出地方特色，提升立法质量，要求地方立法工作人员不仅要熟悉立法程序和技术规范，还要准确理解上位法的规定，吃透法的精神，以及深入了解当地的具体情况。地方立法队伍的专业化既包括程序意义上的专业化，也包括实体法意义上专业化。这样才有助于抓住问题的实质，寻求地方立法最优的制度设计，才有助于切实增强地方立法的地方特色。因此，要明确专业化立法工作人员的任职资格条件，制定相应的职业行为规范，加强培训与考核，完善职业保障，切

---

① 例如，北京市人大常委会就曾将《禁止燃放烟花爆竹的规定》和《严格限制养犬的规定》两部地方性法规草案交付全民讨论，取得了良好的立法效果。

② 参见李喜《地方立法转型发展中的人才队伍建设问题》，载《山西大同大学学报（社会科学版）》2017年第1期。

实提高立法工作人员的专业素养，从而保障地方立法活动的规范有序、优质高效地进行。

四、结　　语

总之，地方立法在地方事务治理中具有十分重要的地位和相对独立的价值，其根本任务是要以立法的形式能动性地解决应由地方解决的问题。地方立法能否立得住、行得通、真管用，关键就在于其地方特色，没有地方特色就等于没有灵魂的躯壳。没有地方特色也就谈不上地方立法的质量。判断一个地方立法工作开展得怎么样，取得了多大成就，不仅要看立法的数量有多少，更要看立法的质量如何，看能否以坚持地方特色为核心着力提升地方立法的质量。地方立法的地方特色能将中央立法的普遍性、原则性与地方的特殊性、差异性结合起来，将地方立法的稳定性与灵活性结合起来，并增强地方立法的针对性、科学性、有效性和可接受性。只有坚持问题导向立法，突出地方特色，地方立法才能有所作为，达致预期效果；只有植根于社会生活实际，突出地方特色，地方立法才能更接地气、更有生命力；只有与时俱进彰显地方特色，地方立法才会生机勃勃、前景广阔。如果失去了地方特色，地方立法就会黯淡无光，立法的权威性就会大打折扣，地方立法存在的价值就会丧失。在坚持法制统一的前提下，顺应时代发展的需求，不断挖掘地方立法的地方特色，大力提高地方立法质量，以良法行善治，以良法助改革，以良法促发展，以良法增和谐，以良法慧民生，以良法得民心。这是我国地方立法中常研常新的重大课题，对这一课题进行系统、深入地探讨必将对完善中国特色社会主义法律体系、推进地方治理的现代化有着积极而深远的意义。

（本文原载《学术研究》2017 年第 9 期）

论民间规范与地方立法的融合发展

引 言

20世纪90年代以来，有关民间法的研究在国内形成了一场声势浩大的法学知识运动。这一知识运动大致可以分为三大流派：一是以苏力教授为代表的本土资源视野下的民间法研究；二是以梁治平教授为代表的法律文化视野下的民间法研究；三是以谢晖教授为代表的规范法学视野下的民间法研究。① 本土资源视野下的民间法研究关注的是晚清以来西方法律移植在中国所遭遇的本土化困境以及本土法与移植法的冲突；法律文化视野下的民间法研究关注的是精英文化所代表的大传统（即国家传统）与大众文化所代表的小传统（即民间传统）在法律文化选择上的困境；规范法学视野下的民间法研究关注的是民间法在规范上如何导入国家立法和司法活动。尽管如此，这三种研究视野有一点却是共同的，即更多地从与作为中央立法的国家法对应的角度来考察民间法。也就是说，从立法学上看，这些研究主要关注的是民间规范与中央立法是否会产生交集以及如何产生交集。然而，仅凭直觉，我们不难发现民间规范更容易与地方立法以及地方法治建设发生关联。

作为一种学术话语的知识运动，也许最初的民间法研究更注重的是理论阐释力和思想冲击力，而并不刻意追求这一知识运动在国家治理政策和制度设计中如何落地，显然，对中央立法与民间法关系的阐释更具有理论阐释力和思想冲击力。② "民间法""习惯法""习惯""惯例""民间习惯""民间规范"等概念在众多民间法研究文献中界分不清或交叉使用，

---

① 参见魏敦友《民间法话语的逻辑——对当代中国法学建构民间法的三种理论样式的初步探讨》，载《山东大学学报（哲学社会科学版）》2008年第6期，第2－7页。

② 正如有学者指出，民间法研究给长期以来笼罩着"形而上"甚至"空洞"色彩的理论法学研究带来了现实主义关怀。参见胡平仁、陈思《民间法研究的使命》，载《湘潭大学学报（哲学社会科学版）》2012年第2期，第34页。

也表明民间法研究尚停留在知识运动层面。① 2014年10月党的十八届四中全会通过的《中共中央关于全面推进依法治国若干重大问题的决定》（简称"十八届四中全会《决定》"）将民间规范一举纳入推进法治社会建设措施之中，明确提出要"发挥市民公约、乡规民约、行业规章、团体章程等社会规范在社会治理中的积极作用"。尽管十八届四中全会《决定》使用的是"社会规范"概念，但其所列举的社会规范与民间法研究中的民间规范基本是一致的。这显然是站在规范法学立场上的。民间法、习惯法在法社会学、法人类学意义上，我们可以称之为"法"，但在为国家立法和司法提供法学理论——也是最纯粹的法学理论的规范法学意义上，"民间法""习惯法"并不是"法"，只能称之为与国家立法或司法活动发生交互关系的社会规范。因此，有必要用"民间规范"概念统一民间法研究概念使用上的混乱。② 前述执政党的纲领性文件旗帜鲜明地采用规范法学立场，使得民间规范不再仅仅是一种学术话语，而是进入作为国家治理重要一环的法治社会建设实践之中。而在此前党的十八届三中全会通过的《中共中央关于全面深化改革若干重大问题的决定》中，将"法治社会与法治国家和法治政府一体建设"作为法治中国建设的基本内容。执政党的纲领性文件在当代中国的重大实践意义是不言自明的，由此我们可以充分相信，民间规范已毫无疑问地从法学界的知识运动进入全面推进依法治国的实践之中。

根据执政纲领性文件所作的顶层制度设计，民间规范是从法治社会

---

① 有学者分析，造成民间法研究在基本概念界定与使用混乱的原因有二：一是学术研究立场不清晰，学者们在法社会学、法文化学、法人类学、规范法学等完全不同甚至相互混杂的立场上从事民间法研究；二是所使用的分析方法和文献资料不足以胜任将这一系列概念区分开来的学术任务。参见魏治勋《民间法思维》，中国政法大学出版社2010年版，第181－182页。

② 有学者已认识到这一点，提出"从规范法学的视角出发，坚决主张在民间法研究中以'民间规范'的提法来进一步丰富传统'民间法'之概念内涵。规范法学视野下的民间法严格指称应为民间规范，它是某一特定区域内的社会主体在长期生产、生活过程中形成的，用以规定主体间权利义务关系、调节各类纠纷，具有强制性、权威性、规范性和一定约束力的行为规范体系。规范性是理解民间规范的关键：首先，规范性将民间规范同一般的民间习惯区分开来，民间规范是从民间习惯中生成的，但并非所有的民间习惯都具有规范性因素；其次，民间规范虽然同法律规范一样同属'规范'之范畴，但民间规范不是法律规范，这也将民间规范同法律规范做了严格的区分（民间规范必须获得公权力机关的确认或认可才能成为严格意义上的法律规范）"。参见周俊光《规范法学视野下的民间法研究》，载《河南大学学报（社会科学版）》2017年第2期，第51页。

建设切入法治实践的，而法治社会建设的关键在地方、在基层，作为地方性知识和基层生活规范的民间规范也必然最先、最多地与地方立法和地方法治建设发生关联。为此，民间法研究在立法学上必须实现一个转向，即从研究民间法与中央立法的关系转到研究民间规范与地方立法的关系。这当中，民间规范与地方立法为何要融合发展、能否融合发展、如何融合发展等问题，是需要回答的重要命题。

一、民间规范与地方立法融合发展的基础

在法治国家、法治政府、法治社会一体建设的实践中，民间规范与地方立法是否存在融合发展的基础，对这一问题的回答是讨论二者融合发展的逻辑起点。恩格斯在描述逻辑意义上的"辩证图景"时说："当我们通过思考来考察自然界或人类历史或我们自己的精神活动的时候，首先呈现在我们眼前的，是一幅由种种联系和相互作用无穷无尽地交织起来的画面。"① 根据万物普遍联系的辩证逻辑，民间规范与地方立法必然是互相关联的。全面总结了对立统一辩证规律的哲学大师黑格尔认为："一切事物本身都是自在地矛盾的"，"事物只是因为自身具有矛盾，它才会运动，才具有动力和活动"。② 民间规范和地方立法是必然会发生联系而又彼此矛盾的两个规范系统，我们可以从对立与统一两个维度来考察二者是否存在融合发展的基础。

（一）对立基础：民间规范与地方立法的分离

从规范属性上看，民间规范和地方立法是彼此分离和独立运行的两种规范体系。法社会学者和法人类学者很早就通过法律多元理论将法律分成不同的子系统予以考察。埃利希认为，法律的形态包括社会法、国法、法学家法和习惯法，"法条根本没有意图去呈现一幅法律状态的完整图景"，"活法不是在法条中确定的法，而是支配生活本身的法"③。千叶正士认为

---

① 中共中央马克思恩格斯列宁斯大林著作编译局：《马克思恩格斯选集》第3卷，人民出版社2012年版，第395页。
② ［德］黑格尔：《逻辑学》（下卷），杨一之译，商务印书馆1976年版，第65、66页。
③ ［奥］埃利希：《法社会学原理》，舒国滢译，中国大百科全书出版社2009年版，第540、545页。

"人类社会中的法律是由三个结构层次组成：法律原理、官方法和非官方法，它们构成了一个国家现行法律的整体结构"①。昂格尔认为有三种法律概念，即习惯法或相互作用的法律、官僚法或规则性法律、法律制度或法律秩序。② 综合上述观点，可以发现法社会学和法人类学意义上的法律多元，是指两种或多种法律制度在同一社会中并存的状况，国家法并非法律规范体系的中心，而只是其中未必最为重要的一部分。

一般认为，规范法学秉持分析实证主义的"分离命题"将应然的法律和实然的法律区分开来，仅承认制定法为实在法。因此，在规范法学那里，法律多元是不被承认的。但是，新分析实证主义早已超越了传统法律实证主义，主张法律虽"仍然被认为是一个相对独立的规则体系，但是法律体系的概念具有更大程度的开放性。适用法律制度现有规则是法官的职责和义务。但是，由于法律体系存在着一定的空缺，在法律不明确和不确定的情况下，法官就不能仅仅依赖于现有的法律规则来解决出现的争端"③。也就是说，在新分析实证主义看来，规范法学只是在法律概念意义上不承认制定法以外的"法律"多元，在法律渊源和法律方法意义上，规范法学从来不否认规范多元，因此，法律多元不过是规范多元的一种。普通法系"法官每每以习惯规则限制成文法的适用范围，甚至在某些案件以习惯规则取代成文法"，"民法法系法官在司法过程中运用习惯规则弥补制定法的不足"④。民间规范作为独立于包括地方立法在内的国家制定法的一种规范系统，即使不借助法律多元理论，在规范法学立场上，也是能够得到证明的。

从规范法学的角度分析，民间规范与地方立法分属不同的规范体系：民间规范属于社会规范体系，地方立法则属于国家法律规范体系。广义的社会规范是指一个社会所有成员的行为规则和标准，包括道德规范、宗教规范、法律规范、乡规民约、社区公约、社团章程等。规范法学视角下的

---

① ［日］千叶正士：《法律多元——从日本法律文化迈向一般理论》，强世功等译，中国政法大学出版社 1997 年版，第 149 页。

② 参见［美］昂格尔《现代社会中的法律》，吴玉章、周汉华译，译林出版社 2001 年版，第 45－51 页。

③ 李桂林、徐爱国：《分析实证主义法学》，武汉大学出版社 2000 年版，第 4 页。

④ 陈文华：《民间规则与法律方法——以比较法为视角》，载《甘肃政法学院学报》2012 年第 2 期，第 35 页。

社会规范,仅指"一般性行为规范,不包括以体现公共意志的、由国家制定或认可、依靠公共强制或自律机制保证实施的为主体的制度规范和以宗教、道德、伦理规范为主体的价值规范"①。站在规范法学立场界定的社会规范,与我国目前官方文件界定的社会规范是一致的,也与法学界大部分学者所使用的民间规范概念是一致的,即"如果从国家的角度界定'法律'(rule),则法律以外的社会规范可以统称为民间社会规范或社会规范"②。波斯纳也认为:"社会规范是一种规则,这种规则既不是由官方信息来源——比如法院或立法机关——颁布的,也不是以法律制裁为威胁来强制执行的,然而却是作为惯例被遵守的。"③ 尽管在法社会学和法人类学上,我们可以将民间规范比喻成"法",用"民间法""习惯法""活法"等概念来分析民间规范,但在严格的法学立场即规范法学上,民间规范与法律规范是截然分开的、相对而行的两种规范。民间规范具有法律规范所不能包含的属性和优势,法律规范也具有民间规范所不能包含的属性和优势。

属于法律规范系统的地方立法在事实上最容易与民间规范发生关联,但二者同时也因此是最容易对立的。作为两种彼此独立的规范系统,二者的差异主要体现在:在历史起源上,民间规范更强调社会性,而地方立法更强调国家性;在适用范围上,民间规范更具有特定性,而地方立法更具有普遍性;在强制措施上,民间规范更具有内控性,而地方立法更具有外控性。这些差异导致二者在运用于社会治理和地方治理时,对立倾向十分明显。例如,在当代中国社会治理和地方治理实践中,我们不难发现:民间规范追求实质正义,地方立法却注重形式正义;民间规范维护礼治秩序,地方立法却建构法治秩序;民间规范讲究社会效果,地方立法却坚守法律效果。④

---

① 刘颖:《论社会规范在法治建设中的作用》,载《暨南学报(哲学社会科学版)》2016年第3期,第2页。

② 范愉:《民间社会规范在基层司法中的作用》,载《山东大学学报(哲学社会科学版)》2008年第1期,第13页。

③ [美]理查德·A. 波斯纳:《法律理论的前沿》,武欣、凌斌译,中国政法大学出版社2003年版,第299页。

④ 参见谈萧《论民间规范与地方立法的冲突及协调》,载《暨南学报(哲学社会科学版)》2017年第9期,第98页。

然而，正是民间规范与地方立法的差异和对立，为二者的融合发展创造了现实条件和逻辑基础。这一点在辩证逻辑上是十分明显的。"它们通过这种彼此分离，只是扬弃了自己。""比较者从等同走到不等同，又从不等同回到等同，使一个消失于另一个之中，事实上就是两者的否定的统一。""差异，其漠不关心的方面同样只是一个否定的统一的环节，便是对立。"① 民间规范与地方法的对立孕育着二者的融合基础，这是二者对自身的扬弃，通过否定的融合，二者克服了各自的局限性，能够实现自我升华。这种辩证逻辑分析，完全可以应用于现实中民间规范与地方立法的规范运行解释上。

在当代中国，民间规范的局限性日益明显。一是民间规范在回应社会急剧变革上严重滞后，传统中国民间规范生存的环境是以乡土本色、差序格局、礼治秩序、血缘和地缘等为基本特征的乡土社会。② 乡土社会的民间规范已难以适应城镇化快速推进、人口频繁流动、经济高速发展、社会高度开放的当代中国。二是民间规范在适应国家诱导的制度变迁上不断失灵。传统中国民间规范以熟人社会为基础，依靠社会成员内心确信的规则来运行，而现代中国越来越走向陌生人社会，社会控制制度更多是通过国家权力来推动和重塑的，传统民间规范在国家诱导的制度变迁过程中已很难形成社会成员的内心确信规则。三是民间规范的话语权在当代中国逐渐暗淡。

近代以前，中国民间规范和国家法的话语体系基本是一致的，二者都强调"家国一体""礼治规则"和"宗法文化"，因此在实践中，民间规范与国家法不仅相处融洽，而且能彼此促进。而近代以来，中国国家治理和社会治理的话语逐渐转向平等、自由、法治等现代性法律概念，在话语权竞争中，仍恪守传统治理话语体系的民间规范已然处于下风。作为民间规范对立面的地方立法，也同样存在局限性：一是地方立法受制于中央立法及其上位的地方立法。地方立法大多数是执行性立法，必须强化对上位法尤其是中央立法的贯彻执行，这导致地方立法的回应性和创新性不足。二是地方立法受制于地方民意和地方治理政绩的需求。地方立法必须重视地方民众的利益和心理需求，同时也会受到地方治理的政绩要求的导控和

---

① ［德］黑格尔：《逻辑学》（下卷），杨一之译，商务印书馆1976年版，第41、42、43页。
② 参见费孝通《乡土中国生育制度》，北京大学出版社1998年版，第6、24、48、69页。

干扰,因此往往具有临时性、应急性、对策性,难以稳定化、逻辑化、体系化。三是地方立法往往难以进入司法适用。地方立法在法律体系中的位阶较低,大部分地方立法在法律适用上处于最低层次,这导致其很少得到适用而成为"纸面上的法"。

鉴于民间规范和地方立法分属不同的规范系统,彼此对立,均具有自身无法克服的局限性,根据辩证逻辑的否定统一和自我扬弃规律,无论是民间规范还是地方立法,在发展过程中,都必须保持开放的态度,向外寻找克服自身局限性的资源。因此,民间规范与地方立法需要融合发展,相互吸收对方优点,取长补短。

(二)统一基础:民间规范与地方立法的同构

将民间规范和地方立法视为两种规范系统,很容易得出二者是平行与自治的关系的结论。早期的经典法律多元主义就认为多元规则仅存在于殖民地和后殖民地国家的本土法和欧洲法之中,它们注定是冲突和矛盾的。① 20世纪70年代中后期,法律多元主义开始将研究视野扩展到非殖民国家,主张所有社会都存在法律多元现象,这被称为新法律多元主义。新法律多元主义"强调了国家法与非国家法之间存在辩证、互构的关系",其"发展方向不是将国家法与非国家法作为两个分离的实体,而是认为它们处于同一社会领域中,在此基础上探察二者更为复杂的互动关系"。② 在千叶正士的官方法、非官方法、法律原理之"三层结构"法律多元理论中,法律原理是指"在确立、论证和指导官方法与非官方法中,与官方法和非官方法具体相关的价值和理想体系","一个国家的法律原理是它同样论证和指导的该国官方法与非官方法的基础"。③ 因此,官方法和非官方法是能够通过法律原理沟通的。这些法律原理可能是自然法、正义、衡平之类的法律观念,也可能是神灵、先知等启示的宗教教义,还可能是民族传统中的文化共识以及政治哲学中的意识形态。这种法律原理的概念无疑是法人类学意义上的,它通过提炼一定范围的人类法律生活和

---

① See Sally Engle Merry, "Legal Pluralism," *Law & Society Review*, 1988, 2 (5), pp. 869 - 896.
② 张均:《法律多元理论及其在中国的新发展》,载《法学评论》2010年第4期,第6页。
③ [日]千叶正士:《法律多元——从日本法律文化迈向一般理论》,强世功等译,中国政法大学出版社1997年版,第160页。

法律文明的普遍价值来沟通官方法和非官方法。

　　法社会学的考察，则通过白描的方式指出民间规范在形成与运作机制上与官方法律的一致性。美国法社会学者瑞斯曼就借用国家法体系下"合宪性"和"有效性"概念描述非国家法体系的制定过程和执行机制。"这些法律，即我所称的微观法律（micro law），也表现出其合宪性的风貌，更具体地说，是具有合宪性的制定过程：体系中每个部分，都不是源于随意而即时的决定，而是出于体系自身的意思决定机制。虽然人们还无法找出诸如微观法律体系下的军队、警察、监狱等与传统法律理论类似的法律执行机制及检验方法，但是这并不影响微观法律的有效性与被人们所认可的事实。因为，人们终究会在这些法律体系下找到相对应的机制。"① 在法人类学和法社会学意义上，民间规范和地方立法绝非简单的平行与自治关系。法人类学的考察表明，通过一定的法律观念、宗教教义、文化观念和意识形态，民间规范与地方立法能够建立起勾连；法社会学的考察表明，民间规范与地方立法有着相似甚至相同的制定程序和执行机制，在合宪性和有效性上能够建立起勾连。

　　但是，相对于纯粹的法理学，法人类学和法社会学的考察毕竟是描述性的，而不是分析性的。如前所述，这些描述往往借助现象对比或形象比喻展开，而缺少法律概念和法学语言上的精准分析。从规范主义的分析法学立场出发，民间规范与地方立法是否存在规范上的同构性呢？国内民间法研究的积极倡导者谢晖教授坦言："把民间法研究置于法学的视野中，或者以法学视野而不是以人类学或社会学视野来探究民间法，是本人一直怀想的学术追求，所谓法学视野，在本质上是规范研究的视野。法律学术倘若失却对规范问题的自觉关注和把握，则必然逃离其本有的学术境界或专业槽，而遁入其他学术的专业槽。"②

　　从规范法学上分析，民间规范与地方立法至少在三个方面存在同构。

　　第一，在规范内容和规范结构上，民间规范和地方立法都以"权利—义务""权力—职责"的形式存在。在具体内容上民间规范不管如何

---

① ［美］迈克尔·瑞斯曼：《看不见的法律》，高忠义、杨婉苓译，法律出版社2007年版，第4-5页。
② 谢晖：《民间法、民族习惯法专栏主持人手记（三十九）：民间规范的法学视野与民间调解的自治性》，载《甘肃政法学院学报》2012年第3期第24页。

表述，但记载习惯权利是其最为重要的规范内容。"民间规范乃是习惯权利的基本载体"①，"民间规范具有明确的权利和义务分配功能"②，具有记载习惯权利、分配权利与义务（或者权力与职责）的规范结构，是将民间规范与其他社会规范诸如宗教规范、道德规范等区别开来的关键特征。地方立法作为法律规范的产生机制之一，其规范形式表现为权利义务的内容及结构，毋庸多言。权利一般遵从自然权利到习惯权利再到法定权利的演进历程，自然权利很难直接被纳入法定权利，而往往是通过习惯结构进民间规范，再通过地方立法结构进法定权利，进一步可以通过中央立法上升到更高层次的法定权利。由此可见，在最为基础的规范分析即权利义务分析上，民间规范和地方立法最容易发生同构。

第二，在纠纷裁判和公共行政上，民间规范和地方立法都能作为司法者和行政者的规范准据。民间规范和地方立法都是为一定区域内社会关系之定纷止争或调适所预设的规范，因此必须具备法律渊源的特征，才能成为司法者和行政者的规范选择。司法者通过严密的法律论证，令民间规范和地方立法建立起关联，自不待言。尽管行政者应恪守依法行政，其仍然可以通过公共治理、合作治理等行政手段让民间规范和地方立法建立起关联。这样的关联，要么使得民间规范结构进地方立法，要么使得地方立法结构进民间规范，从而在一定的范围内实现二者的同构。

第三，在价值理念和规范原则上，民间规范与地方立法具有趋同性。这里所说的价值理念，并非道德哲学或自然法学上的价值理念，而是指具有规范性的价值导向，亦即能够规范社会成员的行为、具有权利义务内容的价值理念。至于规范原则，是指作为规范体系中最为内核的基础性规范即元规范。在传统社会，民间规范的血缘价值理念、族群规范原则与国家法的家国一体价值理念、中央集权规范原则实际上是同构的。在现代社会，民间规范的个体自治价值理念、社会参与规范原则与国家法的个人自由价值理念、平等公开规范原则实际上是同构的。在社会治理现代化的背景下，民间规范和地方立法在价值理念、规范内核、治理目标上更是有很多共同的元素，例如最为典型的是，二者都以良法善治为皈依。

---

① 谢晖：《民间规范与习惯权利》，载《现代法学》2005年第2期，第5页。
② 尚海涛、龚艳：《法规范学视野下习惯规范的界定——以雇佣习惯规范为例说明》，载《甘肃政法学院学报》2012年第3期，第28页。

既然民间规范与地方立法在规范内容和规范结构、纠纷裁判和公共行政、价值理念和规范原则等方面是同构的，二者的融合发展也就是必然的。基于同构的融合发展，完全符合辩证逻辑。

民间规范与地方立法的同构实际上是对立统一辩证逻辑的同一性的具体表现，前文在规范法学上是对二者三个方面同构的最一般意义抽象，也是二者融合发展的具体条件。"最一般的抽象总只是产生在最丰富的具体发展的场合，在那里，一种东西为许多东西所共有，为一切所共有。"① 也就是说，民间规范与地方立法的同构，奠定了二者融合发展的又一逻辑基础。但是，民间规范与地方立法基于同构的融合发展，是超越了"同构"与"差异"的"统一"。"真理只有在同一与差异的统一中，才是完全的，所以真理唯在于这种统一。"② 或者说，民间规范与地方立法基于同构的融合发展，是超越了"同"与"异"的"和合"。在中国传统哲学里，"同"与"和"是两个不同的概念。"和而不同"③，"执其两端，用其中于民"④。"和"是有差别的对立事物之间的和谐统一，而"同"则是不包含差别的事物之间的绝对统一。"和实生物，同则不继。"⑤ "道生一，一生二，二生三，三生万物。万物负阴而抱阳，冲气以为和。"⑥ "和"翻译为现代哲学语言即是"融合"，它是万物生存和发展的必要条件。民间规范与地方立法的融合，也是二者各自生存和发展的必要条件。民间规范与地方立法在规范的内容与结构、价值与原则、方式与目标等方面的不断同构，要求二者必须走上融合发展的道路。

---

① 中共中央马克思恩格斯列宁斯大林著作编译局：《马克思恩格斯选集》第2卷，人民出版社1995年版，第22页。

② ［德］黑格尔：《逻辑学》（下卷），杨一之译，商务印书馆1976年版，第33页。

③ 语出《论语·子路第十三》，参见〔宋〕朱熹《四书集注》，陈戍国标点，岳麓书社2004年版，第167页。

④ 语出《中庸》，参见〔宋〕朱熹《四书集注》，陈戍国标点，岳麓书社2004年版，第24页。

⑤ 语出《国语·郑语》，参见徐元诰《国语集解》，王树民、沈长云点校，中华书局2002年版，第470页。

⑥ 语出《道德经·第四十二章》，参见库流正《老子正解》，湖北人民出版社2005年版，第104页。

二、民间规范与地方立法融合发展的可能

民间规范与地方立法具有融合发展的逻辑基础，并不意味着二者就一定能融合发展。二者融合发展的可能性，是基于二者在规范特征上存在可以沟通之处。为此，有必要对民间规范和地方立法能够相互沟通的规范性质展开分析，以"证实"民间规范与地方立法具备融合发展的可能。

（一）民间规范的社群性与地方立法的地方性融合之可能

民间规范是自发生成的、调整一定范围内社会群体权利义务关系的社会规范，因而具有较强的社群性。人类学者认为，"人就是社会，社会就是风俗。""'社会'是由一个民族、一个地区、一个地方的风俗和习惯构成的。"① 根据民间规范调整社会群体范围的大小，其社群性可以化约为民族性、区域性或地方性。从规范法学立场出发，民间规范正是以其形成方式、效力范围、实施机制等方面的社群性与法律规范的国家性区分开来的。

通过对不同民族、族群的习惯、风俗等社会规范以及法律规范的考察，法人类学者进一步指出，法律就是地方性知识（local knowledge），而不是无地方界限的规则。"地方在此处不只是指空间、时间、阶级和各种问题，而且也指特色（accent），即把对所发生的事件的本地认识与可能发生的事件的本地想象联系在一起。"② 作为地方性知识，法律"赋予特定地方的特定事务以特定意义"③。据此，即使是国家制定的法律，也具有地方性，必须通过地方性知识予以认识，地方立法就更不必说，更需要运用地方性知识来理解。《中华人民共和国立法法》（简称《立法法》）（第七十三条）直接以"地方性"来描述地方人民代表大会（简称"人大"）立法（"地方性法规"），并将其作为该类地方立法权的一个限定条件（"地方性事务"）。地方立法在诸多方面表现出鲜明的地方性：地方立

---

① 王铭铭：《人类学是什么》，北京大学出版社2002年版，第118页。
② ［美］克利福德·吉尔兹：《地方性知识：事实与法律的比较透视》，梁治平主编《法律的文化解释》（增订本），生活·读书·新知三联书店1994年版，第126页。
③ ［美］克利福德·吉尔兹：《地方性知识：事实与法律的比较透视》，梁治平主编《法律的文化解释》（增订本），生活·读书·新知三联书店1994年版，第145页。

法主体只能是地方政权机关,地方立法的任务必须是解决地方问题,地方立法的内容可以或应当具有地方特色,地方立法的形式可以或事实上具有地方特色,地方立法的效力范围限于一定的地域内。①

以地方性为概念工具,地方性知识构成了法治建设的一个重要方面。在法治建设过程中,地方立法所具有的地方性特征是理解统一与分散、权力与权利、中央与地方、中心与边缘、自上而下与自下而上等关系的一个知识进路。② 地方立法比中央立法更懂得利用地方性知识,而民间规范基于其社群性,又比地方立法更接近地方性知识,这为二者的融合发展提供了可能性。民间规范的社群性,虽源于其所产生的社会群体,但更深刻的根源是该社会群体生存的自然地理环境。对此,中国传统政治哲学早有认知:"凡居民材,必因天地寒暖燥湿,广谷大川异制。民生其间者异俗,刚柔轻重迟速异齐,五味异和,器械异制,衣服异宜。修其教,不易其俗;齐其政,不易其宜。"③ 地方立法的地方性,虽源于其所依赖的自然地理环境,但也与其所意欲规制的社会群体生活方式有着密切关系。法律规范的地方性与民间规范的社群性的融合,甚至是孟德斯鸠所说的"法的精神"来源之一:"法律应该和国家的自然状态有关系;和寒、热、温的气候有关系;和土地的质量、形势与面积有关系;和农、猎、牧各种人民的生活方式有关系。……和居民的宗教、性癖、财富、人口、贸易、风俗、习惯相适应……这些关系综合起来就构成所谓'法的精神'。"④

康德则从实践理性上论证了地方性对于法的重要性,他认为:"法学必须回答的是,在特定的地方和特定的时间,法是什么,而不是回答'法是什么?'这个普遍性的、一般性的问题。"⑤ 民间规范是什么?地方立法是什么?对于这样的问题,很难给出一般的答案,而必须从地方性和社群性的角度予以回答。"如果想要知道法律是什么,便应在'地方化'

---

① 参见周旺生《关于地方立法的几个理论问题》,载《行政法学研究》1994年第4期,第31-32页。
② 参见葛洪义《作为方法论的"地方法制"》,载《中国法学》2016年第4期,第116-121页。
③ 语出《礼记·王制》,参见〔清〕孙希旦《礼记集解》,沈啸寰、王星贤点校,中华书局1989年版,第358页。
④ [法]孟德斯鸠:《论法的精神》(上册),张雁深译,商务印书馆1995年版,第7页。
⑤ [德]伯恩·魏德士:《法理学》,丁小春、吴越译,法律出版社2003年版,第31页。

的语境中理解法律的具体内容。不论人们是否承认,无论是一般性的法律概念还是具体性的法律知识,都不可避免地'地方化'。"① 既然地方性和社群性能够相融通、相化约,且是理解地方立法和民间规范的两把重要钥匙,民间规范和地方立法就可以利用这两把钥匙打开融合发展的大门。

(二) 民间规范的传承性与地方立法的固有性融合之可能

民间规范具有很强的历史、文化传承性,其发展变迁是一个社会历史、文化延续和传递的过程。即使受到外来文化的冲击,民间规范也不会脱离其所赖以生存发展的政治、经济、文化条件急剧变化,而是在代际之间以"继承—创新—再继承—再创新"的方式渐进变迁。

新制度经济学将制度分为非正式制度、正式制度、治理模式和常规经济活动四个层次。民间规范属于非正式制度范畴,它处于制度的最高层也是最基本层,"它们变化缓慢,历经世纪千年依然延续";法律规范属于正式制度范畴,处于制度的第二层次,它们的演进可能只有数十年。② 历史法学派代表人物萨维尼甚至坚定地认为,一国实在法与其语言一样,没有绝然断裂的时刻,以其民族的共同意识为特定居所。"法律首先产生于习俗和人民的信仰(popular faith),其次乃假手于法学——职是之故,法律完全是由沉潜于内、默无言声而孜孜矻矻的伟力,而非法律制定者(a law-giver)的专断意志所孕就的。"③ 即使严格法学意义上的合法性、规范性、实效性等概念考察民间规范,我们也会发现,民间规范在规范形式、内容、实施方式等方面,都有着鲜明的历史传承性。以近代以来中国商会的自治规范变迁为例,具有现代性的商会自治规范依然在规范法学意义上传承着中国传统行会、会馆制度的某些规范元素。"中国传统制度中的家长制和集权制依然会凌驾于具有现代性的自治契约之上","有些自治契约以义务来表述权利,只言义务,不言权利","建立在自治契约规

---

① 刘星:《法律是什么:二十世纪英美法理学批判阅读》,中国政法大学出版社1998年版,第25页。

② 参见[美]阿维纳什·迪克西特《法律缺失与经济学:可供选择的经济治理方式》,郑江淮等译,中国人民大学出版社2007年版,第7页。

③ [德]弗里德里希·卡尔·冯·萨维尼:《论立法与法学的当代使命》,许章润译,中国法制出版社2001年版,第11页。

范上的自治秩序，在某些方面还对官府存在依赖性"。①

与民间规范的传承性相类似的是，地方立法有着典型的固有性。所谓地方立法的固有性，是指相对于中央立法而言，地方立法更注重选取固有法作为法源的特性，而较少有继受法或移植法的特性。固有法是指"渊源于一个民族固有文化的法"，继受法是指"一个国家从一个或多个外国继受的法"。② 法的继受或移植一般发生在中央立法领域，对于中国这样面临法制现代化转型的国家尤其如此。"法律移植无疑是我们建构民族国家中必须面对的选择，我们的法学也因此打上移植的品格。"③ 从清末到民国，我国很多中央立法大量移植了西方法律制度，以至于"西法东渐"一度成为一个时代的主题词。

改革开放以来，全国人大常务委员会（简称"常委会"）几任委员长也多次强调可以进行法律移植或借鉴，"外国、香港一些有关商品经济发展的成熟法律，我们也可以移植和借鉴，不必事事从头搞起。"④ "凡是国外立法中比较好的又适合我们目前情况的东西，我们都应大胆吸收……有些适合我们的法律条文，可以直接移植。"⑤ "我们还注意研究借鉴国外的立法经验，从中吸取那些对我们有益有用的东西。"⑥ 与中央立法不同，地方特色是地方立法的核心与灵魂，是衡量地方立法质量的重要标准，而地方特色通常存在于本地固有文化之中，所以地方立法很难从异域文化背景中移植或继受法律制度，而必须从本地固有文化中寻找立法资源。法律文化学者的考察甚至表明，一个地方所固有的法律文化不仅深刻地影响着

---

① 谈萧：《中国商会治理规则变迁研究》，中国政法大学出版社 2011 年版，第 271、284、298 页。
② ［日］千叶正士：《法律多元——从日本法律文化迈向一般理论》，强世功等译，中国政法大学出版社 1997 年版，第 188 页。
③ 强世功：《迈向立法者的法理学——法律移植背景下对当代法理学的反思》，载《中国社会科学》2005 年第 1 期，第 121 页。
④ 万里：《万里委员长在人大常委会召开的座谈会上作重要讲话：完善代表大会制度，加快人大立法步伐》，载《人民日报》1988 年 12 月 8 日第 01 版。
⑤ 乔石：《乔石谈社会主义市场经济体制建立和完善：必须有完备的法制规范和保障》，载《人民日报》1994 年 1 月 15 日第 01 版。
⑥ 吴邦国：《在形成中国特色社会主义法律体系座谈会上的讲话》，载《中国人大》2011 年第 2 期，第 13 页。

该地方的立法，而且深刻地影响着该地方的司法。① 因此，在法律文化上，相较于中央立法，地方立法有着更强的固有文化属性。而民间规范传承性的一个主要表现就是传承一定区域内的固有文化和传统文化，由此就与地方立法的固有性是吻合的。民间规范的传承性和地方立法的固有性能够吻合，这为二者的融合发展提供了又一可能。

（三）民间规范的经验性与地方立法的执行性融合之可能

如果将民间规范比喻成"法"，那么透过民间规范最能理解霍姆斯那句广为传颂的名言："法律的生命不是逻辑，而是经验。（The life of the law has not been logic: it has been experience.）"② 民间规范形成于特定社会群体的日常生活，并通过社会成员在代际之间口耳相传，因此具有显著的经验性特征。霍姆斯关于"法律的生命是经验"的判断，正是基于英国普通法的主要来源就是各个地方的民间习惯。英国普通法最初就是巡回法官在司法实践中，根据国王的敕令，又糅合各地的习惯法，创造出的法律原理、原则和制度。"普通法的原则是一种致力于经验的理性原则。它体现出经验将为行为的标准和判决的原则提供最满意的基础。它认为法律不是由君王意志的诏令武断地创制，而是由法官和法学家从过去实现或没有实现正义的法律原理、法律原则的经验中发现的。"③

民间规范显然是经验性的，普通法学者甚至用经验命题（experiential propositions）即"描述社会次级群体中所遵循的日常行为模式的命题"来指称习惯（usage）：与法律规范倾向于描述人们应当怎样做不同，习惯本身只是描述人们实际怎么做。④ 与普通法相类似，"民间法也是根据经验创造出来的，只不过是根据民间社会主体的经验而不是法官的经验"⑤。民间规范的经验性并不意味着它就是模糊的、粗陋的。换言之，民间规范

---

① See Thomas W. Church, "Examining Local Legal Culture," *American Bar Foundation Research Journal*, 1985, 10 (3), pp. 449–518.

② O. W. Holmes, *The Common Law*. Boston: Little Brown, and Company, 1881, p. 1.

③ ［美］罗斯科·庞德：《普通法的精神》，唐前宏、廖湘文、高雪原译，法律出版社2000年版，第129页。

④ 参见［美］迈尔文·艾隆·艾森伯格《普通法的本质》，张曙光译，法律出版社2004年版，第45页。

⑤ 陈文华：《规范法学视野下的民间法》，载《广西社会科学》2010年第7期，第78页。

并不因为其经验性就丧失了规范法学意义上的规范性。这一点在商事习惯上体现得较为明显。商事习惯的经验性与规范性的并行不悖，成为塑造近现代商法体系的核心元素。伯尔曼在考察西方商法传统时指出，"商法最初的发展在很大程度上——虽不是全部——是由商人自身完成的；他们组织国际集市和国际市场，组建商事法院，并在雨后春笋般出现于整个西欧的新的城市社区中建立商业事务所"，"在1050年和1150年之间，商法中的各种权利和义务实际上也变得更加客观、准确，而较少任意、模糊。商法体系中存在着一种从习俗（行为模型）意义上的习惯到更为细致地加以界定的习惯法（行为规范）的运动。随着商法规范日益变为成文的东西——部分采取的是商事立法的形式，但首先采取的还是那种多少有点陈规旧习性质的成文商业文件的形式——它们的专业性也越发增强"。①

经验是为复杂社会提供的一种可重复执行而又不失精确性（规范性）的行为模式。而地方立法的一个重要功能就是为地方执行上位法提供更为具体、更可操作的行为模式。对此，我国《立法法》的表述是：地方性法规可以就"为执行法律、行政法规的规定，需要根据本行政区域的实际情况作具体规定的事项"作出规定（第七十三条）；地方政府规章可以就"为执行法律、行政法规、地方性法规的规定需要制定规章的事项"作出规定（第八十二条）。地方立法的这一功能可以被称为执行性，执行性地方立法"是对法律和行政法规中的法律规范的确切含义和适用范围予以明确规定，是将法律和行政法规的一般性规定适用于个别的、具体的情况。"② 也有学者用"实施性"描述地方立法的执行性。③ 地方立法的执行性意味着根据本地情况制定执行上位法的具体实施规范，这表明它不能简单复制上位法的规范，我国《立法法》明确规定地方性法规"对上位法已经明确规定的内容，一般不作重复性规定"（第七十三条）。由于民间规范的经验性来源于一定范围的地方日常生活，执行性地方立法就可以从民间规范的经验性中汲取规范资源。

此外，地方立法的执行性是相对于创制性而言的。一般而言，地方立

---

① ［美］哈罗德·J. 伯尔曼：《法律与革命——西方法律传统的形成》，贺卫方等译，中国大百科全书出版社1993年版，第414、415-416页。
② 崔卓兰、于立深、孙波等：《地方立法实证研究》，知识产权出版社2007年版，第8页。
③ 参见许俊伦《地方立法的特征》，载《法律科学》1996年第5期，第24-25页。

法要么是根据地方实际创制性地制定上位法所没有规定的法律规范,要么是根据地方实际制定具体的执行上位法的规范。"执行性地方立法并不创制新的权利义务规范。"① 从非创制性的角度看,地方立法的执行性与民间规范的经验性也是能够相互融通的。因为民间规范的经验性是对较长历史时段内已有行为模式的反复运用,执行性地方立法对其予以吸收,一般不会创制新的权利义务规范。地方立法在发展执行性规范时,也会为民间规范的经验演进提供诱致性变迁的可能,因为法律规范的权威性更容易被地方民众认可,由此民间规范的经验性也能从地方立法的执行性中获得发展资源。

三、民间规范与地方立法融合发展的障碍及其消解

前文对民间规范与地方立法融合发展之可能的论证,只是对二者融合发展命题的证实。归纳逻辑要求除了证实,还必须证伪。"所有的经验科学的陈述(或所有'有意义的'陈述)必须能够最后决定其真伪的;……这意味着,它们的形式必须是:证实它们和证伪它们在逻辑上都是可能的。"② 当我们陈述"民间规范与地方立法能够融合发展"这一命题时,它必须是可证伪的,也就是导致二者不能融合发展的因素是可以消除的。对于归纳逻辑,证伪比证实更为重要。波普尔尤为强调可证伪性:"应作为分界标准的不是可证实性,而是可证伪性,……我不要求一个科学体系能一劳永逸地在肯定的意义上被选拔出来,我要求它具有这样的逻辑形式,它能在否定的意义上借助经验检验被选拔出来:一个经验的科学体系必须可能被经验反驳。"③

(一)民间规范守成,地方立法创新

民间规范与地方立法融合的首要障碍,来自二者有着明显不同的规范发展倾向:民间规范倾向于守成,地方立法却倾向于创新。民间规范受传

---

① 崔卓兰、于立深、孙波等:《地方立法实证研究》,知识产权出版社2007年版,第9页。
② [英]波普尔:《科学知识进化论:波普尔科学哲学选集》,生活·读书·新知三联书店1987年版,纪树立编译,第27页。
③ [英]波普尔:《科学知识进化论:波普尔科学哲学选集》,生活·读书·新知三联书店1987年版,纪树立编译,第28页。

统文化和社会习俗影响较深,因而在规范发展上更注重守成。哈耶克从文化进化和拓展秩序上论证了民间规范为何更注重守成:在逻辑上、心理上和时间上,本能比习俗更久远,习俗又比理性更久远。习俗不是出自无意识的因素,不是出自直觉,也不是出自理性的理解力,而是建立在人类经验的基础上通过文化进化的过程形成的。人通过学习获得的习俗日益取代了本能反应,这并非人利用理性认识到习俗的优越之处,而是因为习俗使得超越个人视野的拓展秩序发展成为可能。这种秩序能够促进即使是盲目的社会成员之间更为有效的相互协调,从而维持更多的人口,并取代其他社会群体。① 新制度经济学者进一步通过制度演化博弈分析指出,习俗是"人们社会活动与交往中的一种演化稳定性,一种博弈均衡"②。在制度演化过程中,民间规范的守成,是一种能够形成博弈均衡的策略,一旦某一民间规范的守成作为演化稳定策略在一个社会群体形成,每个社会成员都会黏附于这种策略。

与民间规范的守成相反,地方立法特别强调创新。在联邦制国家,地方立法的创新是实现地方自治的一个重要手段,也是各地方通过法治进行竞争的重要手段。例如,美国特拉华州非常注重公司法立法方面的创新,通过与华盛顿、新泽西等州的公司法立法竞争,特拉华州创造了良好的公司法制环境,吸引了美国超过半数的大型公众公司注册在该州。③ 在单一制国家,地方立法承担着为中央立法提供经验和基础的探索性功能,因而也强调创新。我国《立法法》(第七十三条)明确规定:"除本法第八条规定的事项外,其他事项国家尚未制定法律或者行政法规的,省、自治区、直辖市和设区的市、自治州根据本地方的具体情况和实际需要,可以先制定地方性法规。"在改革开放的背景下,我国更强调地方立法先行先试的创新:"对改革开放中遇到的一些新情况新问题,用法律来规范还不具备条件的,先依照法定权限制定行政法规和地方性法规,先行先试,待

---

① See F. A. Hayek, *The Fatal Conceit: The Errors of Socialism*. Padstow, Cornwall: T. J. Press (Padstow) Ltd., 1992, p. 23.
② 韦森:《制度分析的哲学基础:经济学与哲学》,上海人民出版社 2004 年版,第 156 页。
③ See Mark J. Roe, "Delaware's Competition," *Harvard Law Review*, 2003, 117 (2), pp. 588–646.

取得经验、条件成熟时再制定法律。"①

民间规范守成，地方立法创新，这似乎为二者的融合发展制造了巨大的障碍。但是，从制度演化博弈上分析，民间规范守成作为演化稳定策略达致的博弈均衡并不是绝对的。演化博弈均衡意味着，"如果一个现存策略是演化稳定均衡策略，那么，必须存在一个正的入侵障碍，使得当变异策略的频率低于这个障碍时，现存的策略能够比变异策略获得更高的收益"②。这表明，如果地方立法的创新作为一种变异策略提供的收益比民间规范的守成作为现存稳定策略的收益更高时，地方立法的创新就会成为一种新的稳定策略，而战胜民间规范的守成策略。现实中，民间规范中许多简单、粗暴的规范就不断被更为精细、文明的现代法律规范所取代。例如，传统民间规范中的"杀人偿命""以眼还眼、以牙还牙""丛林规则"等同态复仇规范或私力救济规范，就不断被国家立法中的修复性责任规范和公力救济规范所融化。

另外，当民间规范的守成能够提供一种收益更高的演化稳定策略时，地方立法向民间规范学习，本身可能就是一种创新。例如，我国一些少数民族地区至今在杀人、伤害案件中坚持"赔命价"习惯，在法律规范上死刑制度依然奉行"杀人偿命"的原始策略时，这些少数民族"赔命价"习惯守成的却是"保全生命""感化活人"的温和策略，这恰好暗合了当今世界大部分国家废除死刑制度的立法潮流。如果地方立法融合类似民间规范的守成，则不能说不是一种创新。可见，民间规范的守成与地方立法的创新给二者融合发展制造的障碍，并非是不能消解的。

（二）民间规范自发，地方立法建构

在秩序形成机制上，民间规范和地方立法的融合发展也存在障碍。民间规范是自发的秩序，而地方立法则是建构的秩序。哈耶克最早提出了自生自发秩序（spontaneous order）这一概念，它也可被称为自我组织的秩序（self-organizing order）或人的合作的扩展秩序（extended order of human cooperation）。哈耶克认为，"自发社会秩序所遵循的规则系统是进化

---

① 吴邦国：《在形成中国特色社会主义法律体系座谈会上的讲话》，载《中国人大》2011年第2期，第13页。
② 黄凯南：《演化博弈与演化经济学》，载《经济研究》2009年第2期，第136页。

而非设计的产物,而这种进化的过程乃是一种竞争和试错的过程,因此任何社会中盛行的传统和规则系统都是这一进化过程的结果。"① 最为典型的自发秩序就是通过民间规范形成的秩序,某一社会群体基于"共同经验"即习俗形成的拓展秩序,是理性建构难以企及的。因为这种秩序并不要求每个社会成员都是理性的,而是每个社会成员都假定大家都会持续昨天的情形,因而会放心地进行社会活动和交往。在自发秩序中,哈耶克甚至观察到对习俗遵从已经成为人的本能行为。"个人几乎像遗传的本能那样无意识地习惯于遵从习得的规则,遵从习得的规则逐渐替代了本能,由于二者的决定因素之间有着复杂的相互作用,以至于很难将二者严格区分。"② 制度演化博弈论者进一步指出,人们通过试错(trial and errors)的学习过程自生自发地生发出某种习俗来。习俗是"在有两个以上演化稳定策略的博弈中的一种演化稳定策略。这即是说,习俗是有两个以上行为规则中一种规则,而任何一种规则已经确立,就会自我维系(self-enforcing)"③。

与民间规范基于集体无意识选择的自发秩序相反,地方立法则是一种基于理性规划和设计的建构秩序。当我们用"民主化""科学化"这样的词语来描述并要求地方立法时,当地方立法机关编制立法规划、公布立法计划并强调公众参与、重视专家立法咨询意见时,地方立法无一不以一个建构者的姿态呈现在我们面前。在我国,很多地方的"地方立法条例"(或"制定地方性法规条例")都根据《立法法》第六条,规定地方立法应当"科学合理地规定公民、法人和其他组织的权利与义务、地方国家机关的权力与责任"。这样的规定被认为是地方立法的理性建构即科学立法原则的标志。④ 地方立法基于理性建构主义的建构秩序形成机制,与民间规范基于文化进化论的自发秩序形成机制,显然存在融合的障碍。因为,自发秩序意味着无需规划和设计社会制度,建构秩序则意味着可以通过人的理性,根据某些原则(比如正义原则)对社会制度进行设计和

---

① 邓正来:《哈耶克的社会理论——〈自由主义秩序原理〉代译序》,见[英]弗里德里希·冯·哈耶克《自由秩序原理》,邓正来译,生活·读书·新知三联书店1997年版,第6页。
② F. A. Hayek, *The Fatal Conceit*: *The Errors of Socialism*, Padstow, Cornwall: T. J. Press (Padstow) Ltd., 1992, p. 17.
③ R. Sugden, "Spontaneous Order," *Journal of Economic Perspective*, 1989, 3 (4), p. 91.
④ 参见曹胜亮《论地方立法的科学化》,载《法学论坛》2009年第3期,第65页。

修正。

然而，自发秩序和建构秩序都存在自身难以克服的局限，需要借助对方的力量予以超越。自发秩序强调对经验的利用，但经验本身并不具有自我批判、自我反思的能力，因而很难实现自我超越。建构主义有助于利用理性的批判力量，发掘经验的普遍性和一般性，从而实现对经验的超越。民间规范作为一种经验性的制度事实，是可以借助地方立法的建构主义进行理性批判和超越的。建构秩序强调通过理性规划、设计来规范、改造甚至革新社会，但是容易过分相信理性的规划设计能力，从而导致哈耶克所说的"致命的自负""科学的反革命"，给社会带来灾难性后果。

建构秩序的理性自负可以通过自发秩序的经验主义来克服。因此，将民间规范的自发秩序融合进地方立法的理性建构之中，是有助于避免地方立法的自负和过分自信的。伯尔曼认为，"习惯转变成法律在某种程度上是因为中央集权的政治权威的出现，当时需要在顶层有意识地重新组织，以便控制和指导中层和底层缓慢变化着的结构。于是，法律成了被改造的习惯，而不只是立法者的意志或理性"①。在社会治理实践中，自发秩序和建构秩序是可以相互融合和相互促进的。实践是人类社会的存在方式，是理性的渐进性与建构性的统一。民间规范的自发秩序和地方立法的建构秩序看似难以协调，实际上仍可以通过实践来融合发展。"在实践中，渐进理性所形成的经验成果与建构理性的设计与规划一同指导人们的实践活动，实践能克服理性的主观性和抽象性、片面性，又能丰富、肯定或否定经验。"②

（三）民间规范自下而定，地方立法据上而立

在规范面向上，民间规范"向下看"，目光始终流盼在最基层的社会，因而是自下而定，即唯下的。地方立法，尤其是单一制国家的地方立法，则必须"向上看"，强调根据上位法来制定规范，执行性地方立法的直接依据是上位法，创制性地方立法亦不得与上位法相冲突或相抵触。联

---

① ［美］哈罗德·J.伯尔曼：《法律与革命——西方法律传统的形成》，贺卫方等译，中国大百科全书出版社1993年版，第663页。
② 曹中海：《哈耶克进化论理性主义对罗尔斯理性建构主义的批判》，载《学习与探索》2006年第4期，第64页。

邦制国家的地方立法尽管具有高度的自治性，但也会强调国家意识形态层面的"政治正确"。因此，地方立法在总体上是据上而立，即唯上的。民间规范的唯下与地方立法的唯上，造成二者在规范面向上存在融合的困难。

在传统中国社会，并没有上位法意义的"上位规范"拘束民间规范，民间社会因此对国家及其统治权力持一种非常散漫甚至无视的态度，"日出而作，日入而息，凿井而饮，耕田而食，帝力于我何有哉？"① 秦始皇废分封制而建立中央集权的郡县制之后，地方国家权力机构也只达到县治一级，余下的社会空间基本依靠民间规范来运行，在这一空间，民间规范基本不用考虑国家权力。在西欧，封建制从西罗马帝国灭亡后的公元4世纪末一直延续到16世纪初，王权不仅对封建庄园统治力有限，而且会受到领主权的挑战，庄园里的习惯法、城市的行会法对王权也基本是无视的。"从根本上讲，这个时期的全部文明是因循传统的，所以封建社会第一阶段的法律制度是以这样的观念为基础的：从来之事物事实上都是天然合理的——虽然确实受到更高道义的影响，但并非毫无保留地接受。"② 近代以来，随着民族国家的兴起和国家治理能力的不断提升，国家权力借助发达的立法技术不断渗透进民间社会。即便如此，民间规范在其效力所及的范围，依然是较少考虑国家权力的。例如，近年来我国很多地方通过立法或行政规范性文件推行的"禁鞭令"和殡葬改革政策，就因为与民俗冲突过大而遭到规避或抵制，甚至由此引发群体性事件或剧烈的官民冲突。

但是，从人类社会规则演进的角度看，民间规范唯下与地方立法唯上的矛盾，只是二者在各自发展过程中关注侧重点的不同，在规则进化上，民间规范的唯下与地方立法的唯上所带来的冲突，并非是不可调和的。韦伯认为，从习俗到惯例、从惯例到法律，是社会秩序的动态的内在逻辑发展过程：法律、惯例与习俗属于同一连续体，它们之间的相互转化和过渡是难以察觉的。③ 伯尔曼也指出，"西方法律传统部分产生于基层团体内

---

① 语出《击壤歌》，参见徐天闵选编《古今诗选》，熊礼汇校订，武汉大学出版社2013年版，第4页。
② ［法］马克·布洛赫：《封建社会》，张绪山等译，商务印书馆2004年版，第200页。
③ See M. Weber, *Economy and Society*. Berkeley: The University of California Press, 1978, pp. 14–15, p. 319.

部以及它们之间社会和经济互相联系的结构。相互关系的行为模式需要规范：惯例被转变为习惯，习惯最终又被转变为法律"，"法律既是从整个社会的结构和习惯自下而上发展而来，又是从社会的统治者们的政策和价值中自上而下移动。法律有助于以上这两者的整合"。① 民间规范自下向上运动，地方立法自上而下运动，在缓慢的演进过程中，二者能够形成同一的连续体，从而实现融合发展。

我们还可以进一步用制度演化博弈论的语言来分析民间规范与地方立法在唯下与唯上面向上的融合发展：人们在社会博弈中自下而上地产生博弈秩序，又从博弈秩序中型构出博弈规则，而博弈规则一旦型构完成或根据博弈秩序被制定出来，它又反过来自上而下地维系和规制着人们按社会博弈规则进行博弈。并且，人们又在不断地重复博弈中通过自下而上和自上而下的循环往复方式，修改和创造出新的博弈规则。包括民间规范、法律规范等在内的社会规则作为一个整体的规则系统，不仅需要自下而上的规范发展机制，而且需要自上而下的规范发展机制，现代社会中的立法尤其是地方立法，作为沟通中央治理与地方治理的一种机制，是有助于充分利用这两种规范发展机制，来促进社会规则系统的整体发展的。

四、民间规范与地方立法融合发展的路径

孟德斯鸠认为，只有特殊的法制，才把法律、风俗、礼仪混合起来。② 地方法制，无疑属于这样的特殊法制之一。前文已论证了民间规范和地方立法能够在对立统一的关系中融合发展，那么二者应当如何融合发展呢？在我国当前，"改革所带来的多样化、多中心发展，权力下沉，大幅度加重了地方国家机关的责任，驱动了广泛的地方立法需求"③。2015年，我国对《立法法》修改时将地方立法权扩展至所有设区的市，在此背景下，明确民间规范与地方立法融合发展的路径就至关重要。从二者的

---

① ［美］哈罗德·J. 伯尔曼：《法律与革命——西方法律传统的形成》，贺卫方等译，中国大百科全书出版社 1993 年版，第 663、665 页。
② 参见［法］孟德斯鸠《论法的精神》（上册），张雁深译，商务印书馆 1995 年版，第 317 页。
③ 葛洪义：《关于我国地方立法的若干认识问题》，载《地方立法研究》2017 年第 1 期，第 102 页。

对立统一关系及融合可能性来看，这一路径是一个双向互动的循环：民间规范先导地方立法，地方立法吸收民间规范，民间规范补充地方立法，地方立法规引民间规范。

（一）民间规范先导地方立法

对于地方立法而言，要彰显地方特色实现其地方性，要传承本土法制实现其固有性，要尊重地方经验实现其执行性，一个重要的途径就是将本地民间规范作为先行规范并以之为指引，按图索骥地进行立法。也就是说，民间规范是作为地方立法的"引路人"和"向导"的角色，融入地方立法发展之中的，这是二者融合发展的第一个环节。正如卢梭所言，风尚、习俗、舆论等民间规范"形成了国家真正的宪法，它每天都在获得新的力量。当其它的法律衰老或消亡的时候，它可以复活那些法律或代替那些法律，它可以保持一个民族的创新精神，却可以不知不觉地以习惯的力量代替权威的力量"①。伟大的立法家尽管好像"把自己局限于制定个别的规章，其实这些规章都只不过是穹窿顶上的拱梁，而唯有慢慢诞生的风尚才最后构成那个穹窿顶上的不可动摇的拱心石"②。即使是罗马法典这样的伟大法典，它也"只是把罗马人的现存习惯表述于文字中"③。因此，地方立法只有充分尊重民间规范这个"前辈"和"老师"，理性地接受其向导，才能在地方法制建设和法治实践中真正形成权威。

民间规范对地方立法的先导，作为二者融合发展的一种路径，不能仅停留在认知和观念上，还必须落实到具体的立法活动中。为此，必须在地方法过程中构建民间规范调查制度。目前，我国地方立法一般会从民主立法和科学立法的原则出发，强调公众参与制度和专家论证制度的建设，却很少甚至完全不考虑民间规范调查的制度化。正如有学者指出："就当下中国而言，无论是立法还是司法，与民间习惯的距离仍然很遥远；民事习惯作为法律渊源的理论意义大于实践意义，对民间习惯的重视仍停留在口头上。"④ 缺乏全面、细致、制度化的本地民间规范调查，很难说地方

---

① ［法］卢梭：《社会契约论》，何兆武译，商务印书馆2003年版，第70页。
② ［法］卢梭：《社会契约论》，何兆武译，商务印书馆2003年版，第70页。
③ ［英］梅因：《古代法》，沈景一译，商务印书馆1959年版，第11页。
④ 王林敏：《法学向度的民间习惯调查与汇编》，载《北方民族大学学报（哲学社会科学版）》2009年第5期，第128页。

立法在事实上将民间规范作为先行规范予以对待,更难说在立法过程和具体条文上接受民间规范的向导。这样制定的地方立法,往往脱离地方实际,缺少地方特色,不能传承本土法制经验,进而也缺乏可操作性。简单重复上位法或者"抄袭"其他地方立法的现象也因此大量出现,"地方立法'抄袭'导致地方立法灵活性和针对性不强,法的适用能力大打折扣"[①]。

民间规范作为先行规范引导地方立法,在我国古代地方立法中即有实践。例如,根据敦煌出土的唐代残卷,历史学者定名的"沙州敦煌县行用水细则"或"唐沙州敦煌地区灌溉用水章程",就是在敦煌地区民间习惯基础上颁行的地方性水利法律规范。在清末民初,我国立法机构先后启动了两次为后世学界津津乐道的地方民事习惯和商事习惯调查运动,一次是清光绪三十三年(1907年)的民事习惯调查,一次是1917—1921年北洋政府时期的民商事习惯调查。从我国目前地方立法实践来看,民间规范与地方性法规发生关联的可能性更大。因此,民间规范调查制度可以先从地方性法规上建立。各地的"地方立法条例"(或"制定地方性法规条例")应将民间规范调查作为某些类型的地方性法规制定的必经立法程序予以规定。例如,对于涉及少数民族生活、基层社会治理、文化传统保护等领域的地方立法,必须经过相应的民族习惯、乡规民约、社会风俗等民间规范的调查程序;对于市场监管、行业管理、城市治理等领域的地方立法,必须经过相应的商事习惯、行业规范、社区公约等民间规范的调查程序。

(二)地方立法吸收民间规范

当地方立法遵从民间规范的向导,并在立法中启动民间规范调查程序后,就可以将作为先行规范的民间规范吸收进地方立法,使其结构于地方治理的正式秩序之中。通过地方立法,将通行于地方的民间规范结构到地方正式秩序中,既是地方贯彻落实国家法律的必要举措,也是地方将通行的民间规范结构于正式秩序的必要方式。[②] 但是,地方立法对民间规范的吸收,并非是对民间规范的"照单全收",而是根据良法善治的标准和要

---

① 孙波:《试论地方立法"抄袭"》,载《法商研究》2007年第5期,第5页。
② 参见谢晖《论民间法结构于正式秩序的方式》,载《现代法学》2016年第1期,第18页。

求,对民间规范予以衡量式的采纳。按照现代法治"保护私权、控制公权"的精神,在私权保护和私人主体交往领域,地方立法可多吸收民间规范,而对于公权及公权主体治理的领域,一般不宜吸收民间规范。对于某些民间传统,在制定教育法规范或商事法规范时,可以在某种程度上予以吸收。而在我国很多地方尤其是基层社会,民间至今依然有着严重的"官本位"传统,对于这样的民间传统,地方立法不仅不能吸收,而且要在规范公共权力和基层治理的立法中大力克服和消除。

地方立法对民间规范的吸收有两种形式:一是认可,二是转化。

认可是法的创制方式之一,不仅适用于中央立法,而且适用于地方立法。通过认可的方式将民间规范吸收进地方立法,能够使得在一定地域范围的民间规范从具有社会实效的"行动中的法"变为具有法律效力的"纸面上的法",进而在地方法治实践中又能够变为具备法律实效的"行动中的法"。地方立法对民间规范的认可包括授权性认可、概括性认可和具体性认可。授权性认可是指地方立法尊重或允许某些类型的民间规范对社会关系的调整。例如,《广东省旅游管理条例》规定:"旅游经营者不得提供有损民族风俗习惯的服务项目。"这一规定为民族风俗习惯调整旅游关系提供了地方性法规依据,是地方立法对民间规范的授权性认可。概括性认可是指地方立法不直接列明所认可的民间规范内容,而是笼统地认定某类民间规范具备法律效力。例如,《上海市消费者权益保护条例》规定:"消费者在购买、使用商品或者接受服务时,其财产受到损害的,有权要求经营者依法对其造成的损失予以赔偿;法律、法规未作规定的,消费者有权要求经营者按照行业规则予以赔偿。"这一规定认可了行业规则的法律效力,属于地方立法对民间规范的概括性认可。具体性认可是指地方立法明确列明其认可的民间规范。例如,《伊犁哈萨克自治州施行〈中华人民共和国婚姻法〉补充规定》规定:"保持哈萨克族七代以内不结婚的传统习惯。"这一地方立法非常明确、具体地认可了哈萨克族的相应婚姻缔结习惯,而这一民间习惯实际上是与作为中央立法的《婚姻法》相冲突的,通过地方立法的具体性认可,中央立法与民间习惯的直接冲突被确定无疑地消解了。

转化是指在对民间规范进行衡量之后,剔除其不合理、不合法的部分,或者加以部分改造,吸收进地方立法的一种方式。如果说认可是一种直接吸收,那么转化则是一种间接吸收。转化需要对民间规范进行价值衡量和合法性评判,因而比认可需要更高超的立法技术。地方立法对民间规范的转化包括修正性转化和合法性转化。修正性转化是指将民间规范中明显不合理的部分予以改造后吸收进地方立法。例如,《淄博市殡葬管理条例》规定:"少数民族公民死亡后,按照其丧葬习俗土葬的,应当在规定的地点埋葬。"这一地方立法就在一方面认可了少数民族的土葬习俗,另一方面又为了避免民间随意适用土葬习俗造成不必要的土地资源浪费,而将该地的土葬习俗转化为"在规定的地点埋葬"后吸收进地方立法。这种转化是对民间规范的一种修正性转化。合法性转化是指对民间规范中违反法律强制性规定的部分予以剔除后吸收进地方立法。例如,《黔南布依族苗族自治州执行〈中华人民共和国婚姻法〉的变通规定》规定:"在履行结婚登记确立夫妻关系后,对民族传统的结婚仪式,有改革或者保持的自由,但不能以民族的风俗习惯代替结婚登记。"这一地方立法认为该民族结婚仪式传统中以民族习惯代替结婚登记的规范是不合法的,与具有现代性、先进性的强制性法律规范冲突过大,因此应予以剔除,而只对除此之外的结婚仪式民族习惯予以吸收。这种转化是对民间规范进行合法性评价之后的有所取舍的转化。

(三) 民间规范补充地方立法

如前所述,民间规范与地方立法的融合发展是一种"和合",既包括合二为一的"同合",也包括和而不同的"融和"。《现代汉语词典》就将"融合"解释为"几种不同的事物合成一体",同时又指出其也作融洽、和谐意义上的"融和"解释。① 如果说地方立法对民间规范的吸收是二者在某些方面合二为一的"同合"发展路径,那么还需要二者在和而不同的基础上"融和"发展。民间规范不被地方立法吸收,而是站在地方立法规范场域之外对地方立法予以补充,就是这样的一种融和发展路径,与地方立法对民间规范的吸收一起构成了一体两面的融合发展环节。

民间规范作为规范多元之一种,在地方治理中有其独立存在之价值,地方立法既无必要也无可能将所有民间规范纳入囊中。地方立法亦非万能,立法权尽管源自人民主权,但它依然要依托代议机关来行使。与所有

---

① 参见中国社会科学院语言研究所词典编辑室《现代汉语词典》(第7版),商务印书馆2016年版,第1107页。

公权力一样，地方立法并不具有终极化和自我合法化的性质，节制是其重要的美德之一。地方立法不节制，万事皆立法，其后果可能是使得其权威销蚀。最近几年，江苏、杭州、山东、吉林等地纷纷立法规制子女"啃老"现象，例如《吉林省老年人权益保障条例》规定："有独立生活能力的成年子女或其他亲属要求老年人给予经济资助，老年人有权拒绝。"这种地方立法就因介入本应由民间伦理规范和善良风俗调整的社会关系领域而广受争议。同时，立法永远不可能是完备的，这既源于立法所依赖的经验材料的滞后性，也源于立法所利用的语言文字的模糊性。地方立法的节制美德和不完备局限，都要求其充分利用民间规范的补充来促进其自身的发展。而民间规范在补充地方立法的疏漏、促成地方立法发挥节制美德的过程中，也进一步明确了自己在地方治理中的定位和作用，在实践中不断完善自己。通过这样的彼此成就，民间规范与地方立法实现了"和合"意义上的融合发展。

民间规范对地方立法的补充有两种形式：一是经由主体自治的补充，即民间社会主体通过个体自治或团体自治，[①] 适用民间规范，从而补强地方立法所意欲追求的地方治理秩序。例如，地方或民间社会自治主体（村委会、居委会、业主委员会、行业协会等）通过适用村规民约、社区公约、物业规约、行业规章等民间规范，一般能够营造比地方立法更优的地方治理秩序。从理论上讲，民间规范基于个体自治和团体自治对地方立法的补充，都可能开发出更好的治理秩序。正如美国现实主义法学家卢埃林所言，商人遵循商业习惯起草合同或进行仲裁，能够补救恶法；行业协会也可以替代恶法或填补法律漏洞。[②]

二是经由主体选择的补充，即民间社会主体在包括地方立法在内的法律和民间规范之间自主选择，适用民间规范，从而实现与地方立法所意欲

---

① 所谓团体自治是指社会组织作为一个团体进行自我管理、自我服务和自我发展。我国《公司法》上的公司自治、《物权法》上的业主委员会自治、《村民委员会组织法》上的村民自治、《居民委员会组织法》上的居民自治、各地方《行业协会条例》上的行业协会自治，均属于团体自治范畴。有学者认为，团体自治权在我国属于宪法未列举权利，是由宪法概括性人权保障条款加以保障的宪法权利。参见李海平《论作为宪法权利的团体自治权》，载《吉林大学社会科学学报》2011年第6期，第143页。

② See Alan Schwartz, "Karl Llewellyn and the Origins of Contract Theory," in Jody S. Kraus & Steven D. Walt (ed.), *The Jurisprudential Foundations of Corporate and Commercial Law*. Cambridge: Cambridge University Press, 2003, pp. 25-26.

达到一致的地方治理秩序。例如,《广东省实施〈中华人民共和国人民调解法〉办法》规定:"人民调解委员会在不违反法律、法规强制性规定的前提下,可以参考行业惯例、村规民约、社区公约和公序良俗等,引导当事人达成调解协议。"这一规定即属于民间规范对地方立法经由主体选择的补充的一种立法确认,它允许民间主体选择适用民间规范,从而补充地方立法之不足。无论是经由主体自治的补充,还是经由主体选择的补充,民间规范都会被代入地方治理秩序之中,一方面弥补地方立法的不完备性——制定法总是存在不完备性的,另一方面也通过融入正式法律制度和法律秩序,实现民间规范自身的发展。

(四) 地方立法规引民间规范

民间规范作为社会经验演进的产物,其本身并不具备自我批判和反思的能力。卢埃林认为,将社会秩序完全交由习惯来控制,无异于为错误认识提供了条件;如果法律的目的在于实施正确的行为,那么它就不能径直导向某一仅是众多当事人所愿意的结果。单纯依靠习惯来行事的前提是那些成为惯例的东西就是正确的,这显然在逻辑上是不成立的,即使是法律现实主义者,也并不意图从实然(is)中推出应然(ought),相反强调从实然中学习并改进之。① 民间规范的事实性和经验性仅仅是一种实然,当其运用于地方法治实践时,必须接受规范分析的检视。正如实证主义法学家哈特所言,"对于特定行为模式被视为共同标准,应持有反思批判的态度,而这个应在评论中(包括自我批判)表现出来,以及对遵从的要求,和承认这样的批判与要求是正当的"②。因此,在民间规范与地方立法的融合发展过程中,地方立法作为建构理性,应当对民间规范的渐进演化予以批判性规训和指引,从而尽力避免民间规范作为缺乏自我批判和自我反思能力的经验事实而误入歧途。民间规范也应适时接受地方立法的规训和指引,从而尽力克服经验演进的局限,实现良性发展。

地方立法对民间规范的规训,是指地方立法站在现代法治的立场上,

---

① See Alan Schwartz, "Karl Llewellyn and the Origins of Contract Theory," in Jody S. Kraus & Steven D. Walt (ed.), *The Jurisprudential Foundations of Corporate and Commercial Law*. Cambridge: Cambridge University Press, 2003, pp. 21 – 22.

② [英] 哈特:《法律的概念》,法律出版社 2006 年版,第 55 页。

遵循现代法治精神，以法律规制的形式，改造、否认、取缔某些严重违背法治原则、侵犯人权的民间规范。改造式规训重在"劝训"，规制程度较弱。例如，《上海市烟花爆竹安全管理条例》规定："鼓励移风易俗，倡导使用电子鞭炮、礼花筒等安全、环保的替代性产品。"这一地方立法旨在劝导民间社会改造烟花爆竹燃放习俗，以安全环保的产品替代危险及污染环境的烟花爆竹。否认式规训意在法律评价，规制程度居中。例如，《伊犁哈萨克自治州施行〈中华人民共和国婚姻法〉补充规定》规定："订婚不是结婚的法定程序，不受法律保护。"这一地方立法否定了订婚程序的法律效力，通过否定性的法律评价规训民间慎用订婚习俗。取缔式规训意在革除陋俗，规制程度最强。例如，《宁夏回族自治区实施〈中华人民共和国妇女权益保障法〉办法》规定："禁止早婚、包办婚姻、买卖婚姻和借婚姻索取财物；禁止用宗教、习俗仪式代替婚姻登记。"这一地方立法明确禁止婚姻陋俗，旨在通过立法禁止来取缔相应民间规范。由于民间规范是独立于地方立法的规范系统，有其自身的演进逻辑，因此，地方立法在规训民间规范时，应慎用规制程度最强的取缔式规训，而多用规制程度稍弱的改造式和否认式规训。例如，很多地方立法中的"禁止借婚姻索取财物"规定、"禁止土葬"规定，就有不分青红皂白、简单粗暴地取缔民间婚姻缔结中"彩礼"习俗或民间慎终追远的丧葬习俗的倾向，这样的强规制措施很可能会遭到民间规范的普遍抵制而失去实效性，甚至引发社会冲突。

地方立法对民间规范的指引，是指地方立法根据现代法治原则，利用其在地方治理过程掌握的信息和知识优势，引导民间规范走上目标化、规范化和合法化的发展道路。目标化指引是引导民间规范配合地方立法完成某些社会治理目标，以克服民间规范自发生长的盲目性。例如，《安徽省禁毒条例》规定："村民委员会、居民委员会应当在村规民约、居民公约中规定禁止吸食、注射、贩卖毒品和种植毒品原植物的内容，对村民、居民和本区域内的流动人口进行禁毒宣传教育。"这一规定就是通过地方立法来设定禁毒的社会治理目标，并引导民间规范配合完成这一目标。规范化指引是引导民间规范形成适应日益复杂的现代社会治理的系统性规则，克服民间规范过于依赖简单的历史传统的局限。例如，《山西省城乡环境综合治理条例》规定："村民委员会应当制定维护村容村貌、环境卫生和秩序的村规民约，对垃圾分类、投放、收集和清运以及污水排放等作出约定。"这一规定以地方立法的形式,为民间规范的内容创制设定了现代性要求,引导民间规范走向现代化、丰富化和精细化。合法化指引是引导民间规范符合法律规范,使其运行能够接受法律上的合法性检验。例如,《广州市妇女权益保障规定》规定:"村民大会、村民代表大会的决议以及基层群众性自治组织的自治章程、村规民约、农村集体经济组织的章程不得侵害妇女的合法权益。"这一规定为民间规范设定了合法性边界,指引其在合法的范围按照合法的方式运行。

五、结　语

随着依法治国的全面推进,我国法学界对"民间法"的研究出现了一个转向,即从研究"民间法"与国家法的互动关系转向研究民间规范与地方立法的融合发展,将民间规范的发展纳入地方法治建设环节予以考察,从而既回应地方立法主体扩容后对地方立法学的理论需求,又为推进"法治国家、法治政府、法治社会一体建设"的治国方略提供基于法治社会建设的理论阐释。良好的民间规范和科学的地方立法,不仅是全面依法治国之"全面"法治体系所应包含的重要内容,更是基层治理法治化建设之"推进"所应倚赖的重要手段。民间规范与地方立法的融合发展,能够从基层社会治理和地方法治建设层面推进国家治理体系和治理能力的现代化。地方立法融合良好的民间规范,能够丰富和完善地方乃至国家的法治体系,民间规范融合科学的地方立法,能够实现基层社会治理的现代化。为此,需要充分认识民间规范与地方立法融合发展的逻辑基础和可能性,消除其融合发展障碍,探寻其融合路径,为实施全面依法治国方略和推进国家治理现代化提供相应的理论支持与行动方案选择。

(本文原载《中外法学》2018年第5期)

石佑启自选集

第四部分

党内法规

以党内法规体系建设守正创新保障"中国之治"

中国共产党成立 100 周年之际,我们党"形成比较完善的党内法规体系",党内法规制度建设取得了历史性成就。这是我们党在革命、建设、改革各个历史时期不断推进党的制度建设,尤其是党的十八大以来全面深化党的建设制度改革的重大成果,也标志着党内法规制度建设从此迈入高质量发展的新阶段。在新的历史起点上实现党内法规体系建设的守正创新,是推进全面从严治党、依规治党的必然要求,将为发挥中国共产党在引领和实现"中国之治"中的领导核心作用,彰显中国特色社会主义制度优势指明方向、提供保障。

一、以习近平新时代中国特色社会主义思想为指引,明确党内法规体系建设的正确方向

党内法规制度建设始终以党的创新理论为指导,通过理论创新与制度建设良性互动,以凝聚全党共识,发挥党的指导思想在规划和指引党和国家各项工作中的旗帜作用。党的十九大将习近平新时代中国特色社会主义思想确立为党的指导思想并写入党章,为新时代党和国家事业发展提供了科学的行动指南。

习近平总书记关于依规治党的重要论述是习近平新时代中国特色社会主义思想的重要组成部分,是对马克思主义管党治党理论的丰富和发展。围绕如何实现全面从严治党、为什么要推进制度治党、怎样实现依规治党等重大课题,习近平总书记作出了"加强党内法规制度建设是全面从严治党的长远之策、根本之策","从严治党靠教育,也靠制度,二者一柔一刚要同向发力、同时发力","加快形成覆盖党的领导和党的建设各方面的党内法规制度体系"等重要论述,深刻揭示了新时代党内法规体系建设的新特征新要求,明确了新时代党内法规制度建设的价值取向和核心内容。

新征程上，党内法规体系建设必须坚持以习近平新时代中国特色社会主义思想为指导，将坚持把依规治党摆在事关党长期执政和国家长治久安的战略位置、坚持完善"两个维护"制度保障、坚持把党章作为管党治党总依据、坚持贯彻民主集中制、坚持围绕党和国家工作大局推进党内法规制度建设等"十个坚持"的要求转化为制度建设的具体实践，为党内法规制度建设高质量发展提供根本遵循。贯彻落实习近平总书记关于依规治党的重要论述，推进党内法规体系建设，必须在学懂弄通做实上下功夫。既要做到思想建党和制度治党同向发力，抓好党内法规制度"供给侧结构性改革"，全面推进党内法规制度的制定和实施工作；又要不断强化党的理论武装，以学习贯彻党章统领依规治党，抓住领导干部这个"关键少数"，通过开展主题教育加强党章学习，增强制度观念、法规意识，从而确保党和国家的工作始终在正确的政治方向上前进。

二、紧紧围绕服务党和国家工作大局，加大党内法规体系建设的顶层设计力度

推进党内法规体系建设，必须以服务党和国家工作大局为重要原则，全面贯彻党的基本理论、基本路线、基本方略，加大顶层设计的力度。在党的百年奋斗历程中，无论是新中国成立之初，还是改革开放以来，党内法规体系建设始终从党和国家事业发展的历史阶段和战略部署出发，科学确立目标，为保证党的路线方针政策的贯彻实施提供了制度保障。在统筹推进"五位一体"总体布局、协调推进"四个全面"战略布局的时代背景下，党内法规体系建设必须立足实现中华民族伟大复兴历史使命，立足世界百年未有之大变局，将自身置于国家治理体系和治理能力现代化的进程中予以统筹和谋划，适应党和国家中心工作的需要和经济社会发展的需要，增强理论研究和制度设计的整体性、系统性、协调性和回应性。

服务党和国家工作大局，要求党内法规体系建设提高政治站位，加强顶层设计，强化前瞻性思考、全局性谋划、战略性布局、整体性推进，实现党全面领导国家治理体系和治理能力现代化建设与党内法规制度建设的耦合共进。加强顶层设计，就是要从党和国家工作全局的高度和广度对党内法规体系建设的各方面内容加以通盘考虑。一方面，应将党内法规制度建设纳入中国特色社会主义制度建设的总体布局中予以统筹规划，紧密结

合党领导全面深化改革的谋篇布局及其配套的制度需求，注重法治系统内部协调，同步推进党内法规制度完善发展和贯彻执行，并遵循经济社会发展的规律，及时总结实践经验，将行之有效的做法用制度固定下来；另一方面，应进一步从中央层面设定党内法规体系建设的整体布局和阶段计划，聚焦党内法规制度建设中存在的问题，分阶段、分领域、分重点、分层次完善党内法规体系，区分哪些是要及时制定修改出台的，哪些是五年内必须完成的，哪些是五年内要积极探索、为今后打下基础的，同时抓紧时间制定贯彻落实任务分工方案，对推动党内法规制度建设高质量发展作出新的部署安排。此外，伴随旧规的修改和新规的出台，还要处理好新、老党内法规之间的关系，遵循党章对党的性质宗旨、路线纲领、指导思想、组织机构、党员义务和权利等内容作出的根本规定，统筹做好党内法规的制定修改工作，始终注重维护党内法规制度的统一性，促进党内法规体系内部的衔接协调。

三、以提高党规质量为着力点，推动党内法规体系完善发展

党内法规制度建设只有进行时、没有完成时，着力提高党内法规的质量，是推动党内法规体系进一步完善发展的重要任务。回顾党内法规制度建设的百年发展史，不难发现其从无到有、从少到多、由点到面、由面到体，逐步踏上发展的"快车道"，适应体系化建构的安排，朝着体系化的目标迈进。党的十八大以来，党内法规内容不断充实，但一些短板和不足也逐渐暴露出来，如制定质量有待提高、体系性和可操作性有待增强等。因此，当前迫切需要沿着从宏观转入微观的制度逻辑，持续推进党内法规的立改废释工作，统筹党内法规制定实施的全过程管理，科学立规、民主立规、依规立规，保持党内法规体系的前后衔接、层级分明。

立足提高立规质量，优化党内法规立改废释的制度机制。党内法规的立改废释工作，必须坚持问题导向，规划好战略性目标与阶段性任务，聚焦全面从严治党中的主要矛盾和矛盾的主要方面，本着务实管用、于法周延、于事简便的原则，遵循"立得住、行得通、管得了"的目标指引。党内法规立改废释工作应以党和国家事业发展需要为导向，从观念、政策、体制、程序和技术等各维度健全工作机制、转变工作作风、提升工作

成效，形成"内容科学、程序严密、配套完备、运行有效"的制度体系。

健全党内法规备案审查制度机制。党内法规体系应呈现为一个金字塔式的、层次分明的效力等级结构，健全党内法规备案审查制度机制可以有效防止"下位法规"同"上位法规"相抵触，从而保障党内法规体系内部的协调统一。一是应在既有的党内法规备案审查制度机制基础上，通过加强备案审查的数字化平台建设等，建立起纵向上下贯通的备案工作体系，完善横向备案审查衔接联动机制；二是加大合规性审查力度，建立合规性审查与合法性审查协同机制，推动合规性审查与合法性审查既相对独立，又相互衔接、关联互通，促进党内法规与党的理论和路线方针政策保持一致，以及党内法规体系同国家法律体系衔接协调。

健全党内法规评估机制。在党内法规实施一段时间后，对其执行情况和实施效果进行评估，有助于及时发现党内法规存在的不足，为推进党内法规的立改废释工作提供实践依据。目前，关于党内法规实施评估如何有效运行，仍缺乏可操作性的规范。因此，应进一步制定评估办法，对党内法规实施评估的主体、内容、方式、标准、步骤及评估结果运用等内容作出明确规定，依托"实施—评估—修订"的制度机制设计，有针对性地提升党内法规整体质量，彰显其制度效能。

四、聚焦坚持依规治党、依法治国，加强党内法规同国家法律的衔接协调

党的十八大以来，习近平总书记从事关党长期执政和国家长治久安的战略高度，创造性提出党既要依据宪法法律治理国家，也要依据党内法规管党治党，指出依规治党深入党心、依法治国才能深入民心，强调坚持依法治国和制度治党、依规治党统筹推进、一体建设，对新时代党内法规体系建设提出了一系列新要求。

加强党内法规同国家法律的衔接协调，必须深入贯彻习近平法治思想，在正确认识依法治国和依规治党的互补性作用的基础上，致力于打造党内法规同国家法律相辅相成、相互促进、相互保障的格局。一是保持"党规"与"国法"的全方位对接，在政治路线、价值导向、制度设计、组织保障等各个方面实现相互联动、彼此协调；二是明确党内法规与国家法律在制定依据、制定主体、适用范围、制定程序、效力与强制性等方面

的区别，厘定二者适用的边界，防止越权情况的发生，促进党内法规与国家法律的良性互动；三是依托党规之治与合法规制、党纪处分与政务处分的有效衔接，抓住领导干部这个"关键少数"，推动领导干部带头守法、依法办事；四是保障国家法律与党内法规在修改完善层面的步调一致，如保持宪法与党章、法律法规与党内法规修改的衔接协调，推动党的领导入宪入法入规；五是在推进党和国家机构改革，探索党政合署办公的过程中，党内法规与国家法律应就党政组织设置、职能分工、权责分配、决策部署、程序对接等内容的调整作出相对统一、衔接协调的规定，统筹党的组织与行政机关各自的职能和权限、规范表决方案的流程与要求等，避免政出多门、责任不明、程序混乱、干预过多等问题，并由此促进党管党治党和治国理政相贯通。

五、以强化党内法规执行力为保障，切实将党规制度优势转化为治理效能

党内法规制度的生命力在于执行。党内法规体系建设不仅指向为党管党治党提供制度依据，还旨在通过搞好制度"供给侧结构性改革"，提高党内法规的实效性和执行力。同时，在推进国家治理体系和治理能力现代化的进程中，只有不断强化党内法规的执行力，将党内法规制度优势转化为治理效能，才能提升国家治理效能，推动国家治理活动的有序展开。对此，党内法规体系建设应坚持制定和实施并重，从学规、执规、督规三个方面出发，着力提升党内法规执行力。

健全党内法规宣传与学习制度。学好了党规党纪，就能弄清楚自己该做什么、不该做什么，能做什么、不能做什么。应当坚持能公开尽公开，通过党报党刊、重点新闻网站、门户网站等媒体向社会公开党内法规，应拓宽公开渠道、健全公开方式、丰富宣传形式，让各级党组织、广大党员干部以及公众能够全面、及时了解和掌握党内法规的主要内容、核心要义与精神实质。各地区各部门应当健全党内法规学习制度，建立常态化的党规学习教育机制，引领和指导党员干部从学规、知规上升到懂规、悟规，将党规的规范意义转化为执规行为的外在标尺。

严格执规是提高党内法规执行力的关键环节。党内法规具有鲜明的政治属性与法治属性，凝聚着管党治党、治国理政的基本精髓与规范要求，

增强党内法规执行力必须严字当头。各级党组织、领导干部在执规过程中应考虑具体执规场景，在严格执规中兼顾执规温度。尤为重要的是，必须提高政治站位，增强执规本领，培养过硬作风，树立标杆、作好表率。

完善党内与党外相协调的监督制度。提升党内法规执行力要求切实加强党内监督，完善管党治党的主体责任和追责制度，要求党组织、领导干部敢于担责，构建多元问责的主体架构，推动问责对象集中"关键少数"、问责情形聚焦失职失责、问责程序更加严谨规范等。目前，我们党已经初步建立起以党委履行主体责任、纪委履行监督专责、党的工作机关依据职能履行监督职能的主要监督形式。未来，应当进一步加强党内问责与行政问责之间、党内监督与党外监督之间的制度衔接，促进党内监督与国家监督、社会监督、舆论监督的有机结合，从而构建起"执规受监督、失责必追究"的监督网络。

（本文原载《党内法规研究》2022 年第 3 期）

新时代党内法规体系建设的价值取向与路径选择

党内法规体系建设涵盖党内法规建设与体系化建设双重任务，它既是中国共产党加强自身建设的重大课题，也是构建社会主义法治体系，实现国家治理现代化的必然要求。党的十九大报告提出，中国特色社会主义进入了新时代。新时代赋予了我国党内法规体系建设新的内涵。对此，党内法规体系需要以现有框架为基础，在习近平新时代中国特色社会主义思想的指导下，回应新的时代诉求。价值取向问题是党内法规体系建设中的前提性问题。价值取向往往决定着认知和行动。价值取向并非一成不变，而是与时代内涵密切关联，时代诉求发展变化决定了价值取向的转变。实现党内法规体系建设的价值取向，面对的是党内法规建设和体系性建设两大任务以及现有的一些障碍。亟须在明确党内法规及其体系化范畴的基础上，遵循从党的事业发展需要和党的建设实际出发的原则，[①] 以问题为导向，探寻深入推进党内法规体系建设的具体路径。

一、党内法规体系建设的时代诉求及特征

党内法规体系不是党章、条例、准则等规范的简单堆砌，而是党内法规按照一定标准分类组成的呈现体系化的统一整体。从其外部衔接来看，是指建构与法律体系并行不悖、相辅相成的党内法规整体的过程。2017年6月，中共中央印发《关于加强党内法规制度建设的意见》，将完善的党内法规制度体系概括为"1+4"的基本框架，即在党章之下分为党的组织法规制度、党的领导法规制度、党的自身建设法规制度、党的监督保障法规制度四大板块，已初步勾勒出党内法规制度体系的"四梁八柱"。新时代，中国共产党形成了习近平新时代中国特色社会主义思想，并将之写入《中国共产党章程（修正案）》。这赋予了党内法规体系建设新的时

---

① 参见《中国共产党党内法规制定条例》第7条。

代内涵,其一方面表现为时代诉求的发展,另一方面表现为时代特征的形成。

(一) 党内法规体系建设的时代诉求

长期以来,党内法规体系建设既能够坚持已有的行之有效的规定,又能回应新的时代诉求,按照党的十八大和十八届三中、四中、五中、六中全会的部署,不断创新,补齐短板,产生新的规定。同样,未来五年的党内法规体系也应当紧紧围绕党的十九大报告的相关内容进行改革创新。

1. 社会主要矛盾转化与党内法规体系建设

党的十九大报告指出:"中国特色社会主义进入新时代,我国社会主要矛盾已经转化为人民日益增长的美好生活需要和不平衡不充分的发展之间的矛盾。"① 社会主要矛盾从量变向质变转化的过程在法治领域表现为法治工作方针的调整,建设社会主义法治体系目标的确立,② 其中包含建立完善的党内法规体系。社会主要矛盾在党内法规建设环节表现为人民对公平、正义的需求,对建设清正廉明、权力受到制度充分监督制约的政治生态的需求与党内法规体系建设不平衡、不充分之间的矛盾。鉴于此,应继续加大党内法规体系建设的力度,坚持以问题为导向,确保明显缺位的党内法规及时出台,基础性的党内法规更加健全;保证各项党规协调统一,立改废释同步进行;兼顾实体与程序相互配套,切实保障党员权利等,从而推动党内法规体系的平衡发展、充分发展。

2. "两个阶段"的划分与党内法规体系建设

党的十九大报告指出:"明确坚持和发展中国特色社会主义,总任务是实现社会主义现代化和中华民族伟大复兴,在全面建成小康社会的基础上,分两步走在本世纪中叶建成富强民主文明和谐美丽的社会主义现代化强国。"③ 两步走是在全面建成小康社会的基础上,将2020年到21世纪中叶划分为两个阶段。这不仅是对党内法规体系建设提出目标要求,而且

---

① 习近平:《决胜全面建成小康社会 夺取新时代中国特色社会主义伟大胜利——在中国共产党第十九次全国代表大会上的报告》,载《人民日报》2017年10月28日第01版。
② 参见张文显:《新思想引领法治新征程——习近平新时代中国特色社会主义思想对依法治国和法治建设的指导意义》,载《法学研究》2017年第6期。
③ 习近平:《决胜全面建成小康社会 夺取新时代中国特色社会主义伟大胜利——在中国共产党第十九次全国代表大会上的报告》,载《人民日报》2017年10月28日第01版。

是时间要求。从党的十九大到2020年是全面建成小康社会的决胜期，需要完善的党内法规体系保驾护航。党内法规体系建设应当紧跟时代步伐，力求早日完成建党100年的建设目标。2020年到2035年，是开启社会主义现代化国家建设的第一阶段，目标是基本实现现代化。2035年到21世纪中叶，是现代化国家建设的第二阶段，目标是建成社会主义现代化强国。无论是基本实现现代化还是建成现代化强国，其目标体系中都包含对制度完善、国家治理体系和治理能力现代化的要求。这就要求党内法规体系建设要围绕两个阶段的目标，作出新的规划。

3. 全面依法治国与党内法规体系建设

全面依法治国是新时代中国特色社会主义建设的战略布局和基本方略，是中国特色社会主义的本质要求和重要保障。党的领导是依法治国和人民当家作主的根本保证，全面推进依法治国，必须把党的领导贯穿始终，这是我国法治建设的基本经验。同时，党的领导也必须遵循法治的原则与要求，具体表现为依法执政与依法治国的统一。依法执政的实现既要求党在宪法和法律的框架下执政，也要求建立健全党内法规体系、依规治党。此外，全面依法治国的总目标是建设社会主义法治体系，建设社会主义法治国家，而建设完善的党内法规体系是建设社会主义法治体系的题中之义与重要任务。

4. 全面从严治党与党内法规体系建设

党的十九大报告指出："坚持全面从严治党。勇于自我革命，从严管党治党，是我们党最鲜明的品格。"[1] 作为中国特色社会主义的基本方略，新时代全面从严治党在坚持净化政治生态，零容忍惩治腐败，自我净化，纠正不良风气之余，也提出许多新要求：一是要突出党的政治建设；二是用习近平新时代中国特色社会主义思想武装全党；三是建设高素质专业干部队伍；四是加强基层组织建设；等等。要实现这些新要求，首先，就要将其贯穿党内法规体系的建设当中，成为全体党员的行为规范和准则；其次，要将这些党内法规切实落实到实践当中，确保其有效实施；最后，要形成配套的党内法规监督规范，对党内法规的实施情况进行监督，及时纠正规范缺陷和实施效果不佳问题。

---

[1] 习近平：《决胜全面建成小康社会 夺取新时代中国特色社会主义伟大胜利——在中国共产党第十九次全国代表大会上的报告》，载《人民日报》2017年10月28日第01版。

5. 全面深化改革与党内法规体系建设

全面深化改革与全面依法治国、全面从严治党统一于新时代中国特色社会主义的战略布局当中。我国全面深化改革总目标是完善和发展中国特色社会主义制度、推进国家治理体系和治理能力现代化。建设社会主义法治体系是实现国家治理现代化的必然要求。重大改革，必须于法有据，全面深化改革，必须走法治之路。① 不容否认的是，当前在我国的司法改革、监察体制改革等重大改革中，党内法规都发挥了重要作用。因此，为确保改革在法治框架下运行，党内法规体系建设必须与国家法律体系建设相衔接、相协调，党内法规体系必须与国家法律体系形成良性互动关系。

（二）党内法规体系建设的时代特征

回应新的时代诉求，党内法规体系建设形成新的时代特征。

1. 党内法规体系建设是社会主义法治体系建设的重要内容

有学者将党内法规定位为法治体系的"担纲者"。② 这至少包括三层含义：一是党内法规体系是社会主义法治体系的重要组成部分。法治体系建设是一项系统的工程，只有内在的各个体系建设都实现法治化，才得以最终建成，才能实现平衡、充分发展。因此，每个体系的建设都缺一不可。二是党内法规体系建设是决定法治建设是否顺利的重要因素。这是由于中国共产党是我国法治体系建设的领导者，党的领导是依法治国的根本保证。党是否能够依法执政，党内法规体系是否依法建设决定着社会主义法治能否最终实现。三是党内法规体系建设必须充分体现民主法治的精神。这主要包括规范建设上要引入程序正当原则、法律保留原则等；在体系建设上要兼顾权利和义务，特别是党员民主权利的保障等。

2. 党内法规体系建设平行于国家法律体系建设

在法治体系建设这一背景下，党内法规建设不可能孤立存在，势必与其他体系建设产生关联，特别是与国家法律体系有重叠的部分。但总体而言，二者仍是相互平行的，各有侧重、各具特色：一是党内法规体系建设不仅包含行为规范建设，还包括政治建设、组织建设、思想建设等内容。二是纪在法前，纪严于法。党内法规的总体建设要严于国家法律，包括政

---

① 参见石佑启《深化改革与推进法治良性互动关系论》，载《学术研究》2015年第1期。
② 参见陈柏峰《党内法规的功用和定位》，载《国家检察官学院学报》2017年第3期。

治素养、生活作风、道德水准等。三是党内法规体系建设与国家法律体系建设同步进行，相辅相成。国家法律存在滞后性，党内法规更为灵活，能够及时应对国家治理中的突发问题。同时，党内法规的制定与实施要在国家宪法和法律的范围内开展，注重党内法规与国家法律的衔接和协调，实现依法治国与依规治党的有机统一。

3. 党内法规体系建设的阶段性

党内法规建设是一个持续性的动态过程，需要分类推进，对症下药。不仅要紧紧围绕新时代中国特色社会主义建设的总任务及其阶段划分进行统一规划，细化阶段任务和目标，还要结合全面深化改革的基本方略，加快体系建设的进度，为改革开放提供强有力的制度保障。①

二、新时代党内法规体系建设的价值取向及其实现障碍

价值取向是价值哲学的重要范畴，是指价值理解基础上的价值活动目标选择，是一定主体所持的基本价值立场、价值态度以及所表现出来的基本价值倾向。② 党内法规体系建设的价值取向是党内法规体系建设的基本立场和目标定位，引导着党内法规体系建设的方向。在新时代，进一步明确价值取向问题，是回应时代诉求，加强党内法规体系建设的逻辑前提。

（一）党内法规体系建设价值取向的现状及转变

"党内法规在党的不同历史时期，特别是关键时期，始终发挥着维护党内秩序、规范党内生活、调整党内关系、推进党的建设、确保团结统一和事业发展的重大作用。"③ 这表明，在不同的时代，党内法规体系建设都因其特有的功能定位，而展现出不同的价值取向。

1. 价值取向的现实考察

党内法规建设的价值取向与党的建设密切相关。党的十一届三中全会以前，党内法规的建设以功能主义为导向，主要围绕党的任务而展开，以解决党的建设面临的各种现实问题为首要目标，党内法规因频繁出台而更

---

① 参见周叶中《关于中国共产党党内法规建设的思考》，载《法学论坛》2011 年第 4 期。
② 参见陈可《党内法规的功能定位和价值取向（上）》，载《理论学习》2017 年第 7 期。
③ 张东明：《十八大以来党内法规建设述略》，载《中共云南省委党校学报》2016 年第 5 期。

倾向工具化。改革开放以后，党内法规建设逐渐由功能主义向规范主义转变，更倾向于建构各级党组织与全体党员必须一体遵循的准则，包括政治准则、思想准则、组织准则、行为准则等内容，旨在全面调整党的建设各项活动。① 但即使在规范主义取向的统筹下，党内法规的建设还是有所侧重，主要以调整各级党组织与领导干部的行为，限制其权力为首要目标。

第一，党的领导是中国特色社会主义的本质特征，中国共产党肩负着带领中国人民实现中华民族伟大复兴的使命，共产党员必须承担起相应的历史责任。面对深化改革，国家建设的任务，一方面，要通过党内法规加强全体党员的思想先进性和执政能力，建设高素质的干部队伍；另一方面，要用制度规范党员干部的权力，既要防止其贪污受贿，滥用权力，又要防止其不作为。

第二，中国共产党是无产阶级政党，代表着广大人民群众的根本利益，其宗旨是全心全意为人民服务。这从本质上要求通过党内法规建设规范党员行为，通过行为模式的指引与行为边界的设定，确保将党的性质和宗旨反映到党员的行为当中，保证二者的统一，树立执政党的形象和威信。

第三，党内法规对行为规范的侧重回应全面从严治党的迫切需求。一个政党，一个政权的命运取决于人心向背，如果腐败高发、频发且得不到有效遏制，那这个政党就会失去民心。党的十六届四中全会深刻地提出："党的执政地位不是与生俱来的，也不是一劳永逸的。我们必须居安思危，增强忧患意识，深刻汲取世界上一些执政党兴衰成败的经验教训，更加自觉地加强执政能力建设，始终为人民执好政、掌好权。"② 习近平总书记指出："要把党内存在的突出矛盾和问题解决好，要有效化解党面临的重大挑战和危险，很重要的一条就是要完善规范、健全制度，扎紧制度的笼子。"③ 这种制度健全，直观表现为对党组织和全体党员行为的规范和监督，力求通过党内法规建设，重塑廉政风气。

---

① 参见侯嘉斌《中国共产党党内法规建设的价值导向：从功能主义到规范主义的嬗变》，载《中共中央党校学报》2017年第4期。

② 《中共中央关于加强党的执政能力建设的决定》，人民出版社2004年版，第4页。

③ 习近平：《关于〈关于新形势下党内政治生活的若干准则〉和〈中国共产党党内监督条例〉的说明》，载《关于新形势下党内政治生活的若干准则中国共产党党内监督条例》，人民出版社2016年版，第76页。

可见，长期以来我国党内法规体系建设在价值取向上重视行为规范建设，重视义务建设，包括作风建设和纪律建设。例如，相继出台的《中共中央政治局关于改进工作作风密切联系群众的规定》（八项规定）、《中国共产党巡视工作条例》、《中国共产党纪律处分条例》、《关于新形势下党内政治生活的若干准则》、《中国共产党党内监督条例》等重要的党内法规均体现了这一倾向。

此外，基于党组织、党员及党内事务的特殊性，一直以来，党内法规体系建设主要围绕内部事务展开，价值取向上也体现为关注内部规范化，尚未从法治体系的整体建设着眼进行价值建构，这是当时的主要特征。

2. 价值取向的转变

党内法规体系建设价值取向的转变是立足于实践状况，结合十八大以来党内法规体系建设具体情况的必然选择，具体表现为：

其一，将党的政治建设摆在首位，加强党的思想建设。党的十九大报告指出："政治建设是党的根本性建设，新时代党的建设，要把政治建设摆在首位。"[①] 政治建设的首要任务是要坚持党中央的权威和统一领导，包括对政治路线、政治纪律的执行和遵守，包括政治原则、政治立场、政治道路与中央保持高度一致等诸多方面内容。党内法规体系建设是党的建设的重要内容，因此，同样要把政治建设摆在首位，围绕政治建设的特殊地位，通过制定相应的党内法规，营造良好的政治生态。同时，要以政治建设为根本，加强思想建设。思想建设是政治建设的基础。新时代思想建设就是要以新思想武装全党，对此，作为党内的"根本大法"，《中国共产党章程》将习近平新时代中国特色主义思想作为行动指南写入其中，接下来应以习近平新时代中国特色主义思想为指导，进一步加强党内法规体系建设。

其二，在法治体系框架下加强党内法规体系建设，重视法治的价值。党的十九大报告指出："全面增强执政能力，要坚持法治思维。"[②] 党的十八届四中全会将党内法规体系纳入法治体系当中，意味着其建设不能仅仅

---

① 习近平：《决胜全面建成小康社会　夺取新时代中国特色社会主义伟大胜利——在中国共产党第十九次全国代表大会上的报告》，载《人民日报》2017年10月28日第01版。

② 习近平：《决胜全面建成小康社会　夺取新时代中国特色社会主义伟大胜利——在中国共产党第十九次全国代表大会上的报告》，载《人民日报》2017年10月28日第01版。

满足于规范内部事务的要求，还要认识到党内法规具有的"溢出"效应以及与法治体系建设的统一性，不违背法治精神，要注重与国家法律体系的衔接。作为法治体系建设的组成部分，党内法规体系建设要遵循法治的价值追求。这种价值取向的转变主要表现为：一方面，从侧重义务向权利义务兼顾转变。党内法规体系建设既要设定党员的义务，建构不敢腐、不能腐、不想腐的机制，也要保障党员的权利，充分调动党员的积极性，不能忽视其政治能动性。其中最主要的是要赋予党员民主参与的权利和陈述申辩的权利。另一方面，从侧重实体向实体程序兼顾转变。习近平总书记指出："最根本的是严格遵循执政党建设规律进行制度建设……既要有实体性制度，又要有程序性制度。"① 通过程序性规范的建设保障实体规范的合法合理及有效实施。

其三，既要重视党内法规静态规范的价值，也要重视其动态运行的价值。党内法规的生命力在于执行，如果没有落到实处，哪怕制定得再好，也只能停留于纸面上，而不能对政治建设、思想建设、作风建设、纪律建设等起到任何实质作用，更不可能回应全面深化改革、全面依法治国和全面从严治党的现实需求。党的十九大报告提出的"党内建设要健全党和国家监督体系"以及党的十八届六中全会通过的《中国共产党党内监督条例》（简称《监督条例》）便是强化党内法规运行的体现。党内法规动态运行的价值不仅体现为党的建设的最终实现，而且体现在保障党内法规运行的整个过程中。例如，确保党员干部带头遵守党规，依规办事；保证党内法规的合法有效；等等。换言之，一个科学、严密的党内法规体系，是既要让党组织和党员知道应该怎么办，又要知道违反了规定该如何处理；既要有自觉遵守，也要有监督保障。

（二）价值取向的实现障碍

价值取向只是确定党规体系建设的基本立场和目标定位，如何实现还要破解具体问题。近年来，党内法规制度体系建设已取得重要进展和成效，出台了一大批标志性、关键性、引领性的党内法规，制定修订了74部中央党内法规，超过现行有效的170多部中央党内法规的40%，制度

---

① 《习近平首论补齐党内制度短板》，见人民网（http://politics.people.com.cn/n1/2016/0413/c1001-28274043.html）。

体系的框架已经基本形成,[①] 但与加强政治及思想建设的价值目标、注重权利与兼顾程序等法治化标准以及重视党内法规动态运行价值的具体要求相对比,仍存在一定差距。

1. 体系建设存在的问题

(1) 党内法规规范体系层级不够清晰,分类标准有待进一步科学化。一是体系层级不清。党内法规体系不是各类党内规范性文件的简单堆砌,如果没有对各类规范进行具体的层级划分,则势必造成上下效力冲突、内容重叠、适用混乱,与体系建构的基本精神相违背。《中国共产党党内法规制定条例》(简称《制定条例》)第四条将党内法规名称细分为党章、准则、条例、规则、规定、办法、细则七类,第二十一条将"是否同上位党内法规相抵触"作为审批标准之一,但关于"上位法规"的判断标准并未具体说明。也就是说,当同一部门或者同一层级机构制定的不同名称的党内法规出现冲突时,应当如何解决不明确。二是分类标准还有待进一步科学化。《中共中央关于加强党内法规制度建设的意见》将党内法规制度体系划分为"1+4"的基本框架,但有些党内法规却暂时难以纳入这个分类框架当中,如有关党内法规制定程序的规范。

(2) 党内法规运行体系还有待进一步健全。狭义的党内法规运行体系只包含党内法规的实施体系;广义的党内法规运行体系不仅包含实施体系,还包含监督体系和保障体系。我们采纳广义说,认为只有三大体系同步建构,才有助于党内法规落到实处。当前,我国党内法规的运行体系还有待进一步完善,从实施体系来看,对于党员干部如何带头落实党内规范,如何积极推进政治建设、思想建设以及党内法规如何具体适用的规定还相对较少,还未建立党内法规解释机制,备案审查机制不完善等;从监督体系来看,对于党内监督的规定还较为抽象,包括监督程序、监督范围、监督手段不明确,缺乏具体的实施细则,省、自治区、直辖市的党委大多还未就《监督条例》《中国共产党巡视工作条例》制定相应的党内法规等;从保障体系来看,表现为缺乏保障党内法规实施的相关规定。

(3) 党内法规体系与国家法律体系的衔接还有待进一步顺畅。基于党内法规体系建设与法治体系建设的内在契合,规范内容的部分重叠,党

---

① 参见中共中央办公厅法规局《以改革创新精神加快补齐党建方面的法规制度短板》,载《求是》2017年第3期。

内法规体系建设应当充分挖掘法治的价值，必须建立其与国家法律体系的衔接机制。当前，仍然存在部分党内法规超出内部事务的适用范围的现象，究其原因，在于衔接机制有待进一步建构和完善。

（4）党内法规体系建设省级党委有待跟进铺开。党内法规的制定主体不仅包含中共中央、中纪委和中央各部门，还包括省、自治区、直辖市的党委。中央出台的党内法规往往倾向于对全局性的党内事务作出规定，而如何根据具体情况予以落实，仍需省级党委根据中央精神，通过调查研究，制定具体的实施细则。当前，各省级党委根据中央党内法规而建立各地党内法规体系的节拍较慢，规范的数量仍较少。

2. 党内法规建设存在的问题

认识党内法规存在的问题，主要就是要认识其机制建构存在的问题，具体表现为：

（1）党员权利保障机制有待进一步健全。党员权利的主要内容是民主权利、救济权利、监督权利、程序性权利等。其中，民主权利包含参与权、决策权、异议表达权等；救济权利包含处分申诉权以及损害检举权等；监督权利包含党务监督权、纪律监督权等；程序权利包含申请公开、听证权等，这些权利的实现与否，取决于保障机制是否健全。权利保障机制不健全，一方面表现为党员权利在党内法规中尚未得到充分体现，另一方面表现为党内法规规定的党员权利尚缺乏行之有效的保障。

（2）备案审查机制需要进一步完善。当前，关于党内法规备案审查机制，已由《中国共产党党内法规和规范性文件备案规定》（简称《备案规定》）予以建立，但面对现实问题，其具体的操作性仍有待完善。首先，《备案规定》第2条仅将中纪委、中央各部门和省级党委制定的党内法规和规范性文件纳入备案审查范围，而未对党的中央组织制定的条例、准则等党内法规作出明确规定，导致无法审查其具体内容。其次，《备案规定》第14条规定，建立党内法规备案审查与行政法规、规章和规范性文件备案审查衔接联动机制。但当前备案审查衔接联动机制的建立，依然面临许多难题，如党内法规效力层级的问题就需要解决。

（3）党内法规解释机制有待进一步完善。《制定条例》第29条规定，中央党内法规解释工作，由其规定的解释机关负责。本条例施行前发布的中央党内法规，未明确规定解释机关的，由中央办公厅请示中央后承办。中央纪律检查委员会、中央各部门和省、自治区、直辖市党委制定的党内法规由其自行解释。由此初步搭建起党内法规的解释机制，但不难发现仍存在如下问题：一是《党章》的解释主体规定。党章作为最高层级的党内法规，明确其解释主体，事关党内法规实施全过程及党内法规体系的建设，可以说，没有党章解释，就没有党章适用。① 二是省级党委的党内法规由其自行解释，但具体的解释主体是谁，没有规定。三是没有详细规定党内法规解释的程序。

（4）党内法规评估、清理机制有待进一步建构。一是《制定条例》第 31 条及第 32 条对党内法规的评估作出了原则性规定，② 但尚未形成具体机制。例如，没有对党内法规评估的标准进行确定。二是过去党内法规制度建设，往往侧重党内法规的制定，相对忽视了对党内法规的清理。2012 年 7 月至 2014 年 12 月，党中央先后分两个阶段对新中国成立以来出台的所有党内法规进行了集中清理。通过这次集中清理，"摸清了中央党内法规的家底，一揽子解决了党内法规制度中存在的不适应、不协调、不衔接、不一致问题，有力维护了党内法规制度的协调统一，有利于党内法规制度的遵守和执行"③。但是，党内法规集中清理耗时长、工作量巨大，对于清理工作的开展还需进一步强化。

三、新时代党内法规体系建设的路径选择

作为党的建设的制度保障，党内法规体系建设既要围绕时代内涵、价值取向，明确基本原则，又要以问题为导向，回应实践需求；既要抓宏观体系建设，又要抓微观机制完善；既要解决现有问题，又要做好风险防范。

---

① 参见孙才华、方世荣《中国共产党章程解释主体的适用》，载《理论学刊》2016 年第 10 期。
② 《中国共产党党内法规制定条例》第 31 条规定：党内法规制定机关应当适时对党内法规进行清理，并根据清理情况及时对相关党内法规作出修改、废止等相应处理；第 32 条规定：党内法规制定机关、起草部门和单位可以根据职权对党内法规执行情况、实施效果开展评估。
③ 参见《中央党内法规和规范性文件集中清理工作全部完成》，见人民网（http://politics.people.com.cn/n/2014/1118/c1001-26042850.html）。

(一) 明确党内法规体系建设的基本原则

1. 将"把政治建设摆在首位"作为基本原则

党内法规体系建设是党的建设的重要内容,要以党的建设的指导精神为基本纲领,将之贯穿于党内法规的制定、修改和清理工作当中。党的十九大对《中国共产党章程》进行修改,提出要以党的政治建设为统领,全面推进党的政治建设、思想建设、组织建设、作风建设,并进一步提出要把制度建设贯穿其中,深入推进反腐败斗争。作为最高层级的党内法规,《中国共产党章程》已走在前头,可见将坚持政治建设摆在首位作为党规体系建设基本原则的必要性和可行性。

2. 将"保障党员权利"作为基本原则

《制定条例》将"充分发扬党内民主"作为党内法规制定的基本原则,但其并不能涵盖党员权利的大部分内容。将"保障党员权利"纳入基本原则当中,是充分调动党员的政治能动性之内在需求。党的十九大报告提出:"党的建设的总要求要以调动全党积极性、主动性、创造性为着力点。"而积极性、主动性和创造性首先就要以党员权利得到充分保障为前提。在党内法规制定过程中,如果没有给予党员表达意见的途径,就可能会削弱党员参与的积极性,形成的规则也就难以落实。在党内法规体系建设中贯彻权利保障原则,就是要立足于将党内法规塑造成"良规",把党规之治打造成"良规善治"。

3. 将"党内法规制定程序化"作为基本原则

重视党内法规体系建设的程序性,同样是现代法治价值的体现。当前,《制定条例》对党内法规制定的程序性原则突出不够,只是在党内法规制定最终目的的角度强调了要"推进党的建设程序化"[①]。党的建设的程序化并不等同于党内法规体系建设的程序化,二者的侧重点略有不同。首先,体系建设是一个总体布局,全面铺开的过程,不局限于规则的小修小补,需要程序化原则的保障来有序推进;其次,程序的一大功能在于抑制,程序性原则如果缺位,则很大程度上可能会造成实体性党规制定出台的随意性;最后,如果忽视程序性原则,则可能会导致具体机制只停留在纸面,而缺乏可操作性。因此,将程序性原则纳入党内法规体系建设当中

---

① 莫纪宏:《党内法规体系建设重在实效》,载《东方法学》2017年第4期。

具有重要意义。

(二) 推进党内法规的体系化建设

1. 完善党内法规规范体系

(1) 完善规范体系的层级划分。党内法规存在系统性、协调性不足，规范空白、重复建设等问题，归根结底是规范体系尚未进行明确的层级划分。完善层级划分，可从如下三个层面切入：首先，坚持以党章为根本遵循。党的十八届四中全会通过的《关于推进全面依法治国若干重大问题的决定》中提出，党内法规既是管党治党的重要依据，也是建设社会主义法治国家的有力保障。党章是最根本的党内法规，全党必须一体严格遵行。这实际已经奠定了《中国共产党章程》在党内法规体系中最高层级的地位，具体表现为任何党内法规及党内规范性文件的制定、审核、评估都应当依据党章，不得与之相违背或者相抵触。其次，根据《制定条例》的规定，可以尝试建构以党章为核心的根本法规，以准则、条例和规则为纽带的基本法规，以规定、办法和细则为基础的具体法规三个层级的划分体系，并由高到低来确定相应的效力，即党章效力高于准则、条例、规则，准则、条例和规则效力高于规定、办法和细则。在此基础上，进一步区分同一层级中各类党内法规的效力，例如，准则高于条例，条例高于规则等，确保党内法规的制定不会与上级党内法规相冲突。最后，建构具体的效力冲突解决制度，按照效力层级划分标准，确定处理不同层级党内法规冲突的具体机构以及处理流程等。

(2) 建立科学的规范体系分类标准。在国家法律体系中，依据调整对象以及调整方法的差异来划分不同的部门法律法规，无论从学科研究的角度，还是实际适用的角度，都有利于快速地做到查缺补漏，弥补空白。新修改的《中国共产党章程》将党的建设具体包括政治建设、思想建设、组织建设、作风建设、纪律建设和制度建设等内容，可以将之也作为党内法规规范体系的基本划分标准，继而有针对性地对特定部门的党内法规进行完善。当然，科学的分类标准不表现为唯一性，而表现为包容性。可以将实体和程序的分类标准都纳入其中，具体划分为实体性党内法规、程序性党内法规，从而厘清不同规范体系之间的边界。

2. 完善党内法规运行体系

(1) 完善党内法规的实施体系。党内法规实施不等同于党内法规实现，实现强调的是结果，而实施强调的是过程，是规范体系的遵守、执行和适用。具体来讲，完善党内法规的实施体系首先要用新时代中国特色社会主义思想武装全党，要加强全体党员的思想道德建设，坚定党员的理想信念，将条文内化为全体党员的信仰，从而自觉遵守党内法规。同时，要提高领导干部执行党内法规的能力。党的十九大报告指出："新时代党的建设要建设高素质专业化干部队伍。"领导干部是党内法规执行的主力军，专业化的干部必须是能够严格准确执行党内法规的干部。其次，要完善关于具体执行、适用的党内法规。最后，要以党内法规的效力层级为标准建构备案审查机制，明确审查的范围、程序以及建构长效的党内法规解释机制，明确解释主体等。

（2）完善党内法规的监督体系。党内法规监督是对党内法规的实施情况进行监督。党的十八届六中全会通过的《中国共产党党内监督条例》明确党内监督的任务是确保党章党规党纪在全党有效执行，① 从而初步建立起党内法规监督体系。但总体来看，其中的相关规定仍较为抽象，需要对以下内容作进一步细化：一是明确监督的事项，包括将党员遵守党内法规的情况、党组织和领导干部执行党内法规的情况以及纪律检查部门适用党内法规的情况纳入监督事项范围，予以规定。二是明确监督的程序，包含在党的中央组织、各级党委（党组）、党的基层组织等监督主体的内部设立常设的监督机构；制定对应《监督条例》的具体实施细则，对监督的时间、步骤、手段等内容进行细化。三是设立各民主党派、人民群众监督等党外监督渠道。包括明确人民群众的监督地位，设立接收各民主党派、人民群众检举举报的部门或者信息接收反馈渠道，等等。四是完善巡视监督制度，推进监察体制改革。这是十九大提出健全监督体系的重要任务，包含建立巡视巡查上下联动监督网，推动国家监察体制改革向纵深发展，以形成监督合力、增强监督实效等。

（3）完善党内法规的保障体系。党内法规保障包含政治保障、思想保障、制度保障等内容。完善政治保障要求明确党的领导是党内法规体系建设根本保证，保障党内法规体系建设的政治方向；完善思想保障要求将新时代中国特色社会主义思想贯穿于党内法规体系建设始终，夯实思想基础。完善政治保障和思想保障可以通过加大党内法规的宣传力度，设立专

---

① 参见《中国共产党党内监督条例》第 7 条。

门的宣传机构来推进。完善制度保障要求继续大力推进规范体系建设，抓紧落实《中央党内法规制定工作第二个五年规划（2018—2022）》中提出的目标要求、重点项目等内容。

3. 促进党内法规体系与国家法律体系衔接

党内法规体系与国家法律体系的衔接顺利与否，取决于是否有健全的衔接机制。建构完善的衔接机制，一是要明确两种体系之间的界限，尽可能避免两者之间的规范重叠。党内法规必须恪守"宪法为上、党章为本"的原则，其具体规范不得逾越国家宪法、法律以及党章的规定。① 二是重视两种体系之间的协调。这种协调以法治体系建设为背景，充分遵循法治精神。要在党内法规制定机关与全国人民代表大会及其常务委员会、行政立法机关之间建立沟通协商机制，及时协调解决党内法规与国家法律之间的衔接。三是要建立党内法规与国家法律之间的转换机制。在全面深化改革的背景下，有时党内法规会走在国家法律之前，以党内法规推动改革屡见不鲜。不可否认，党内法规的灵活性和及时性，能对国家法律起到引领作用，但仍不能忽视党内法规调整对象的局限性。因此，要及时将在改革中行之有效的党内法规通过法定的转化机制纳入国家法律体系中。

4. 加强省级党内法规体系建设

党内法规体系建设需要中央与省、自治区、直辖市的党委协同进行。中央层面制定的党内法规往往较为宏观，需要省级党委作进一步规定。因此，加强省级党内法规的体系建设就是要求省级党委以《中国共产党章程》为根本遵循，紧紧围绕中央制定的准则、条例、规则等党内法规中的规定，结合实际予以细化，积极制定出台相对应的党内法规。从内部看，省级党内法规体系建设，同样离不开规范体系建设、运行体系建设、衔接机制建构等方面的内容。从外部看，其建设应当统一于整体性建设当中，包括法治体系与中央党内法规体系，不得违反国家法律和上位党内法规的规定，要与地方性法规、地方政府规章相互协调等。

---

① 参见秦前红、苏绍龙《党内法规与国家法律衔接和协调的基准与路径》，载《法律科学》2016年第5期。

（三）健全具体运行机制

1. 健全党员权利保障机制

党内法规作为一种法的范畴，自然不能忽视其为法最为重要的条件。① 健全权利保障机制是实现党内法规体系建设价值取向的必然要求，其前提在于党内法规体系要尽可能囊括党员权利的内容，将各项实体权利及程序性权利纳入其中。在此基础上，其一，发扬党内民主，拓宽党员民主参与的渠道，例如，进一步明确听证论证的范围和标准，通过举办座谈会、论证会、听证会等形式，保障党员的知情权、参与权等民主权利。其二，建构党员行使批评建议权的有效渠道。开展批评和自我批评是持之以恒正风肃纪的有力措施，不能使之流于形式。要确定具体部门接收批评意见，定期召开党内生活会议，并将提出的意见记录汇总，形成核实情况、精准报送、跟进反馈整体联动的操作程序。其三，完善党员申诉复议等救济机制。在各级党委、党组设立专门的部门受理申诉、复议，制定明确的救济程序，确定具体的范围、时间、步骤、处理决定以及对应责任等内容。总体而言，现行的《中国共产党党员权利保障条例》由于出台时间较早，许多规定只是提出一个规范要求，但对具体如何落实的规定并不详尽，因此，要健全权利保障机制，就需要根据上述要求，及时对其加以修改完善。

2. 完善党内法规备案审查机制

（1）将党的中央组织制定的条例、准则、规则等党内法规也一并纳入《备案规定》第2条规定的审查范围当中。

（2）对《备案规定》第14条提出的备案审查衔接联动机制作进一步规定。建立备案审查衔接联动机制，是出于党领导立法以及党依法执政的现实考虑，其目的在于妥善处理党内法规与国家法律相互冲突的问题。要厘清行政法规、部门规章、地方性法规等规范性文件与党内法规之间的效力层级关系，可根据实践情况作进一步细化。要建立党内法规备案审查机构与国家法律备案审查机构之间的协调机制，如冲突规范的报送程序或者协同解释程序等。

---

① 参见姜明安《论中国共产党党内法规的性质与作用》，载《北京大学学报》（哲学社会科学版）2012年第3期。

3. 完善党内法规解释机制

德国法学家卡尔·拉伦茨曾经指出："解释乃是一种媒介行为，借此，解释者将他认为有疑义文字的意义，变得可以理解。"① 完善现有党内法规解释机制，可作如下尝试：其一，明确党章解释主体；其二，在中纪委、中央各部门和省、自治区、直辖市党委中设立具体、固定的解释机构，可以由制定机构一并负责；其三，对各个层级的党内法规解释程序作出规定，包含有权提请解释的机构、解释的时间限度、解释的公示等方面的内容。

4. 建立党内法规评估、清理机制

（1）党内法规评估机制的建立，其关键在于确立完善的评估标准。党内法规的评估标准，可以参照《制定条例》《备案规定》等相关党内法规及规范性文件中关于制定、审查标准的相关规定予以确立，如可行性标准、体系性标准等。其中，可行性标准指的是党内法规应当简明实用、内容明确，具有可操作性，防止大化空化理论化；体系性标准指的是党内法规应当防止对同一事项重复规定或者对同一事项规定不同，应当进行统一的谋篇布局。此外，完善评估标准，还应当注重合理性标准，即对进行规定的必要性、合目的性、成本与效用是否成比例进行评估，确保党内法规的科学化。

（2）构建长效的清理机制。长效清理机制的构建可以尝试打通其与备案审查制度的联系。根据《备案规定》，党内法规制定主体应当将上一年度发布的党内法规和规范性文件目录，送中央办公厅法规工作机构备查。事实上，在这里可以做时间上和主体上的扩充，要求制定主体对本单位历年制定的党内法规统一制成目录，送指定的党内法规审查机构备案审查，审查机构依据评估标准，针对应当清理的党内法规向制定部门发出限期清理通知，并由清理部门统一发布党内法规废止公告，保证机制的可持续性和科学性。

（本文原载《求索》2019 年第 1 期）

---

① ［德］卡尔·拉伦茨：《法学方法论》，陈爱娥译，商务印书馆 2003 年版，第 192 页。

论新时代党的领导制度的发展完善

党的领导制度是当代中国最根本的领导制度。2018年第五次宪法修正案将"中国共产党领导是中国特色社会主义最本质的特征"写入宪法总纲第一条第二款。这为新时代坚持和加强党的领导、推进党的领导法治化提供了宪法依据和保障。党的十九届四中全会进一步突出"完善党的领导制度"在国家治理体系中的统摄性地位。这是党中央立足我国国情,准确把握我国国家制度和国家治理体系的演进方向与发展规律提出的重大政治和法治命题。从"党的领导"到"党的领导制度",反映了中国共产党对执政党建设规律的深刻认识,以及对体制机制建设的高度重视。党的十九届六中全会强调,以习近平同志为主要代表的中国共产党人对"建设什么样的"和"怎样建设"长期执政的马克思主义政党进行了深邃思考。围绕党的领导制度完善,习近平总书记指出:"推进党的领导制度化、法治化,既是加强党的领导的应有之义,也是法治建设的重要任务。"① 因此,从法治角度推动党的领导制度从体系完善到具体落实,切实保障党的领导制度有效运行,推进制度优势转化为治理效能,成为重大的时代课题。

一、发展完善党的领导制度具有必然性和必要性

习近平总书记指出:"坚持党的领导,必须不断改善党的领导,让党的领导更加适应实践、时代、人民的要求。"② 这既强调了坚持和改善党的领导具有客观必要性,也为发展完善党的领导制度提出了新要求。

---

① 习近平:《加强党对全面依法治国的领导》,载《求是》2019年第4期。
② 习近平:《在庆祝改革开放40周年大会上的讲话》,见新华网(http://www.xinhuanet.com/politics/leaders/2018-12/18/c_1123872025.htm)。

（一）发展完善党的领导制度具有历史必然性

（1）发展完善党的领导制度是党的执政方式转变的必然结果。党的执政方式是指执政党运用何种方式、以何种形式管理国家政权的统称。执政党会随着执政环境与任务的变化、执政理念与理论的深化等调整执政方式。概而言之，中国共产党执政方式的转变经历了从"政策之治"到"法制"，从"法制"到"法治"，从"依法执政"到"依宪执政"的发展历程。中华人民共和国成立初期，党治国理政的方式主要是依靠党的政策，通过发动和领导大规模的群众运动开展社会治理。党的十一届三中全会提出"有法可依、有法必依、执法必严、违法必究"这一法制工作的"十六字"方针，① 推动了党的执政方式从"政策之治"到"法制"的转变。党的十五大报告提出"依法治国"，标志着党的执政方式从"法制"走向"法治"。② 从党的十六大到党的十七大，党的执政方式不断改革与发展。党的十六大报告首次提出要"坚持依法执政，实施党对国家和社会的领导"。党的十六届四中全会又提出"依法执政是新的历史条件下党执政的一个基本方式"。党的十七大报告进一步强调"提高党科学执政、民主执政、依法执政水平，保证党领导人民有效治理国家"。党的十八大以来，党统筹推进全面依法治国和全面从严治党，运用法治方式领导和治理国家的能力显著增强，管党治党宽松软状况得到根本扭转。③ 这为明确"依宪治国"与"依法治国"、"依宪执政"与"依法执政"的关系奠定了实践基础。"坚持依宪治国、依宪执政"是习近平法治思想的核心要义之一。习近平法治思想深刻揭示了"坚持依法治国首先要坚持依宪治国，坚持依法执政首先要坚持依宪执政"的逻辑理据，科学回答了为什么要依宪治国、依宪执政，④ 系统阐述了依宪治国与依宪执政的演变逻辑、重

---

① 1978年12月13日中央工作会议上，邓小平首次提出"有法可依、有法必依、执法必严、违法必究"的十六字方针，并提出要将民主制度化、法律化，确立了改革开放后法制工作的基本指导原则。

② 党的十五大报告提出"依法治国，建设社会主义法治国家"，将"依法治国"作为党带领人民治国的基本方略确定下来。

③ 《中国共产党第十九届中央委员会第六次全体会议公报》，见新华网（http://www.news.cn/politics/2021-11/11/c_1128055386.htm）。

④ 《习近平法治思想概论》编写组：《习近平法治思想概论》，高等教育出版社2021年版，第128页。

要内涵、价值意蕴、人民立场、实践指向,标志着党的执政方式转变与执政能力提升达到新境界。

(2)发展完善党的领导制度是走中国特色社会主义法治道路的必然结果。法治道路的形成与发展,与本国的历史传统、政治现实和理论渊源密切关联,不同国家法治发展的理论、道路以及所形成的体系不尽相同。从历史维度看,中国特色社会主义法治道路的形成具有深厚的历史逻辑,符合中国国情和实际。从局部执政时期的《中华苏维埃宪法大纲》到全国统一后颁行的"五四宪法",从"马锡五审判方式"到"枫桥经验",从"有法可依"到"良法善治",无不闪烁着中国法治历程的光辉,无不凝聚着党和人民的智慧。从实践维度看,党领导下的中国特色社会主义法治建设创造了经济快速发展和社会长期稳定两大奇迹,无不体现着法治道路选择的正确性。从理论维度看,中国特色社会主义法治道路超越西方形式主义法治,批判中国古代工具主义法治,① 将党的领导、人民当家作主、依法治国三者有机统一起来,确保中国特色社会主义法治体系建设的人民性,积聚法治力量、提升法治效能,为化解深化改革引发的社会矛盾提供法治保障,为党和国家各方面制度更加健全奠定法治根基。② 中国特色社会主义法治道路的坚持与拓展,一方面,需要坚持和加强党的领导,这是法治道路建设的根本保证;另一方面,党在引领法治道路建设时,要运用法治思维和法治方式做好顶层设计,作出决策时要遵守法定程序,执政过程中要严格依法办事。因此,推进党的执政方式法治化、制度化是法治中国建设的必然要求。

(二)发展完善党的领导制度具有客观必要性

(1)发展完善党的领导制度是应对社会主要矛盾变化的必要举措。党的十九大报告指出,我国社会主要矛盾已经转化为人民日益增长的美好生活需要和不平衡不充分的发展之间的矛盾。发展完善党的领导制度是应对主要矛盾变化的必要举措。解读社会主要矛盾的两对关键词"美好生活需要"与"不平衡不充分"会发现,"美好生活需要"已经不只拘泥于

---

① 王晨:《以习近平法治思想为指导,坚定不移走中国特色社会主义法治道路》,载《民主与法制》2021年第38期。

② 参见卓泽渊《习近平法治思想要义的法理解读》,载《中国法学》2021年第1期。

物质生活的满足,还包括对民主、法治、公平、正义、安全、环境的追求;"不平衡不充分"不仅指经济社会建设,而且指人民群众主观感受上具有"不公平不公正"的差别性对待引发的被剥夺感。[①] "制度"与"法治"既是"发展"的保障,也是"发展"的必然要求。这凸显了人民群众对"法治"的期待与坚守,为新时代党的执政能力建设指明了方向。第一,党领导立法,在立法中推动全过程人民民主价值实现和路径完善,将党的主张与人民的意志统一起来。完善党内法规体系,夯实从严治党之基,形成国家法律法规和党内法规制度相辅相成、相互促进、相互保障的格局。[②] 第二,党保证执法、支持司法、带头守法,推动法治有效实施,把党的领导这一制度优势转化为治理优势。第三,推动法治监督体系的完善,促进党内监督和党外监督的衔接与协调,实现监督体系一体化和监督效能最大化。

(2)发展完善党的领导制度是党长期执政的内在要求。完善党的领导制度是满足人民期待、发挥法治作用、完善制度建设的关键举措,是实现党长期执政的内在要求。中华民族实现了从站起来、富起来到强起来的历史飞跃,从站起来到富起来是党领导人民从革命之路、建设之路到改革之路迈进的成果,从富起来到强起来是党领导人民正在进行的伟大实践。党执政的历史成就和人民对美好生活的需要,对党的长期执政和全面领导提出了新要求。第一,筑牢党长期执政的人民之基。"坚持以人民为中心、坚持人民主体地位"是党执政的政治立场,"实现和维护社会公平正义"是党执政的价值追求,"依法保障人民权益"是党执政的根本目的。积极回应人民群众的新期待、新要求不是空洞的口号,而是党长期执政的命脉所系、根基所在。第二,夯实党长期执政的法治之基。党的领导制度是宏观的制度安排,以法治的方式将其细化,其运作过程本身便是依据宪法法律治国理政的生动实践,保证党的领导符合法治要求。第三,强化党长期执政的政治之基。以党的政治建设为统领,建立健全坚持和加强党的全面领导的制度体系,将制度建设贯穿党的政治建设的各个方面,坚持制

---

① 参见姚建宗《新时代中国社会主要矛盾的法学意涵》,载《法学论坛》2019年第1期。
② 参见习近平《关于〈中共中央关于全面推进依法治国若干重大问题的决定〉的说明》,见《〈中共中央关于全面推进依法治国若干重大问题的决定〉辅导读本》,人民出版社2014年版,第55页。

度治党、依规治党，彰显制度完善对加强党的政治建设的根本性、稳定性和权威性，是对党的领导规律在认识上的进一步深化。

（3）发展完善党的领导制度是实现国家治理现代化的题中之义。法治是国家治理现代化的内在要求和必由之路，要在法治轨道上推进国家治理现代化，就要求做到以下两个方面。第一，要在党的领导下协调全面深化改革与立法的关系。立法既要尊重法治建设的基本规律，也要关注中国法治建设中的全局性和阶段性问题。推进国家治理现代化必须坚持在党的领导下持续全面深化改革，全面深化改革必须抓住制度建设这条主线。这既要求党领导全面深化改革的有序开展，通过科学立法为改革释放充足的空间，又要求党领导立法及时跟进，加强对改革成果的转化、确认和保障，以实现立法与改革的同频共振、协调共进。第二，要在多元化的国家治理结构下通过党的领导统筹推进法治建设。多元化的国家治理结构包括党的治理系统、政府治理系统、社会治理系统。要把不同治理系统有机整合起来，形成党的治理是关键、政府治理是重点、社会治理是基础的法治协同模式。① 其中核心问题是在国家治理各领域、全过程要充分发挥党的治理的统摄作用，为国家治理现代化提供力量源泉和组织保障。要规范党的领导，把党的领导活动纳入制度化、法治化轨道，助力国家治理现代化有计划、有步骤、有重点地扎实推进。

二、发展完善党的领导制度的基本要求

发展完善党的领导制度是回应时代变迁的客观要求。其重要目标是巩固党的领导地位，主要内容是强化党的领导职责，重点任务是规范党的领导活动。

（一）重要目标：巩固党的领导地位

中国共产党是中国最高政治领导力量。② 巩固党的领导地位，是发展

---

① 参见钱锦宇《从法治走向善治的中国特色社会主义治理模式》，载《法学论坛》2020年第1期。

② 参见何毅亭《中国共产党是最高政治领导力量》，载《学习时报》2019年5月17日第A1版。

完善党的领导制度的重要目标，是推进党的领导制度不断发展完善的内在要求。新时代发展完善党的领导制度，要尊重历史发展的规律，要符合宪法秩序的要求。

第一，发展完善党的领导制度要尊重历史发展规律。"中国共产党的领导核心地位，不是自封的，是在长期革命、建设和改革的实践中形成的，是历史和人民的选择。"① 回首党的百年奋斗历程，新民主主义革命的胜利为实现中华民族伟大复兴创造了根本社会条件；在社会主义革命和建设时期，党领导人民实现从新民主主义到社会主义的转变，推进社会主义建设，为实现当代中国一切发展进步奠定了根本政治前提和制度基础，强化了党的领导根基；改革开放解放和发展了社会生产力，我国改革开放和社会主义现代化建设取得了巨大成就，为党的领导增添了动力。中国特色社会主义进入新时代，党领导人民实现第一个百年奋斗目标，开启实现第二个百年奋斗目标新征程，坚持全面依法治国，在中国式现代化道路上推进中华民族伟大复兴，为党的领导制度建设提出新要求。近代中国现代化逻辑的根本性转换，呼唤中国共产党历史性地出场并使之具有在特定历史条件下建设强大政党的实践内涵。② 因此，坚持和加强党的领导符合历史发展规律，是发展完善党的领导制度的基本前提。

第二，发展完善党的领导制度要符合宪法秩序要求。中国共产党在革命成功后，建立以人民主权原则为核心的宪法秩序。我国宪法序言肯定了中国共产党的历史功绩，确立了爱国统一战线，明确了指导思想，谋划了国家任务。肯定中国共产党的历史功绩，意在为中国共产党执政奠定合宪性基础，为国家治理创造基本的政治前提；确立爱国统一战线和明确指导思想，是党为国家治理现代化提供的策略选择、理论指导，为社会主义建设整合资源力量；谋划国家任务则强调过去的革命和建设、现在的改革、未来的发展都离不开党的坚强领导。宪法通过对历史事实的叙述实现确认革命成果和保障党的领导地位的双重使命。随着全面依法治国与全面深化改革的持续推进，党中央认识到宪法法律不仅要确认改革成果，更要"加强顶层设计"，依法引领改革。党的领导是中国特色社会主义法治的

---

① 中共中央宣传部理论局：《新中国发展面对面——理论热点面对面》，学习出版社、人民出版社2019年版，第167页。

② 王韶兴：《现代化国家与强大政党建设逻辑》，载《中国社会科学》2021年第3期。

本质特征和根本保证。2018年修宪把"党的领导"写入宪法，便是以国家根本法形式对该原则加以确认。

（二）主要内容：强化党的领导职责

党的领导职责是指党在领导经济、政治、文化、社会、生态文明等方面建设，以及在领导外交、国防等各方面工作中的职权职责。① 中国共产党将自身发展理念植入国家发展机理之中，在国家发展中发挥举旗定向、谋划方略、制定政策、统筹协调、监督落实的整体效能。但各级各类党组织在具体职责上存在一定差别，《中国共产党章程》规定党的中央组织的领导职责主要是宏观层面的综合指导。党的基层组织根据工作内容不同，领导职责有所不同，② 更侧重于具体政策的执行。推进党的领导制度发展完善，需要党的各级各类组织层级分明、权责明晰、分工负责、运转协调，以强化党的领导职责。

发展完善党的领导制度，必须坚持党的集中统一领导制度。中国共产党是世界上拥有党的基层组织最庞大、党员人数最多的政党，若要形成"组织严密"的"统一整体"，就离不开集中统一的秩序支持。③ 这要求：发展完善党的领导制度，各级党组织在实施领导活动中必须增强"四个意识"，坚定"四个自信"，做到"两个维护"。党中央重点把握大政方针制定、建议修宪、领导立法、重大事项决策、党员干部管理等事项。地方各级党委（党组）要做到令行禁止，确保全党意志统一、行动统一。

发展完善党的领导制度，必须不断完善党的全面领导制度，将党的领导落实到治国理政的全过程、各领域。这要求党的领导职责的全面性不仅体现在对领导领域的全覆盖，而且包括对领导对象上的全覆盖以及对重大事项决策运行中各环节、步骤的全覆盖。当然，党的全面领导主要是在各领域发挥统筹、引领和协调作用，并非对具体事项大包大揽，要做到协调不代替、到位不越位、总揽不包揽。党的集中统一领导制度和全面领导制度辩证统一。党的集中统一领导重在体现"事在四方，要在中央"的原

---

① 参见宋功德、张文显主编《党内法规学》，高等教育出版社2020年版，第175页。
② 《中国共产党地方委员会工作条例》第5条规定"把方向、管大局、作决策、保落实"；《中国共产党党组工作条例》第16条规定，党组发挥把方向、管大局、保落实的领导作用。
③ 参见石伟《全面从严治党责任制度的法理基础与逻辑判定》，载《当代世界与社会主义》2020年第1期。

则；党的全面领导重在发挥党"总揽全局，协调各方"的功能。二者有机结合，构成了党的领导制度之核心。

（三）重点任务：规范党的领导行为

党的领导行为是指党组织履行领导职责、实施领导活动的行为。① 规范党的领导行为就要坚持依法执政，要以法治思维处理好党与国家机关的关系，以法治方式管党治党。

第一，规范党的领导行为，要增强法治观念。一是要增强对全面从严治党的思想认同。这要求各级党组织和党员干部要以高度的政治自觉，提高依法依规办事的能力，养成敬畏规则、守护规则的习惯，凝聚强大法治合力，开创依法依规治党新局面。二是要自觉在宪法法律、党内法规范围内活动。有学者认为，"党领导的法治化实质上是党的领导活动的制度化"②。只有各级党组织和党员干部增强法治观念，自觉在宪法法律、党内法规范围内活动，做尊法学法守法用法的表率，才能推动全社会树立起法治信仰，才能激发全社会对建设法治国家的信心。三是要加快形成完善的党内法规制度体系。维护宪法权威、加强宪法实施和监督是党推进全面依法治国的工作重点，全面从严治党是一场深刻的自我革命，应通过全面从严治党为全面依法治国提供重要引领和支撑。坚持依规治党，加强党内法规制度体系建设，是探索"党规之治"的制度密钥和实现"中国之治"的关键举措。要坚持依法治国与制度治党、依规治党统筹推进、一体建设，形成国家法律制度与党内法规制度相辅相成、相互促进、相互保障的格局，促进党的制度优势和国家制度优势相互转化、形成合力。③

第二，规范党的领导行为，要坚持依法执政。党的领导行为是党的领导意识与领导制度在治国理政中的政治表达，其本质是执政权的实施。"党的领导法治化关键在于实现'领导权'向'执政权'转化，从'执政权'向'国家权'转化"，"通过依法执政方式实现党对国家政权领导"。④ 党的领导以依法执政为路径依归，依法执政是党的领导具体实现

---

① 参见宋功德、张文显主编《党内法规学》，高等教育出版社2020年版，第184页。
② 李晓波、王胜坤：《论依法执政与党的领导法治化》，载《湖湘论坛》2019年第6期。
③ 参见《习近平法治思想概论》编写组《习近平法治思想概论》，高等教育出版社2021年版，第308页。
④ 李晓波、王胜坤：《论依法执政与党的领导法治化》，载《湖湘论坛》2019年第6期。

的法治方式。依法执政要求党在法治观念的支配下组织开展领导活动，在遵循法定程序、明确法律责任中实施领导行为。党的领导主要是通过"三统一四善于"① 的方式领导和支持国家机关的工作，实现党的领导与国家机关依法行使职权有机统一。

三、发展完善党的领导制度的具体路径

发展完善党的领导制度可从程序、执行、保障三个层面展开，并以完备的规范为载体，确保党的领导制度建设有法可依、有章可循。

（一）程序上：党的重大决策程序法治化

重大事项决策是党的领导之起点，是党领导人民进行现代化建设的重要方式。党的领导行为法治化，首先是重大事项决策的法治化。依法依规决策强调决策的主体、程序、内容、责任都要始终贯穿和体现法治思维。② 其中，决策程序的法治化是实现民主决策、科学决策的重要体现。

第一，坚持民主集中制，拓展决策的民主渠道。民主集中制是实现科学合理决策的基本保障，其要求在扩大民主决策的基础上强化集体领导的效果，以扩大决策的民主参与度，提高民主决策的科学性，提高决策的执行力。《中国共产党章程》规定，对党内问题发表意见、提出建议是党员的重要权利。党的决策是全党意志的集中体现，党中央和各级党委在作出决策时要确保实现党内外不同群体的意见表达，尊重并认真考虑党内外的不同声音，这是民主协商原则的重要体现，也是科学决策的重要保证。随着智慧时代的到来，党组织要与时俱进拓宽党员行使权利与表达诉求的途径，如采用"互联网+"模式，利用各类互联网平台，实现党员意见的多渠道表达；采用大数据、云计算等技术，对党内意见实行类型化处理，

---

① "三统一四善于"，即把依法治国基本方略同依法执政基本方式统一起来，把党总揽全局、协调各方同人民代表大会（简称"人大"）、政府、政协、审判机关、检察机关依法依章程履行职能、开展工作统一起来，把党领导人民制定和实施宪法法律同党坚持在宪法法律范围内活动统一起来；善于使党的主张通过法定程序成为国家意志，善于使党组织推荐的人选通过法定程序成为国家政权机关的领导人员，善于通过国家政权机关实施党对国家和社会的领导，善于运用民主集中制原则维护中央权威、维护全党全国团结统一。

② 参见何毅亭《坚持依法执政》，载《人民日报》2014年12月15日第07版。

实现"表达—处理—回馈"流程的可视化和高效性,增强党内决策的程序正义。党组织可以通过互联网平台,邀请党员对党内工作机制进行评价,对党员思想动态进行掌握,实现意见建议表达途径的"智慧化"、多样化,意见建议反映的可视化、及时性,以及意见处理的科学化、专业化,促进党的决策更好地体现党和人民的整体意志。此外,还可以利用网络传播速度快、受众广等优势,将党的路线方针政策借助图示化形式向党员推送传播,加深党员对党的政策的理解和认同,推动党的政策有效实施。

第二,完善党内决策程序,增强决策的规范性和可操作性。《中国共产党地方委员会工作条例》第 21 条对重大决策程序作出规定,即调查研究—听取意见—风险评估—合法性审查—全会或常委会会议讨论和决定。在此基础上,可通过进一步细化,增强党内民主决策的规范性和科学性。对此,学者们提出了两套方案:一是党的决策应该符合行政程序法规定[1];二是就党的决策应该制定专门的党内法规[2]。根据党内重大事项决策的性质,我们认为,以党内法规的形式制定专门的条例是较为科学的方案。虽然党的决策会经由法定程序外化为对国家和社会的领导行为,但决策本身仍属于党的内部行为,故有必要制定一部专门的党内法规来规范重大决策程序。《重大行政决策程序暂行条例》(简称《暂行条例》)为党内重大决策程序的完善提供了借鉴。当前,可由党中央、国务院联合制定发布《重大决策程序工作条例》,实现党内工作条例与行政决策条例在程序规定上的协调。这主要有以下两方面原因。一方面,二者在程序功能上具有一致性。党委决策和政府决策都是根据现实需求,拟定方案、征求意见、风险评估、专家论证、合法性审查等,实现民主决策、科学决策、依法决策的预期效果。另一方面,二者在结构功能上具有一致性。党对政府的领导主要通过"归口管理"和"党组嵌入"等模式,以党的决策部署的有效执行实现对政府的全面领导。政府决策要与政府党组决策相协调。

---

[1] 参见李文增《专家学者共话中国行政程序法〈中华人民共和国行政程序方法(专家建议稿)〉研讨会综述》,《行政法论丛》2015 年集刊。

[2] 参见鞠成伟《推进党委决策法治化》,载《中国党政干部论坛》2015 年第 6 期。

根据《暂行条例》第 3 条第 3 款、第 4 条和第 31 条的规定，① 政府决策的立项、讨论、决定、变更、执行都在党的领导下进行。可见，二者从结构功能的角度出发可以实现互联互通。

第三，重视现行重大决策程序中的程序价值和实质价值。只有促进实体性民主权利和程序性民主权利的统一，才能体现党的人民立场和民主价值。其一，增设"公众参与"环节提升决策的民主性。公众参与是推进决策民主化的关键环节和必然选择。此处的"公众"不仅包括党员及党员干部，还包括非党内人士。对于事关改革开放全局和影响群众切身利益的重大决策，践行协商民主机制，听取党内外意见，是党领导重大决策的重要法宝。其二，设立"专家论证"环节保障决策的科学性。各级党委要根据实际情况建立决策咨询专家库，遵循专业性、代表性和中立性原则，引导各领域专家参与到公共问题的讨论当中，就决策的必要性、科学性进行分析论证，发挥其专业优势，以提高决策的质量。其三，依托"风险评估"增强对决策实施成效的预见性。党的重大决策往往涉及多个领域，若决策出现失误可能引发严重后果。风险评估强调对决策实施可能附带产生的问题进行危机预测，以对未来可能发生的风险提前做好防范。其四，通过"合宪（法）性审查"实现决策的合法性。从决策事项的立项、拟定方案、决策发布等各个环节都需要重视合宪（法）性审查，将重大事项决策全过程纳入法治轨道。

（二）执行中：党的领导行为法治化

规范党的领导行为是完善党的领导制度的核心。党的十九大为加强和完善党的领导指明方向、擘画任务。② 推进党的领导行为法治化重点可从以下三个方面着手。

---

① 《重大行政决策程序暂行条例》第 3 条第 3 款规定：决策机关可以根据本条第一款的规定，结合职责权限和本地实际，确定决策事项目录、标准，经同级党委同意后向社会公布，并根据实际情况调整；第 4 条规定：重大行政决策必须坚持和加强党的全面领导，全面贯彻党的路线方针政策和决策部署，发挥党的领导核心作用，把党的领导贯彻到重大行政决策全过程；第 31 条规定：重大行政决策出台前应当按照规定向同级党委请示报告。

② 党的十九大报告指出："加快形成覆盖党的领导和党的建设各方面的党内法规制度体系，加强和改善对国家政权机关的领导。"参见《决胜全面建成小康社会 夺取新时代中国特色社会主义伟大胜利——中国共产党第十九次全国代表大会报告》，载《人民日报》2017 年 10 月 28 日第 01 版。

（1）规范党内关系。党内关系包括下级与上级党组织之间、党员与党组织之间的服从与被服从关系，以及党员之间的同志关系。规范党内关系是党的领导行为法治化的重要内容，主要表现为"个人服从组织、少数服从多数、下级服从上级、全党服从中央"。各级党组织对上级党组织负责，党员及领导干部对所属或者所在的党组织负责，是我们党执行民主集中制、规范党组织关系、处理重要事项的有效方法。这要求做好以下两点。第一，完善并坚决执行重大事项报告制度。通过在党内形成并不断完善重大事项请示报告制度，对请示报告的重大意义、实施主体、实施范畴、请示程序与方式、监督与追责等内容形成具体规定，推进党内请示报告工作的制度化和规范化。请示报告制度是实现党中央集中统一领导和党的全面领导的重要机制。① 在党内执行请示报告制度，有助于强化党的核心领导地位，有助于强化党员的大局意识和组织意识。反之，则会出现党的领导弱化、党的纪律松弛等问题。这要求各级党组织，一是要坚决做到"两个维护"。这是对历史经验的深刻总结，是百年大党取得斐然成就的核心密码，是彰显民主集中制的制度内涵和实践要求。在实施主体层面，中央层级的国家机构、党的职能机构以及省级党委要定期向党中央作报告；在实施范畴层面，主要包括事关全局或者某领域的重大决策、社会突发性重大问题等要及时请示报告或进行专题报告，② 要把全党的智慧和力量凝聚起来，确保思想统一、意志统一、行动统一。二是制定配套规范。党中央发布的规范性文件包含诸多原则性、纲领性、方向性的规定，各地各部门要结合实际情况，围绕细化报告事项清单、完善执行程序等方面制定相应规范，保证请示报告制度的具体落实。第二，党内同志关系要"清爽""健康"。这是党内政治生态建设的一项重要内容和评价指标。一是要敢于批评与自我批评。党员对工作问题、个人生活问题要及时进行自

---

① 建党之初，党中央就要求"各区及未成立区之地方或组，务于每个月内将本地政治、劳动及党务状况，逐一详报，勿稍稽延，是为至要"；1942 年 9 月，《中共中央关于统一抗日根据地党的领导及调整各组间关系的决定》要求："在决定含有全国全党全军普遍性的新问题时，必须请示中央，不得标新立异，自作决定，危害全党领导的统一。"这体现了以请示报告制度加强党中央集中统一领导的特点。参见冯舟《请示报告制度是党的一项重要政治制度》，载《学习时报》2019 年 4 月 8 日第 A1 版。

② 参见马学军《坚持党中央权威和集中统一领导》，载《国家行政学院学报》2018 年第 1 期。

我反思，党员同志之间要平等相待，讲真话、建诤言。通过反省与批评，助力党内同志思想境界的升华。二是要坚决抵制不良的"圈子文化""山头主义"。党员同志之间不是"择利而交、择权而交"，不是功利主义、庸俗化的交易，① 而是建立在共同理想信念基础上的志同道合。要坚持党性原则、严明纪律规矩，营造风清气正的政治生态，保障党内民主的实现。

（2）规范党政关系。规范党政关系是国家治理的重要内容。我国党政关系规范化的进程也是党的领导迈向法治化的同步过程，反映了新时代党治国理政的实践意愿以及意愿达成的法治进路。党的十八大以来，党健全党的领导制度体系，完善党领导人大、政府、政协、监察机关、审判机关、检察机关、武装力量、人民团体、企事业单位、基层群众性自治组织、社会组织等制度，确保党在各种组织中发挥领导作用。② 科学规范地处理党的领导与国家机关履行职能之间的关系，实现二者相辅相成、相互协调，是法治建设需要解决的核心问题。党的领导与国家机关依法履行职能是统一的。③ 第一，党通过领导立法实现对国家政权的政治领导，通过法定方式表达党和人民的意志。党通过人大制度实现党和人民的意志上升为国家意志，这并不是否定人大在立法中的主导性，相反，其具体实现需要充分发挥人大的制度优势，促进立法工作的规范化和精细化。第二，党通过推荐干部实现对国家政权的组织领导。领导干部是推动法治建设的"关键少数"，为全党全国达成观念共识提供组织保证。一是要健全容错纠错机制，对干实事、谋好事的党员干部要关心与包容，坚持激励与约束并重，激发广大干部敢担当、善作为；二是要加强对"关键少数"的监督，正因为他们所处位置关键，更要求其履职负责、履职尽责、令行禁止。这就需要推动《公务员法》相关规定与党内有关"领导干部"推荐、考察、考核、奖惩等的规定衔接协调，为党规与国法的衔接提供经验。第三，党的领导对国家政权的运行来说极为重要，但绝不是通过直接插手和干预具体问题来实现党的领导。相反，党与其他国家机关在各自的权力运行轨道上分工配合、并行不悖。党的领导主要表征为对路线方针政策的领

---

① 参见向贤彪《倡导清清爽爽的同志关系》，载《人民日报》2019 年 7 月 9 日第 04 版。
② 参见《中国共产党第十九届中央委员会第六次全体会议公报》，载《求是》2021 年第 22 期。
③ 参见《决胜全面建成小康社会 夺取新时代中国特色社会主义伟大胜利——中国共产党第十九次全国代表大会报告》，载《人民日报》2017 年 10 月 28 日第 01 版。

导,这就要求从权力运行的边界对党的领导列出一份"清单"。尽管区分党的领导与立法权、行政权、司法权、监察权行使的边界不是一件容易的事情,但可以采取稳步推进的策略,依托相关法律和党内法规,采取"肯定列举"与"否定列举"相结合的方式,分别明确党委、人大、政府等机关的职责范围。第四,"党政合署办公"与"党政合并设立"是新时代推进党政关系深度调整的着力点。虽然二者设立形式不同,但都是优化党政关系的重要举措。随之也会引发职权来源不明与监督救济困难等问题。因此,一是推进党和国家机构改革要注重解决事关长远的体制机制问题,积极构建系统完备、科学规范、运行高效的党和国家机构职能体系;二是修订完善相应的法律法规,如修订机构编制法、国务院组织法和地方组织法等,对其适用范围、设定标准、领导体制、运行规则、监督与法律责任等一系列问题进行具体规定;① 三是加大对党政机构改革的研究力度,破除唯"行政组织法"思维的桎梏,为深化党和国家机构改革及配套的体制机制建设提供理论支撑。

(3) 规范党际关系。我国政党制度中的党际关系,是指中国共产党与各民主党派之间的互动关系。中国共产党与各民主党派之间是执政与参政、协商与合作的关系。中国共产党和各民主党派在长期合作过程中,形成了"共产党领导、多党派合作,共产党执政、多党派参政"的党际关系格局。处理党际关系既要依靠党的政策,更要依靠宪法法律和党内法规。我国宪法规定了中国共产党领导的多党合作和政治协商制度。这是从我国土壤中"长"出来的新型政党制度,② 是我国社会主义民主政治的重要组成部分和表现形式,具有结构上的稳定性和运行上的有序性。我国的政党制度具有三大比较优势③,需要长期坚持和发展。中国共产党和各民主党派都是受宪法承认和保护的合法政党,在全面依法治国背景下,中国

---

① 参见沈亚平、范文宇《党政机关合并设立:实践价值、法律隐忧与完善路径》,载《北京行政学院学报》2020年第4期。

② 参见祝灵君《坚持和完善中国新型政党制度的基本逻辑》,载《中央社会主义学院学报》2020年第1期。

③ 一是能够真实、广泛、持久代表和实现最广大人民根本利益、全国各族各界根本利益;二是把各个政党和无党派人士紧密团结起来、为着共同目标而奋斗;三是通过制度化、程序化、规范化的安排集中各种意见和建议、推动决策科学化民主化。参见江必新、蒋清华《习近平法治思想之宪法理论研究论纲》,载《中国政法大学学报》2021年第2期。

共产党和各民主党派都要践行法治，严格在宪法和法律范围内活动，中国共产党必须民主执政、依法执政，民主党派必须依法参政，以形成和谐的党际关系。中国共产党和各民主党派以团结合作的方式联系起来。政治协商是团结合作的主要形式，在政治协商中实现党际合作与协商民主，以保证社会的政治稳定和党际关系的和谐。① 要以宪法为基础制定相应的法律法规，如多党合作法、政治协商程序法等来规范和保障多党合作，推进多党合作的制度化、规范化、程序化，使中国共产党的领导、执政和多党派的合作、参政建立在法治化的基础上，促进党际关系更加优化，保障"政党制度"更加规范有效运行。

（三）保障上：统筹推进依法治国与依规治党

党的领导制度化、法治化体现了依法治国与依规治党的内在耦合，形成了"依法治国—党的领导制度依规治党"的逻辑框架。全面依法治国和全面从严治党都要求党的领导法治化，二者交汇在党的领导制度建设中，需要统筹推进。

第一，理念协同。全面依法治国和全面从严治党都是主张运用法治思维对"党的领导"进行规范与保障。首先，要认识到党的领导与社会主义法治是一致的。② 坚持党的领导，是社会主义法治的根本要求，是全面推进依法治国的题中应有之义。③ 同时，党的执政地位需要宪法来确认，党的主张需要通过法定程序转化为国家法律，党的路线方针政策的有效实施需要通过法来保障。故社会主义法治必须坚持党的领导，党的领导必须依靠社会主义法治。其次，要深刻认识到"党大还是法大"是一个伪命题，"权大还是法大"才是一个真命题。习近平总书记指出："'党大还是法大'是一个政治陷阱，是一个伪命题；对这个问题，我们不能含糊其辞、语焉不详，要明确予以回答。"④ 党是政治组织，法是行为规范，

---

① 参见高秀环《正确认识衡量政党制度的标准　构建和谐的党际关系》，载《天津市社会主义学院学报》2005 年第 2 期。

② 参见中共中央文献研究室编《习近平关于全面依法治国论述摘编》，中央文献出版社 2015 年版，第 36 页。

③ 参见习近平《论坚持全面依法治国》，中央文献出版社 2020 年版，第 92 页。

④ 习近平：《坚定不移走中国特色社会主义法治道路　为全面建设社会主义现代化国家提供有力法治保障》，载《求是》2021 年第 5 期。

二者不是同一性质的事物，何来谁大谁小？故问"党大还是法大"，就像问"火车头大还是铁轨大"一样，无法比较；而具体到每个党政组织、每个党员干部在行使公权力时，就必须严格遵守和服从宪法法律，任何组织和个人都不得有超越宪法和法律的特权，不得以言代法、以权压法、徇私枉法、逐利违法。最后，要认识到党规与国法是并行不悖、相辅相成的关系。党的领导制度化、法治化既需要党内法规的约束，又需要国家法律的规范。党规和国法在规范党的领导问题上是相辅相成、共同发挥作用的。

第二，运行衔接。党规和国法的生命在于实施，得不到实施的党规与国法就会成为一纸空文。一是要明确党规与国法在运行上的责任主体。《中国共产党党内法规执行责任制规定（试行）》明确了党委的主体责任、党办的统筹责任、主管部门的牵头责任和纪委的监督责任，要根据具体的事项，结合国家法律的实施机关，确定运行的责任主体。二是要明确党规与国法在运行中的程序性规定。如以反腐败为重点加强党规与国法运行的协同。通过监察委员会的设立运行，实现纪法衔接、纪法融合，体现依法治国与依规治党的协同开展的特点。此外，还需进一步明晰纪检监察机关与检察机关合作办案的案件种类、办案流程、权利救济等方面的问题。

第三，监督结合。统筹推进全面依法治国和全面从严治党需要监督措施的配合，实现党内监督与党外监督有机结合，形成严密的监督体系。一是要推动党内监督方式的革新，党内监督经验的总结，党内监督举措的赓续完善，为党外监督提供镜鉴。党内巡视制度是党内监督的重要组成部分，在运行中取得了良好的效果，需要坚持和不断完善，为推进国家机关的内部监督工作提供借鉴。二是要完善党外监督的法律规范体系。可根据形势需要尽快完善《中华人民共和国人民代表大会常务委员会监督法》等，将近年来创新的监督方式，如点穴式、机动式监督及时上升为法定监督方式；监督范围的拓展要与时俱进，监督后果的衔接要及时跟进，要将监督与追责、刑罚的适用相链接。三是要形成党内外联动监督模式。可根据党的监督和人大监督在监督范围、监督事项、监督程序等方面的"同类项"，建立协同联动机制，提升监督效能。要统筹运用党的监督与其他监督方式，实现监督的全覆盖、无死角，增强监督的灵活性。协同性和实效性。要健全联动监督的工作程序，保障联动监督工作规范有序开展。

（四）规范上：党的领导制度"法""规"体系化

党的领导制度要以规范为载体，要推进党的领导入法入规。基于我国的法治实践，可通过"宪法原则性规定""法律认可""党规具体化"的路径，完善党的领导"法""规"体系。

第一，国法层面，要形成"宪法原则性规定＋法律认可"的模式。一是宪法原则性规定。坚持党的领导是宪法一以贯之的精神。[①] 宪法对"党的领导"提供了宪制基础，[②] 体现了党的领导的根本性和全面性，表明坚持"党的领导"是社会主义制度的一项根本原则，蕴含着党规与国法有机衔接的根本法依据。二是法律认可。"党的领导"要法制化，但不是泛法律化。有学者研究"党的领导"条款的入法现状，[③] 发现其多出现在政治属性较强的立法中。要实现"党的领导"入法入规，可根据法律的层级和内容做出划分，对于政治属性较强的法律法规，应当体现"党的领导"，并在不同领域、不同事项中进一步细化党的领导职责；对于私法属性较强的法律法规，则可以原则性地体现"党的领导"。

第二，党规层面，通过"党内法规"的制定完善，推进党的领导制度化。检视现有的党内法规，《中国共产党章程》对党的领导作了原则性规定，而条例、准则等对"党的领导"制度的规定呈现碎片化、层次不明的状态，亟待完善。这要求做到以下三点。一是制定《中国共产党领导工作条例》（简称《工作条例》）。发挥《工作条例》的整体效能，为"党的领导制度"搭建统一框架。其中，为了实现不同层级"党的领导"规范化，需要在《工作条例》中明确基层党组织开展工作的权限范围。基层党组织要结合本地实际，建立配套的工作准则，彰显地方工作特色，

[①] 参见董和平《坚持党的领导是宪法一以贯之的精神》，载《人民日报》2018年9月27日第07版。

[②] 参见秦前红、刘怡达《中国现行宪法中的"党的领导"规范》，载《法学研究》2019年第6期。

[③] "党的领导"条款入法主要涉及三种情形：一是直接涉及党的政治、思想、组织领导的宪法性法律，如《中华人民共和国民族区域自治法》《中华人民共和国立法法》等；二是涉及"党的直接管理事项"的国家法律，即涉及党管军队、党管干部、党管人才、党管意识形态的法律，如《中华人民共和国公务员法》《中华人民共和国高等教育法》等；三是涉及国家安全的法律，如《中华人民共和国国防法》《中华人民共和国国家安全法》等。参见欧爱民、向嘉晨《第五次宪法修正案蕴含的党规与国法关系》，载《理论与改革》2019年第6期。

防止机械地复制或摘抄上级工作条例。二是要针对具体事项建立健全相应的准则,与《工作条例》相结合,形成党的领导法规体系。根据不同行业的性质、工作的具体程序,制定各系统内部的准则。三是要完善党的组织法规。通过组织法规的完善,形成分工明确、相互协调的党的组织架构和选人用人标准,为党的领导法规有效实施提供组织和人才保障。

第三,党规与国法的衔接协调方面,应当遵循"领域划分—边界厘定—机制构建"的思路,实现党规与国法在"党的领导制度"方面的衔接协调。首先,明确党规与国法各自侧重的领域。通过党规反映党的统一意志,并对党务关系、党组织的工作活动和党员行为进行调整,突出党的领导作用;通过国法将党的意志转化为国家意志,依靠国家强制力实现对社会关系的调整,体现党的领导地位。其次,厘定党规与国法的适用边界。对于涉及国家机关法定职权职责和对党员违法责任的追究等问题,党规不宜作具体规定,与国法衔接上即可;对于党的领导和建设活动,国法也不宜作出具体规定,与党规衔接上即可。要促进党规与国法的无缝对接,最大程度地实现党的领导方式的制度化。最后,构建党规与国法的衔接协调机制。通过建构党规与国法制定的协同机制、备案审查的联动机制等,保障党规与国法立改废释的协调推进。党规和国法的衔接协调,可能会引起部分党规或国法的修改、解释和废止等,要在修改、解释和废止中确保二者虽各有侧重,但总体一致。应通过合宪性审查的及时跟进,保证党规与国法衔接以宪法为根本的规范遵循,促进二者在国家治理体系中相辅相成、良性互动。

四、结　　语

制度是关系党和国家事业发展的根本性、全局性问题,制度兴则国家兴,制度稳则国家稳,制度强则国家强。党的十八大以来,以习近平同志为核心的党中央把制度建设摆在更加突出的位置[1],坚持制度治党、依规

---

[1]　参见陈曙光《推动制度成熟定型是党的一项重大任务》,载《光明日报》2020年5月15日第06版。

治党，党的领导体系不断完善①。"坚持党的领导"是中国共产党百年奋斗的宝贵历史经验。从党的领导到党的领导制度，再到党的领导制度体系，凸显了制度在坚持和加强党的全面领导，推进国家治理现代化中的基础性作用。"政党之制"是实现"政党之治"到"政党之能"的实践机制和保障机制，不仅要求以制度建设坚持和巩固党的领导，还要求对党的领导制度进行创新性发展。在迈向第二个百年奋斗目标的新征程中，为了在"大变局"中"开新局"，必须始终坚持和不断发展完善党的领导制度，推进党的领导制度化、法治化，以法治的方式为"党的领导"保驾护航。这既是提升党的执政水平的重要举措，也是法治建设的重要任务。

（本文原载《学术研究》2021年第12期）

---

① 参见《中国共产党第十九届中央委员会第六次全体会议公报》，载《求是》2021年第22期。

论提高党内法规的执行力

党内法规的生命力在于执行，党内法规的权威也要在执行中得以体现。党的十八大以来，党中央把严格落实党内法规、严明党的纪律和规矩作为维护党的团结统一、增强党的凝聚力与战斗力的重要举措。全面从严治党是党中央在新时代提出的治党方略。严格落实党内法规、不断提高党内法规执行力是新时代推进全面从严治党的主要路径。习近平总书记指出："要坚持制度面前人人平等、执行制度没有例外，不留'暗门'、不开'天窗'，坚决维护制度的严肃性和权威性，坚决纠正有令不行、有禁不止的行为，使制度成为硬约束而不是橡皮筋。"① 因此，在新时代制度治党的过程中，通过健全和完善党内法规制度的运行机制，提高党内法规的执行力，是聚焦全面从严治党的重要课题。要系统、深入研究党内法规的执行力问题，坚持有规必依、执规必严、违规必究，加大党内法规执行力度，以增强制度治党的科学性和实效性，增强党内法规的严肃性和权威性，不断提升党的领导能力和依法执政的水平。

一、党内法规执行力的涵义及意义

党内法规制度体系建设是一项系统工程，而执行力是该系统工程中极为重要的一环，是衡量党内法规体系化建设成效的重要标准。

（一）党内法规执行力的涵义

目前，学术界对党内法规执行力的研究才刚起步，对于党内法规执行力的涵义尚未达成共识。从逻辑上讲，党内法规执行力主要蕴含两层意思：一是"意愿力"，即各级党组织和全体党员自觉遵守和执行党内法规的态度或意愿；二是"强制力"，即党内法规的执行者运用强制方式贯彻

---

① 习近平：《习近平在党的群众路线教育实践活动总结大会上发表重要讲话》，见人民网（http://politics.people.com.cn/n/2014/）。

落实党内法规，使党内法规的效力得以实现的能力。因此，党内法规的执行力既包括各级党组织和全体党员自觉遵守党内法规的主观意愿和实际行动，也包括党内法规的特定执行主体运用强制方式贯彻落实党内法规的能力。党内法规的执行力贯穿于党内法规执行活动的始终，是确保党内法规制度得以顺利运行的关键，是把党内法规的战略意图和预定目标转化为实际效果的抓手。概而言之，党内法规执行力是党内法规内容得以实现的效力，既包括自愿履行，称之为自执行力，也包括强制执行，称之为他执行力，是自执行力和他执行力的有机统一。提高党内法规的执行力既要靠"自律"，也要靠"他律"，自律是前提，他律是保障。

（二）提高党内法规执行力的意义

"盖天下之事，不难于立法，而难于法之必行。"① 党内法规执行力的强弱直接反映了党科学执政和依法执政的水平。严格落实党内法规，提高党内法规执行力，有利于制度治党的全面性、从严性和根本性要求的实现；有利于凝聚全党意志，使党的路线、方针和政策得到贯彻落实；有利于推进党的建设制度化、规范化、程序化；有利于推进党的依法执政和加快建设社会主义法治国家。②

首先，提高党内法规的执行力有利于充分发挥党内法规的刚性约束作用。治国必先治党，治党务必从严，从严必有法度。党内法规是党要管党、从严治党的制度利器。党要管党、从严治党，关键是依规治党。提高党内法规执行力是贯彻落实党内法规的主要路径，有利于促进全面从严治党的"全面性"落实。如果党内法规得不到及时有效执行，全面从严治党就只会是空中楼阁，只能停留在理论的层面；如果党内法规得不到及时有效执行，其各项规范就形同虚设，实施的效果也就无从谈起；如果党内法规得不到及时有效执行，党内法规也就只是陈列和摆设，党的纪律和党的制度必然丧失应有的严肃性与权威性。从党内法规执行的实践上看，依然存在"有规不依、执规不严、违规不究"的现象。这种不良现象的蔓延严重影响了全体党员和广大群众对党内法规严肃性和权威性的接受与认同。由此，应健全党内法规的运行机制，提高党内法规的执行力，有效彰

---

① 〔明〕张居正：《请稽查章奏随事考成以修实政疏》。
② 参见周叶中《关于中国共产党党内法规建设的思考》，载《法学论坛》2011 年第 4 期。

显党内法规在全面从严治党中的制度优势,充分发挥党内法规在依规治党中的刚性约束作用。

其次,提高党内法规的执行力有利于从严规范各级党组织和全体党员的行为。从严治党关键在严,要害在治,这就需要强化法治意识、规则意识,依法规范权力的运行,加强对权力的监督。[①] 严格落实党内法规,提高党内法规的执行力,维护党内法规的权威性与严肃性,体现了党全面从严治党的坚强意志和坚定决心。诚然,目前仍有部分党员干部存在生活腐化、工作散漫、行为失范等现象,甚至存在着渎职、腐败等违法犯罪情形。依规治党的本质是从严规范各级党组织和全体党员的生活与工作。因此,认真贯彻落实党内法规,提高党内法规的执行力,有利于促进依规治党的制度优势转化为实际成效,凸显党内法规的规范力、约束力和强制力;有利于使各级党组织和全体党员的行为时刻受到党内法规的规范和约束,促使党员干部依法依规行使权力,使党内生活更加规范化。

最后,提高党内法规的执行力有利于全面提升党的执政能力和领导水平。全面提升党的执政能力和领导水平,是执政党的一项根本任务,也是新时代需要进一步解决的重要问题。提高党内法规的执行力,充分发挥党内法规在管党治党中的制度利器与制度震慑作用,夯实党的执政根基,保持党的先进性和纯洁性,推动全面从严治党向纵深发展,从根本上提升党的执政能力和领导水平。从逻辑上讲,严格落实党内法规,在执行反馈中完善党的各项制度,蕴含着依规治党是"标本兼治,步步深入"的战略定位。严格落实党内法规,提高党内法规的执行力,在党内法规的实施过程中提高党的执政能力,增强依规治党的意识,是保持和发展党的先进性的重要法宝。党的执政经验表明:提高党内法规的执行力有利于制度治党方略的落实,有利于科学执政和依法执政水平的提升,有利于党长期执政和国家长治久安的实现。

二、党内法规执行力之现存问题

从实践中看,党内法规执行不力现象还普遍存在,"重创制、轻执

---

① 参见王利明《从严治党的本质在于依法治权》,载《光明日报》2017年2月13日第03版。

行"及"有令不行、有禁不止"的问题还较为突出。习近平总书记指出:"诚然,我们的制度体系还要完善,但当前突出的问题在于很多制度没有得到严格执行。"① 目前党内法规执行不力主要表现在四个方面。

(1) 党内法规执行虚置。所谓党内法规执行虚置,是指党内法规制定实施一段时间后便无声息,甚至自出台后就根本没有被实施和执行,从而形成"写在纸上、贴在墙上"的制度空转现象。② "法立而不行,与无法等"③,对党内法规来说也是如此。在党内法规的体系建设中,尽管党内法规的创制和体系化是前提和基础,但是使党内法规发挥实际效果的关键在于党内法规的贯彻和落实,防止党内法规出现制度虚置现象。有学者指出:"中国共产党是一个高度组织化的政党。这种组织化就意味着中国共产党的组织有相当高的制度含量,也就是说,中国共产党党内是有制度积累的,也是有制度规范的。现在面临的最大问题是:有制度但制度运行不正常甚至制度不运行,导致的结果是制度虚置甚至制度失败。"④ 从本质上讲,党内法规执行虚置现象是党内法规在实际执行中的失灵与失效。导致党内法规执行虚置的情形很多,包括制度创制时脱离实际或制度创制时纲领性与号召性的规范太多,不具备可操作性等原因。

(2) 党内法规象征性执行。党内法规象征性执行是指党内法规的执行者表面上看起来是在执行党内法规,实际上在执行过程中消极应付、敷衍了事。象征性执行使得党内法规的贯彻与落实浮于表面、流于形式、没有实效,严重影响了党内法规预期目标的实现。象征性执行的主体只是注重做表面文章,不重视实际效果,让党的先进性与纯洁性受损,让国家的事业与信誉受损,让人民群众的权利与利益受损。造成党内法规象征性执行的主要原因有三点。一是社会环境因素。有些党员干部受到社会不良风气的影响,认为"与其多做,不如多讲",造成"务虚多,务实少"的现象,严重影响了党内法规的执行。二是政治环境因素。有些党员干部由于权力集中、权力傲慢,进行利益寻租,心中无党规、无责任、无人民,这

---

① 习近平:《严格执法,公正司法》,引自中共中央文献研究室编《十八大以来重要文献选编》上册,中央文献出版社2014年版,第717页。
② 参见邵从清《论提高党内法规制度体系执行力》,载《山东社会科学》2016年第12期。
③ 沈家本:《历代刑法考》,中华书局1985年版,第34页。
④ 林尚立:《制度整合发展:中国共产党建设的使命与战略》,载《毛泽东邓小平理论研究》2007年第4期。

也严重影响了党内法规的执行。三是党员干部自身因素。有些党员干部政治观念扭曲、党规意识淡薄，导致工作方向不明、工作态度消极、工作作风懒散，对党内法规的应付和排斥远远超过了对党内法规的认同与接受，对党内法规执行中遇到的问题躲推，这也造成了党内法规难以贯彻与执行。

（3）党内法规选择性执行。党内法规选择性执行主要是指党内法规的执行主体不是全面、完整地贯彻落实党内法规，而是按照地区利益、部门利益、自身利益的需求来剪切、取舍、选择执行党内法规。党内法规选择性执行是制度运行过程中出现的"合意则取、逆意则舍"的一种不良现象。造成党内法规选择性执行的主要原因是执行过程中的透明度不高、暗箱操作、幕后运作，对原有完整的党内法规进行拆分截取、断章取义、筛选过滤，只是执行对本地区利益、本部门利益、自身利益有利的党内法规，对其不利的就选择剪裁，这无疑不利于党内法规的全面贯彻和正确实施，直接影响了党内法规的执行力，同时还可能造成超越职权、滥用职权等违法犯罪行为的发生。党内法规选择性执行主要表现在：一是积极执行有利于本地区利益、本部门利益、自身利益的党内法规，对其不利的党内法规视而不见；二是主动执行简单的党内法规，对执行困难的党内法规加以曲解后实施甚至消极不执行；三是对于违规情况相同的案件，有选择性地予以追责或者移送司法机关，有的则放任不管甚至帮助其逃脱党纪国法的制裁。

（4）党内法规机械性执行。党内法规机械性执行主要是指党内法规的执行主体在贯彻落实党内法规时，忽视了解具体环境、轻视结合实际情况，没有发挥主观能动性，只看"文本规定"，疏于"结合实际"，习惯于以文本照转文本、以文件落实文件、以会议贯彻会议的方式执行党内法规。党内法规机械性执行反映了执行主体的执行能力低下，是执行主体没有把制度的原则性和执行的灵活性有机结合起来，盲目照搬照抄党内法规，使得党内法规执行停留在表象层面，其实际效果很难得到体现，不仅浪费了制度资源，而且影响了党内法规战略意图与预期目标的实现。党内法规机械性执行主要表现在：一方面，在贯彻落实党内法规时不充分考虑新情况、新环境、新问题，不加科学分析和合理诠释去执行党内法规，消极地坐等上级出台新政策、新指示、新方案，执行主体往往缺乏主观能动性，机械、被动地执行党内法规；另一方面，在贯彻落实党内法规时缺乏对党内法规创制本意的理解,脱离对党内法规执行过程中客观条件的把握,生搬硬套地执行,难以为党内法规的执行提供具有创新性、科学性的执行方案。

三、党内法规执行力不强之原因分析

造成党内法规执行力不强的原因是多方面的:从党内法规自身上讲,党内法规体系不完善、配套制度不健全等会直接影响党内法规的执行;从执行主体上讲,党内法规执行者的法规素养不高、党规意识淡薄等也深刻影响党内法规的执行;从执行监督上讲,对违反党内法规行为的监督不力、责任追究不严等也严重影响党内法规的执行。

(一)党内法规自身的缺陷影响党内法规的执行

(1)党内法规的体系不够完整。"党内法规虽然有了体系雏形,但是体系化结构不完整,既没有明确规定统一的体系结构,各个制度文件之间也没有形成完整、周密的体系结构。"① 也就是说,党内法规的体系化只是生长了一些草木,没有形成一片树林。② 现行党内法规的制定还存在单一性、零星性、交叉性等问题,体系化结构也存在着将不同形式、不同效力、不同性质的法规与制度糅杂在一起的现象。党内法规的制定缺乏科学的统筹与规划,造成其体系结构不够完整,严重影响到党内法规的顺利执行。

(2)党内法规的配套不够协调。现有党内法规中实体性规范较多,程序性规范较少,存在"重实体、轻程序"的现象。程序性规范能为实体性规范提供明确执行步骤和流程,保障实体性规范的实施。加强程序性规范建设,促进程序性规范与实体性规范协调发展,可以使党内法规的执行更加流畅和连贯。党内法规中程序性规范的缺失,实体性规范和程序性规范的不协调,导致实体性规范运行不畅,影响了党内法规的落实及其功能发挥。同时,纲领性和综合性的党内法规颁布实施后,作为配套的实施办法、具体细则没有及时出台,这也严重影响了党内法规的实施效果。

---

① 唐海萧:《法学视角下党内法规的不足及其构想》,载《理论研究》2013年第5期。
② 参见宋功德《党规之治》,法律出版社2015年版,第434页。

（3）党内法规的规范不够科学。法律要件的完整性与条文的明确性是科学性的必然要求。有些党内法规的条文规范不明确、责任要件不完整，影响了其科学性，导致其贯彻落实存在难度。主要体现在：一是有些党内法规的规范过于笼统、原则，存在着大量的倡导性、号召性等模糊规范，其执行过程的明确性、禁止性、强制性无法保证；二是有些党内法规只有明确的定性规定，并未进一步明确定量化的具体标准，给"寻找对策者"留下操作空间，让违规者易于钻制度空子；三是有些党内法规只有禁止性要求，并没有相应的惩戒追责规定，导致执行起来难度较大，无法实现制度目标，甚至会造成"制度浪费"。

（二）执行主体的观念素养等影响党内法规的执行

2017年6月中共中央印发《关于加强党内法规制度建设的意见》明确要求："提高党内法规的执行力，要坚持以上率下，从各级领导干部做起，以身作则、严格要求，带头遵规学规守规用规。"当前，部分党员干部对制度治党的重要性认识不足、制度观念不强、法规意识淡薄，甚至存在以言代规、以权压规的现象，这导致党内法规的贯彻落实大打折扣。

（1）部分党员干部的党规意识淡薄。他们还存在浓厚的官本位思想，没有树立起规则意识，没有将党内法规作为行使权利和履行义务的依据，缺乏对党内法规的敬畏，遇事想不起按法规制度办，把全面从严治党、依规治党当作"表面工程"，热衷于"搞关系""打招呼"，执行起党内法规来打折扣、搞变通，有令不行、有禁不止，导致党内法规的权威性与严肃性受损，严重影响了党内法规的贯彻落实，使党内法规制度最终成了"稻草人"。

（2）部分党员干部的法规素养不高。有的党员干部对党内法规的学习不深刻、理解不准确、领会不透彻，不重视党内法规在实践中的运用；有的党员干部对党内法规往往浅尝辄止或者断章取义，没有正确把握党内法规的精神实质，甚至出现对党内法规原本意图的误解，严重影响了党内法规的贯彻落实；有的党员干部在执行党内法规时唯规定是从，往往照本宣科、生搬硬套，没有切合实际的创新，工作思路不宽、执行办法不多，执行效果不佳。

（3）部分党员干部践行全面从严治党的意志不够坚定。全面从严治党意味着严明党的纪律与作风，确保党内权力运行的规范化。在新形势下,贯彻落实全面从严治党方略是党的事业发展的内在要求和重要保障,体现了党自我完善、自我革新、自我提高的能力。当下,一些党员干部还存在着特权思想,习惯于按"潜规则"办事,习惯于把自己作为特殊党员,不受党内法规的约束,忘掉了党章党规的基本要求,导致组织涣散和纪律松弛,影响了党内法规的实施,使党内法规的执行效果大打折扣。①

(三)党内法规执行监督疲软影响党内法规的执行

目前,党内法规执行的监督体系还比较松散,如对违反党内法规的监督检查力度不够,监督的范围不明确,监督的程序不规范,问责制度不完备,评估制度不到位等,执行监督机制的规范化、体系化、常态化程度还比较低,这必将影响和制约着党内法规的落地生根。

(1)党内法规的监督制度不健全。党内法规的有效执行既取决于党内法规体系结构的完备,也取决于党内法规执行监督制度的健全。因此,要建立结构合理、程序规范的党内法规监督体系,加强对党内法规执行的监督检查,充分发挥监督检查的作用,确保各项党内法规都能落到实处,保证把人民赋予的权力用来为人民服务。而就目前的监督检查制度而言,既存在着外部监督乏力的问题,对民主党派监督、社会群众监督、新闻媒体监督等相关的外部监督没有明确的规定;也存在着监督方式单一问题,缺乏对党内法规执行的定期督查和专项督查等方式,由于单一的监督方式无法与监督的职能、范围相适应,不利于党内法规的有效执行。

(2)党内法规的问责制度不完善。建立党内法规问责制度的主要目的是促使各级党组织和全体党员自觉遵守党内法规,严格执行党内法规,积极维护党内法规,为提升党内法规的执行力提供制度保障。同时,明确的问责制度也给广大群众监督各级党组织和党员干部提供制度支持,使得各级党组织和党员干部全面接受党外的监督,确保行使好人民赋予的权力。习近平总书记指出,有些法规制度之所以执行不了、贯彻不下去,一

---

① 参见沈孝鹏《党内法规执行不力:多重诱因与治理之策》,载《求实》2017年第8期。

个重要原因就是责任不明确,违反规定后怎么处罚无章可循。① 就目前的问责制度而言,存在着违规后责任不明确,以及责任人不清晰、条件不确切、方式不具体、期限不确定等问题,导致党内法规执行的问责制度没有发挥出其应有的震慑力。

(3) 党内法规的评估制度不到位。建立党内法规评估制度的主要目的是为党内法规的修改、完善、清理提供客观的标准与依据,其本质是通过评估的结果来反观和检验党内法规的制定质量。建立常规的党内法规评估制度,不仅为过时的、不合理的党内法规的清理、修订和废止提供科学的参考与借鉴,还可以通过评估来分析新制定的党内法规是否与高位阶的党内法规及相关制度相冲突、是否与改革发展需要相适应。而就目前党内法规的评估制度而言,尚未见到关于对党内法规进行评估的规范性文件,党内法规评估制度仍然处于空白状态。②

四、提高党内法规执行力之举措

解决党内法规执行中存在的问题,需要强化系统思维,着眼于党内法规建设和党的事业发展全局,坚持从制度本身着力、从制度宣传着力、从制度执行着力、从制度监督着力、从制度遵守着力,遵循以立规为前提、知规为基础、执规为关键、督规为保障、守规为根本,实行标本兼治,切实维护党内法规的严肃性和权威性。

(一) 科学立规:提升党内法规执行力的前提

"强调他律,重在立规。"科学立规是提升党内法规执行力的前提。要形成完善的党内法规体系必须紧紧抓住提高立规质量这个关键,有计划、有步骤地推进党内法规的制定工作,努力建成"内容科学、程序严密、配套完备、运行有效的党内法规制度体系"。

(1) 增加党内法规的程序性规范。党内法规的程序性规范与党内法规实体性规范同等重要,建设完善的党内法规体系,提高党内法规的执行

---

① 参见习近平《习近平关于严明党的纪律和规矩论述摘编》,中央文献出版社、中国方正出版社2016年版,第64页。
② 参见王振民、施新州《中国共产党党内法规研究》,人民出版社2016年版,第206页。

力一定要补齐党内法规程序性规定的短板。在创制党内法规时，必须遵循实体性规范和程序性规范协调与平衡原则，高度重视程序规范在推进依规治党中的作用。如果实体性规范和程序性规范的步伐不协调，导致实体性规范的运行不畅顺，必然会影响党内法规的执行。程序性规范是实现实体性规范的有力保障，程序性规范的缺失，必然会影响实体性规范的有效实施。针对现行党内法规体系中实体性规范较多，程序性规范偏少，"重实体性规定、轻程序性规定"的问题，要加强党内法规的程序性规范建设，使党内法规体系朝着科学化、规范化的方向发展，促进党内法规的执行更加顺畅与有效。

（2）加强党内法规的体系化建设。"党内法规体系化，对于深化全面从严治党、推进国家治理体系和治理能力现代化以及党内法规自身工作发展具有积极意义。"① 现阶段，党内法规体系化建设的重点是迫切需要对党内法规进行统筹协调和整体规划，盘活现有党内法规制度资源，促使党内法规体系内部连贯融合，使各项党内法规科学衔接，系统性、整体性、协同性明显增强；同时，要注重党内法规体系与国家法律体系之间的协调性，促进党内法规与国家法律同频共振、同向发力，避免党内法规与国家法律之间的矛盾与冲突，全面提高党内法规体系化建设的力度和水平。

（3）增强党内法规的可操作性。制度缺乏可操作性是造成制度执行困难的主要原因之一。党内法规的操作性越强，其执行效果就越好。目前，还存在一些党内法规缺乏可操作性的问题，这在很大程度上影响了党内法规的执行力。应严格按照于法周延、于事简便的原则，提高党内法规制定水平，做到内容详实、措施管用、逻辑严密、表述准确、文字精练、格式规范，使制定出的党内法规更具有现实针对性和具体可行性，使党内法规真正成为"活法"，从而提高党内法规的执行力。

（4）建立党内法规的实施后评估制度。在党内法规实施一段时间后，组织开展对党内法规科学、客观地评估，以及时掌握党内法规的实施效果，并通过反馈评估结果，进一步完善党内法规体系，更好地推动党内法规的贯彻落实，不断提高党内法规的执行力。一是要建立常态化的党内法

---

① 周叶中：《关于中国共产党党内法规体系化的思考》，载《武汉大学学报（哲学社会科学版）》2017 年第 5 期。

规评估实施机制，由党内法规的制定机构委托专家、学者定期对党内法规实施后的效果进行客观评估。二是党内法规的评估与党内法规的修改、废止相结合。通过对党内法规实施效果的科学与客观评估，及时发现党内法规存在的问题和不足，适时对党内法规进行修改、废止，增强党内法规的适应性、科学性、可操作性，提高党内法规的执行力。三是党内法规的评估与党内法规清理相衔接。根据评估反馈结果对党内法规进行清理，可以在一定程度上解决党内法规存在的不适应、不协调、不衔接、不一致的问题，使党内法规有效适应国情党情的发展变化，对提升党内法规的执行力具有重要意义。

（二）全党知规：提高党内法规执行力的基础

"行起于知，知然后行。"全党知规是提高党内法规执行力的基础。为此，要做到以下三个方面。

（1）加大党内法规的公开力度。《中国共产党党内法规制定条例》明确规定："党内法规经批准后一般应当公开发布。"其主要目的是保障全体党员和广大群众的知情权，避免将生效的党内法规锁在"文件柜"与"保险箱"里，沦为摆设。如果党内法规公开力度不够，全体党员和广大群众就不可能全面了解、知悉党内法规的主要规范和具体要求；如果党内法规的公开力度不够，党内法规的执行主体就不可能熟练地掌握和运用党内法规。这必然会给党内法规的贯彻落实造成障碍。因此，为了更好地贯彻落实党内法规，应该严格遵循公开是原则、不公开是例外的要求，做好党内法规及时公开工作，实现以公开促公平、以透明促廉洁，让全体党员和广大群众最大限度地了解、知悉、掌握每一项党内法规，不断提升党内法规的执行力。

（2）扩大党内法规的宣传力度。扩大党内法规的宣传力度，应该着力运用形态多样、手段先进的立体化宣传网络。现行党内法规数量庞大、规范模糊、结构复杂，党员干部对全部党内法规的知悉有一定的难度。加强对党内法规的宣传，便于全体党员了解党规、认知党规、熟悉党规，为提高党内法规的执行力奠定基础。目前，党内法规的宣传在一定程度上还存在着"重形式、走过场、轻实效"的现象，这不利于党内法规执行力的提升。要不断发展和完善党内法规的宣传机制，丰富宣传方式、优化宣传内容、扩大宣传对象、加大宣传力度，把握好方式创新、方法创新、路径创新。在信息化时代，对党内法规的宣传要充分运用传统媒体和新兴媒体融合的方式以及综合利用新技术手段创新传播方式。

（3）增强党内法规的教育力度。增强党内法规的教育力度，准确地把握党内法规的基本理念和具体规范，逐渐将其上升为指导各级党组织、全体党员和广大群众生活与工作的指导思想和行动指南，使广大党员特别是领导干部增强遵守、执行党内法规的意识，[①] 这是提高党内法规执行力行之有效的方式。在新时代，党中央高度重视增强党内法规的教育力度。一是《中央宣传部、司法部关于在公民中开展法治宣传教育的第七个五年计划》明确规定："深入宣传党内法规，突出宣传党章，大力宣传各项党内法规。"二是《中共中央印发〈关于加强党内法规制度建设的意见〉》要求，加强对党内法规学习教育，加大党内法规解读力度，将党内法规作为各级党委（党组）中心组学习重要内容，纳入学校、行政学院、干部学院必修课程。三是应把对党内法规的学习纳入广大党员干部的必修课程，通过案例分析，注重以案释规，引导广大党员干部知悉党规、遵守党规、运用党规，进一步提升党内法规的执行力。

（三）严格执规：提高党内法规执行力的关键

"令在必信，法在必行。"习近平总书记指出："有了好的制度，如果不抓落实，只是写在纸上、贴在墙上、锁在抽屉里，制度就会成为稻草人、纸老虎。"[②] 严格执规是提高党内法规执行力的关键。

（1）提升党内法规执行者的基本素质。党内法规执行者的基本素质决定着党内法规制度的实施效果。因此，党内法规执行效果的好坏在一定程度上取决于执行者的基本素养。提升党内法规执行者的基本素质，可从以下三个方面着手。一是增强执行者的党规意识。强化广大党员干部依规治党的意识，运用法治思维和法治理念，增强对依规治党的认同。二是加强执行者的自律意识。努力培养广大党员干部自律意识，让其成为以身作则的典范，充分发挥执行者在依法治国与依规治党中的引领作用，防止其

[①] 参见张晓燕《关于党内法规制度实施体系建设的思考与建议》，载《理论学刊》2017年第3期。

[②] 《习近平关于严明党的纪律和规矩论述摘编》，中央文献出版社、中国方正出版社2016年版，第85页。

成为依规治党的破坏者、逾越者、规避者。三是提高执行者的执行意识。增强执行者对党内法规执行制度的理解，促使执行者认识到严格贯彻落实党内法规是全面从严治党、依规治党的具体体现，进而将对党内法规执行制度的深刻理解升华为严格执行党内法规的内在动力。

（2）提高党内法规执行者的执行技能。提高党内法规执行者的技能也是提升党内法规执行力的必备条件之一。全面提升执行者的执行技能，至少要在以下三方面着力。一是提高党内法规执行者的思考能力。党内法规执行者的思考能力是指党内法规执行者认真思考、积极工作、专注执行，保持注意力，根据环境和他人的反映灵活执行党内法规的能力。二是强化党内法规执行者的合作能力。执行者的合作能力是执行者为达成目标而表现出来的各种综合能力，包括分工配合的技能、组织协助的技能等。执行者良好的合作能力主要表现为合作目标明确、合作责任感强、协作的一致性、沟通的高效性。三是加强对党内法规执行者技能的培训。针对不同级别的党组织，设计分层化、场景式的培训板块，提升执行者的理论知识和实操能力。

（3）扩大党内法规执行的公众参与。党内法规执行的公众参与不仅是依规治党的重要内容，而且是全面从严治党朝向规范化与民主化发展的时代要求。从逻辑上讲，扩大党内法规执行的公众参与是人民主权原则、法治原则、民主原则的具体体现。从效能上讲，扩大党内法规执行的公众参与是保证利益相关者通过参与的方式来表达自己的意见与诉求，从而能够促使党内法规制度逐渐完善。有效扩大党内法规执行的公众参与，可以从优化社会公众参与的路径着手。一是加强社会参与者的权利保障。完善党内法规执行的激励机制，鼓励公众参与党内法规的执行，切实保障社会公众的知情权、参与权、监督权等各种权益，加强救济机制建设。二是提高公众的参与能力。各级党组织和相关主体可以积极举办各种参与执行党规的活动，培养公众的民主意识，激发公众的参与热情，锻炼公众的参与能力，提升公众的参与技能，增强公众参与党内法规执行的广度与深度。三是提升媒体的参与效能。建立多元的媒体参与体系，充分利用报刊、广播电视等传统媒体，挖掘微信公众平台、微视频等新型媒体，提升公众的参与效能。

(四) 严厉督规：提高党内法规执行力的保障

"失责必问，问责必严。"严厉督规是推进依规治党的重要抓手，是提高党内法规执行力的基本保障。习近平总书记指出："抓好法规制度落实，必须落实监督制度，加强日常督察和专项检查。要用监督传递压力，用压力推动落实。"① 要加强对党内法规执行的监督，必须综合发挥党内监督、群众监督和舆论监督的作用，"避免封闭式的自我监督，把党内监督和党外监督进一步有机结合起来"②，通过立体化的严厉监督措施，充分发挥党内法规"达摩克利斯之剑"的震慑力，促使全体党员做到心有所畏、言有所戒、行有所止，进一步解决依规治党过程中存在的失之于宽、失之于松、失之于软的问题。

（1）健全监督检查机制。健全监督检查机制是提高党内法规执行力的题中要义。通过健全监督检查机制，把监督贯穿于执行的全过程，确保党内法规全面正确实施。健全的监督检查机制至少包括三方面的内容。一是明确主体责任。明确执行者的主体责任是健全党内法规执行监督检查机制的前提。在党内法规执行中应当明确规定问责条件、问责范围、问责程序等事项，确保追责制度的可操作性和有效性。二是完善监督方式。要将合宪性监督、党内监督、舆论监督、群众监督等有机结合起来，形成监督的合力，发挥体系化监督的最大效能。三是增强民主监督的力度。加强对党内法规执行的民主监督，是实现人民当家作主的有效途径，也是社会组织发挥作用的重要体现。因此，在党内法规执行过程中，要畅通建言、献策、批评、监督等渠道，重视民主监督，防止党内法规执行过程中出现封闭性倾向。

（2）严明奖惩机制。严明奖励和惩处机制，是有效运用党内法规执行监督成果的必然要求，是提升党内法规执行力的有力保障。奖惩机制不健全、不完善，党内法规执行监督的成果就不能得到及时反馈和有效运用，这样不仅难于发挥监督的积极作用，还有可能适得其反，带来负面效应。古人云："事将为，其赏罚之数必先明之。"（《管子·立政》）习近

---

① 中共中央纪律检查委员会、中共中央文献研究室编：《习近平关于严明党的纪律和规矩论述摘编》，中央文献出版社、中国方正出版社2016年版，第90页。

② 李景治：《党内监督要进一步与党外监督有机结合》，载《学习论坛》2015年第7期。

平总书记强调:"法规制度建设必须做到要素齐全,既有激励性,又有惩戒性,使遵守者得到表彰奖励,违反者受到严厉惩处。"① 要做到奖惩严明、责任明确,坚持有功则奖、有责必问、问责必严,把监督检查、目标考核和奖惩有机结合起来,发挥法规制度的激励约束作用,形成法规制度执行的强大推动力,确保将党内法规的各项要求真正落到实处。

(3) 完善巡视巡察机制。建立常态化巡视巡查监督制度,发挥巡视巡察对党内法规执行情况的"悬利剑"与"常震慑"功能。党的十八大以来,党中央将巡视巡察制度上升为党内监督机制的战略性安排,把党内法规执行情况纳入巡视巡察对象。在《中国共产党巡视工作条例》及《中国共产党党内监督条例》的规范和指引下,完善党内法规执行的巡视巡察制度,可以从以下两个方面着手。一方面,明确党内法规执行情况巡视巡察的职权边界、工作流程、法定程序,增强巡视巡察制度的规范性与科学化;另一方面,通过有效的巡视巡察,定期对党内法规的执行情况进行检查与监督,防止党内法规执行过程中出现宽、松、软的现象,及时发现和纠正党内法规执行不力问题。

(五) 自觉守规:提高党内法规执行力的根本

"其身正,不令而行。"自觉遵守党内法规是建设中国特色社会主义法治体系的基础性条件,是全面从严治党、依规治党的必然要求,是提高党内法规执行力的根本保证。

(1) 提升全体党员自觉守规的意识。思想是行动的指南。只有不断地增强全体党员自觉遵守党内法规的意识,才能以柔性的方式将党内法规的具体要求内化于党员之心、外化于党员之行,才能使全体党员在思想上筑起自觉遵守党内法规的长城。从逻辑上讲,自觉遵守党内法规隐含着尊重党内法规、维护党内法规、执行党内法规之本意。只有全体党员接受、认可党内法规,才能全面提升全体党员自觉遵守党内法规的积极性、主动性,才能从根本上提高党内法规的执行力。要形成崇尚党规、遵守党规、捍卫党规的氛围,强化全体党员的遵规意识、守规意识和执规意识,确保全体党员自觉遵守党内法规的意识落地生根,使全体党员成为党内法规的

---

① 中共中央纪律检查委员会、中共中央文献研究室编:《习近平关于严明党的纪律和规矩论述摘编》,中央文献出版社、中国方正出版社2016年版,第64页。

忠实信仰者、自觉遵守者、坚定执行者、有力捍卫者。

（2）树立党员干部带头守规的风尚。广大党员干部能否带头学规、遵规、守规、执规，做自觉守规的榜样，是衡量和判断党员干部是否合格的基本标准之一。全面从严治党、依规治党必须紧紧抓住领导干部这个"关键少数"，要把执行党内法规情况作为考察党员干部依规办事的重要准则，看党员干部能否在依规治党中起模范带头作用，这直接关系到依规治党权威的树立、依规治党秩序的形成、依规治党实效的提升。要健全常态化学习与教育机制，提高广大党员干部的党性修养，强化党规意识，不断增强党员干部的依规治党的观念，树立党员干部带头遵守党内法规的风尚，这对提高党内法规的执行力大有裨益。

（3）营造全社会自觉守规的氛围。在全党全社会开展法规制度宣传教育，积极营造"守规光荣、违规可耻"的社会氛围，形成学规、尊规、守法、用规的良好社会环境。这不仅有助于全面从严治党、依规治党的落实，而且有利于国家治理体系和治理能力现代化的推进。依规治党的贯彻落实，需要全党全社会积极参与。要引导全社会形成尊崇制度、遵守制度、捍卫制度的良好氛围；引导广大党员牢固树立法治意识、制度意识、纪律意识，形成懂法纪、明规矩，知敬畏、存戒惧的制度文化；引导党员干部做遵纪守规的先行者、示范者，自觉依规办事、依规用权、依规执政，主动营造风清气正的良好政治生态。

五、结　　语

党内法规是全面从严治党、依规治党的重要依据和制度保障，是各级党组织和全体党员生活与工作的基本准则。既要重视党内法规的制定，更要重视党内法规的执行，做到一分部署，九分落实。习近平总书记强调，制度执行力、治理能力已经成为影响我国社会主义制度优势充分发挥、党和国家事业顺利发展的重要因素。① 严格贯彻落实党内法规，不断提高党内法规的执行力，必须从源头着力、从根本抓起，这不仅是理论的必然，而且是实践的必须。要保持党内法规生命之树常青，就必须坚持制度为先、执行为要，采取切实有效的措施提高党内法规的执行力，充分发挥法

---

① 参见《习近平关于全面深化改革论述摘编》，中央文献出版社2014年版，第29页。

规制度的刚性约束作用和治本功能，确保党内法规的各项规定实实在在地融入各级党组织和全体党员的生活与工作之中，让言行有规范、让权力有笼子，让以党章为根本的党内法规体系动起来、活起来，充分发挥其最大效能，积极营造党内法规执行的良好生态，为党长期执政和国家长治久安提供坚实保障。新时代是一个不忘初心、牢记使命的时代，是一个严格自律、清正廉洁的时代，新时代的广大党员干部，应当厘清"无组织、无纪律、有令不行、有禁不止、各行其是"[①]的种种行为，真正警醒之、力避之、摒弃之。

（本文原载《学术研究》2018年第5期）

[①] 王利明：《从严治党的本质在于依法治权》，载《光明日报》2017年2月13日第03版。

石佑启自选集

第五部分

法治化营商环境

合作治理语境下的法治化营商环境建设

引 言

协调好政府、市场与社会的关系，持续优化营商环境，是全面深化改革、推动经济高质量发展的"助推器"和"强心针"。习近平在2019年2月25日中央全面依法治国委员会第二次会议上强调，"法治是最好的营商环境"。这一论断高度凝练地揭示出法治与营商环境之间的内在联系。稳定公平透明、可预期的营商环境建设目标，需要依托法治建设加以实现。法治蕴含的平等、自由、公正、秩序等价值理念，能够引领和规范营商环境建设的总体进程。由此，应把营商环境优化与法治建设纳入一个联动的视域下加以统筹。一是将法治作为改善营商环境的重要手段和动力机制，确保相关制度性安排贯穿营商环境建设的各个环节；重视制度创新，以有效的制度为市场主体的发展提供有力支撑。二是强调营商环境建设自身的法治原理，把法治作为营商环境的评价指标，实现制度对市场经营活动的保护和规制，将事关营商环境优化的体制机制创新纳入法治的轨道。

当前学界对法治化营商环境建设相关议题的讨论，大多沿着"市场化"的逻辑脉络展开。相关研究侧重营商环境建设对市场需求的回应，提倡为市场经济活动提供公平高效有序且富有活力的市场环境[1]，认为营商环境是市场在资源配置中起决定性作用的前提条件[2]，进而将深化"放管服"改革、加快转变政府职能、推进简政放权等，作为优化营商环境的主线[3]。相对应的法治建设议题，更关注法治政府建设层面的内容，把

---

[1] 参见宋林霖、何成祥《优化营商环境视阈下放管服改革的逻辑与推进路径——基于世界银行营商环境指标体系的分析》，载《中国行政管理》2018年第4期，第71页。

[2] 参见白重恩《高质量发展需要怎样的营商环境》，载《社会科学报》2020年1月2日第02版。

[3] 参见张定安《深化"放管服"改革，优化营商环境》，载《中国行政管理》2020年第2期，第155页以下；赵宏伟《深化"放管服"改革，优化区域营商环境》，载《中国行政管理》2019年第7期，第21页以下。

推进法治政府建设视为实现营商环境法治化的关键,① 以控制和规范行政权运行、划定政府的权责范围、提升政府服务质量等作为主要目标。笔者认为,面向市场需求对政府职能、政府权力行使范围与强度进行调适,固然是法治化营商环境建设的重要方面,但处理好政府、市场、社会三者的关系,对于法治化营商环境的建设而言更为关键。

其一,法治化营商环境建设应避免割裂政府、市场、社会三者的内在联系。如果营商环境建设不能合理统筹政府、市场、社会各自的功能定位,而是在对三者关系的塑造中过度放大其中某一方的作用,其对应的体制机制建设就有可能出现价值倾斜。

其二,营商环境建设面临的诸多新兴问题,带有网络时代特有的跨域性、技术性、分散化等属性,呈现共时性特征,往往相互交织、紧密联系。这要求在营商环境建设中科学定位政府职能,增强治理的回应性,将市场与社会纳入共治体系。与之相应的法治,应当是具有能动性的回应型法治,而非单纯强调消极控权的法治。法治化营商环境建设既要强调形式法治,也要重视实质法治,追求良法善治②,兼顾多元价值偏好③。

其三,在公域与私域日益贯通、公益与私益相互交融的现实情境下,营商环境优化的利益基础不再呈现泾渭分明的结构形态。政府、市场、社会等多元主体,从竞争迈向合作,追求利益协调和共赢。营商环境建设不仅要以法治政府建设为主体,还要以法治社会建设为基础,坚持法治国家、法治政府、法治社会一体建设,推进国家、政府、社会各方制度体系的全面覆盖、系统完备、衔接协调、运行有效,充分考虑相互交融的利益结构与法治建设布局的整体匹配度。

其四,疏于对政策施行、法律适用、改革创新、协商合作等动态治理规律的把握,容易造成制度供给缺位或者制度创新僭越法治。营商环境建设是涉及政府、市场、社会等多元主体利益协调的动态治理过程。若法治建设只关注政府外部要素的管理,片面强调政府与市场在静态层面的功能界分,就会忽视政府内部结构的调整与外部要素的持续互动,难以在制度

---

① 参见刘俊海《营商环境法治化的关键》,载《中国流通经济》2019年第8期,第3页。
② 参见姜明安《中国依宪治国和法治政府建设的主要特色》,载《政治与法律》2019年第8期,第2页。
③ See Cass R. Sunstein, "How Law Constructs Preferences," *Georgetown Law Journal*, 1998, 86, p. 2637.

实践中合理统筹节约成本、提高效率、促进创新等方面的需求。

总之，营商环境建设是一项系统工程，需要多元主体的协同共治方能实现。① 法治化营商环境建设，应当与政府、市场和社会三者的功能分域、治理结构和发展目标等相适应。当前，为多元主体的协商互动、平等合作、利益协调提供价值引领、制度保障与动力机制，对日渐分化的社会结构与公私交融的利益关系予以统筹，是法治化营商环境建设有序展开的迫切要求。为此，本文将立足中国治理转型的场景与进程，探寻法治化营商环境建设的基本面向，探索法治化营商环境建设的逻辑演进，系统梳理营商环境优化之法治需求，进而提出法治化营商环境建设的具体进路。

一、合作治理：法治化营商环境建设的基本面向

（一）合作治理在公域变革中的兴起

随着后工业化时代的到来，尤其是互联网信息技术的发展，中国的行政管理体制和社会结构都发生了深刻变化。生产关系与生活方式的重塑、权力结构与权利体系的变动，促进了传统公域的变革，实现了公域范围的拓宽以及公域内部构造的调整。日益频发的公共问题、日渐多样的公共诉求、日趋繁重的公共任务，对以政府为中心的传统治理结构形成挑战。政府权力的内部调适及其向社会的加速迁移，公民权利意识的增强、社会认同的变迁对公共权威产生的影响，公域与私域、虚拟与现实的多重交织等，迫切要求政府、市场、社会等多元主体寻求共同治理的新模式。② 在推进政治体制改革与经济体制改革的双重背景下，政府借助机构调整和社会力量的参与实现减负，以更好地完成公共任务，同时，通过简政放权、减少行政干预来拓宽市场自治范围；社会则通过分享治理权和自我赋权，激活行业协会、平台型企业等主体的治理能动性；互联网的快速发展，使得市场主体与公民利益诉求的合理化表达渠道不断扩展，新兴权利类型及

---

① 参见郭燕芬《营商环境协同治理的结构要素、运行机理与实现机制研究》，载《当代经济管理》2019 年第 12 期，第 13 页。

② 参见张康之《合作治理是社会治理变革的归宿》，载《社会科学研究》2012 年第 3 期，第 40 页。

其实现渠道不断拓宽。一种由他治与自治展开功能分域、分工协调的合作共治格局，正越发清晰地呈现出来。

在治理结构上，合作治理模式的展开以行政体制改革和经济体制改革为基础，通过广泛吸纳社会、市场中的多元主体加入治理议程，谋求单一性管理向整体性治理的转变，以破解管理部门化、碎片化的困境。[①] 例如，从最初特许经营制度的设立到党的十八大以来，公共事务领域逐渐向社会资本敞开，公私合作实践正由基础设施建设、公共事业建设等方面向公共服务供给等领域延伸，甚至在公共秩序管理中也广泛出现了社会组织的身影。在治理方式上，首先，合作治理的实现前提是建立良好的伙伴关系，这决定了契约作为一种治理工具将广泛应用于行政活动的各个阶段。由此形成的府际合作、公私合作等多种契约类型，也将成为替代政府管制的新形式。[②] 其次，政府的行为方式在强调合法性之余，也开始吸收民主、创新、效率、柔性等价值理念，以市场、社会需求为导向，提升规制效益和服务质量。再次，治理方式的智能化、数据化变革，促进了平台政务服务、网络问政听证、网络舆论监督等新型政社互动形式的发展，推动了公共议程设置从自上而下的单向性模式向上下对流的交互性模式转型。在治理过程上，合作治理是一种持续的互动，[③] 其充分运用商谈、协调、对话、参与等机制，对政府、市场、社会、公民的利益诉求予以整合，促使传统上以权力单向度运动结果为导向的利益对抗，转变为中央与地方政府合作、区域内各地方政府合作、政府与市场及社会合作、社会组织与公民合作等双向度的"权力—权力"或者"权力—权利"交互形态。多元利益主体通过合法渠道将利益诉求输送到公共决策中，将在诸多新兴发展领域打破原本由政府主导的话语权体系，凸显社会组织、企业等多元主体在产权保护、市场监管、风险防控、公共服务供给、社会信用体系构建等方面的专业技术优势。同时，合作共治的实现以治理方式革新为桥梁纽带。政府决策公众参与、公共服务合同外包、区域市场准入标准衔接等协

---

① 参见胡象明、唐波勇《整体性治理：公共管理的新范式》，载《华中师范大学学报（人文社会科学版）》2010年第1期，第11页以下。

② 参见胡敏洁《作为治理工具的契约：范围与边界》，载《中国行政管理》2015年第1期，第88页。

③ See The Commission on Global Governance, *Our Global Neighbourhood*. Oxford: Oxford University Press, 1995, p. 2.

商型方式的应用，可以提升市场化改革的整体协调性。行政指导、行政约谈等柔性行政方式的推广，可以有效缓解市场监管中的对抗性矛盾，为市场主体深入推进产品、技术、运营等领域的创新预留空间。线上一体化服务系统、电子数据共享平台等信息技术手段的应用，有助于提高政务服务效率和质量，破除政务服务跨地区、跨部门、跨层级的数据垄断与业务壁垒。可见，合作治理既影响营商环境建设目标和价值标准的设定，也为营商环境优化提供着运作机制和实现方式。

（二）合作治理与营商环境建设对法治的共同需求

法治是实现国家治理现代化的必由之路，合作治理的有序展开需要充分发挥法治的引领作用。法治与营商环境建设存在价值追求与实现路径方面的内在契合，[①] 营商环境建设的过程，也是推进治理法治化的进程。合作治理与营商环境建设都内含了对法治的需求，合作治理为营商环境建设设定的价值与目标，需要通过法治建设加以实现。

多元主体合作是一种建构的过程，而不是一种自发的秩序。[②] 依法治引领合作治理，要求法治贯穿治理全过程，既要依法治促进改革，又要依法治规避风险。这对顺利推进营商环境的整体性建设尤为关键。转型时期的合作治理，往往难以按照理想状态运行。决定其能否顺利展开的因素，除了合作主体的自主性，还有政府面向市场、社会的策略选择，以及政府、市场、社会互动中的复杂机制设计。法治能够为民主协商、改革创新、秩序建构、服务供给等任务的落实提供价值引领和路径遵循，其具体包括：①以良法促善治。合作治理的终极目标是实现善治[③]，而善治主要是制度之治、规则之治、法律之治[④]。只有形成一套良善的规范体系，才能促使政府、社会组织、市场主体克服理性经济人追求自身利益最大化的

---

① 参见石佑启、陈可翔《法治化营商环境建设的司法进路》，载《中外法学》2020年第3期，第718页。

② 参见汪锦军《合作治理的构建：政府与社会良性互动的生成机制》，载《政治学研究》2015年第4期，第105页。

③ 俞可平提出，"善治"包含合法性、法治、透明性、责任性、回应、有效、参与、稳定、廉洁、公正十大基本要素。参见俞可平《论国家治理现代化》，社会科学文献出版社2014年版，第59页以下。

④ 参见李林《依法治国与推进国家治理现代化》，载《法学研究》2014年第5期，第14页。

负面影响，在有序的商谈互动中彼此获利，实现共赢。②规避治理风险。合作治理在促成多元主体迈向正和博弈、推进营商环境整体改善的同时，也面临着市场监管不到位、责任划分不清晰等治理失败的风险。法治是有效规避治理风险、矫正治理偏差的关键元素，其可以确保合作治理在合法化的框架下展开，保障市场主体的经济生活摆脱偶然性和任意性的羁绊。③引领改革创新。在营商环境建设中推进先行先试等治理创新，要求遵循法定的授权程序，及时对现行法律法规予以调整适用，以体现制度创新对现实需求的回应性以及对治理变革的引领和推动作用。④保障治理内容落实。合作治理所提倡的协商、民主、创新、效能等价值理念，最终必须以法治的形式呈现出来。推进法治创新是破解法律滞后性难题、保证营商环境建设落到实处的必然路径。

系统回应营商环境建设的法治需求，要求相对应的法治体系建设必须扎根合作治理的现实语境，从以"权力—权力"或"权力—权利"两造对抗为基础构建起来的制度形态中挣脱出来，谋求权力与权力的合理分配和权力与权利之间的平衡。①例如，政府各职能部门的分工合作、区域内各地方政府的协同交流、政府与社会公权力主体的功能分域、公民权利对社会公权力主体侵权的防御等，②都需要依托全方位的制度建设来加以明确和调整。尤其是在互联网时代，公域结构急剧变迁，诸多社会组织和以互联网平台型企业等为代表的营利性主体，通过生产资源垄断、公共产品供给、知识信息推广而实际行使着公权力。其引发的公共权力体系的深度调整以及新型的"权力—权利"冲突，已经远超传统上以控制政府权力为主线的法治系统的调整范围，凸显了通过制度变革及时回应市场主体权利关切的必要性。此外，作为一种有效的治理方案，合作治理的实现以市场、社会各类主体权利诉求的理性表达为前提，必然要求将公众参与公共决策、法律创制等活动纳入常态化轨道，要求在实践中逐步接纳伴随市场

---

① 参见沈岿《"为了权利与权力的平衡"及超越》，载《行政法学研究》2018年第4期，第28页。

② 参见李海平《论基本权利对社会公权力主体的直接效力》，载《政治与法律》2018年第10期，第110页。

经济发展、信息技术更替而得到拓展的积极权利范畴。① 由于绝大多数主体的理性都是不完美的，人们往往要通过周而复始的新理性建构来化解固有理性的冲突。② 在合作治理的语境下探索法治化营商环境建设问题，不能仅仅热衷于对权力结构调整引发的侵权风险进行规制，还应当为权利的有效主张开放制度通道并为其设定明确的制度边界，使得市场主体的利益诉求能够进入协商互动程序之中，并依照规则获得充分表达，避免因权利实现过程的自私性、肆意性造成权利冲突。

在合作治理实践中，"公益与私益经常是十分近似的、相互支持的或彼此交错的"③。政府与社会组织、市场主体的合作，促使个体对私益的追求同步嵌入谋求公共利益最大化的规划布局中。公益与私益的糅合，随着公共行政任务合作治理的展开而日渐深化，并诱发了诸多利益关系复杂化的问题。然而，当前涉及市场准入、交易安全、产权保护等方面的讨论，在某种程度上仍倾向于将排斥公权力干预作为实现私益保障的最优路径。这种认为"公法服务于公共利益""私法保护私人利益"的法治观念，在面对公私交融、多元复杂的利益冲突时，难免捉襟见肘；在回应市场主体日益膨胀的公共诉求或由"放管服"改革、政府机构改革引发的风险时，暴露出包容性不足、适应性不强、效能欠缺等诸多弊端。合作治理超越了传统的公私角色分野，④ 赋予了私益保障更多公共色彩，且在公益保护中彰显了对私人利益的关怀。因此，在合作治理语境下探索简政放权、市场主体权益保护、事中事后监管、鼓励创新等营商环境建设的路径，要求配套的法治系统充分吸收柔性、民主、效能等价值理念，遵循"私法公法化""公法私法化"以及混合法发展的趋势，⑤ 并伴随政府转

---

① 消极权利是指要求权利相对人予以尊重与容忍的权利，积极权利是指要求权利相对人予以给付或作为的权利。参见周刚志《论"消极权利"与"积极权利"——中国宪法权利性质之实证分析》，载《法学评论》2015年第3期，第40页。

② 参见史云贵《论合作治理中的合作理性》，载《社会科学战线》2019年第11期，第194页以下。

③ ［德］施密特·阿斯曼：《秩序理念下的行政法体系建构》，林明锵等译，北京大学出版社2012年版，第143页。

④ See Jody Freeman, "Collaborative Governance in the Administrative State," *UCLA Law Review*, 1997, 45, p. 1.

⑤ 参见朱景文《中国特色社会主义法律体系：结构、特色和趋势》，载《中国社会科学》2011年第3期，第27页以下。

变职能、社会参与共治、市场决定资源配置等治理机制的整合，持续为公共事业市场化、社会规则适用、适度性监管等提供制度支撑，促进法治形态的包容性发展。

综上所述，合作治理、法治与营商环境建设处于一种交织互动、相辅相成的状态。合作治理与营商环境建设，基于对法治共同的依赖而具有相同的目标指向。一方面，法治是营商环境建设的价值目标。以法治为纲推动合作治理在制度的轨道上有序运行，为法治化营商环境的整体性建设奠定了坚实的基础。另一方面，依托合作治理推动营商环境建设，直面公共治理系统重构引发的治理权能的分化和转移，① 有利于回应治理转型产生的法治需求，实现营商环境优化与法治建设的同步推进。

二、治理转型与法治化营商环境建设的逻辑演进

政府、市场与社会之间的关系演变及其引发的权力/权利体系调整，暴露出当前营商制度安排的欠缺。法治化营商环境建设要不断挖掘和遵循与治理转型相对应的逻辑演进规律，以缓解治理格局变动与秩序建构缺位、服务供给不足之间的矛盾，重塑营商环境优化与法治建设的整体思路和结构形态。

（一）法治结构调适：治理格局转变与市场功能彰显

合作治理是从传统政府管理模式中演变而来，通过不断吸纳新元素以实现治理理念、治理结构、治理方式和治理过程等构成要素全方位更新以及治理格局持续转变的动态过程。如何建立起持续改善、自我创新的政府机制，推动政府重塑；② 如何尊重市场规律，扩大市场自治和参与的范围；如何在群体依附和社会认同迁移下发挥治理效能，这些构成了推进合作治理的元命题。基于此，近些年的改革举措无不透露着"中央向地方分权、地方改革向区域发展聚拢、政府权力向社会迁移、市场自治空间拓

---

① 参见吴汉东《国家治理现代化的三个维度：共治、善治与法治》，载《法制与社会发展》2014年第5期，第15页。

② 参见王强《重塑政府：提升政府治理能力的原则、办法及路径》，厦门大学出版社2018年版，第5页。

展"的线索。以地方立法权扩容探索治理对社会文化系统的无缝嵌入①，以区域府际合作促进区域经济协调发展②，以合作行政拓展社会参与公共事务的范围，以体制机制创新放宽市场准入限制等改革举措，正充实着合作治理的内涵和外延，极大程度地改变了传统行政关系的单调性。社会公共权威异军突起，社会组织参与的领域逐渐从边缘迈向中心，③促使主导秩序构建与服务供给的权力结构面临深度调整。

对于营商环境建设来说，在制度层面准确厘定政府、市场、社会的边界，明确三者之间的功能分域，是夯实合作基础、防止权力（权利）滥用、保证市场在资源配置中起决定性作用的必然要求。囿于政府、市场、社会在合作中扮演角色的不确定性，治理变革难免将三者带入新的分立对抗之中，触发新一轮结构性风险。归根结底，在合作治理语境下推进营商环境建设，不可避免地会在权力结构上滋生出一种流变的、不确定的效应。尤其是随着行政任务变迁、市场需求扩大、社会力量发展等，营商环境建设的主要任务和评价指标势必在社会转型中持续变动，从而极易引发权力行使越轨、责任承担脱轨等治理风险及相应的法治难题。④由此，推进营商环境法治化建设，关键是要在政府、市场、社会的合作博弈中，通过制度建设厘清多元主体在产权保护、产业转型、服务供给、执法监管等公共事务上的职能分工、权力配置、责任分配以及权利行使的限度，充分回应各类市场主体的利益诉求。首先，只有促进政府、市场、社会三者功能分域的法治化，实现权责关系对应统一，才能有效防止政府权力甚至社会公权力在商事制度改革、事中事后监管等营商环境优化措施的落实中出现缺位、越位的情形。其次，推进职能定位明晰化与权力运行规范化，能够为多元主体合作的有序展开奠定基础，有助于就服务、监管等事项在"由谁来治理""由谁来创制规则"等内容方面达成共识，有助于确定和

---

① 参见常轶军、元帅《"空间嵌入"与地方政府治理现代化》，载《中国行政管理》2018年第9期，第74页。
② 参见石佑启等《区域经济一体化中府际合作的法律问题研究》，经济科学出版社2018年版，第55页。
③ 参见马长山《从国家构建到共建共享的法治转向——基于社会组织与法治建设之间关系的考察》，载《法学研究》2017年第3期，第30页。
④ 例如，全国多地探索将公共设施管理、公共道路收费事项外包，实际上授予了社会主体一定公权力。这在提升行政管理效率的同时，也易于产生纠纷，且纠纷属性更为复杂。此时，公民能否就社会主体侵权寻求公法救济以及如何确定责任主体，都存在着较大争议。

畅通市场主体参与营商政策制定的渠道，促进基本权利社会功能的实现。① 最后，在营商环境建设中厘定多元主体利益关系，本质上是要围绕公共权力结构更迭，形成一套整体性的制度框架，以避免在政府职能转变、社会公共权威塑造、市场自治能力培育等改革领域出现单打独斗，甚至相互冲突的现象。其突破口在于，通过制定覆盖政府、市场、社会分工合作范围的规则和标准，以协调不同主体之间复杂多样的组织结构，② 确保市场主体的价值关切得以在相辅相成、互动共赢的语境中得到充分表达并获得有效的制度回应。由此，形成一套合理分配权力和设置公共任务的组织法体系，是以法治推动营商环境建设的关键步骤。③

（二）法治价值兼顾：治理诉求扩张与多元利益协调

公共权威扁平化延伸、社会组织茁壮成长，以及市场自治范围拓展产生的多元化利益诉求，渴望得到充分表达并获得全面回应。这些诉求需要进入沟通、协商、互动机制中，转化为合作治理的追求，进而引领治理进程。治理诉求扩张有其特定的生成逻辑，其扎根于持续变动的治理结构，并指向多元利益的统筹协调。这在营商环境建设层面集中体现为一种以"管"为工具的市场秩序建构需求、以"服"为理念的政务服务供给需求、以"放"为导向的市场环境塑造需求三者之间彼此共存、相互交织的价值形态，彰显了职权法定、权责一致、违法必究、产权保护、服务优化、效率提升、鼓励创新等多重治理目标的整合和兼顾。因此，以法治引领和规范营商环境建设，确立政府机构改革、区域市场协调、生产经营管理、公私合作、先行先试等方案的价值导向，必然会衍生出"合法性"与"有效性"两条法治建设的逻辑脉络，形成理想主义法治观与实用主义法治观两种带有差异性的法治理念。④ 一言以蔽之，法治化营商环境的

---

① 有学者提出，基本权利有利于维系社会系统的功能分化和实现社会功能系统结构耦合。参见李忠夏《基本权利的社会功能》，载《法学家》2014年第5期，第23页以下。

② 参见［美］约翰·弗雷尔等《跨部门合作治理》，甄杰译，化学工业出版社2018年版，第12页。

③ 尤其是面对网络直播、网络金融等新兴产业发展引发的风险，如何协调好政府、行业协会、平台等主体的治理权限，至关重要。

④ 参见顾培东《当代中国法治共识的形成及法治再启蒙》，载《法学研究》2017年第1期，第4页。

整体性建设内含"依法治理"和"有效治理"双重思维的博弈与糅合，这两种思维模式分别承载着市场主体相异的治理需求。

就依法治理而言，应当强调法治是公开、透明、稳定的规则之治，从而赋予营商环境以可预期性，确保市场主体在市场准入、投资经营、产品交易、融资融券等环节获得预期收益和安全感。依法治理主张严格坚守形式法治这一基本前提①，重点聚焦"限权控权"与"合法权益保护"两个维度，力求在法治框架下明确公权力的来源与行使的边界以及侵权、违约的法律后果。同时，依法治理要求依法执政、依法行政、依法自治共同推进，将立法权、行政权、司法权、监察权一道纳入法治范围内。其中，以实现政府、市场、社会功能分域法定化为导向，在完成组织结构调整和组织法重塑的基础上，关键是要进一步处理好治理权力来源的合法对政府、市场、社会、公民的利益诉求予以整合，促使传统上以权力单向度运行结果为导向的利益对抗，转变为中央与地方政府合作、区域内各地方政府合作、政府与市场及社会合作、社会组织与公民合作等双向度的"权力—权力"或者"权力—权利"交互形态。② 政府、市场、社会之间的关系，随着治理目标、方式、利益基础、行政任务的变化，呈现动态流变。尤其是，随着社会治理的蓬勃发展，传统公共权威正遭遇前所未有的挑战。市场、社会分享权力，公民对权力行使正当性的质疑，等等，正促使多元主体间的利益协调和博弈趋向常态化。

（三）植根合作治理的营商环境建设

合作治理是有效回应新时代公共秩序建构、公共服务供给、公共风险防控等需求，破解传统政府管理困境的必然选择，是全面深化改革、推进国家治理体系和治理能力现代化的题中之义。营商环境建设是关涉行政体制改革、经济体制改革等各项重大改革的系统性工程，应当始终置于国家治理视域下予以统筹推进。在此意义上，合作治理在价值逻辑和实践逻辑的维度上，推动了营商环境建设的语境从政府单一管理向多元合作治理

---

① 参见陈金钊《对形式法治的辩解与坚守》，载《哈尔滨工业大学学报（社会科学版）》2013年第2期，第1页。

② 参见石佑启、陈可翔《粤港澳大湾区治理创新的法治进路》，载《中国社会科学》2019年第11期，第68页。

转换。

其一，合作治理引发的治理结构调整、利益基础重塑、权利范畴拓展、社会关系变动等，设定了营商环境建设的框架基础与目标指向。政府、市场、社会等多元主体的合作共治，促使传统公权力结构由单一化向多元化转型。诸多社会组织、平台型企业基于政府授权或自我赋权而实际参与到公共事务治理当中。同时，多样态的公私合作实践促进了公私利益交融，也拓宽了私人主体权利诉求的表达渠道，加剧了不同主体身份属性的转化和彼此间的互动。这意味着，打造优质营商环境，推动以市场为导向的各项改革及其配套的制度建设，应当在注重政府权力调整之余，立足于社会公权力广泛兴起的治理图景，关注政府与社会的功能分域、权力分配等对市场发展产生的影响，① 以及各类公权力主体在回应市场秩序建构、公共服务供给、自治空间拓展等诉求上的功效。如何正视公权力主体在合作治理中的作用并防止其权力肆意扩张，如何畅通共治的渠道以及激发和保障市场、社会的积极性、创新性，是合作治理语境下营商环境建设的重要议题。

其二，多元主体的良性互动关系，奠定了营商环境建设的治理根基。营商环境建设离不开政府、市场与社会对公共事务的合作治理。② 合作治理倾向于以解决公共行政问题为导向，致力于推动治理方案质量的整体提升，以及为创造和革新释放充足的空间。③ 在政府内部维度，中央与地方政府、区域内各地方政府以及政府各职能部门，通过沟通合作形成分工明确、整体联动的行政网络，有助于破解传统科层制面临的行政效率低下、信息交流不畅、等级森严、协调能力不强等问题，防止各级、各地政府陷入无休止的零和博弈和彼此内耗当中，为此应在央地事权配置、政府机构改革、区域府际合作中，明晰其各自在营商环境建设相关事务上的职能划分与权责关系。在政府外部维度，合作治理所塑造的网络型组织结构，能

---

① 参见王岩、魏崇辉《协商治理的中国逻辑》，载《中国社会科学》2016年第7期，第38页。

② 参见娄成武、张国勇《治理视阈下的营商环境：内在逻辑与构建思路》，载《辽宁大学学报（哲学社会科学版）》2018年第2期，第61页。

③ 参见［美］朱迪·弗里曼《合作治理与新行政法》，毕洪海、陈标冲译，商务印书馆2010年版，第35页以下。

够有效弥补科层管理制存在的不足,[①] 使市场、社会都能作为独立的主体性力量存在,而不再只是充当性问题。行政机关、社会组织,甚至部分以企业为代表的营利性主体参与到市场秩序建构中,都要在法律法规上找到权力行使的依据。特别是在市场准入、市场监管等环节实施强制性行政行为,必须有明确的行为法上的依据,严格遵循"法无授权不可为"的基本原则,否则,极易出现机构膨胀、权力泛化、权力寻租、有权无责、公权私用等治理危机。市场经济本质上是法治经济,形成安定有序的市场环境需要塑造良性运转的市场秩序。[②] 依法治理要求行政机关、司法机关、仲裁机构等部门,在招商引资、招标投标、资格认定、产权保护、破产重组、纠纷化解、裁判执行等方面要准确适用既有的法律规定,平等保护外资企业、民营企业等市场主体的合法权益,依法解决政府与市场、社会间各类复杂化的利益纠纷。

就有效治理而言,在法治维度下追求治理功效最大化,要以更高要求对交易成本、服务质量、行政效能、执法方式、风险意识等提出整体性设想和规划。营商环境建设的复杂性决定了公共治理任务必然从单纯专注秩序维护、权利保护等市场稳定性问题,向兼顾公共产品供给、社会风险预防、信用体系建构等多元化的内容转向。政府面对日益繁重的行政任务所暴露出来的不适应症,充分说明只有依托协商合作、决策参与、信息公开、技术应用、经济分析等治理方式革新,以及削弱市场对行政的依附,才能有效提升治理的民主性、高效性、智能化以及服务水平。可见,法治化营商环境建设的有序推进,关键取决于法治系统对公共行政改革、市场化改革、"互联网+政务服务"等治理变革的回应度。无疑,若顺利借道于法治系统的革新,以及政府、市场与社会之间的利益博弈关系,将能够在制度层面获得合理调整,进而得以在塑造市场环境的整体进程中妥善处理好整体与局部、公益与私益、公正与效率、创新与法治之间的辩证关系。

囿于法律的滞后性与市场需求多变性、治理模式创新性、公私合作广

[①] 参见童星《从科层制管理走向网络型治理——社会治理创新的关键路径》,载《学术月刊》2015年第10期,第112页以下。

[②] See William J. Novak, "Public Economy and the Well-Ordered Market: Law and Economic Regulation in 19th-Century America," *Law and Social Inquiry*, 1993, 18 (1), pp. 1-32.

泛性、技术更替频繁性之间的潜在矛盾,依法治理与有效治理并不必然呈现同步关系,而是时刻面临着形式与实质层面上的冲突、互动与转化。要真正实现有效治理,一是在服务行政、给付行政等领域应当适度摒弃传统"无法律即无行政"的观念,避免公共产品供给方式的创新受到"法律依据匮乏"的限制;二是在市场监管中虽要强调执法必严,但也不能机械地适用法律,要综合考察法的目的、原则,甚至反思法的合理性,① 注重监管尺度的把控,在合乎目的的情形下提倡柔性执法和对合理因素的考量;② 三是法治体系完善要正视社会参与共治、市场自治所适用的规则、机制、基准在优化服务、强化监督、规避风险等方面的功能和优势,通过概括性授权、主体资格确认或者治理经验吸收等,为其功用的发挥提供制度支撑;四是要依托程序规则建构与责任分配法定,回应社会主体参与公共事务分工合作、协商互动引发的责任性、合法性和确定性等价值失落难题,③ 有效保障市场主体的权益。总之,法治化营商环境建设实质上遵循的是一条"经由形式正义的实质法治"的道路,④ 其需要依托两种法治价值取向的兼顾,在治理诉求扩张的情境下谋求多元利益最大程度的集合和合理分置。

(四) 法源形式拓展:治理资源整合下的规范体系完善

对于法治化营商环境建设而言,无论依法治理还是有效治理,都暗含着政府管理、社会共治、市场自治等多重治理资源相互整合的机理,体现着法律法规不断调整实施,社会规范、市场规则持续生成适用,以及多元治理规范共存共治的基本规律。

其一,构建透明、可预期、创新的营商环境,促使市场主体在许可、登记、认证、处罚、强制、救济等环节中,对法律法规等规范依据的明晰

---

① 参见王贵松《依法律行政原理的移植与嬗变》,载《法学研究》2015 年第 2 期,第 93 页。
② 例如,《优化营商环境条例》第 59 条第 1 款规定:"行政执法中应当推广运用说服教育、劝导示范、行政指导等非强制性手段,依法慎重实施行政强制。采用非强制性手段能够达到行政管理目的的,不得实施行政强制;违法行为情节轻微或者社会危害较小的,可以不实施行政强制;确需实施行政强制的,应当尽可能减少对市场主体正常生产经营活动的影响。"
③ 参见章志远《迈向公私合作型行政法》,载《法学研究》2019 年第 2 期,第 144 页。
④ 参见江必新《严格依法办事:经由形式正义的实质法治观》,载《法学研究》2013 年第 6 期,第 30 页。

化和回应性萌生更高的期待。第一，立法机关要积极回应法治化营商环境建设需要，为市场经济活动提供基础性的法律依据和制度规范，推动法律体系结合商事制度改革举措进行更新。这具体包括：①立足于简政放权、放管结合，政府、市场、社会关系厘定，制度性交易成本控制，以及市场经济秩序维护等目标，完善行政许可法、行政强制法、反垄断法、刑法等公法规范并促进规范内部衔接，保证行政审批、优化政务服务、提高监管效能、打击经济犯罪的法治化；②持续推进私法规范发展，形成公平合理、系统高效的私法规范体系，以有效调整平等市场主体之间的合同、担保等民商事关系，加大产权保护力度，保障各类交易活动的顺利进行。第二，行政机关既要结合商事登记改革、减税降费、事中事后监管、招标投标、土地流转、大数据平台应用等环节的规范化需求，积极推动行政法规、部门规章、地方政府规章的制定修改完善，又要通过出台外资准入负面清单、市场准入负面清单、政府权责清单、行政裁量基准、工作流程、办事指南等规范性文件，明确政务服务标准，压缩自由裁量权，提高权力运行的透明度，强化对治理创新过程中政府权力的监督和制约，① 减少政府对市场的直接干预。第三，司法机关应当对接公共政策、法律法规中与商事制度改革、外商投资管理体制改革、自由贸易区建设、区域协调发展等营商环境优化相关的规定，及时更新出台司法解释、司法政策以及指导性意见等，以保障法律法规得到准确适用，强化司法与行政联动，促进区域司法协同，统一裁判尺度和引导司法活动有序展开。

其二，依托公私合作、府际合作、区域合作等治理方式革新，实现市场运转秩序、资源配置效率、区域市场对接、政务服务效能的最优化，关键还要仰仗公共政策、合作协议、社会自治章程等规范为之提供治理依据。在政府内部维度，根据行政管理体制改革、"互联网＋政务服务"改革、行政审批流程改革出台的一系列实施方案，以及各地区各部门围绕政务服务平台建设、行政执法联动协作、数据信息共享、区域营商标准衔接等事务签订的府际合作协议、区域合作协议等，为缓解部门林立、职能交叉、管理滞后等问题，促进行政权力合理配置，有效履行政府职能，破除府际冲突对抗以及区域市场分化，实现治理资源共享奠定制度基础。在政

---

① 参见胡税根、翁列恩《构建政府权力规制的公共治理模式》，载《中国社会科学》2017年第11期，第100页。

府外部维度，市场、社会逐渐在公共服务供给、基础设施建设、社会治理等公共事务中扮演重要角色，象征着公权力行使主体和公共话语体系的拓展和变动。此时，授权委托文件、行业协会公约、社会组织章程，甚至企业内部章程等规范的适用，有助于弥补国家法律的调整空缺，在合作治理中激发市场、社会的资源调配能力，并防止市场主体陷入社会公权力主体侵权危机，督促社会组织、市场主体积极承担义务，实现有控制、有边界的依法自治。①

在法治化营商环境建设中，合作治理资源的有效整合，呈现为治理规范体系不断充实完善的现实图景，同时展现出传统法源形式在充分回应市场主体利益诉求，吸收合作、参与、效能、服务、责任、创新等理念的基础上持续拓展的制度样态。面向合作治理中多元主体的频繁互动对转变政府职能、保护市场主体意思自治、保障市场交易安全等营商环境优化提出的新要求，法源形式应当破除分散化、可操作性弱等缺陷，超越传统公与私、强制与引导、国家与社会的刚性界分，搭建更权威、细致、开放、多元的框架体系。一方面，要推进基础法律制度法典化，实现法律渊源的理性化。② 如民法典的颁布，正是以民商事法律的体系化和完备性，改善类法典化松散民法的规则冲突、不足和错误，③ 从而创新和完善营商活动的制度供给。另一方面，要摒弃传统以"是否由国家制定或者认可，由国家强制力保障实施"作为法的界定标准的固化认识，正视非正式规则（软法）作为法源形式的必要性，肯定其在明晰各项市场标准、压缩行政自由裁量权、准确适用法律法规，以及减少政府与市场的对抗冲突、促进多元主体分工合作、弥补法律调整空白、提升治理回应性等方面的功能和优势。

（五）法治框架扩容：在治理进程交替中释放创新空间

在合作治理语境下推进营商环境建设，要求政府、市场、社会从命令

---

① 参见俞可平《社会自治与社会治理现代化》，载《社会政策研究》2016年第1期，第75页。

② 参见石佳友《解码法典化：基于比较法的全景式观察》，载《比较法研究》2020年第4期，第15页。

③ 参见杨立新《我国民法典对类法典化立法的规则创新》，载《中外法学》2020年第4期，第916页。

与服从、干预与退缩的消极对抗状态中走出来,投入沟通与合作、引导与参与的协商互动情境中,实现行政权力与市场主体权利由此强彼弱的失衡结构向权力与权力、权力与权利相互平衡的结构转型。与此同时,层出不穷的营商问题、市场对创新的追求、信息技术应用革新、治理机制创新等,正加剧着治理进程的交替性,使放宽市场准入、健全区域人力资源体系、搭建统一的线上政务服务平台、提升市场监管智能化等重要措施,也始终处于持续发展演化的状态。这就要求配套的法治系统应当立足于营商环境优化的实践需求,从制度层面为行政干预过多、服务效能低下、管理工具滞后、区域市场发展不协调等问题的有效治理提供引领和保障。但是,法律的滞后性导致其在应对市场化改革问题与社会共治风险时往往应接不暇,尤其是面向互联网、金融等新兴行业的治理以及社会参与机制、市场自治机制的创新发展,更易触发治理与法治之间的对接性难题。① 可见,在营商环境建设中,既有的法治框架难以根据政府、市场、社会多元主体治理结构和利益基础的变动以及体制机制创新进行同步革新,需要根据治理的法治诉求扩张,推动自身体系扩容。

法治框架的扩容,指向构建一种更具包容性的治理秩序,从而对推进"放管服"改革、机构改革、政府服务改革、市场监管改革等所面临的合法性问题作出回应。"包容性秩序"是充满活力的秩序②,其能够使市场主体对创新创业、决策参与、平等保护、服务优化、资源流动、跨境交往等改善营商环境的美好愿望得到最大限度的满足。特别是,对一系列创新活动持包容审慎的态度,能够赋予市场创新、技术创新、治理创新充足的空间,让创新的源泉充分涌动,使探索创新的过程和结果得到制度的容许、确认和保障,促进法治创新的同步展开。在营商环境建设中,法律规范的制定和实施应当培育包容性、前瞻性、技术性的品格,适度放宽对市场主体创新活动的刚性束缚,用动态化、专业化的眼光看待互联网、金融、物流等新兴产业的转型发展,防止庞杂的限制性规范阻碍创新创业在合理范围内展开。行政机关要充分尊重新型企业在产品开发、市场投放、

---

① 例如,网约车、虚拟货币、网贷等新兴产物的出现,都对既有法律规定产生冲击。若行政机关严格执法,容易打击市场创新性;若置之不理,则可能导致市场混乱。故需要通过先行先试创新监管方式,实现有效治理。在此过程中,如何协调创新与法治的关系,殊值探究。

② 参见张文显《法治与国家治理现代化》,载《中国法学》2014年第4期,第6页。

技术应用、融资融券等环节的经营自主权,保障其意志的充分表达,并指导市场主体在法律未明令禁止的范围内追求自身的正当利益。① 除此之外,面对愈发多元的市场化需求,政府应更倾向于采用可选择的结构机制,塑造弹性化的运作模型。② 推进先行先试、体制机制创新,已经成为各级地方政府探索简政放权、激发市场活力的重要方式。各大自由贸易试验区在机构改革、扩大开放、税收优惠等创新实践中,更应将先行先试贯穿始终。先行先试所涉及的对现行法律、行政法规等相关规定的调整适用,同样要求法治框架体系为之提供制度变通的空间,防止其陷入"创新就要违法"的认识误区。总之,改革创新要充分彰显法治精神和原则的指引性、前瞻性,以法治引领和规范其全过程,依托法治确立其方向、原则、主体、目标、过程等,为之提供关键动能,并规避服务创新、监管创新的失范和无序现象,保证其自身与法治的良性互动、耦合共进。同时,行政执法、司法实践要有效对接营商环境建设领域的先行先试、体制机制创新,着力解决改革后法律法规的准确适用问题,在法治框架下圆满实现改革意图,落实创新举措。

三、合作治理下法治化营商环境建设的具体进路

合作治理语境下的法治化营商环境建设,应当推进法治系统的持续更新,在遵循权力结构转变和利益分配调整的基础上,搭建规范、多元、开放、创新、柔性的体制机制制度,形成有利于改善营商环境的治理范式和法治体系。

(一) 政府、市场与社会多元合作的制度边界厘定

公共行政任务的复杂化对政府部门的应对能力提出了挑战,也暴露了政府对市场多元化诉求回应不足的问题。社会、市场自治机制以及政社合作机制的融入,在弥补政府管理领域空缺,形成多元主体协商合作、取长

---

① 参见赵安一、赵吟《中国自治型公司法的理论证成及制度实现》,载《中国社会科学》2015年第12期,第156页。

② 参见[美]B. 盖伊·彼得斯《政府未来的治理模式》,吴爱明、夏宏图译,中国人民大学出版社2017年版,第82页。

补短的治理格局的同时，也进一步模糊了政府、市场、社会的边界，加剧了三者功能分域的难度。社会公共权威的兴起，深受政府权力迁移的影响，其可能经由合作形式的授权、委托而成为政府在社会治理领域的"代理人"；市场自治容易在常态化监管中滋生浓重的行政管理色彩，热衷于贯彻政府意志，压缩自主运营、发展、创新的空间。这意味着，建立在协商互动、分工互助基础上的合作治理，很有可能为行政权力的变相延伸提供契机，甚至诱发社会公权力侵权的风险，增加市场环境的不确定性。因此，在合作中厘定政府、市场、社会的制度边界，赋予市场有效自治的空间，既要防止过犹不及、限制多元主体合作交往的欲望和渠道，又要避免界限模糊，防止政府通过借道社会组织与合作形式扩张行政权、过度干预市场，从而在持续变动的治理结构中，依托法律的规范、协调作用平衡和明晰多元主体的功能和定位，准确发挥市场作用。

第一，应将治理的制度逻辑落定于权利本位，[①] 坚持人本理念，以市场主体权利确立合作治理根基。营商环境建设归根结底是要通过一系列改革措施在市场准入、生产经营、转移退出等环节，统筹和平衡多种治理资源，满足市场多元的利益诉求，其对应的法治建设应当集中体现权利本位的基本逻辑。在治理理念上，权利本位强调坚持以人为本的价值观，主张最大程度地保护市场主体权利，将权利的有效实现作为权力配置和制度建构的出发点和落脚点。只有真正秉持以市场主体为中心的理念，引领和推动配套的法律规范体系建设，才能明确合作展开的初衷，找到"控权"与"有为"之间的制度平衡点，保证政府在合法合理的框架下履行职能；才能将市场主体利益融入公共利益中予以统筹，赋予市场自治足够的空间，增强社会自我应变调节的能力，形成相对独立的市场运行机制。由此，围绕营商环境优化展开的制度建设，各地区各部门应当将保护市场主体作为重要内容，依法平等保护各类市场主体的合法权益；不仅要聚焦简政放权，还要保障各类市场主体依法平等使用资金、技术、人力、土地等各类生产要素；应在政社合作中公平公正地对待各类市场主体，在重大行政决策中强化公众参与，在监管执法中慎用强制手段，以及拓宽公共服务种类，提高行政效能等。

第二，要推进政府、市场、社会的功能分域、权力配置以及责任分配

---

① 夏志强：《国家治理现代化的逻辑转换》，载《中国社会科学》2020年第5期，第4页。

法定化，促进多元主体形成分工合作、彼此相嵌的法治化组织关系和治理结构。"市场主导—政府推动—社会参与"是与优质营商环境相对应的理想化治理形态，其蕴含着政府、市场、社会三者功能转移、分工合作的发展趋势，以及持续明确三者功能分域和联结互动的制度设想。在营商环境建设中，政府要借助行为规范和程序机制的构建，保持"有效监管"与"鼓励创新"之间的张弛有度，真正从管制思维中脱离出来；坚持凡是市场主体能够自主决定的事务交还其自身处理，让市场高效整合创新资源、优先决定资源配置，并守住秩序监管底线，及时应对市场在交易安全、纠纷化解、服务供给等领域出现的失灵现象。这必然要求对政府、市场、社会业已形成的组织、资源、信息、行为和责任体系予以整合，构建覆盖政府、社会组织等公权力主体的组织法律体系。其具体包括：①持续深化简政放权，放宽市场准入。由各级政府及其职能部门建立统一的负面清单，确保清单之外的领域，市场主体都能平等进入。同时，持续深化商事制度改革，统一各类企业登记业务规范、数据标准和服务平台，减少涉企经营许可事项，削减不必要的行政审批事项，或者变"审批"为"备案"，并禁止行政机关自行增设许可条件和许可环节或以其他方式变相设定行政许可，进一步优化和明确设定行政许可的条件等。②依据综合性原则推进政府机构改革，依托政府组织法规则的更新，裁减职能交叉、重叠的监管机构，整合职能相近的部门。由各级人民政府加强对优化营商环境工作的组织领导，建立统筹推进、督促落实优化营商环境工作的组织架构，对营商环境工作中暴露的重大问题集中予以协调解决。一是要探索推进涉企政策综合协调审查，防止政出多门及政府各部门政策冲突，实现政策与市场发展需要相协调，促进政策实施。二是同一部门内的市场监督检查应当以合并进行为原则。对不同部门的监督检查能够合并进行的，实施联合监督，严禁多头执法。三是加强税务、公安、社保等部门与金融机构等单位的信息共享，提升行政效率。四是由各级政府推进政务服务大厅和一体化在线政务服务平台建设，开设综合窗口，提供一站式服务以及推动政务系统整合，促进政务服务跨部门协同，提升服务效能。③在社会组织承接政府职能转移、公共服务供给以及参与公共决策等过程中，要通过公开透明、公平公正的招标投标、政府采购程序，明确的法律授权、行政委托，以及社会组织规则建构等形式,①增强合作治理的确定性。此外,还应区分政府、社会各自的功能和权力作用的场域,以明晰市场主体诉求反映的法定渠道。④进一步推动产权归属、行业自治、政社合作等方面的相关制度建设,如完善动产与不动产登记受理、公示系统和流程;鼓励市场主体加入行业协会,加强行业规范治理,为生产交易、产权确认、行业内部治理排除政府直接干预,为市场主体有序参与公共秩序建构、公共产品供给提供规范支撑。

政府、市场、社会的功能分域明晰化,以权力共享、权力的合理配置和结构优化为基础。要保证政府的服务、监管功能,市场的资源配置功能以及社会统筹协调功能的有效发挥,核心是要通过宪法和组织法等法律法规以及行业公约、自治章程、合作协议等规范性文件,对纵向各层级、横向各地方政府以及社会组织、特定企业之间权力进行合理划分,对合作权力(权利)义务作出规定,使之与承担的职能相匹配。此外,还要依托合并、分立②等形式,促进权力结构的优化,围绕营商环境建设形成职权清晰的合作治理结构。在职能和权力配置既定的基础上,构建与之相对应的责任形态和追责机制,是督促行政机关、社会组织依法行使职权,保护市场主体意思自治的内在需求。例如,政府部门及其工作人员未依法履行职责或者侵犯市场主体合法权益的,要依法追究责任;对公用事业服务单位、行业协会商会、中介服务机构设置非必要服务办理前置条件,干预市场主体加入、退出或者违规收费的,要责令整改,追究法律责任等。无论在法律法规还是在其他规范性文件中,都应当明确合作各方承担的责任范围、种类、形式,分别建立承担不利后果的责任追究制度和履行社会责任的激励机制,③以责任形态的拓展和适用有效预防公权力行使的异化。

---

① 对于因社会组织实际参与公共事务治理而引发的合法性问题,有学者提出,要将具有公共事务管理职能的社会组织也纳入行政主体范畴,使其享有自治规约赋予的社会行政职权。参见江必新、邵长茂《社会治理新模式与行政法的第三形态》,载《法学研究》2010年第6期,第24页以下。

② 合并是指对职能重叠、业务雷同的权力部门进行整合;分立是指按照"决策、执行、监督"的分立意图,对各部门进行划分。

③ 参见伍旭中《政府治理、社会责任投资与企业社会责任:博弈与实现机制》,载《安徽师范大学学报(人文社会科学版)》2012年第2期,第191页。

（二）糅合形式与实质要求的法治环境塑造

推进"放管服"改革，加快法治化营商环境建设的整体进程，应主张贯通依法治理与有效治理两条逻辑脉络，糅合形式规范与实质价值双重法治要求，构建起与合作治理形态相匹配的、兼具严谨规范、开放包容等特征的法治环境，以此全面回应市场主体关于秩序建构、平等保护、民主参与、优化服务、提高效能等多元化治理诉求，提升治理有效性，实现对合法与正当、公益与私益、整体与局部、公正与效率等复杂关系的协调与合比例调整。相较于聚焦法律形式和渊源权威性的形式法治而言，实质法治更加注重在法律的具体制定和实施中调和有关公共价值与私人价值之间的内在张力。其与合作治理所提倡的以人为本、权利保障等价值理念相契合，凸显在维护公共秩序的前提下对尽可能促进个人价值实现的制度关切。与优质营商环境相配套的法治建设，在遵循依法治理、限权控权的规范逻辑，同步推进科学立法、严格执法、公正司法、全民守法的基础上，进一步吸收民主协商、灵活应变、最小损失等现实要素，有利于提升体制机制的协调性和回应性，降低制度交易成本，形成弹性、开放、包容的法治结构。基于此，营商环境建设的全面铺开，需要在完成排除政府权力与社会公权力肆意或不当干预市场自治的基本任务之外，探索公共权力在法律允许的裁量空间内或者在非法律绝对保留的事项范围内，围绕市场主体保护、市场环境塑造、政务服务供给等事务有所作为的合法性、合理性安排。这其实是一个如何以融贯性的制度设计整合多主体、多向度的治理资源，打破限制治权结构优化和权利诉求主张的法律桎梏，并保证其有效适用的法治命题。

首先，通过搭建政府、市场、社会共商共建共享的制度平台，持续放宽市场、社会参与公共决策、秩序建构、服务供给的渠道，规范政社互动、政企合作和公众参与的全过程。深化"放管服"改革，加快了政府与市场的关系向市场化方向转变的步伐，拓宽了市场参与事项的范围，但也引发了一系列在权限、程序、责任划分上的质疑。由此，应当为政府、社会组织、市场主体打造稳定的合作互动机制：一是完善社会组织、市场主体参与行政立法、行政决策的常态化机制，构建亲清政商关系，建立健全政企沟通机制，采用网络征求意见等多元化方式听取市场主体的意见和诉求。将听取企业和行业协会意见建议作为市场规则出台的前置程序，保障市场主体顺利开展生产经营活动。① 二是对于涉企的法律法规、公共政策等，各级人民政府应当公开，坚持以公开为原则、不公开为例外，并进一步对公开的范围、途径、平台作出规定。在确保各类清单、标准等决策公开以外，还要全面推进执行、管理、服务、结果的公开。三是规范政府与社会资本合作、政府公共服务外包的范围、标准和程序，如明确参与公共事业的企业资质，保证招标投标的平等、公开、透明等，严格执行负面清单，不得对不同所有制、不同地区的社会组织、市场主体采取歧视性准入。

其次，推动政府在法律授权的范围内积极作为，探索数据共享、技术应用、系统整合、清单管理的规范路径，同时为柔性执法行为、高效行政方式的优先适用以及行政资源的有效整合提供制度支撑。改善市场环境、优化政务服务要求政府就统一市场标准、推进数据平台建设、简化政务流程等内容进行积极尝试，由此引发关于"有为政府"与"有限政府"的协调性难题。对此，既要容许政府摆脱严格意义上的"无法律即无行政"原则的限制，立足市场需求持续优化自身职能，在强调合法性以外凸显对正当性、最佳性的关注，如积极探索一体化网上政务服务平台建设，加强人工智能、大数据、区块链等信息技术应用，等等；又要借助明确的法律保留、属性界定、范围限制，规避治理手段的价值变异，如严禁自行增设行政许可、慎用行政强制措施等。作为维护市场秩序的重要措施，市场监管以依据法律法规、严格落实监管责任为基础，同时又以监管任务完成为目标指向，重视监管手段的合比例性，故应当尽可能采用说服教育、行政约谈、行政指导等柔性手段。对于柔性手段能够达到监管执法目的的，应避免适用强制方式，以减少对市场主体正常生产经营活动的影响。

再次，聚焦经济全球化、区域经济一体化发展，加快构建统一开放联动的市场体系，推进国际与国内营商规则标准的衔接协调，依法促进各类资源要素自由流动。一方面，要对标发达国家和地区的营商环境，实现外资准入、跨境贸易、争议裁决等规则标准与国际商事规则标准相对接，通

---

① 国务院办公厅印发的《关于在制定行政法规规章行政规范性文件过程中充分听取企业和行业协会商会意见的通知》，就充分听取意见相关工作提出了具体要求，明确了"科学合理选择听取意见对象""运用多种方式听取意见""完善意见研究采纳反馈机制""加强制度出台前后的联动协调""注重收集企业对制度建设的诉求信息"等程序性规则的适用。

过严格执行外商投资准入负面清单，保障外国投资者、外商投资企业依法享受优惠待遇，平等适用国家制定的强制性标准，健全外资企业投诉工作渠道等，保护外商投资合法权益，规范外商投资管理；另一方面，要破除我国传统行政区划的刚性束缚，依托统一的市场准入负面清单设定、跨区域管理协调机制构建、区域一体化政务服务平台建设、营业执照资格互认等方式，缓解各地方在市场准入、资源流动等方面的制度障碍，实现区域法治化营商环境一体建设。

最后，更新对行政权与司法权关系的传统认知，回应行政任务导向下司法功能适度拓展的需要，① 推进行政与司法之间的良性互动。优化营商环境所覆盖的秩序维护、服务供给、风险规制等公共行政任务的复杂化，决定了只有不断强化司法机关与政府的联动，完善信息沟通机制，才能在法律实施中协调好合法性和正当性的辩证关系。司法机关要结合本地区与营商环境建设相关的行政立法、决策，针对地方治理的实际需要，重点对涉外、涉产权纠纷等案件的审理予以规范，补齐地方治理的法治短板。司法与行政在知识产权保护、破产注销、信用惩戒等标准上要保持协调统一，避免标准多样化导致救济结果出现差异。此外，还应适度拓宽司法机关在行政诉讼中的审判服务职能，引导政府在合法行政的基础上提高行政效能等。

（三）共治格局下法律规范体系的兼容并蓄

合作治理旨在形成政府、市场与社会相互配合、优势互补的共治格局。这需要最大程度地促进权力运行与治理过程的民主化、科学化，凭借国家法律、社会规范、市场规则等多元治理规范的制定出台和交替适用，缓解法律的刚性、滞后性与现实治理情境的多变性之间的潜在矛盾，避免法律规范体系在应对多元化的市场环境和市场需求时，陷入规则、程序的生搬硬套或者概念的过度解释之中，真正彰显其对营商环境优化实践的引领和保障作用。

现代国家和社会的治理首先表现为法律规范体系的治理，不同规范因

---

① 参见章志远《中国行政诉讼中的府院互动》，载《法学研究》2020年第3期，第3页。

来源不同而拥有不同的法律地位、作用和功能。① 囿于各类规范所占据的治理资源、所处的治理环境以及面向的治理目标各不相同,需要对各类规范进行排列组合,形成一个定位科学、层级分明、分类合理的框架体系和制度结构,以回应多元复杂的治理诉求。在法治化营商环境建设中,要依托合作治理推进政府放权、社会共治与市场自治,同样需要在公共政策、社会规范、市场规则等规范广泛融入法律规范体系的基础上,准确界定各类规范在合作治理过程和结构体系中的定位、功用以及互动关系,从而依据规范的属性差异区分其各自在市场主体保护、市场环境塑造等方面的适用位序和场景,实现法律规范体系的兼容并蓄。

其一,正视法律体系与体系外规范二元规则共治秩序,将各类非正式规则纳入法律规范体系中予以统筹,实现多元规则及其承载的利益主体互利互惠的正和博弈。② 以合作治理推动法治化营商环境建设,就是要反思和拓宽传统"法"的概念范畴,在法律规范体系下对公共政策、权力清单、合作协议、行业标准、社会组织章程等规范性文件的类别和效力进行准确界定,并进一步处理好这些规范与法律法规规章之间的效力层级关系,建立规范之间的衔接机制,运用领域划分、法律解释、吸收转化等方式,形成相互协调的价值目标与互为补充的适用状态。

其二,增强非正式规则在降低制度交易成本、创新体制机制、强化市场监管、化解市场纠纷等方面的实效性。"人类社会需要借助社会制度的合理设计和安排来实现分配正义的价值目标。"③ 在市场诉求多元、创新要素集聚、资源流动加剧的营商环境建设中,非正式规则可以充分挖掘协商性、回应性、柔性、专业性等理想元素,承担起更多的公共治理功能,实现利益的合理分配。从实质上看,其应当着力弥补自身的价值缺陷,规避基于区域、产业、行业,甚至企业属性而夹带的价值偏好,回应公益与

---

① 参见刘作翔《当代中国的规范体系:理论与制度结构》,载《中国社会科学》2019年第7期,第85页。

② 参见杜辉《面向共治格局的法治形态及其展开》,载《法学研究》2019年第4期,第26页。

③ 向玉乔:《社会制度实现分配正义的基本原则及价值维度》,载《中国社会科学》2013年第3期,第106页。

私益共生的价值期待，发挥规范对于事实与价值二分的弥合功能。① 从形式上看，要参照现有的法律体系，对非正式规则复杂多样的载体形态予以规范和统筹，明确各类规范的制定标准、调整事项和适用主体等，保证规范体系内部的规律性和有序化。从效力上看，公共政策、社会规范等非正式规则的实施，大多不依赖国家强制力的保障，故需要通过制定内容、程序和实施方式的创新，以及普法宣传等方面来充分开发利用物质类、精神类和方式方法类等多种引导性资源，保障其有效实施。②

其三，促进法律规范体系内部的相互融通和衔接适用。面向营商环境建设中不同的行政任务和市场需求，配套的法律规范体系必然形成正式规则与非正式规则更新调整、并行不悖、相互叠加的结构特征。如何立足于营商环境建设实践，结合治理场域与调整范围的划分，厘定各类规则适用的主次、顺序和连接点，是推进合作治理有序展开的关键。就功能而言，围绕商事制度改革、政务服务优化、区域市场发展而出台的公共政策、合作协议等规范，从宏观层面设定了营商环境建设的整体框架和方向；法律、行政法规、地方性法规等的制定修改完善，积极推动贯彻公共政策精神，通过明确多元主体在市场主体保护、市场环境塑造、政务服务供给等事项中的权利义务，为营商环境建设提供效力保障；权力清单、裁量基准、服务标准等规范，通过尝试压缩制度运行变异的空间，提升市场环境的透明度和可预期性；行业标准、社会组织章程等规范，应致力于提升社会、市场自治的标准化、规范性等。就效力而言，涉及市场监管、行政执法等方面的非正式规则，不得与宪法、法律法规相抵触，其制定出台必须遵循法定权限、基准、程序等；在"放管服"改革、政府机构改革、区域协调发展的统一部署中，法律法规则应当围绕国家政策性文件、发展框架协议、区域合作协议等非正式规则及时进行调整更新。就内部衔接而言，应当通过建立审查机制、转换机制等，将非正式规则一并纳入合宪合法审查范围，将其中难以落实的内容或者行之有效的规范及时上升为法律法规，予以推广落实。

---

① 参见陈太明《规范对于事实与价值二分的弥合——论哈贝马斯道德哲学视域下事实、价值与规范的三分结构》，载《伦理学研究》2013年第4期，第38页。

② 参见方世荣《论公法领域中"软法"实施的资源保障》，载《法商研究》2013年第3期，第12页。

(四) 法治方式转变对创新营商环境的能动回应

创新是推进营商环境建设的关键性命题。无论治理理念的创新还是治理内容的创新，都会加剧治理进程的交替性与不确定性，给法治系统带来巨大的挑战，催生同步推进制度创新的内在需求。当前，法律自身的滞后性与营商环境内生的创新性之间的矛盾，充分考验了法治框架的容量和张力。其有效缓和要求法治建设摒弃传统被动式、倒逼型的立改废思路，通过构建引导性、前置型的开放形态，推动法治方式转变，有效回应创新实践产生的法治需求。

其一，以鼓励创新为原则，政府及其职能部门应当坚持包容审慎的监管模式，有效应对信息技术更新应用以及互联网、金融等新兴产业发展对市场主体保护、市场环境塑造等方面提出的新要求。要变事前审批为事中事后监管，避免对市场中处于萌芽时期的新技术、新业态、新模式采取简单禁止或不予监管等"一刀切"的监管方式。要依据鼓励创新、试错容错的法治方式，给予监管对象一定时限的观察期、发展期，并制定临时性、过渡性监管规则和措施。此外，应当结合技术、产业的属性、特征和发展前景，对创新事项进行分类，制定配套的监管规则和标准；在预留创新空间的同时，依法监管和保障创新的安全性。司法机关应当充分审查、参照、适用新的监管规则和标准，严格监督行政监管过程，依法保障市场主体的知识产权，推进互联网、金融等新型案件审理的体制机制创新，还应提升其自身的技术性和专业性，谨慎看待市场主体的创新行为，防止用刑事手段干预经济活动，公正解决各类新型纠纷。

其二，以践行法治为根本，厘清"先行先试"与法治的关系，明确"先行先试"作为优化营商环境的重要举措，必须依法治方式推进。习近平指出："要发挥法治对改革发展稳定的引领、规范、保障作用。"[①] "先行先试"对法治的需求，不仅体现为要以法治确认与巩固改革成果，还表现为法治要走在改革前头，要以法治引领和规范改革。[②] 在营商环境建

---

① 习近平：《推进全面依法治国，发挥法治在国家治理体系和治理能力现代化中的积极作用》，载《求是》2020年第22期，第1页。

② 参见石佑启《深化改革与推进法治良性互动关系论》，载《学术研究》2015年第1期，第50页。

设中，首先，应当进一步确定适用"先行先试"的主体范围和禁止性事项范围，明确排除法律绝对保留事项，严格限制各类主体超越自身的权限范围进行"先行先试"。其次，政府对法律法规的变通适用，必须经过有关机关按照法律程序作出授权批准，① 包括对主体范围、事项范围和试验周期的批准等。再次，加强授权机关对"先行先试"实际效果的跟踪评估，将围绕营商环境优化展开"先行先试"的成熟经验及时上升为法律规范予以推广，确保改革成果制度化、法制化，形成营商环境优化的长效机制，并保证法律规范之间的衔接适用。最后，构建容错机制。对于在营商环境创新中因出现失误而没有达到改革预期目标，但决策和实施程序未违反法律强制性规定、未造成重大损失或负面影响，且工作人员履行了注意义务、未牟取非法利益、未恶意损害公共利益和他人合法权益的，可免于追究责任或从轻、减轻处理。相应地，司法机关也要积极对接营商环境建设的改革举措，推进体制机制创新后法律的准确适用。这具体包括：①重点解决商事登记制度改革、市场准入许可改革后的法律适用问题，依据改革后的规范要求审查行政行为的合法性、合理性，准确把握行政违法的标准和尺度；②强化对行政行为规范依据合法性的审查，对国家部委或地方政府违法设置市场准入或退出条件的规范性文件，要依法排除适用；③充分利用信息技术，整合各类技术资源，创新案件审理的程序规则，构建诉讼便利化机制，并对依托仲裁、调解等方式解决新技术、新业态产生的纠纷持开放和支持态度，形成多元联动的纠纷化解模式。

结　　语

党的十九届五中全会提出，要全面深化改革，构建高水平社会主义市场经济体制；坚持和完善社会主义基本经济制度，充分发挥市场在资源配置中的决定性作用，更好发挥政府作用，推动有效市场和有为政府更好结合。"十四五"规划进一步将改革创新、协调发展、体制完善、制度健全、优化资源配置等作为经济社会发展的主要任务。习近平提出："要推

---

① 《优化营商环境条例》第61条第2款规定："优化营商环境的改革措施涉及调整实施现行法律、行政法规等有关规定的，依照法定程序经有权机关授权后，可以先行先试。"

进全面依法治国，发挥法治在国家治理体系和治理能力现代化中的积极作用。"① 作为全面深化改革、推进国家治理体系与治理能力现代化的重要实践，营商环境建设应当统筹发挥好政府与市场、社会各自的功用，在有限政府建设与有为政府建设之间探索激发市场活力的有效路径，为市场经济活动的开展提供助力与创造空间。同时，营商环境建设应当结合其所处的政治、经济、文化、社会等制度环境，立足于公域结构调整和利益基础变迁，依托法治建设推进改革创新，促进政府、市场、社会的良性互动与相互制衡。推进法治化营商环境建设，必须扎根中国治理转型的场景与进程，不仅要面向市场需求进一步探讨如何限制政府权力的法治课题，还要重视政府、市场、社会在营商环境建设中各自的功能定位、利益关系及其对应的法治体系的系统性、回应型建设问题。当下，合作治理在公域变革中的兴起，已逐步撼动传统两造对抗的权力（权利）结构和公私分立的利益基础，将法治化营商环境建设带入一个全新的发展语境之中，打通了合作治理、法治、营商环境建设之间的内在联系。治理转型的过程，实际上也是法治系统持续巩固权力结构、整合治理资源、完善治理规则、推动治理创新，以充分回应治理诉求、改善市场环境、优化政务服务、提升监管执法水平的同步进程。回归合作治理的现实语境和行进轨道，应通过厘定多元共治的制度边界、协调好依法治理与有效治理的辩证关系、构建兼容并包的法律规则体系以及推进法治方式的创新，进一步缓解集中与分散、公益与私益、形式与实质、创新与法治之间的矛盾，如此方能塑造民主、多元、融贯、高效、创新的现代化治理格局，实现营商环境建设的法治化。

（本文原载《法学研究》2021 年第 2 期）

---

① 习近平：《推进全面依法治国，发挥法治在国家治理体系和治理能力现代化中的积极作用》，载《求是》2020 年第 22 期，第 1 页。

法治化营商环境建设的司法进路

优质的营商环境是一个国家或地区经济软实力、核心竞争力、全球影响力的重要体现。随着我国"一带一路"倡议、区域协调发展、创新驱动发展、粤港澳大湾区建设等国家战略的深入实施,与营商环境建设和优化相关的议题越发受到关注和重视。打造优质的营商环境离不开法治,法治既是优质营商环境的题中应有之义,也是推进优质营商环境建设的重要抓手,要充分发挥法治的引领、推动、规范和保障作用。作为法治的重要组成部分,司法法治构成了法治化营商环境建设的重要支撑,通过司法法治建设形成公平正义的司法环境,是创建法治化营商环境的必然选择。公正司法在稳定预期、提振信心、激发活力、促进发展等方面具有不可替代的作用。推动法治化营商环境建设对进一步完善司法提出了新要求。有效回应这些新要求,推进司法改革,实现司法在改善营商环境中的更大作为,① 成为重大的理论和实践课题,值得我们深入研究。

一、法治化营商环境建设的内涵解析

法治化营商环境建设内容丰富,其基本内涵可从价值导向、逻辑机理和实现模式三个维度予以解析。

(一) 法治化营商环境建设的价值导向

习近平总书记在主持中央全面依法治国委员会第二次会议时强调"法治是最好的营商环境"。这一论断深刻阐明了法治和营商环境的关系,为营商环境的优化指明了方向。法治是衡量营商环境优劣的关键指标,是改善营商环境的重要手段,也是营商环境的重要内容和保障。法治化营商环境建设重在依托法治实现构建优质营商环境的目标追求,要以法治引

---

① 参见贺小荣《让司法在改善营商环境中有更大作为》,载《人民法院报》2017年8月17日第01版。

导、推动营商环境优化,并将优质营商环境纳入法治化轨道,不断打造营商环境新高地,为增强市场活力和经济内生动力创造良好的软环境。

  李克强总理在全国深化"放管服"改革优化营商环境电视电话会议上的讲话指出:"法治化就要营造公开透明、公平公正的法治环境,给市场主体以稳定的预期。"① 稳定、公平、透明、可预期是优质营商环境的基本表征,也是法治化营商环境建设的价值取向。营商环境是经济社会发展的内生变量,营商制度的完善程度对经济发展、就业和社会稳定产生重大影响。② 优化营商环境是经济发展的体制性、制度性安排,营商环境的优劣直接影响市场主体的兴衰、生产要素的聚散、发展动力的强弱,③ 故通过法治化营商环境建设,形成完善的营商制度是保证营商环境稳定性的前提;公平的营商环境包含市场体系的公平性、权利保护的公平性等重要指标,达成这些指标取决于是否拥有平等的市场准入标准、市场交易规则及其适用过程的规范化、适用标准的统一性等,依靠法治化营商环境建设,有助于提升营商环境的公平度,落实市场主体公平待遇,为各类市场主体平等参与市场竞争提供法治保障;制度体系的公开透明是营商环境的重要基础,所有规则和标准原则上都应该公开,不公开是例外,让市场主体知晓并按照规则和标准去做。法律实施过程与结果的公开透明是法治化营商环境建设的内在要求和有效途径,要坚持以公开促公正,以透明保廉洁;实现可预期性要求将法治理念贯穿营商环境建设的始终,要增强市场交易的可预期性,吸引市场主体"进场",并在生产经营过程中以规则的有效实施保障市场主体合法的预期收益,保证行政执法、司法审判等行为的可预期性,由此凸显法治建设与实现营商环境的可预期性在逻辑上的递进关系。

---

  ① 李克强:《在全国深化"放管服"改革优化营商环境电视电话会议上的讲话》,载《人民日报》2019 年 7 月 29 日第 02 版。
  ② 参见阳军、刘鹏《营商环境制度完善与路径优化:基于第三方视角》,载《重庆社会科学》2019 年第 2 期,第 35 页。
  ③ 参见张军扩、马晓白《以更好的营商环境推动高质量发展》,载《经济日报》2019 年 11 月 26 日第 12 版。

(二) 法治化营商环境建设的逻辑机理

1. 法治化营商环境建设的历史逻辑

党的十九大报告提出,中国特色社会主义进入了新时代。在新的时代背景下,市场经济正经历着阶段性变化和系统性调整,法治化营商环境建设在国家战略决策中的重要地位日益凸显,被赋予更深层次的内涵与要求。

第一,优质营商环境建设是政府与市场协同共治的综合治理过程,是推动国家经济体制改革、建设现代化经济体系的重要基础,是推进国家治理现代化的有力保障。国家治理法治化是国家治理现代化的必由之路。[①]法治化营商环境建设应当始终置于国家治理现代化的语境下予以统筹推进,要积极推进全方位、多领域的体制机制制度创新,着力构建开放型经济新体制,加强对政府行为的规范,发挥市场在资源配置中的决定性作用,并保障市场经济运行法治化。

第二,现阶段我国社会主要矛盾已经转化为人民日益增长的美好生活需要和不平衡不充分发展之间的矛盾。这在法治化营商环境建设层面集中体现为市场主体对完善市场体系、强化市场监管、保障交易安全等营商环境优化的需求与法治建设不平衡不充分发展之间的矛盾。市场秩序不规范、区域市场发展不协调、商事纠纷数量增多等营商环境建设中面临的重难点问题,暴露了现有体制机制制度的不健全、不完善。这就要求持续推进商事制度改革、健全市场交易规则、促进区域营商规则协调、完善纠纷解决和权利救济机制等,以破除法治建设的不平衡不充分对优质营商环境建设的桎梏。

第三,"一带一路"倡议、区域协调发展、创新驱动发展、粤港澳大湾区建设以及深圳"先行示范区"建设等国家战略是我国推进全面深化改革、全面对外开放的重要举措。法治化营商环境建设要与这些国家战略的具体实施相对接,既要紧紧围绕各大战略的实施纲要、意见等规范性文件中有关法治及营商环境建设的规定来展开,又要以法治实践进一步推动各大战略的顶层制度设计和阶段性规划的出台。

---

① 参见张文显《法治与国家治理现代化》,载《中国法学》2014年第4期,第16页。

2. 法治化营商环境建设的现实逻辑

从世界银行发布的《全球营商环境报告 2020》可以看出，我国营商环境排名呈整体上升趋势，① 但与国际先进水平相比，与进一步激发市场活力、培育增长新动能的需要相比，还有很大的优化和提升空间。法治水平是影响优质营商环境建设的关键因素，只有在法治环境下，才能形成有利于公平竞争的规则和秩序，降低交易成本、维护信用关系，保障各种经济活动顺利进行。②

第一，法治化营商环境建设的前提是处理好营商政策制定实施过程中整体与局部的互动关系。当前，与营商环境建设相关的公共政策及其他规范性文件在制定实施过程中的连贯性、稳定性、透明度和执行力不足，③难以在立法、执法和司法实践中得到贯彻落实。故要通过强化营商政策的整体性、系统性、公开性，避免政策频繁变动、相互冲突，以提升其公信力，并用其指导法律法规等规范性文件的制定实施，形成系统全面的营商规范体系。

第二，法治化营商环境建设的核心是厘清政府与市场、社会等多元主体之间的复杂关系。要加强制度建设，合理界定政府与市场、社会的活动边界，尊重市场经济规律，依法调整各类市场主体的利益关系，提高多元主体在营商环境建设中的积极性和参与度。这就需要持续推进政府机构改革、"放管服"改革，转变政府职能，依法保护市场主体意思自治，保障政府与社会资本合作的有序展开，依托权责清单、行政协议等治理工具的有效适用促进政府与市场、社会的功能分域及其法定化。

第三，法治化营商环境建设的重点是推进国际与国内营商规则标准的衔接协调。在经济全球化、区域经济一体化的背景下，无论是聚焦国际场域还是国内场域，营商规则标准的衔接协调都是打造优质投资贸易环境、

---

① 2019 年 10 月 24 日，世界银行发布《全球营商环境报告 2020》，中国营商环境全球排名继 2018 年大幅提升 32 位后，2019 年再度跃升 15 位，位居全球第 31 位，连续两年被评为全球营商环境改善幅度最大的十大经济体之一。See World Bank Group, *Doing Business* 2020, 2019, pp. 94 - 95.

② 参见辛华《用法治打造良好营商环境》，载《中国市场监管报》2019 年 5 月 21 日第 A3 版。

③ 参见张威《我国营商环境存在的问题及优化建议》，载《理论学刊》2017 年第 5 期，第 60 页。

促进市场互联互通、实现资源高效配置的必然要求。因此,既要对标发达国家和地区的营商环境,促进外商投资、跨境贸易、司法裁判等规则标准与国际商事规则标准相对接;又要破除国内各地方在市场交易、争议解决等方面的制度壁垒,促进区域法治化营商环境一体建设。

第四,法治化营商环境建设的难点是准确把握改革创新与法治的辩证关系。一是要协调好市场主体创新创业与制度机制创新的关系,有效应对互联网技术的普及以及网络科技、金融服务等新兴产业的引入对市场准入、事中事后监管以及司法服务保障等方面提出的新要求,依法支持、保护和引导市场主体的创新性行为,变革现有法律规范体系,同步推进配套的制度机制创新,促进大数据、流媒体等技术普及应用;二是要厘清"先行先试"与法治的关系,明确"先行先试"作为推动优质营商环境建设的重要举措,必须在法治的框架下展开,如"先行先试"的有效经验要及时上升为法律规则并予以推广适用,保证"先行先试"产生的规则与其他法律规范的衔接适用等,坚持在法治下推进改革、在改革中完善法治。

(三)法治化营商环境建设的实现模式

法治化营商环境建设既要以法治引领、推动和保障营商环境建设,又要依托法治为营商环境建设释放充足的空间,实现法治与营商环境建设的互动共进。

第一,法治化营商环境建设要求营商环境建设必须在法治的轨道上有序推进。营商环境建设要服务于市场经济发展,营造有利于开展经济活动的市场环境。市场经济本质上是法治经济,我国社会主义市场经济形态决定了法律及相关制度的性质,且必然要求法治为它的建立、巩固和发展服务。① 故形成安定有序的市场环境需要塑造良性运转的市场秩序,② 以行为规则保障外资企业、民营企业等市场主体地位的平等性,解决政府与市场、社会间各类复杂化的利益纠纷,让外商投资、产品投放、增资并购等经济活动摆脱偶然性和任意性的羁绊。

---

① 参见姜明安《法治国家》,社会科学文献出版社2015年版,第47页。
② See William J. Novak, "Public Economy and the Well-Ordered Market: Law and Economic Regulation in 19th-Century America," *Law and Social Inquiry*, 1993, 18 (1), pp. 1–32.

第二，法治化营商环境建设要凸显法治对营商环境建设的促进作用。李克强总理指出："改革创新体制机制，进一步优化营商环境，是建设现代化经济体系、促进高质量发展的重要基础。"① 无论是聚焦简政放权、转变政府职能、打造服务型政府而展开的行政体制机制改革，② 还是围绕优化司法职权配置、提高司法能力、保证司法机关依法独立公正行使审判权检察权而铺开的司法体制机制改革，都彰显了法治创新之于优化营商环境的重要性。以市场主体尤为关注的产权保护为例，只有在完善产权结构的基础上，健全产权保护的运行机制，才能依法平等保护各类市场主体的合法权益，减少市场主体的交易顾虑，使其有更强烈的动机去寻找商机、签订合同、获取利润和解决争议。③ 这就要求进一步加大产权保护力度，健全产权保护法律制度机制，突出对新型权利的研究和保护，在司法实践中科学界定产权保护边界，妥善处理涉产权保护案件，实现产权保护法治化，以此夯实优质营商环境的制度基础。

第三，法治化营商环境建设需要充分认识营商环境建设与法治的内在契合，将制度安排融入营商环境建设的各个环节，以制度保障营商环境建设的整体性和可持续性。营商环境建设的重心就是要改革不适应市场发展的体制机制，重新厘定政府与市场的边界，促进以市场为取向的改革，并将行之有效的改革经验最终确定下来。这就需要以法治来凝聚改革共识，以法治引领和规范改革行为，以法治降低改革的成本和风险，以法治巩固改革成果。④ 同时，优质的营商环境关键在于最大程度地降低市场交易成本，而交易成本降低的因素主要在于法治化。⑤ 法是利益关系的调节器，是市场交易的准则。"试图追求一个不受政治和社会监督的，自我调节的

---

① 《国务院开年第一会：进一步优化营商环境》，见中国政府网（http://www.gov.cn/xinwen/2018-01/05/content_5253697.htm）。

② 参见李洪雷《营商环境优化的行政法治保障》，载《重庆社会科学》2019年第2期，第20-22页。

③ 参见袁莉《新时代营商环境法治化建设研究：现状评估与优化路径》，载《学习与探索》2018年第11期，第82页。

④ 参见石佑启《我国行政体制改革法治化研究》，载《法学评论》2014年第6期，第12页。

⑤ 参见顾艳辉、朱淑珍、赵袁军《交易成本视角下的法治化营商环境分析——个动态博弈的解释》，载《技术经济与管理研究》2019年第3期，第3页。

市场是误导性的和乌托邦式的。"① 良善的法律规范能够对多元主体的利益冲突进行协调或者提供利益协调的方式，对多重利益需求进行选择与整合，以减少基于政府内部、政府与市场以及市场主体之间的利益博弈而产生的额外交易成本。

二、司法法治：法治化营商环境建设的重要支撑

司法法治是法治的重要组成部分。加强司法法治建设，有助于营造优质的司法环境，有助于回应和践行法治化营商环境建设的时代诉求与基本要旨。

（一）司法法治贯穿于司法环境优化的全过程

法治环境是打造优质营商环境不可或缺的条件，而法治环境的塑造很大程度上取决于司法环境之优劣。从本质上讲，推动营商环境法治化所提升的营商吸引力主要来源于法治本身的公信力，即市场主体是否相信法律是公平正义的以及是否相信法律有足够的力量按其自身逻辑产生作用。② 后者由司法环境所影响和决定，是司法环境发挥功用的核心场域。故司法环境不仅指代与法律实施相关的条件和因素的总和，如司法的依据、主体、体制机制和价值理念等一系列影响司法过程和结果的要素，还反映了司法裁判的公正程度。司法法治作为法治文明对司法系统的本真要求，在应然层面表现为一种公正、高效、权威的现代司法系统运行实践性图景。③ 围绕法治化营商环境建设的目标，司法法治既体现为一种理念、程序要求，也是对司法结果的要求，其贯穿于优化司法环境建设的全过程。

首先，优化司法环境的前提在于司法机关自身要形成司法法治理念。司法法治理念是在司法实践中形成和发展起来的，其产生于优化司法环境的现实需要，又引领着司法体制改革、司法制度构建、司法规则适用、司法裁量等司法各环节的法治建设。服务于优质营商环境建设，司法法治理

---

① See Roger Cotterrell, "Rethinking Embeddedness: Law, Economy, Community," *Journal of Law and Society*, 2013, 40 (1), pp. 49–67.
② 参见郑成良《法治公信力与司法公信力》，载《法学研究》2007年第4期，第155页。
③ 参见莫良元《转型社会司法法治生成的应然目标与多维价值》，载《学海》2012年第5期，第135页。

念重点体现为公正、高效和权威：一是司法机关在法律适用过程中要严格贯彻平等保护原则，平等保护不同所有制主体、不同地区市场主体、不同行业利益主体的法律地位、诉讼权利等；二是应在保证司法公正前提下追求高效性，兼顾司法机关效率和当事人效率，①降低诉讼成本、优化诉讼运行、快速化解纠纷，减少案件的拖延和积压；三是坚持司法的权威性，要尊重生效裁判的效力，保障胜诉一方市场主体合法权益的实现，以体现司法活动的强制力和公信力。

其次，市场主体对司法环境的评价往往最先产生于对司法过程的感知，而司法过程的法治化主要取决于司法程序的公正性及其运行的有效性。程序性因素影响着市场参与者对司法的信任，当他们感到司法机关的运作符合程序公正的要求时，产生的结果也更易于被接受和遵从。②基于公众、媒体监督与司法权规制之间的正相关系，司法公开成为诉讼参与主体能够直观感受到程序法治的制度机制建构。司法公开程序是司法获得公信力的基础，是让当事人和公众了解司法流程、案件事由和裁判依据以及向社会宣传法律、传播正义的重要渠道。③司法公正必须通过公开的方式才能实现，才能为外界所认知。④故坚持立案、审判、执行等司法信息公开的全面性，拓宽司法公开的方式和渠道并突出公开时效性，是让市场主体及时、便捷、全面监督司法权运行，使其摆脱各种干预，促进司法公正和优化司法环境的必然要求。当然，这并不意味着有了司法公开就实现了程序公正，因为只有当事人诉讼权得到程序保障才能最终影响司法公正的实现。⑤而相对法治化营商环境的标准而言，形成充分的程序保障，一是要在严格遵守既有程序规定的同时，尊重市场主体对程序适用的建议和选择，如申请回避、不公开审理等；二是既要为民营企业的诉讼权利提供程序保障，又要严格要求行政机关遵守程序义务；三是推动高效便捷智能的

---

① 参见陈光中《建设公正高效权威的社会主义司法制度之我见》，载《人民检察》2009年第4期，第7页。
② 参见苏新建《程序正义对司法信任的影响——基于主观程序正义的实证研究》，载《环球法律评论》2014年第5期，第21页。
③ 参见王晨光《借助司法公开深化司法改革》，载《法律适用》2014年第3期，第51页。
④ See Charles Lysaght, "Publicity of Court Proceedings," *Irish Jurist*, 2003, 38, pp. 34–57.
⑤ 参见唐力《司法公正实现之程序机制——以当事人诉讼权保障为侧重》，载《现代法学》2015年第4期，第42页。

程序制度完善，利用互联网技术简化程序，提高工作效率；等等。

最后，判决、调解、破产清算等司法结果的公正性是判定司法环境优劣的决定性因素。司法，于私权利而言是一种救济，于公权力而言是一种制约和校正，两者构成了司法公正的两个支点，也是司法法治要解决的基本问题。① 司法结果作为司法公正性的最终判定反映了以司法提供公民权利救济和行政权力制约的实际功效，也展现了司法法治建设的现状。党的十八届四中全会决定指出：公正是法治的生命线，司法公正对社会公正具有重要引领作用，司法不公对社会公正具有致命破坏作用。② 而司法的独立性直接决定着司法的公正性，③ 实现司法结果的公正性，核心是要保证司法机关依法独立行使司法权，不受行政权力、社会舆论等的不当干预。让市场主体普遍相信司法机关能够独立作出公正的裁判，关涉的正是司法环境的认同问题。同时，产权保护、契约维护、交易平等、市场统一等，构成了市场主体对司法结果公正的评价要素。这就要求司法机关在审理案件的过程中，能够准确适用法律，平等保障各类市场主体的合法权益，发挥司法裁判的规范和指引作用，实现对企业自主经营权、知识产权等权利的有效保护。

（二）司法法治回应法治化营商环境建设的时代诉求

法治化营商环境建设内含着特定的时代诉求。加强司法法治建设，优化司法环境，是回应这些时代诉求的有效途径。

第一，司法法治助推国家治理体系与治理能力现代化语境下的法治化营商环境建设。在法治框架下推进国家治理现代化是法治化营商环境建设的价值追求。而改革司法管理体制、保障司法公正作为全面深化改革、推进国家治理法治化的重要内容，与法治化营商环境建设存在目标导向和实现路径的内在契合。司法法治能够充分保护非公有制企业的权益，促进产权保护制度有效落实，提升司法效能，帮助企业减负，强化对金融风险的防控和对科技创新成果的保护，也有利于坚持和完善基本经济制度及现代

---

① 参见谢鹏程《论社会主义法治理念》，载《中国社会科学》2007年第1期，第86页。
② 《中共中央关于全面推进依法治国若干重大问题的决定》，载《人民日报》2014年10月29日第01版。
③ 参见王晨《司法公正的内涵及其实现路径选择》，载《中国法学》2013年第5期，第21页。

化市场体系，实现市场经济有序运行。同时，司法法治还可以规范行政机关做出的行政许可、处罚和强制等行政行为，打破部门垄断和地方保护，建立与行政区划适当分离的司法管辖制度，这有助于监督政府全面正确履行职能，促进法治政府建设。可见，司法法治建设的过程，也是以法治化营商环境建设助推国家治理现代化的进程。

第二，司法法治通过满足市场主体对公平正义、创新高效的更高期待而有效缓解优质营商环境建设与法治建设不平衡不充分之间的矛盾。公正、高效、权威的司法能够监督和规范行政权的行使，防止政府不作为或乱作为等，解决政府与市场主体之间的纠纷，能够准确处理各类新型案件，化解各类民商事纠纷，平等保护各类市场主体，能够慎重看待创新创业行为，坚持罪刑法定，严厉打击商事犯罪，这有利于推动制度机制的完善和运行，形成公平有序的市场环境，以满足市场主体对建设法治化营商环境的现实需求。

第三，司法法治可以服务和保障"一带一路"倡议、创新驱动发展、粤港澳大湾区建设等国家战略的深入实施。司法机关通过积极履行司法职能，依法行使司法管辖权，加强与"一带一路"沿线国家的司法协助以及与港澳地区的司法合作，依法审理涉外商事海事案件、涉港澳案件等，可以实现对中外当事人、港澳地区当事人合法权益的平等保护，为"一带一路"倡议、粤港澳大湾区建设营造良好法治环境。此外，以司法有效对接营商环境建设领域的先行先试、体制机制创新，以及企业自主研发、科技创新而产生的对知识产权保护的需求，实质上为营商制度改革方案的推行注入了"强心针"，形成鼓励和保护创业创新、科技创新的营商氛围，为创新驱动发展等国家战略的实施提供司法保障。

（三）司法法治践行法治化营商环境建设的基本要旨

立足法治化营商环境建设的现实逻辑，加强司法法治建设有助于践行法治化营商环境建设的基本要旨。

第一，确保司法解释、指导意见等规范性文件制定的连贯性、科学性及有效实施，有助于强化法治化营商环境的整体建设。司法解释在保障法律正确适用、统一裁判尺度、保障公民权利实现、完善立法规定等方面发挥着关键作用。① 指导意见旨在就特定事项向各级司法机关传达基本原则和工作指南，引导司法活动的有序展开。故公正、稳定的司法解释和指导意见对营商环境建设中司法服务及保障工作的协调推进至关重要。近年来，最高人民法院、最高人民检察院已围绕法治化营商环境建设出台了一系列司法解释和意见，② 只有各级司法机关严格遵照意见精神，贯彻执行既定的裁判标准，才能为市场主体提供一个整体的、可预期的法治环境。

第二，强化对行政权行使的监督，有助于厘定政府与市场、社会的边界。司法机关是审查行政行为合法性、解决行政争议、监督行政机关依法行政的重要主体。在优质营商环境建设中，要推动"放管服"改革最终落地，发挥市场在资源配置中的决定性作用，保护市场主体的合法权益，就必须保证相关的法律法规、权责清单等规范性文件的准确适用。而司法机关通过对接市场准入负面清单，加强对行政许可争议的审查，对行政机关办理许可的权限、程序进行有效监督，可以确保市场准入的公正和高效；通过厘定公私合作关系，准确处理行政协议纠纷，可以在政府与社会资本合作中强化对民营企业权益的保障；通过依据法律法规的规定及参照政府责任清单、公共服务清单等文件，纠正政府不作为现象，监督政府正确履行职责，可以督促政府依法监管市场乱象并为企业创新提供服务。

第三，推动国际司法协作与区域司法合作的展开，有助于促进法治化营商环境的协调发展。推进营商环境协调发展既要平等保护外国投资者在市场准入、生产经营等环节的各项权益，也要促进区域市场的整体对接和生产要素的高效便捷流动。这不仅仰仗于法律法规与外资负面清单、税收优惠政策、区域合作协议等规范性文件的制定，还依赖于这些规范的有效实施。而司法法治建设内含了对强化国际司法合作、准确处理外商投资法律适用问题、优化区域司法环境等方面的要求。其能够保证公平、统一、协调的营商规则得到充分落实，有效抑制司法保护主义；能够推动地方法

---

① 参见苗炎《司法解释制度之法理反思与结构优化》，载《法制与社会发展》2019年第2期，第89页。

② 例如，《关于修改〈严格规范民商事案件延长审限和延期开庭问题的规定〉的决定》和《关于适用〈中华人民共和国企业破产法〉若干问题的规定（三）》等司法解释，以及《关于为改善营商环境提供司法保障的若干意见》等指导意见。

院发挥自身在司法改革中的能动性，促进区域司法裁量标准的统一协调。①

第四，促进司法制度机制创新，有助于为新型营商环境建设提供司法支持。发展互联网、金融等新兴产业，推进传统制造业转型升级，加快发展现代服务业，构建产业发展新体系是新型营商环境建设的主要内容。建设新型营商环境既需要以制度设计为企业创新预留充足的空间，又需要以制度实施保障市场主体创新创业的合法权益。这必然要求司法机关同步推进配套的司法制度机制创新，结合国家有关创新驱动、产业转型等公共政策，加快出台新的司法解释和司法政策。同时，要加强审判人员的专业性建设，慎重审查互联网、金融、科技等领域的新型纠纷，准确打击新型违法犯罪，保护企业创新行为以及加强对新兴领域知识产权的保护。

第五，对接优化营商环境领域的深化改革、先行先试，有助于解决特定区域体制机制创新后的法律适用问题。协调好自由贸易试验区等特定区域在优化营商环境领域的先行先试与法治建设的内在关系，关键是要推进体制机制创新后法律的准确适用，保障其在投资、金融等领域的制度创新发挥实际功效。由此，依托司法机关紧密对接自贸区、示范区政府职能转变、投资贸易开放创新等各项先行先试措施，尤其在审理涉自贸区案件时重点关注相关的制度创新情况，可以保证司法活动与营商制度改革的相互衔接，在优化营商环境过程中实现先行先试与法治的良性互动。

三、完善司法：法治化营商环境建设的现实需求

立足司法在服务和保障营商环境建设中面临的问题，完善既有的司法体制机制制度，持续推进司法法治建设，是法治化营商环境建设的现实需求。

（一）营商环境建设的协调性呼唤提升司法的整体性

营商环境建设是一个系统化工程，营商环境持续优化需要依托多元主体的协同共治方能实现，具体包含利益整合、权益分配、功能耦合、沟通

---

① 参见徐子良《地方法院在司法改革中的能动性思考——兼论区域司法环境软实力之提升》，载《法学》2010年第4期，第159页。

交流等。① 这意味着，协调性成为优质营商环境建设的基本要求，其既体现为利益分配的协调，也表现为权力（权利）义务关系的协调，而实现营商环境建设的协调性必然要求提升司法的整体性。

第一，党的十八大以来，在全面深化改革，推进国家治理体系和治理能力现代化的语境下，优化营商环境的系统性、整体性和协同性之必要性越发凸显。中央相继出台的营商环境政策以及国家战略部署中与营商环境相关的规定应当成为全面推进营商环境建设的基本遵循和行动指南。由此，司法机关制定的司法解释、司法政策以及相关指导文件也应当紧紧围绕中央政策文件的精神和要求来展开，以体现司法在统筹推进营商环境建设中的功能定位，并为各级司法机关提供准确的工作和裁判指引。

第二，各级司法机关贯彻最高人民法院、最高人民检察院出台的关于营商环境建设的司法政策是推动司法环境整体建设的内在要求，但当前各级司法机关尚未完全就服务和保障营商环境建设形成上下联动的工作机制，导致司法碎片化现象依然存在。一是一些地区司法机关的能动性不足，尚未依据上级司法机关出台的司法政策，结合地方营商环境建设的实际需要，制定更具针对性和适用性的工作实施方案；② 二是上下级司法机关之间尚未就商事裁判、破产重整、判决执行等有关营商案件的处理形成常态化的内部监督制约机制。③

第三，在营商环境建设中，实现政府与市场利益关系的协调在一定程

---

① 参见郭燕芬《营商环境协同治理的结构要素、运行机理与实现机制研究》，载《当代经济管理》2019年第10期，第13页。

② 通过各级法院的信息公开渠道查询可以发现，在各省、自治区、直辖市的高级人民法院中，尚有贵州、内蒙古、青海、西藏、宁夏等地的高级人民法院未围绕最高人民法院发布的《关于为改善营商环境提供司法保障的若干意见》，结合本地区实际情况出台有关营商环境建设的综合性司法实施意见。这种现象在各中级人民法院和基层人民法院中则更为普遍。以广东为例，只有深圳、珠海、肇庆、云浮等少数地区的中级人民法院围绕广东省高级人民法院印发的《关于为优化营商环境提供司法保障的实施意见》出台具体的实施方案。

③ 如近年来，由最高人民法院发起的纠正冤假错案行动取得一定成效，但对冤假错案的发现大多源于申请再审、信访等渠道，各级法院对商事案件的自查自纠呈现明显的运动化特征，缺乏常态化。又如，破产程序属于特别程序，破产申请审理终结后一般不能启动审判监督程序提起再审，这在一定程度上限制了上级法院对下级法院的常态监督。根据《中华人民共和国企业破产法》第65条规定，债权人对法院相关破产裁定不服的，可以向该破产案件审理法院申请复议，但尚未畅通就相关裁定向上级法院申请复议的渠道。而对于法院宣告破产存在异议的案件，当事人虽然有权向上级法院申诉，但也受到严格的时间限制。

度上仰仗于司法与行政的相互衔接,这与司法监督行政权行使并不存在必然冲突。促进司法机关与行政机关的衔接协调,一是要防止各级司法机关的活动与地方政府的营商政策精神相违背,推动司法机关助力地方政府解决营商环境建设面临的难点问题;二是要避免司法与行政在产权保护等方面的标准冲突,如在知识产权保护上,便存在由于行政和司法的"双轨制"模式导致的保护标准多样化、保护机构重叠化等问题,使知识产权保护缺乏统一性、效率性和衔接性;① 三是在推动社会信用体系建设层面要探索建立司法与行政联动的信用奖惩机制,着力破解各级法院裁判结果"执行难"的问题。

第四,区域司法协同是实现国际区域营商标准对接和国内区域法治化营商环境协调发展的有效路径。相对于区域法治协同的客观标准而言,目前我国各级司法机关在推进区域司法协同发展中仍存在一些不足:从国际维度看,一是与周边国家,尤其是与"一带一路"沿线国家的司法合作还不够紧密,导致出现外国法适用水平不高、涉外商事判决的执行力较弱等问题;二是仍未能准确把握外商投资负面清单制度,在处理外商投资纠纷中,对外商投资管理相关制度的法律适用水平还不够高。从国内维度看,一是粤港澳、长三角等经济发达区域尚未能回应区域司法环境建设的法治需求,形成常态化的司法合作框架协议;二是区域内各地司法机关在异地管辖执行、信息资源共享、案件审理、调查取证、通知送达、强制执行等环节的司法联动工作机制缺位,这无形中铸造了区域司法壁垒,增加了区域司法冲突。②

(二) 公私合作的广泛性要求保证司法的公正性

实现营商环境法治化的关键是全面建设法治政府,③ 而建设法治政府需要发挥司法对行政权行使的有效监督。在深化"放管服"改革、优化营商环境的背景下,政府与市场的关系正朝着市场化方向转变,政府与社会资本合作、政府公共服务外包等公私合作模式逐渐成为中央与地方政府

---

① 参见吴汉东、锁福涛《中国知识产权司法保护的理念与政策》,载《当代法学》2013年第6期,第42页。

② 参见张丽艳《区域法治协同发展的复杂系统理论论证》,载《法学》2016年第1期,第101页。

③ 参见刘俊海《营商环境法治化的关键》,载《中国流通经济》2019年第8期,第3页。

探索简政放权、转变政府职能、拓展市场参与范围的重要方式。但在广泛引入市场竞争机制，增进公共效益，减少政府对市场垄断的同时，公私合作过程也会带来对公正、独立、利益冲突和自我交易的疑虑，①滋生各类复杂化的纠纷。作为公私合作纠纷的直接或间接关联性主体，政府参与合作必然对司法救济的公正性提出更高要求。

其一，公私合作纠纷既可能表现为行政权违法行使而产生的行政协议纠纷，也可能表现为平等主体违反合同义务而产生民事纠纷，甚至有可能产生刑事纠纷，合作纠纷属性的差异决定了诉讼规则适用的区别。但在司法实践中，《中华人民共和国行政诉讼法》以及《最高人民法院关于审理行政协议案件若干问题的规定》（简称《行政协议司法解释》）对行政协议的范畴及行政协议纠纷受案标准的界定存在一定的模糊性，②可能会导致司法机关难以准确把握基于公私合作协议而产生的纠纷属性，从而出现以民事诉讼规则处理行政侵权纠纷，或者以行政诉讼规则处理民事违约纠纷等现象，造成适用逻辑上的难以自洽和救济实效上的差强人意。③由此，推动公私合作纠纷的有效解决，破除市场主体对参与公私合作项目的顾虑，要求各级法院能够正确判定公私合作纠纷属性，准确适用诉讼规则。

其二，公私合作大多对应社会管理事务外包、公共服务供给、基础设施建设等公共事务，故在公私合作项目运行过程中，参与合作的市场主体除了作为协议的履行者，往往还是公共秩序的维护者、社会服务的供应者。其与社会公众间关系的形成和变动不仅牵涉权利义务的实现，还关乎社会公权力的运用。这种权利（权力）义务关系的产生和运行衍生于公私合作协议的约定，其合法性、合理性、有效性容易被政府行为所影响。例如，政府协议授权内容违法、政府单方行使协议撤销权、政府监管缺位

---

① 参见［美］朱迪·弗里曼《合作治理与新行政法》，毕洪海、陈标冲译，商务印书馆2010年版，第158页。

② 尽管2019年12月10日最高人民法院发布的《行政协议司法解释》明确了行政协议的定义和拓宽了行政协议列举的范围，但实践中对何为"行政法上的权利义务内容"缺乏统一认识以及行政协议列举范围的局限性，可能会导致部分实际涉及行政权力行使而产生的行政协议纠纷难以纳入行政诉讼当中。

③ 参见石佑启、陈可翔《政府与社会资本合作模式下法律救济制度之构建》，载《江海学刊》2018年第5期，第235页。

等都会导致协议相对方行使的权利（权力）面临合法性危机和被滥用的风险。因此，司法机关要依法监督政府诚实守信地签订和履行合作协议，在审理参与公私合作的市场主体的侵权纠纷时，要客观、公正地判定最终的责任分配和归属，防止盲目归责于市场主体，忽视政府责任的承担，加重市场主体的负担。

其三，在广泛适用公私合作模式，扩大市场参与范围的同时，也要着力营造"亲""清"有界的政商关系。党的十九大报告提出："要构建'亲''清'的新型政商关系，促进非公有制经济健康发展和非公有制经济人士健康成长。"在公私合作关系中，"亲"表明政府及其工作人员要积极、诚信地支持和引入民营企业等市场主体参与到公共产品和服务供给中来，解决其与政府合作过程中出现的问题；"清"要求政府及其工作人员必须严格按照实体和程序的规定签订及履行合作协议，杜绝借合作之名行腐败之实，以权谋私、搞权钱交易。这意味着，司法机关应当透过对行政行为的审查和对合作纠纷的审理，及时发现腐败行为并予以强化监督和制止。

（三）营商制度的创新性亟待强化司法的同步性

深化"放管服"改革，推进优质营商环境建设是一种治理方式的创新，即要以监管创新、服务创新等体制机制制度的创新为大众创业、万众创新打造公平公正的秩序，预留充足的空间。① 而创新型营商制度的有效实施必然要求推进司法审判中法律规范适用的及时对接。

第一，企业创新必定会推动大量新技术、新产品等涌入市场，这就需要政府本着鼓励创新的原则，根据不同情况，量身定制包容、审慎的监管模式和标准规范。而当这些新兴产品和技术在市场监管、产权保护等方面引发纠纷时，司法机关应当秉承创新的理念、思维和思路，② 充分审查、参照、适用新制定的监管规范和标准，严格监督行政监管、规范市场竞争行为，依法保障企业的自主创新和知识产权。应当探索互联网、金融等新

---

① 参见李克强《在全国深化"放管服"改革转变政府职能电视电话会议上的讲话》，载《中国行政管理》2018年第8期，第11页。
② 参见法言平《以创新理念引领司法体制改革》，载《人民法院报》2017年1月17日第01版。

型案件审理的体制机制创新,提升各级法院在事实调查、证据认定、规范适用等环节的专业性,杜绝用刑事手段干预经济活动,慎重对待企业创新行为,公正解决各类新兴产业纠纷。

第二,商事登记、股份回购等商事制度改革对司法审判工作的影响,需要各级法院予以妥善应对,及时推进商事案件审理与商事制度改革的相互衔接。因此,在实体上,应促进注册资本认缴登记、股份回购条件放宽等制度改革后法律规范的准确适用;在程序上,应在财产保全、先予执行、调查取证等环节推广大数据与现代电子信息技术的应用,尤其是促进区域性,甚至全国性财产权属登记市场、金融产品交易市场的联通,以准确、高效地解决商事纠纷,保障中小股东、债权人的合法权益。

第三,先行先试是探索营商环境优化的有效方式,全国各大自由贸易试验区在推动行政审批改革、外商投资领域开放、贸易方式转变等改善营商环境的具体措施中更是将先行先试贯穿始终。司法要对接自贸区在营商领域的先行先试,推动营商制度改革的最终落实,核心是要进一步回应法律法规变通和体制机制创新在司法审判中如何进行适用以及可适用案件范围、适用的程序等问题。只有明确了这些问题,才能实现司法与营商制度改革的相互衔接,保障自贸区营商环境建设的有序展开。

(四) 权利救济的有效性期待加强司法的权威性

法治化营商环境对市场主体而言,不仅体现为参与经营活动的安全性、公正性,还表现为纠纷解决过程中权利救济的有效性。而"法律的影响往往源于司法权威的存在"①,故实现权利救济的有效性主要仰仗于司法权威的塑造。

司法权威是静态的法律规范权威在解决争议的动态司法过程中的体现。换言之,法律规范的权威必须借助于司法主体权威、司法权运作过程权威和司法判决权威得以实现和延伸,必须通过司法判断力、司法说服力、司法确定力和司法执行力得到体现和拓展。② 当前,在市场经营活动

---

① Mohr Richard, "Authorised Performances: The Procedural Sources of Judicial Authority," *Flinders Journal of Law Reform*, 2000, 4 (1), pp. 63 – 80.

② 参见季金华《司法权威的结构要素与基本表征》,载《南京社会科学》2018 年第 9 期,第 98 页。

中，部分市场主体的合法权益没能得到充分、有效的救济和保障，重要原因就在于司法的权威性不足。一方面，特定的市场纠纷寻求救济的渠道不畅通。以企业破产案件为例，多数问题企业、债权人等主体在申请企业破产清算重整时依然面临"立案难"、审理时限长、打击"逃废债"行为力度不够、破产配套制度不健全等问题，导致"僵尸企业"占用市场资源、企业市场退出机制缺位、债权债务无法得到及时清偿、企业回归市场遇阻等问题，影响法律适用的权威性。另一方面，生效裁判"执行难"问题依然严峻，胜诉一方当事人的合法权益难以得到充分保障。"执行难"的成因错综复杂，是种种社会问题和矛盾交织重叠的结果。就司法机关自身而言，执行队伍配备不足、执行人员素质参差不齐、执行工作管理不规范、执行体制机制不完善等问题是导致裁判结果执行难见成效的主要因素。只有探索破解这些问题的路径和方法，推动执行工作的落实，建构以司法权威为核心的社会权威体系，[①] 才能保证当事人权利救济的有效性。

（五）市场运行的高效性憧憬推进司法的智能化

市场运行的高效性本身内含了对司法效率的追求。因此，要持续探索司法过程与市场效率的相互对接，通过缩短民商事案件在立案、审查、审理、调解、判决、执行等环节的时间，有效提高司法服务和司法救济的质效，快速为市场定纷止争、维护市场运行秩序，同时降低司法成本和减少资源浪费。

随着大数据、人工智能、区块链等信息技术的日新月异，互联网得以高速发展并迅速嵌入公共行政、市场运行等社会生活的方方面面，以便捷、智能、开放等优势提高了市场配置资源的效率，不断刷新市场对高效的需求。而现代信息技术的运用也在大大提高司法效率，打造智慧司法成为司法改革的重要目标。[②] 习近平总书记指出，要深化智能化建设，严格执法、公正司法。党的十八大以来，"智慧司法"作为推动司法智能化的重要举措在理论和实践上受到广泛关注。2016年7月，中共中央办公厅、国务院办公厅印发的《国家信息化发展战略纲要》将建设"智慧法院"

---

① 参见顾培东《当代中国司法生态及其改善》，载《法学研究》2016年第2期，第40页。
② 参见陈卫东《十八大以来司法体制改革的回顾与展望》，载《法学》2017年第10期，第5页。

列入国家信息化发展战略,提出要通过建设"智慧法院",提高立案、审判、执行、监督等环节的信息化水平,推动执法司法信息公开,促进司法公平正义。2016年12月,国务院印发《"十三五"国家信息化规划》,明确提出要支持"智慧法院"建设,推行电子诉讼,建设完善公正司法信息化工程。① 显然,从程序来看,智慧司法可以促进司法过程的效率、公开以及规范化,有助于破解"案多人少"的司法治理难题;从实体来看,智慧司法有助于实现大数据整合下的判例参考,实现"类案类判"的司法裁判常态。② 但是,智慧司法在提升司法信息化水平的同时,也存在前提性、过程性、结果性以及本质性的缺陷,③ 面临着数据库尚未联通、技术原理局限性、复合型人才缺失等现实问题。如何解决这些问题,推进司法的智能化,有待进一步探究。

四、司法改革:助推法治化营商环境建设的路径选择

司法改革是推进国家治理体系和治理能力现代化的重大实践,④ 是完善司法的关键举措,是促进法治化营商环境建设的有效路径。当前,应沿着司法改革主线和基本方向,回应司法在服务和保障营商环境建设中面临的问题,促进司法体制机制制度的完善,助推法治化营商环境建设。

(一)完善司法联动模式

司法联动模式是指司法机关在依法独立行使职权、履行职能的过程中,始终坚持党的领导,依靠党委统揽全局、协调各方的优势;自觉接受人民代表大会及其常务委员会的监督,依靠人民代表大会的支持排除干涉,维护司法权威;主动争取政府的支持与配合,实现司法权与行政权的和谐联动;促进法院与社会的良性互动,提高司法公信力;推进各级、各

---

① 同时提出要将电子诉讼占比作为5个信息服务指标之一,要求全国法院电子诉讼占比要在2020年超过15%。

② 参见高鲁嘉《人工智能时代我国司法智慧化的机遇、挑战及发展路径》,载《山东大学学报(社会科学版)》2019年第3期,第117页。

③ 参见冯姣、胡铭《智慧司法:实现司法公正的新路径及其局限》,载《浙江社会科学》2018年第6期,第67页。

④ 参见张文显《司法改革的政治定性》,载《法制与社会发展》2014年第6期,第7页。

行政区域的司法机关之间相互配合、互相支持的司法运作模式。① 通过完善司法联动模式，有助于提升司法的整体性以回应营商环境建设的协调性需求，推动形成整体联动、相互协调的司法环境。

第一，始终坚持党对司法联动的领导。司法联动模式的完善，要坚持党的领导，发挥党统筹全局、协调各方的作用，要依托党的领导凝聚法治共识，形成法治合力。② 党的领导是推动优质营商环境建设的根本保证，在营商环境建设中处于核心地位。司法机关出台的司法解释、司法政策等规范性文件应当始终落实中央关于营商环境及其法治化建设等的战略部署，充分发挥司法职能作用。具体表现为：司法解释、司法指导意见等在指导思想上要与中央政策相统一，凸显营造稳定公平透明、可预期的营商环境的规范目的；在总体规划上要与中央政策规划和战略布局相一致，服务于营商环境建设的阶段性目标以及"一带一路"倡议、创新驱动发展、粤港澳大湾区建设等国家战略的实施；在具体实施上，要贯彻中央政策的要求，推进先行先试，探索司法体制机制创新；等等。此外，在司法服务和保障营商环境建设中，也会遇到诸多新问题，尤其是涉及程序和标准联动衔接的问题，需要发挥党的领导优势，依托党委进行统筹协调。

第二，强化司法机关的纵向联动。加强各级司法机关的纵向联动，构建上下级司法机关相互联动的工作机制，推动最高人民法院、最高人民检察院制定出台的有关营商环境建设的司法政策得以贯彻实施。一方面，要推进各级司法机关在遵循最高人民法院、最高人民检察院出台的司法解释、司法政策等规范性文件的基础上，结合所在地区营商环境的实际情况制定具体的指导意见，并构建相应的备案审查机制，要求下级司法机关将制定的规范性文件提交上级司法机关进行备案审查，对与现行法律法规、司法解释及上级法院有关规定等相抵触的文件进行清理，以规范法律适用，防止司法冲突。另一方面，上下级司法机关，尤其是上下级法院之间要构建常态化的案件监督机制，由上级法院督促下级法院对做出的商事纠纷裁判、破产重组清算、经济犯罪认定等定期进行自查，发现问题及时启

---

① 参见张文显《联动司法：诉讼社会境况下的司法模式》，载《法律适用》2011 年第 1 期，第 4 页。

② 参见周叶中、庞远福《论党领导法治中国建设的必然性与必要性》，载《法制与社会发展》2016 年第 1 期，第 45 页。

动再审程序，予以重审，有效纠正冤假错案，维护司法公信力。

第三，促进司法与行政的横向联动。《优化营商环境条例》第 4 条规定，各级人民政府应当加强对优化营商环境工作的组织领导，完善优化营商环境的政策措施，建立健全统筹推进、督促落实优化营商环境工作的相关机制，及时协调、解决优化营商环境工作中的重大问题。故司法机关要进一步加强与政府的联动，不断完善信息沟通型互动，[1] 协力推进法治化营商环境建设。首先，司法机关要主动结合本地区有关营商环境建设的地方性法规、规章及其他规范性文件，立足于地方政府治理能力、市场发展状况以及司法工作的实际，重点回应地方在营商环境建设中的法治需求，着力补齐地方在营商环境建设中的法治短板。例如，深圳市中级人民法院制定的《关于为优化营商环境提供司法保障的意见》便结合了《深圳市关于加大营商环境改革力度的若干措施》，重点就涉港澳案件、金融交易案件等的审理作出规范。其次，将司法与行政的良性互动作为传统权力制约机制的有益补充，[2] 促进二者在知识产权保护认定标准上的协调。专利、出版等知识产权行政主管部门在权利授予、侵权处罚过程中的权属认定标准应当与司法审判中知识产权侵权的认定标准相统一，避免标准多样化导致救济结果差异化。加强知识产权行政执法与刑事司法的衔接，健全行政案件移送司法机关的制度机制、规范移送和受理的程序，并开展移送涉嫌犯罪案件的专项监督，加强检察机关对案件移送工作的监督，防止行政执法过程出现"有案不移""有罪不究""以罚代刑"等违法现象。[3] 同时，通过严把移送时间节点、构建信息共享平台、完善证据转化机制和联席会议机制等手段强化对知识产权犯罪的惩治，充分保障市场主体的创新性权利。最后，构建司法与行政对失信行为的联合惩戒机制。一是要协调司法与行政对失信行为的认定标准；二是要借助现代信息技术，搭建互联互通的信用平台，推动信用信息的采集、记录和共享，信用评价结果的互认，[4] 并通过信息公示披露，方便市场主体查阅失信信息；三是要促进

---

[1] 参见黄先雄《司法与行政互动之规制》，载《法学》2015 年第 12 期，第 70 页。
[2] 参见顾越利《建立司法与行政良性互动机制探讨》，载《东南学术》2010 年第 6 期，第 172 页。
[3] 参见刘福谦《行政执法与刑事司法衔接工作的几个问题》，载《国家检察官学院学报》2012 年第 1 期，第 42 页。
[4] 参见沈岿《社会信用体系建设的法治之道》，载《中国法学》2019 年第 5 期，第 37 页。

行政惩戒措施与司法惩戒措施衔接,如对被法院纳入失信名单的市场主体在政府采购、招标投标、融资信贷等方面予以限制,以构建信用惩戒大格局。当然,推进失信联合惩戒关键是要建立健全信用管理制度,为各项联合惩戒措施提供依据,以此推动社会信用体系的整体建设。

(二) 推进区域司法合作

从国际区域层面看,各级司法机关要立足于服务和保障"一带一路"倡议等国家重大战略的实施,积极回应外国市场主体的司法需求,在依法行使司法管辖权的基础上,发挥司法审判的职能作用,公正、高效审理各类涉外民商事、海商事等案件。一是要全面贯彻平等原则,坚持平等保护中外企业的合法权益。二是要加强对国际条约和国际惯例适用的研究,依法准确适用我国与"一带一路"沿线各国共同参加和缔结的有关贸易、投资、金融等方面的国际条约,遵循国际惯例,加强涉外案件审判中国际规则适用的统一性和稳定性。三是在尊重涉外案件当事人协议选择管辖法院的基础上,准确查明和适用外国法律,通过完善涉外法律适用法及司法解释,减少外国法查明规则的碎片化现象,进一步明确查明外国法的责任主体,减少"无法查明"条款在司法实践中的滥用。并要结合互联网信息技术拓宽外国法查明渠道,规定查明的时间期限,督促查明主体履行责任,提高外国法查明的效率。[①] 四是保证外商投资负面清单制度适用的准确性,对负面清单内容与我国缔结的国际条约或者国际惯例相冲突的地方,及时提出司法建议,确保外资准入标准的协调适用。五是要在司法文书送达、案件证据调取、承认与执行外国法院裁判等方面坚持互惠原则,加强与"一带一路"沿线国家的司法协助,推出司法协助协定范本,就司法程序性事务积极缔结双边或者多边司法协助协定。同时,即使在没有签订司法协议的情况下,也可以考虑司法互惠等因素,灵活给予涉外案件中的外国人以司法协助,为后续缔结司法合作协议奠定基础。由此,为营造和谐有序、公平竞争的国际区域营商环境提供有力的司法支撑。

从国内区域层面看,《优化营商环境条例》第 5 条规定,国家加快建立统一开放、竞争有序的现代市场体系,依法促进各类生产要素自由流

---

① 参见马明飞、蔡斯扬《"一带一路"倡议下外国法查明制度的完善》,载《法学》2018 年第 3 期,第 130 页。

动,保障各类市场主体公平参与市场竞争。为此,推进京津冀、长三角、粤港澳等区域内各地司法机关之间的协同显得尤为重要。在区域营商环境建设中,各地司法机关之间的合作与协调,有利于统一法律规范适用的基准,减少区域司法冲突,打破区域司法壁垒,促进司法资源高效便捷流动,确保区域内相互协调的营商制度能够得到相对一致的实施。一是区域内各地司法机关之间要通过签订区域司法合作框架协议明确彼此合作的目的、原则、事项、责任等内容,形成有实际约束力的规范性文件,为司法合作提供依据。二是在合作框架协议的基础上,构建常态化的司法合作机制,建立紧密型的司法协调工作模式,① 如定期召开司法协作联席会议,对跨区域商事纠纷、产权犯罪等疑难案件展开研讨和工作协调,制定各阶段的合作规划等;又如,建立监督评估机制,定期对各地司法机关履行合作协议的情况进行统计分析,督促其积极参与合作。三是遵循法律法规、司法解释、上级司法机关出台的司法政策及签订的合作协议等文件的规定,通过联合或者分别发布司法指导意见以及具有示范意义的参考性案例,缩小区域内各司法机关办案标准和裁判尺度的差异,统一裁判规则,防止地方司法保护主义。四是搭建区域联通的司法案例信息数据库平台,方便司法机关进行案例检索和比对,防止相似的案情在处理结果上出现较大偏差。五是促进各地司法机关就程序性事项展开合作,并打通各地司法机关门户网站之间的联结纽带,畅通区域司法网络服务平台,实现移送管辖、通知送达、财产保全、调查取证、裁判执行等司法活动在区域范围内的联动等。

(三) 坚守司法公正审判

司法是维护社会公平正义的最后一道防线,公正是司法的本质、灵魂和生命。司法不公,损害的不仅仅是人民群众的合法权益,也是法律的尊严和权威,更是党的治国理政之根基和人民群众对社会公平正义的信心。② 故在法治化营商环境建设中,必须坚守司法公正。

---

① 参见石佑启等著《区域经济一体化中府际合作的法律问题研究》,经济科学出版社 2018 年版,第 306 页。

② 参见张琴羽《以国家治理法治化推进国家治理现代化》,载《党政干部论坛》2014 年第 6 期,第 13 页。

第一，人民法院通过公正审判，满足社会对公平正义的需求，维护和促进营商环境的良性发展。首先，法院通过行使刑事审判职能，依法惩治破坏社会主义市场经济秩序、侵犯财产、妨害金融管理秩序等刑事犯罪以及招商引资、项目审批、服务外包、税收征管、市场监管中的行贿受贿、贪污渎职等犯罪，加强司法审判与国家监察有机衔接，依法支持保障各类市场主体投资兴业，为市场主体提供安全、安定、安心的投资创业发展环境。其次，法院通过依法审理民商事案件，坚持平等保护原则，对各类市场主体在诉讼地位、诉讼权利、法律适用、法律责任、法律服务、法律保护等方面做到一律平等，切实保障各类市场主体法律地位平等、权利保护平等、发展机会平等，推动形成平等有序、充满活力的投资经营环境，促进市场经济规范有序运行。① 最后，法院通过对行政案件的公正审判，推动政府职能转变和法治政府建设。其一，监督行政机关依法行使职权与履行职责，促进形成新型政商关系。习近平总书记指出："新型政商关系，概括起来说就是'亲''清'两个字。"② 一方面，通过行政审判，依法规制政府"亲而不清"的乱作为和对市场的不当干预，进一步强化对行政权力的监督和制约，依法维护市场主体的自主经营权，防止权力和资本的异化；另一方面，通过行政审判，有效纠正政府"清而不亲"的懒政、怠政和不作为，促使行政机关积极履职尽责，提高工作效率，促进政府与市场主体在相敬如宾的基础上各谋其职。③ 其二，妥善处理公私合作纠纷，为企业平等参与公共项目建设及促进营商环境市场化发展营造安全、稳定、可预期的法治环境。一是要根据公私合作纠纷寻求司法救济的实际需要，持续完善《行政协议司法解释》的相关内容，对行政协议的范畴进行准确厘定，突出"公权力作用"在行政协议界定标准中的核心地位；拓展《行政协议司法解释》所列举的行政协议类型，将政府特许经营协议、土地房屋征收补偿、政府与社会资本合作协议之外的更多类型的行政协议纳入行政诉讼范围；将行政协议纠纷的受案标准界定为"行政权力

---

① 参见潘剑锋《法治化营商环境建设的构建路径》，载《人民法院报》2018年12月20日第05版。
② 习近平：《构建"亲""清"新型政商关系》，载《共产党员》2016年第12期，第4页。
③ 参见王玉砚《推进法治化营商环境建设的探索与实践》，载《人民司法》2017年第34期，第68-69页。

运用且产生法律效果",① 避免将"行政机关未按照约定履行协议"等违约行为也一并纳入行政诉讼的框架中来，从而在正确界定协议纠纷属性的基础上，促进公私合作纠纷审理中实体和程序规则适用的准确性。二是要依法审理市场主体履行公私合作协议造成第三方主体权益损害的纠纷，厘清案件的基本事实和法律关系，不仅要规范市场主体行为，强化对市场主体侵权纠纷的救济，还要严格审查合作协议中政府授权、委托内容的合法性以及政府履行协议的实际情况，客观认定各方主体应承担的责任。同时，要从程序上促进对政府责任的认定与追究，如在第三方主体起诉市场主体侵权时，尝试将政府列为案件第三人，或者告知第三方主体变更或补充政府为被告并变更诉讼事由。三是法院在审理公私合作纠纷时，如发现政府直接责任人员、工作人员涉嫌滥用职权、玩忽职守以及收受贿赂等违法违纪问题，应当将有关材料移送给监察机关。其三，依法受理和审理政府信息公开案件，监督政府依申请公开信息，助推建立公开透明的市场环境。

第二，全面规范司法行为，推进公正司法，提升司法公信力。全面规范司法行为是全面推进依法治国对司法工作的基本要求，是保障司法公正的客观需要。必须从全面推进依法治国和国家治理现代化的高度来认识规范司法的必要性及重要性，坚持程序公正和实体公正并重，确保宪法和法律统一正确实施。② 首先，深化司法体制综合配套改革，全面落实司法责任制。建立符合法官员额制改革目标和要求的、权责一致的审判权运行机制，明确院庭长、审判组织和案件承办法官行使职权的边界和责任，制定各类司法人员权利和责任清单，健全绩效考核体系和审判责任追究机制，保证司法责任落到实处，③ 不断提高审判质效。其次，全面推进司法公开，进一步完善审判流程、庭审活动、裁判文书、执行信息四大公开平台，保障市场主体对审判执行工作的知情权、参与权和监督权。司法改革

---

① 参见于立深《行政协议司法判断的核心标准：公权力的作用》，载《行政法学研究》2017年第2期，第45-46页。

② 参见刘满仓《规范司法行为提高司法公信力》，载《检察日报》2015年12月17日第01版。

③ 参见张智辉《论司法责任制综合配套改革》，载《中国法学》2018年第2期，第70页。

的目标也在于全力打造让人民群众满意的阳光司法机制。① 故在探索服务企业的多种形式、延伸司法审判职能的同时,要进一步深化阳光司法工作和加强司法内部监督自查,尤其要强化对案件诉讼过程的程序监督,如通过制作相关的工作规程和健全网络化案管平台,加强案管部门对案件审理环节的监控,让市场主体可以及时掌握案件进展,压缩司法人员权力寻租的空间,全力创建行为规范的司法环境。

(四) 构建司法能动机制

司法能动性反映的是司法对经济社会生活的介入、对自由裁量权行使的积极程度。② 司法能动对司法活动而言主要体现为一种方法论上的指引,其要求司法机关在遵循法治原则的基础上,充分回应社会转型期所产生的司法需求,积极行使司法权,主动采取多种方式解决法律纠纷,以实现法律效果和社会效果的有机统一。优质营商环境建设对司法能动的需求,主要表现为要通过构建司法能动机制有效回应由市场主体创新创业、政府深化改革等引发的法律适用问题,以及强化司法救济的有效性和权威性。

第一,强化司法机关在法治化营商环境建设中的服务功能。司法机关既要为优质营商环境建设提供基本的法治保障,平等保护各类市场主体的合法权益,也要为之提供精准、便捷、高效的司法服务,积极探索服务市场和企业发展的新形式。一是突出司法便捷服务,改进工作作风,着力降低企业权利救济成本、提高商事审判效率、帮助企业回归市场、防控金融市场风险以及参与营商政策制定等;二是要创新司法服务方式,如通过举行座谈会、商法知识培训会、深入调研等方式加强与市场主体交流,了解其在创业中遇到的困境,指导其依法运营、预防风险以及通过网络平台强化以案释法,适时发布有关金融交易、民间借贷、劳动争议等常见的涉企案例,促进企业守法经营、服务社会。

第二,创新司法理念和方法,围绕互联网、金融等相关技术、产业和

---

① 参见高一飞《互联网时代的媒体与司法关系》,载《中外法学》2016 年第 2 期,第 509 页。

② 参见公丕祥《当代中国能动司法的意义分析》,载《江苏社会科学》2010 年第 5 期,第 100 页。

产品兴起所引发的新型纠纷或风险,探索构建专业、灵活、多元的司法救济机制。首先,应对新型纠纷和风险,要求司法机关加强对法官、检察官、司法辅助人员的专业化培训,提升其认知能力和水平,加强对案件事实及法律关系的准确认定;对于疑难案件,要发挥审判委员会的作用,各级法院应当根据《关于健全完善人民法院审判委员会工作机制的意见》,完善本级法院对法律适用规则不明的新类型案件提交审委会讨论的运行机制;建立专家咨询委员会或者聘请专业顾问,对案件中存在的技术参数、数据标准等进行认定及鉴定;等等。其次,司法机关应当在司法运作的过程中兼顾严谨性和灵活性。严谨性要求各级司法机关在互联网、金融等新型案件的事实调查、证据认定上保证清楚充分以及在法律法规适用、裁判论证上确保准确到位。其可以通过大数据检索系统或者各部门联动的材料报送机制,及时掌握最新的市场监管规范、产品标准、专利信息以及类案判例等内容,防止对新型案件裁判出现偏差,尤其对于市场主体在生产经营活动中的创新性行为,只要不违反相关规定,不得以违法论处。灵活性旨在推动司法机关构建相对灵活的工作机制,防止在新型纠纷审理中出现教条主义倾向。司法机关要探索与互联网、金融、技术研发等企业和行业协会建立常态联系机制,收集梳理行业协会章程、标准及企业、平台的管理规定,加强这些规范性文件在案件事实、证据认定,甚至法律适用中的运用。最后,各级法院要进一步落实多元化纠纷解决机制的改革。一是最高人民法院应当继续推动在高科技产业、金融产业等较为发达的地区试点成立知识产权法院(法庭)、金融法院(法庭),推进知识产权、金融审判专业化,有效解决高科技专利技术纠纷以及证券、期货、票据等金融纠纷;二是司法机关要参与和推动仲裁、调解、行政复议等多元化的纠纷解决机制完善,[①] 促进新兴行业、企业、平台内部建立纠纷救济渠道,提倡互联网、知识产权等民商事纠纷通过仲裁解决,发挥仲裁机关自身的专业性,减轻司法机关负担,且要解决多元化纠纷解决机制间存在的关系不协调问题,[②] 推动诉讼与非诉讼纠纷解决方式在程序安排、法律指导、效力

---

① 参见范愉《当代世界多元化纠纷解决机制的发展与启示》,载《中国应用法学》2017年第3期,第49页。

② 参见黄文艺《中国的多元化纠纷解决机制:成就与不足》,载《学习与探索》2012年第11期,第36页。

确认等方面的衔接和联动,保证依法仲裁、调解的结果得到人民法院的确认、执行。

第三,各级司法机关要积极对接中央及地方在营商环境领域的深化改革、先行先试,推动体制机制创新的有效实施。一方面,各级司法机关,尤其是人民法院应当积极推动解决商事登记制度改革、市场准入许可改革后的法律适用问题。一是要及时依据改革后的规范要求审查政府行政行为与市场主体的生产经营行为,准确界定行政行为违法的标准和尺度,防止政府侵害企业的自主经营权以及厘清限制市场主体参与事项范围,强化对市场违法经营行为的监督;二是在审查行政行为合法性的同时,要加强对行政行为所依据的国务院各部门和地方政府及其职能部门所制定的规范性文件的合法性进行审查,规范性文件违法设置了市场准入或退出条件的,法院要依法排除适用,及时向制定机关提出司法建议,并可以将建议抄送制定机关的同级人民政府或者上一级行政机关;[①] 三是要顺应商事登记制度改革的趋势,逐步构建企业债务风险防控机制,利用大数据联通全国财产权属登记市场、金融交易市场等,全面核实涉案企业的财产状况,及时予以财产保全、先予执行等,保障债权人的合法权益。另一方面,各级司法机关要积极配合自贸区政府职能转变、推动简政放权、开放市场投资领域、鼓励企业创新经营模式等各项改革措施,充分保障各项体制机制制度的创新。一是司法机关既要遵循"先行先试必须于法有据"的法治原则,保障自贸区法律适用的可预测性,也要立足于自贸区建设的总体目标,在不符合自贸区改革创新的法律适用问题上,破除妨碍改革发展的思维定势,[②] 依法保障自贸区建设的体制机制创新,积极配合各项改革措施的实施;二是要推动自贸区司法审判机制的科学发展,对市场主体通过仲裁、调解等方式解决外商投资、服务贸易等新兴行业、交易模式产生的纠纷持开放和支持态度,[③] 促进法院与国际仲裁机构、行业协会的密切合作;三是要创新司法审判的程序规则,持续完善诉讼便利化机制,在民商事案件

[①] 参见黄学贤《行政规范性文件司法审查的规则嬗变及其完善》,载《苏州大学学报(哲学社会科学版)》2017年第2期,第78页。

[②] 参见刘沛佩《对自贸区法治创新的立法反思——以在自贸区内"暂时调整法律规定"为视角》,载《浙江工商大学学报》2015年第2期,第65页。

[③] 参见杜以星《自贸区司法服务保障创新供给及不足之填补》,载《法律适用》2019年第11期,第73页。

的立案、举证、庭审、文书送达等环节引入当事人自主协商诉讼进程、网络在线直播办理等便捷化操作。

第四,提升司法在企业破产制度机制构建、执行机制完善等方面的能动性,切实保障公民权利救济有效性,增强司法权威性。一方面,加强破产制度机制建设,完善企业的救治和退出机制。一是完善破产案件立案机制,畅通破产立案渠道,明确受理的标准,推进破产申请由立案庭统一登记并对申请进行审查,对符合要求的申请及时受理,启动破产程序,以解决破产案件"立案难"问题;二是健全破产案件审判机制,促进破产案件的繁简分流,完善简单破产案件快速审理机制,将债权债务关系清晰或者企业剩余资产较少的案件纳入快速审理渠道,提高破产清算的效率;三是建立法院与政府有关部门联动的企业破产注销机制,对债权债务已经核算清楚、依法解散的企业,及时通知政府相关部门予以注销,以节约破产程序的时间和成本;四是建立"执行转破产"机制,及时将在执行中发现的具备破产条件的企业转入破产审查程序,促进执行与破产在程序上的衔接,① 使资不抵债的"僵尸企业"及早退出市场;五是对暂时经营困难但适应市场需要、具有发展潜力的企业加大破产重整、和解的力度,转变对待破产保护的观念,完善破产保护制度,引导和联系资本雄厚的企业参与危困企业重整,维持企业营运价值;② 六是继续试点成立专业性的破产法院(法庭),③ 在推进问题企业破产、重组的同时,打击"逃废债"行为,发现隐匿、故意销毁会计凭证、会计账簿、财务会计报告等行为及时转入公安机关进行刑事立案。另一方面,各级法院要进一步完善执行机制,着力破解"执行难"问题。一是充分运用信息化手段,推进网络查控系统建设,促进各级法院与不动产登记部门、金融机构联网,查询被执行人全国范围内的不动产、存款、金融理财产品等资产状况,并对与执行标的相符的资产进行冻结;二是在严格贯彻审执分离的前提下,强化执行

---

① 参见范志勇《论"执转破"的启动与程序衔接》,载《商业研究》2019年第7期,第148页。

② 参见张亚楠《完善我国破产保护制度的若干思考》,载《政治与法律》2015年第2期,第16-19页。

③ 2018—2019年,深圳、北京、上海三个破产法庭相继成立。破产审判走向专业化,被誉为中国改善营商环境、解决执行难问题的标志性事件。

规范管理，规范执行活动。① 根据既有的司法解释，就财产保全、财产调查、执行担保、执行和解等执行工作出台指导意见，主动公开执行情况，防止执行徇私；三是加强执行队伍建设，大力提高执行人员的素质，并培养和引进技术人员充实到执行队伍中，以适应司法信息化发展的需求。

（五）加强智慧司法建设

互联网信息技术的高速发展冲击了司法，也重塑了司法活动，推动着智慧司法时代的到来。② 在法治化营商环境建设中，需要依托智慧司法建设，推进互联网、人工智能、大数据、云计算、区块链、5G等现代科技在司法领域深度应用，促进司法活动的质量变革、效率变革、动力变革，实现司法的公开、高效、便民。

其一，夯实智慧司法推广应用的基础。一是完善统一的司法数据库。人工智能的算法将成为司法工作的主导，司法数据库也会成为案件审理的主要"场所"。③ 智慧司法的实现依赖于庞大、全面和准确的数据支持，而破解各级司法机关面临的司法数据库数据收集体量不足、收集信息不全面等问题，应当推动法检系统内部对历史案件档案的整理归档并进行电子化处理；支持各级、各地司法机关破除"信息壁垒"，实现侦查、起诉、审判各阶段的司法数据共享，如促进法院内部案件裁判文书平台的联通和数据共享以及强化与专门的裁判文书网站间的合作，确保案件信息上传的完整性。二是在司法智能化平台建设中探索与行业协会、企业、科研机构、律师事务所等社会主体合作。如通过与互联网行业协会、企业的合作，邀请专业技术团队主持或参与官方网站、手机客户端等智能平台建设、运营和评估，利用其专业性提升平台的整体质量，有效防控技术性风险；通过与司法科研机构、律师事务所等社会主体的合作，借助其在案例数据库建设方面的技术优势和人才优势，推进司法案件数据收集和分析的全面性，同时强化外界对司法活动的监督。三是定期对司法数据信息以及人工智能系统运行过程进行审查，保证市场主体借助司法智能平台得出的

---

① 参见李玉萍《司法执行难题何解》，载《人民论坛》2019年第15期，第75页。
② 参见马靖云《智慧司法的难题及其破解》，载《华东政法大学学报》2019年第4期，第110页。
③ 参见程凡卿《我国司法人工智能建设的问题与应对》，载《东方法学》2018年第3期，第122页。

程序操作指引、案例分析结论等内容的准确性。四是加快引进和培养复合型人才。智慧司法建设并非互联网信息技术与司法的简单叠加,而是司法工作人员依照司法职能和市场发展需要而推动的信息技术与司法的融合发展,其有效推进很大程度上取决于人对技术更替、市场需求等内容的客观认识。故只有加快引进和培养复合型人才,重视司法人员信息化、市场化、多元化思维的培养以及经济学、社会学等多学科知识的培训,才能真正推动智慧司法服务和保障法治化营商环境建设。

其二,明确智慧司法在营商环境建设中应用的范围。一是在立案、受理、举证、送达、执行等程序性事项中,推广和普及各级司法机关门户网站、公众号等智能化平台的应用,提升市场主体寻求司法救济的效率;二是对部分案件的审理应当尽可能减少司法智能化手段的应用,如涉及商业秘密的案件、企业专利技术和经营模式创新的案件、涉及政府深化商事制度改革和先行先试的案件等,要通过减少智慧司法应用,保障案件信息安全以及保证案件事实认定和法律适用的准确性;三是在各级法院审判案件过程中,若法官完全追求大数据分析下的"同案同判",会导致裁判结果的僵化,公共政策、市场环境、技术创新等特殊的裁判影响因素将无法在裁判中体现出来。这就要求法官在立足大数据分析结果的基础上,对案件本身的特殊性进行审查,合理行使自由裁量权。

五、结　语

党的十九届四中全会提出要健全支持民营经济、外商投资企业发展的法治环境。这体现了法治化营商环境建设对促进我国经济社会发展的重要价值。法治化营商环境建设揭示了营商环境建设与法治在价值追求和实现路径上的内在契合,以法治引领和保障营商环境建设及以优质营商环境建设的需求为导向推动法治创新,是立足于推动国家治理体系与治理能力现代化的语境下,破除法治建设不平衡不充分对优质营商环境建设的桎梏,促进"一带一路"倡议、区域协调发展、创新驱动发展等国家战略贯彻实施的客观必然选择。法治在优化营商环境方面具有固根本、稳预期、利长远的作用,打造法治化营商环境,需要科学立法、严格执法、公正司法和全民守法。作为法治建设的重要内容,司法法治建设致力于塑造公正、高效、权威的司法环境,积极回应法治化营商环境建设的时代诉求,为市场主体提供一套更加完善、优质、便利的司法保障和服务体系。司法法治有助于推进法治化营商环境的整体建设和协调发展,有助于重塑政府与市场、社会的关系,促进政府职能转变,激发市场主体活力和社会创造力,服务高质量发展,为保持经济持续健康发展和社会大局稳定提供有力的司法支撑。法治化营商环境建设是一个复杂的系统工程,涉及多种利益关系的博弈,这就决定了只有通过持续完善司法,增强和保证司法的整体性、公正性、同步性、权威性、智能化,才能在司法领域协调好法治化营商环境建设中整体与局部、公益与私益、公平与效率、创新与法治之间的辩证关系。而在全面深化改革和全面依法治国的背景下,司法改革是推动司法观念的转变以及司法体制机制制度完善,助推法治化营商环境建设的有效途径。我们要聚焦深化司法体制改革的总目标,[①] 遵循司法改革主线,通过推进司法的整体联动、破除区域范围内的司法壁垒、保障司法的公正高效权威、增强司法的能动性与智能化等,共筑法治化营商环境建设的司法进路。

(本文原载《中外法学》2020年第3期)

[①] 深化司法体制改革的总目标是完善和发展公正高效权威的社会主义司法制度、推进国家治理体系和治理能力现代化。

附录
石佑启主要著述目录

一、主要学术著作

[1]《论公共行政与行政法学范式转换》,北京大学出版社2003年版,2005年第2次印刷,独著。

[2]《私有财产权公法保护研究》,北京大学出版社2007年版,独著。

[3]《论行政体制改革与行政法治》,北京大学出版社2009年版,合著,第一作者。

[4]《论部门行政职权相对集中》,人民出版社2012年版,合著,第一作者。

[5]《我国大部制改革中的行政法问题研究》,知识产权出版社2012年版,合著,第一作者。

[6]《珠三角一体化的政策法律问题研究》,人民出版社2012年版,合著,第一作者。

[7]《行政体制改革及其法治化研究——以科学发展观为指引》,广东教育出版社2013年版,合著,第一作者。

[8]《珠三角一体化中府际合作的法律问题研究》,广东教育出版社2013年版,合著,第一作者。

[9]《法治视野下行政权力合理配置研究》,人民出版社2016年版,合著,第一作者。

[10]《"一带一路"法律保障机制研究》,人民出版社2016年版,合著,第一作者。

[11]《社会矛盾化解与信访法治化问题研究》,广东教育出版社2016年版,合著,第一作者。

[12]《区域经济一体化中府际合作的法律问题研究》,经济科学出版社2018年版,合著,第一作者。

[13]《广东全面推进依法治省40年》,中山大学出版社2018年版,合

著,第一作者。

[14]《区域协调发展中府际合作的软法治理》,上海三联书店2023年版,合著,第一作者。

[15]《民间规范与地方立法研究》,上海三联书店2023年版,合著,第一作者。

[16]《中国地方立法蓝皮书:中国地方立法发展报告(2014)》,广教育出版社2015年版,第一主编。

[17]《广东地方立法蓝皮书:广东省地方立法年度观察报告(2014)》,广东教育出版社2015年版,第二主编。

[18]《中国地方立法蓝皮书:中国地方立法发展报告(2015)》,广东教育出版社2016年版,第一主编。

[19]《广东地方立法蓝皮书:广东省地方立法年度观察报告(2015)》,广东教育出版社2016年版,第一主编。

[20]《中国地方立法蓝皮书:中国地方立法发展报告(2016)》,广东教育出版社2017年版,第一主编。

[21]《广东地方立法蓝皮书:广东省地方立法年度观察报告(2016)》,广东教育出版社2017年版,第一主编。

[22]《中国地方立法蓝皮书:中国地方立法发展报告(2017)》,广东教育出版社2018年版,第一主编。

[23]《广东地方立法蓝皮书:广东省地方立法年度观察报告(2017)》,广东教育出版社2018年版,第一主编。

[24]《中国地方立法蓝皮书:中国地方立法发展报告(2018)》,广东教育出版社2019年版,第一主编。

[25]《广东地方立法蓝皮书:广东省地方立法年度观察报告(2018)》,广东教育出版社2019年版,第一主编。

[26]《中国地方立法蓝皮书:广东省地方立法年度观察报告(2020)》,中国社会科学出版社2020年版,第一主编。

[27]《中国地方立法蓝皮书:中国地方立法发展报告(2019)》,广东教育出版社2021年版,第一主编。

[28]《中国地方立法蓝皮书:广东省地方立法年度观察报告(2021)》,中国社会科学出版社2021年版,合著,第一主编。

[29]《中国地方立法蓝皮书：广东省地方立法年度观察报告（2022）》，中国社会科学出版社2022年版，合著，第一主编。

[30]《社会矛盾化解与信访法治问题研究》，广东教育出版社2016年版，合著，第一作者。

[31]《广东信访立法理论与实践研究》，广东教育出版社2016年版，第一主编。

[32]《区域法治与地方立法研究》，广东教育出版社2015年版，第一主编。

[33]《软法治理、地方立法与行政法治研究》，广东教育出版社2016年版，第一主编。

[34]《社会转型与法学教育变革》，广东教育出版社2013年版，第一主编。

[35]《新时代法学教育变革》，广东教育出版社2019年版，主编。

二、主要教材

[1]《行政法与行政诉讼法》，高等教育出版社2023年版，主编。

[2]《地方立法学》（第二版），高等教育出版社2019年版，合著，第一作者。

[3]《行政法与行政诉讼法》（第三版），中国人民大学出版社2015年版，主编。

[4]《行政法与行政诉讼法》（第三版），北京大学出版社2015年版，第二主编。

[5]《地方立法学》，广东教育出版社2015年版，第一主编。

[6]《公务员法新论》（第二版），北京大学出版社2014年版，合著，第二作者。

[7]《国家赔偿法新论》，武汉大学出版社2010年版，合著，第一作者。

[8]《国家赔偿法要论》（第二版），北京大学出版社2010年版，合著，第二作者。

[9]《中国公务员法通论》，武汉大学出版社2009年版，合著，第二作者。

[10]《行政复议法新论》，北京大学出版社2007年版，合著，第一作者。

三、主要学术论文

[1] 《基于中国治理实践的行政法学命题转换》，载《中国社会科学》2023 年第 9 期。
[2] 《粤港澳大湾区治理创新的法治进路》，载《中国社会科学》2019 年第 11 期。
[3] 《中国政府治理的法治路径》，载《中国社会科学》2018 年第 1 期。
[4] 《合作治理语境下的法治化营商环境建设》，载《法学研究》2021 年第 2 期。
[5] 《论公共行政变革与行政行为理论的完善》，载《中国法学》2005 年第 2 期。
[6] 《论行政法与公共行政关系的演进》，载《中国法学》2003 年第 3 期。
[7] 《WTO 对中国行政法治建设的影响》，载《中国法学》2001 年第 1 期。
[8] 《法治指数背后的价值哲学之争》，载《哲学研究》2015 年第 8 期。
[9] 《法治化营商环境建设的司法进路》，载《中外法学》2020 年第 3 期。
[10] 《论民间规范与地方立法的融合发展》，载《中外法学》2018 年第 5 期。
[11] 《论协会处罚权的法律性质》，载《法商研究》2017 年第 2 期。
[12] 《论立法与改革决策关系的演进与定位》，载《法学评论》2016 年第 1 期。
[13] 《我国行政体制改革法治化研究》，载《法学评论》2014 年第 6 期。
[14] 《论社会管理主体多元化与行政组织法的发展》，载《法学杂志》2011 年第 12 期。
[15] 《中西方部门行政职权相对集中之比较与启示》，载《法学杂志》2010 年第 2 期。
[16] 《论私有财产权公法保护之价值取向》，载《法商研究》2006 年第 6 期。
[17] 《行政听证笔录的法律效力分析》，载《法学》2004 年第 4 期。

[18]《征收、征用与私有财产权保护》,载《法商研究》2004年第3期。

[19]《政治文明与依法行政之契合》,载《法学评论》2004年第4期。

[20]《论我国行政复议管辖体制的缺陷及其重构》,载《环球法律评论》2004年第1期。

[21]《行政信赖保护之立法思考》,载《当代法学》2004年第4期。

[22]《论公共行政之发展与行政主体多元化》,载《法学评论》2003年第4期。

[23]《行政程序违法的法律责任》,载《法学》2002年第9期。

[24]《试论WTO与政府管理创新》,载《政治与法律》2002年第3期。

[25]《WTO对我国行政立法的影响》,载《当代法学》2001年第7期。

[26]《试析行政不作为的国家赔偿责任》,载《法商研究》1999年第1期。

[27]《试论行政自由裁量权所引起的国家赔偿责任》,载《法商研究》1996年第2期。

[28]《试论市场经济条件下行政诉讼制度的发展》,载《法商研究》1995年第5期。

[29]《改进结果评价丰富新文科内涵》,载《中国社会科学报》2023年12月5日,第8版。

[30]《为共同富裕的中国式现代化提供良法善治保障》,载《南方日报》2023年12月12日,第A07版。

[31]《走向共同富裕的中国式现代化的时代意蕴》,载《南方日报》2023年3月20日,第A07版。

[32]《立足"四个聚焦",探索新文科建设的"广外模式"》,载《新文科理论与实践》2022年第4期。

[33]《论数字平台垄断的软法治理》,载《公共治理研究》2022年第6期。

[34]《区域府际合作中软法的效力保障》,载《求索》2022年第6期。

[35]《以党内法规体系建设守正创新保障"中国之治"》,载《党内法规研究》(中共中央办公厅法规局)2022年第3期。

[36]《论公共卫生领域的软法治理》,载《学习与实践》2022年第9期。

[37]《外语院校助推哲学社会科学高质量发展》,载《中国社会科学报》

2022年8月9日，第8版。

[38]《论新时代党的领导制度的发展完善》，载《学术研究》2021年第12期。

[39]《中国特色社会主义法治道路的历史、理论与实践逻辑》，载《中国社会科学报》2021年10月19日，第A03版。

[40]《论新时代人民代表大会制度的完善发展》，载《广东社会科学》2020年第3期。

[41]《互联网送餐中劳动监察的困境及路径选择》，载《江汉论坛》2020年第12期。

[42]《论民法典时代的法治政府建设》，载《学术研究》2020年第9期。

[43]《以转变政府职能为纲　推进法治政府建设》，载《学术研究》2019年第10期。

[44]《新时代党内法规体系建设的价值取向与路径选择》，载《求索》2019年第1期。

[45]《民间规范的生存空间及其受国家法的规制与改造——基于博弈论与新制度经济学的视角》，载《江苏社会科学》2018年第6期。

[46]《政府与社会资本合作模式下法律救济制度之构建》，载《江海学刊》2018年第5期。

[47]《生存与合作：进化论视角下法律的元价值》，载《世界哲学》2018年第5期。

[48]《论互联网公共领域的软法治理》，载《行政法学研究》2018年第4期。

[49]《政府治理变革下行政法之革新——结构功能主义的分析方法》，载《东南学术》2018年第4期。

[50]《作为制度性事实的软法：一种社会本体论探究》，载《江汉大学学报（社会科学版）》2018年第4期。

[51]《论提高党内法规的执行力》，载《学术研究》2018年第5期。

[52]《论地方特色：地方立法的永恒主题》，载《学术研究》2017年第9期。

[53]《论创新驱动发展的法治支撑》，载《学术研究》2016年第1期。

[54]《论政府公共服务外包的风险及其法律规制》，载《广东社会科学》

2016 年第 3 期。

[55]《美丽乡村建设：环境困境与立法应对》，载《江汉大学学报（社会科学版）》2016 年第 2 期。

[56]《论区域府际合作的激励约束机制》，载《广西大学学报（哲学社会科学版）》2016 年第 6 期。

[57]《2015 年度中国地方立法评析——以地方性法规为观察对象》，载《地方立法研究》2016 年第 1 期（创刊号）。

[58]《论法治社会建设中的软法之治》，载《法治社会》2016 年第 1 期（创刊号）。

[59]《深化改革与推进法治良性互动关系论》，载《学术研究》2015 年第 1 期。

[60]《论跨界污染治理中政府合作的法律规制模式》，载《江海学刊》2015 年第 6 期。

[61]《论法治视野下行政权力纵向上的合理配置》，载《南京社会科学》2015 年第 11 期。

[62]《论 21 世纪海上丝绸之路法律保障机制的构建》，载《国际经贸探索》2015 年第 10 期。

[63]《论涉外法治人才的培养——基于广东外语外贸大学办学实践的考察》，载《广东外语外贸大学学报》2015 年第 3 期。

[64]《论区域经济一体化中政府合作的执法协调》，载《武汉大学学报（哲学社会科学版）》2014 年第 1 期。

[65]《论法治社会下行政权力的配置与运行》，载《江海学刊》2014 年第 2 期。

[66]《论网上信访及其制度保障》，载《中南民族大学学报（人文社会科学版）》2014 年第 5 期。

[67]《论区域经济一体化中政府合作的立法协调》，载《广东社会科学》2014 年第 3 期。

[68]《论有限有为政府的法治维度及其实现路径》，载《南京社会科学》2013 年第 11 期。

[69]《论法治视野下珠三角跨界水污染的合作治理——以广佛联手整治跨界水污染为例》，载《学术研究》2013 第 12 期。

[70]《论开放型决策模式下公众参与制度的完善》,载《江苏社会科学》2013年第1期。

[71]《论区域府际合作治理与公法变革》,载《江海学刊》2013年第1期。

[72]《公共事业民营化的行政法规制》,载《武汉大学学报(哲学社会科学版)》2012年第5期。

[73]《我国行政组织结构优化的法治保障》,载《广东社会科学》2012年第6期。

[74]《论行政机关间权限争议之诉讼机制解决》,载《学术研究》2012年第11期。

[75]《论我国大部制改革的目标定位》,载《南京工业大学学报(社会科学版)》2012年第1期。

[76]《论涉外法律人才培养:目标、路径和教学模式》,载《中国大学生就业》2012年第16期。

[77]《我国大部制改革的价值取向》,载《广东行政学院学报》2012年第3期。

[78]《从社会管理创新角度看城市管理领域相对集中行政处罚权制度的完善和发展》,载《行政法学研究》2012年第1期。

[79]《公众新期待下的权力配置改革》,载《人民论坛》2012年第19期。

[80]《论保护人的尊严与现代行政法任务的变迁》,载《武汉大学学报(哲学社会科学版)》2011年第4期。

[81]《论区域合作与软法治理》,载《学术研究》2011年第6期。

[82]《论内地与香港食品安全合作法律机制的构建——一种跨行政区域软法治理的思路》,载《国际经贸探索》2011年第5期。

[83]《珠三角一体化的政策法律冲突及其协调》,载《广东行政学院学报》2011年第3期。

[84]《论民主协商的软法之治》,载《岭南学刊》2011年第2期。

[85]《论法治视野下行政权力的合理配置》,载《学术研究》2010第7期。

[86]《论我国行政组织结构的优化》,载《湖北民族学院学报(哲学社

会科学版)》2010 第 1 期。

[87]《论部门行政职权相对集中之体系构建》,载《中南民族大学学报(人文社会科学版)》2010 第 3 期。

[88]《服务型政府绩效评估的法制化构想》,载《人民论坛》2010 年第 29 期。

[89]《部门行政职权相对集中之求证与分析》,载《暨南学报(哲学社会科学版)》2010 年第 3 期。

[90]《论政府绩效评估及其法制保障——以建设服务型政府为视角》,载《江汉大学学报(社会科学版)》2010 年第 5 期。

[91]《论部门行政职权相对集中行使的法律规制》,载《湖北警官学院学报》2010 年第 2 期。

[92]《村民自治:制度困境与路径选择——村委会选举中选民资格纠纷解决机制探索》,载《湖北民族学院学报(哲学社会科学版)》2010 年第 5 期。

[93]《论法治视野下行政管理方式的创新》,载《广东社会科学》2009 年第 6 期。

[94]《我国农村土地"以租代征"问题探析》,载《湖北民族学院学报(哲学社会科学版)》2009 年第 2 期。

[95]《论行政体制改革与善治》,载《江汉大学学报(社会科学版)》2009 年第 1 期。

[96]《论平等参与权及其行政法制保障》,载《湖北社会科学》2008 年第 8 期。

[97]《法治视野下行政体制改革探索》,载《宁波大学学报(人文科学版)》2008 年第 4 期。

[98]《两型社会与地方立法的回应和创新》,载《楚天主人》2008 年第 7 期。

[99]《论农村土地征收与农民权益保护》,载《湖北民族学院学报(哲学社会科学版)》2008 年第 1 期。

[100]《中国部门行政职权相对集中初论》,载《江苏行政学院学报》2008 年第 1 期。

[101]《论农村土地征收中的公平补偿》,载《湖北警官学院学报》2008

年第 2 期。

[102]《物权的平等保护与行政法观念转变》，载《法治论丛（上海政法学院学报）》2007 年第 5 期。

[103]《试论中部地区法制协调机制的构建》，载《江汉论坛》2007 年第 11 期。

[104]《论私有财产权的人权属性及在人权体系中的地位》，载《河北法学》2007 年第 3 期。

[105]《论公共利益与私有财产权保护》，载《法学论坛》2006 年第 6 期。

[106]《论私有财产权公法保护之方式演进》，载《江汉大学学报（人文科学版）》2006 年第 5 期。

[107]《公务员职位分类制度的创新》，载《学习月刊》2005 年第 7 期。

[108]《私有财产权公法保护之路径选择》，载《江汉大学学报（人文科学版）》2005 年第 2 期。

[109]《试论我国公务员的退出机制》，载《湖北警官学院学报》2005 年第 2 期。

[110]《试论中国行政法治建设的创新》，载《湖北行政学院学报》2004 年第 1 期。

[111]《论我国行政处罚时效制度的完善——一个比较法的视角》，载《法治论丛（上海政法管理干部学院学报）》2004 年第 1 期。

[112]《在我国行政诉讼中确立"成熟原则"的思考》，载《行政法学研究》2004 年第 1 期。

[113]《论对行政不作为行为的司法审查》，载《中南民族大学学报（哲学社会科学版）》2004 年第 3 期。

[114]《私有财产权公法保护之制度设计》，载《江汉大学学报（人文科学版）》2004 年第 6 期。

[115]《行政三分制：再造政府的有益探索》，载《学习月刊》2004 年第 4 期。

[116]《现代公共行政发展探析》，载《江汉论坛》2003 年第 12 期。

[117]《WTO 与中国行政立法质量的提高》，载《江海学刊》2003 年第 6 期。

[118]《论对行政自由裁量行为的司法审查》，载《华中科技大学学报（哲学社会科学版）》2003年第1期。

[119]《论行政相对人法律地位的提升》，载《上海交通大学学报（哲学社会科学版）》2003年第5期。

[120]《地方立法亟待解决的问题》，载《学习月刊》2003年第5期。

[121]《税务行政复议与行政诉讼的衔接与协调》，载《财税法论丛》（第1卷）2002年4月。

[122]《几种特殊类型的行政侵权责任探讨》，载《江海学刊》2001年第1期。

[123]《行政与法关系的演变及其定位》，载《中共福建省委党校学报》2001年第7期。

[124]《行政指导及其法制化探析》，载《福州大学学报（哲学社会科学版）》2001年第2期。

[125]《对行政追偿中几个问题的探析》，载《法律适用》2001年第2期。

[126]《判决被告重作具体行政行为探析》，载《上海市政法管理干部学院学报》2001年第5期。

[127]《对行政法治的几点思考》，载《湘潭工学院学报（社会科学版）》2001年第1期。

[128]《论我国行政强制执行的模式选择及其运作》，载《河北法学》2001年第2期。

[129]《政府机构改革的行政法治保障》，载《行政与法》2000年第1期。

[130]《对行政诉讼中不停止执行原则的评析》，载《中央政法管理干部学院学报》1997年第4期。

后　记

　　本文集共收录文章 20 篇，大致按照行政法基本理论、区域法治、地方立法、党内法规、法治化营商环境五个部分进行编排。这些文章中，最早的一篇刊于 2003 年 6 月，最晚的一篇刊于 2023 年 9 月，时间差序刚好整整 20 年。这 20 年，也正是中国法治建设从依法治国迈向全面推进依法治国的发展过程。收录的这些文章，是我对中国法治建设相关议题进行持续性思考的阶段性成果，体现了我立足中国法治建设实践、紧扣时代发展脉搏开展理论研究的学术旨趣。

　　承蒙中共广东省委宣传部、广东省社科联策划出版"广东省优秀社会科学家文库"，本人相关作品有幸忝列其中。所收录的文章曾先后发表于《中国社会科学》《中国法学》《法学研究》《中外法学》《法学评论》《法商研究》《学术研究》等刊物，感谢这些期刊编辑的辛勤付出，感谢部分文章合作作者的携手创作，感谢参与文集资料整理的各位同事、学生，感谢中山大学出版社的各位编辑。

　　踏上建设中国特色社会主义法治国家的新征程，作为法学理论的研究者、法治建设的参与者，我将始终秉持初心，密切关注法治建设前沿问题，勇于钻研求索，继续为法治中国建设贡献绵薄之力。

石佑启
2024 年 2 月 22 日